决策咨询
与资政

Policy
Research and
Consultation

黄祖辉　编著

Selected Works of
Huang Zuhui

黄祖辉文集

第四卷
Volume 4

ZHEJIANG UNIVERSITY PRESS
浙江大学出版社

黄祖辉文集

Selected Works of
Huang Zuhui

卷首语

　　决策咨询与资政的基本目的：为政府提供有用信息，助力政府科学决策；为民众提供有益信息，引导社会健康发展。因此，在决策咨询与资政的过程中，要在坚持讲真话、实话，不讲假话、套话的同时，力求资政研究能够达到思想和实操、应景和前瞻的相互贯通。

目　录

第一篇　1978—2000 年

必须重视国营农场的经营管理 ……………………………………（3）

对我国经济体制改革的几点看法 ………………………………（6）

我对粮食问题的几点看法 ………………………………………（9）

20 世纪 90 年代农村经济发展与改革的若干思考 ……………（11）

实现农业、农村工业与小城镇的协调发展 ……………………（16）

"九五"期间浙江农村经济面临的挑战 ………………………（20）

合作在经济运行中的功能 ………………………………………（22）

正确看待与引导粮田规模经营的发展 …………………………（24）

第二篇　2001—2010 年

浙江现象与浙江经验 ……………………………………………（29）

土地承包款不宜当成农民负担而取消 …………………………（33）

对浙江农业与农村经济发展形势的分析与思考 ………………（35）

农民合作组织认识误区辨析 ……………………………………（41）

城市"菜篮子工程"：从政府主导转向市场主导 ……………（47）

城市化：对农民利益与土地制度的思考 ………………………（53）

创新浙江农业发展战略 …………………………………………（56）

我国农村社会养老保险：关键在于制度创新 …………………（60）

新农村建设应处理好五大关系 …………………………………（64）

缩小我国居民收入差距的十点建议 ……………………………（67）

借鉴荷兰经验，发展高效生态现代农业 ………………………（71）

重新认识拉美国家:巴西和阿根廷考察报告 …………………… (79)

越南土地制度与政策及其对中国的启示…………………………… (86)

解读中国特色农业现代化道路 …………………………………… (99)

浙江省农民就业现状与对策建议 ………………………………… (102)

当前"三农"问题与改革深化 …………………………………… (112)

当前形势和浙江经济转型升级的看法与建议 …………………… (119)

浙江省新型农业经营主体的现状特征与政策需求 ……………… (123)

浙江经济转型:从农村工业化推动向城市化拉动转变…………… (131)

西部做得这么好,其他地方没理由做不好:云南开远新农村惠民

    工程的启示 …………………………………………………… (135)

中小城市应作为现阶段城市化发展的重点 ……………………… (140)

农村土地、住房、社保等制度联动改革的尝试 ………………… (143)

重视城市化对新农村建设的引领和两者的互动共进 …………… (153)

第三篇　2011—2022 年

绿色发展、兴农强县、生态富民的科学跨越之路

    ——西部四川蒲江发展县域经济的经验启示 ………………… (159)

包容性发展与中国转型 …………………………………………… (167)

大批农民工返乡创业意味着什么? ……………………………… (170)

加快发展我省农民专业合作社的若干政策建议 ………………… (172)

"扩权强县"还需"限权" ………………………………………… (176)

我国"三化"关系现状与建议 …………………………………… (182)

实现居民收入倍增与全面小康社会的关键 ……………………… (188)

现阶段推广家庭农场不宜操之过急 ……………………………… (191)

新型农业经营体系构建急需相关制度创新 ……………………… (193)

推动人口政策改革,缓解人口老龄化负面效应 ………………… (197)

要科学辨析家庭农业、家庭农场与农业规模经营 ……………… (200)

改善乡村治理与转变政府职能 …………………………………… (204)

要以新型城镇化引领城乡一体化发展 …………………………… (207)

农村土地"三权分离"还需"三权交易"相匹配 ……………… (212)

东平土地股份合作制的若干制度启示 …………………………… (215)

"新常态"对浙江的意蕴与浙江进入"新常态" …………………（220）

当前我国新型农业经营体系建构的若干关键 …………………（224）

在三次产业融合发展中增加农民收益 …………………………（233）

"十三五"浙江农业发展形势和七点建议 ………………………（240）

浙江人口承载从数量型向质量型转变的思路与对策 …………（245）

打赢我国"十三五"扶贫攻坚战的对策建议 ……………………（249）

以深化改革解决我国农业供给侧问题 …………………………（254）

践行"绿水青山就是金山银山"理念，创新实现路径 …………（259）

现阶段我国农业农村转型发展的思考与建议 …………………（264）

推进县域科学发展——浙江嘉善示范点的启示 ………………（273）

深化产业精准扶贫打赢脱贫攻坚战 ……………………………（277）

浙江践行"绿水青山就是金山银山"理念与绿色发展建议 ……（287）

乡村振兴战略中的"治理有效" …………………………………（294）

浙江农业高质量发展的内涵、评价及关键问题 ………………（297）

谨防乡村振兴战略走偏 …………………………………………（302）

推进浙江乡村振兴，提供全国示范样本 ………………………（309）

实现美丽乡村建设与高质量发展相得益彰 ……………………（314）

关于规范浙江省农村集体资金存放制度的建议 ………………（318）

关于推进我国农村集体土地混合所有制改革的建议 …………（323）

推进浙江省高水平农业现代化建设若干建议 …………………（325）

推进长三角乡村区域一体化振兴发展与建议 …………………（330）

高质量推进江西乡村振兴与转型发展建议 ……………………（337）

推进乡村有机更新，实现乡村价值再造 ………………………（344）

"六位一体"农房整治与善治的衢州探索和经验启示 …………（350）

高度关注我国农民分化的新动向 ………………………………（357）

当前疫情对我国扶贫和贫困地区农民的影响与建议 …………（361）

人口流动对农村社会网络及乡村治理的影响 …………………（367）

转变"易地搬迁"扶贫在新阶段的战略地位 ……………………（372）

率先突破发展不平衡不充分问题 ………………………………（378）

深化"绿水青山就是金山银山"理念认识，打造转化窗口 ……（381）

持续为乡村振兴保驾护航 ………………………………………（386）

我国发展不平衡不充分问题与破解思路 ……………………（389）

着力打造乡村振兴齐鲁样板 ………………………………（395）

以全面小康社会补短板为抓手推进共同富裕 ……………（404）

实施乡村建设行动要防止脱离乡村实际的大拆大建 ……（410）

率先实现新时代浙江省共同富裕的思路与体制机制建构 ……（414）

乡村人居环境改善要建立"四位一体"治理体系 …………（420）

以未来乡村建设推进共同富裕的建议 ……………………（423）

探索增加居民收入的浙江路径 ……………………………（427）

把农民农村作为扎实推进浙江省共同富裕发展的重点 ………（429）

我国数字乡村建设与发展挑战 ……………………………（432）

提高浙江省蔬菜"菜篮子"工程质量及数字化应急保供能力 ……（437）

全面推进乡村振兴的十大重点 ……………………………（445）

附录　本人有关"三农"问题研究的主要论述 ………………（462）

第一篇
1978—2000 年

必须重视国营农场的经营管理①

　　粉碎"四人帮"以来,许多部门的企业单位利润指标逐年上升,使我国的财政收入大幅度增加。但是,目前大多数国营农场的经营管理情况仍然不能令人满意,亏损问题并没有得到切实解决。

　　经营管理作为一门科学在国营农场广泛运用是建设社会主义的现代化大农业的必要条件。由于林彪、"四人帮"长期以来在国营农场经营管理上制造的种种混乱,以及我们工作中的缺点和错误,许多农场干部对改革落后的经营管理认识不足。他们片面地认为:当前要尽快实现农业现代化,主要是大力发展和使用先进的农业生产技术。他们没有想到光有先进的科学技术,没有与之相适应的科学管理方法,就会使科学技术不能发挥应有的经济效果。所以,当务之急就是要迅速改变国营农场经营管理中存在的一切不合理部分,提高整个农场系统的经济管理水平。为此,我们提出以下一些粗浅看法。

　　1. 大力改革现行农场的管理机构,精兵简政,调整行政管理人员和经济业务管理人员的比例

　　目前,农场机构臃肿,层次重叠,仅场部一级科室就有十多个。组织机构的庞大不仅造成领导干部和机关工作人员的官僚主义,也是经营管理效率低和混乱的重要原因。国营农场是社会化的农业大生产,它的各个部分都应是有机联系的。而目前的农场管理机构却把这种互相联系

---

　　① 本文作者为武军、潘明权、黄祖辉、吴云飞。本文是本人进入大学第一年与同在黑龙江下过乡的几位上海知青同学共同完成的,是本人从事"三农"研究的处女作。这篇文章与其说是篇学术文章,毋宁说是一篇决策咨询建议类的文章。承蒙著名经济学家于光远先生的推荐,发表于《经济研究》1978 年第 12 期。

的生产环节分割成各自独立的方面。科室繁多,互不通气,业务重复,甚至相互矛盾。这种管理机构阻碍了农业生产的发展,所以必须进行大胆的裁减、合并。降低行政干部的比例,新的管理机构要由一批精干的熟悉经济业务的干部和工作人员组成。同时,应给予基层经济管理人员以生产主动权,培养他们独立工作的能力,提高基层管理人员对企业管理的责任心,调动广大干部、群众的社会主义积极性。

2. 改变用行政手段代替经济手段的管理方法,使经济管理人员有职有权

作为基层经济管理人员,他们不但了解本单位的生产情况,而且可以从提高经济效益的角度出发,积极提出改进生产的合理化建议。目前经济管理人员在发现生产过程中的不合理耗费时,及时向主管领导提出,但得不到应有的重视。甚至当经济管理人员的意见与领导意图不一致时,有些领导就以行政命令强制执行,严重侵犯了经济管理人员的工作职权,挫伤了经济管理人员的积极性。为了改变这种状况,应当调整领导班子,大胆提拔和选用懂得经济的有魄力的经济管理人员充实管理机构,实行党委领导下的分工负责制,职权明确,用经济手段管理生产。与此同时,要迅速恢复和建立国营农场经济师、会计师的职称制度,落实经济责任制,提高他们在企业管理中的职权和地位,使国营农场的经营管理水平在目前基础上有一个较大的提高。

3. 运用价值规律,搞好经济核算

我们每个企业管理人员都要养成善于算成本、算经济账的习惯,讲究经济效益,减少不必要的开支。毛主席曾指示我们,算账才能实行那个客观存在的价值法则,这个法则是一个伟大的学校。农业生产季节性强。农闲时多余人力要充分利用,例如搞些工、副业生产,既增加收入,又改善职工生活条件。农忙时要合理调配劳力,挖掘潜力,不要总是搞加班加点和疲劳战术。这是当前应注意研究解决的一个重要问题。必须考虑:如何在有效工作时间内,提高工作效率,完成更多的生产任务;如何充分发挥现有机械的效能,提高劳动生产率,减少人工作业时间,降低成本,减少消耗。比如重复脱粒问题,有些单位重复脱粒成了一项正常作业项目,常年搞重复脱粒,好像这样才保证"颗粒归仓"。重复脱粒的粮食抵不了油料钱。这说明我们许多企业管理干部缺乏经济核算观念。还有农场的低值易耗品消耗量每年都很大,麻袋镰刀等一年一换。仓库管理混乱,零件遍地皆是。为什么就不能恢复仓库卡片制度呢?凡此种种,以小见大,关键是大多数企业领导不能主动地运用价值规律,多算几笔经济账。

经济管理制度,特别是管理机构的改革是个很复杂的重大问题。为了使这一问题能够得到解决,我们希望在整个农场系统围绕"如何提高国营农场管理水平"展开一场大讨论。对国营农场三十年发展历史做一次全面总结。集思广益,提出更多更好的合理化建议和改革的措施方案。同时举办农场系统各级领导干部和经济管理人员集训班,加强经济理论和经济政策的学习。农场与农场之间也应该经常组织召开一些经营管理讨论会,交流经验,相互促进,经常了解国内外农业经济动态,开阔眼界,解放思想,努力提高整个国营农场的管理水平,为在我国尽快地实现农业现代化而努力奋斗。

对我国经济体制改革的几点看法①

我国经济体制改革已经持续了八年,确实有必要对改革进行系统的反思了。为此,本文也谈几点看法。

1. 我国经济改革确实正处于一个重要的转折关头,但认为突破旧体制的束缚就能带来能量大规模释放的阶段已经过去的判断为时过早

我认为这一判断对农村经济改革的形势是适用的,但从整个经济体制的形势来观察,似乎并不适用。因为对于产业密集的城市的经济体制改革来说,旧体制目前仍然是占主导地位的。虽然这几年这种旧体制已受到了不同程度的改革冲击,如所有制的改革、价格体制的改革、企业经营体制的改革、劳动工资制度的改革等。但这些改革大多由于配套不够和内外部条件不成熟而没有在城市范围取得实质性突破。城市经济这几年的变化,外部因素推动起了重要作用,其中农村第一改革所产生的巨大推动力是主要的。至于城市内部本身,尤其是公有制企业及其职工的能量还不能说已得到大规模释放了。因为事实上目前企业的市场约束依然很软化,平均主义"大锅饭"和"铁饭碗"格局不仅没有根本改变,而且还在一定程度上改头换面地强化了。要使得国民经济中占主导地位的公有制企业的能量能大规模释放,前提是使其成为真正的相对独立的商品生产者,农村已基本实现了这一点,城市却没有。

---

① 本文作者为黄祖辉。本文内容发表在《通讯讨论会简报》1987 年 4 月 15 日。

2. 改革已到了非配套不可、不配套不如不出台、不如暂时维持原状的时候

近几年的改革实践表明：进一步的深入改革只有配套实施才能奏效。不然，改革不仅不能收到预期效果，而且还可能出现负效果，以致陷入循环往复，改革的环境越来越差。因为改革的社会承受心理是有限的，我们再也不能在改革中重蹈"花钱买矛盾"的做法了。当然，改革配套并不意味着要配套得天衣无缝，或者就是意味着改革非要求改革措施方案同时出台不可。配套不排斥改革措施、方案出台的时间差，关键在于改革思路要有配套。从目前来看，至少价格、工资以及所有制的改革要能够配套起来，经济体制和政治体制的改革也要有个配套。

3. 对于改革的效果，要从机制运行和经济发展两个方面来评价

单从经济发展指标来评价改革效果，有可能使那些再坚持一下就能见成效的改革措施夭折。改革的目的当然是要使社会经济能够持续稳定地发展，但改革和发展在时点上并不一定同步。因为经济发展除了受体制的因素影响外，社会生产力水平、自然环境条件和国际环境条件的变化都会对其产生不同程度的影响。因此，就改革本身来说，有必要看重改革所产生的机制运动的效果，像以企业为核心的动力机制、以市场为中介的信息传递机制、以国家为代表的调控机制，以及上述机制的啮合运转，都是在改革中需要新构造的，都是可以给予测定的。改革如果能在理顺机制、运转协调的道路上迈进一步，其效果从某种程度上讲是长存的。这丝毫不意味着改革可以不需考虑社会经济效果，而是要避免把短期效果作为判断改革措施方案是否优劣的唯一指标。

4. 建立新经济体制的难点在于公有制企业的行为在市场机制作用下正常化，以商品经济为基础的微观机制运行同以国家计划干预为主的宏观机制运行相协调

我国新经济体制的总特征是有计划的商品经济体制这一点已明确无疑。应该说，商品经济在很大程度上是反映新经济体制中微观机制的特点，不这么构造，微观就会缺乏内外部动力，而要构造这样的机制，难点主要在于公有制企业能真正接受市场的约束，脱离对国家的依赖。显然，要达到这样的境界，所有制的改革是根本。问题是我国所有制的改

革有个大前提：公有制为主体的性质不变。这就是说，我们的微观机制构造，一方面要在公有制主导地位不变的前提下进行，另一方面又必须通过这种可行域范围不大的改革，来实现所有制企业和市场的关系正常化，这无论在理论上还是在实践上都颇有难度。在微观商品机制构造的同时，为了避免因商品经济条件下价值规律自发作用而可能产生的宏观失衡以及由此而产生的周期性经济振荡，国家有必要也应该在宏观上对微观给予有计划的指导或干预。但是，这种干预又必须以不破坏微观机制运转，特别是企业动力机制正常运转为条件。这就是说，改革要建立起宏观与微观、计划与市场相协调的机制，在具体的政治、经济体制中构造这种协调机制，其难度似乎更大，需要改革者深思熟虑。

我对粮食问题的几点看法^①

1. 现在的粮食问题与 20 世纪 60 年代的粮食问题具有实质上的不同

其主要表现不仅在经济水平,农民收入水平的不同,而且还在于农村经济形态的不同,从自给经济形态转向目前的商品经济形态,使得粮食问题的社会环境发生了根本性的变化,尽管农村商品经济还不发达,还不充分,并且粮食还没有商品化,但是商品意识、价值规律已经不可避免地影响了农民的行为和各级基层领导的思想,这给粮食问题的解决带来了复杂性。因此,农村商品经济的社会环境应作为我们考虑和解决粮食问题的一个出发点,不能用传统的观念和方法来解决粮食问题。

2. 解决粮食问题的思路不妨开阔些

不要一谈依靠外部条件解决粮食自给问题就视同是不重视粮食生产,是完全不可能的事,不顾实际地片面强调每个地区、每个县都做到粮食的自给,等于是排除了商品生产的社会化分工与协作的可能,不利于粮食生产真正持续稳定的发展,而且还会束缚人们解决粮食问题的思路。

3. 解决粮食问题的根本出路在于粮食生产的规模化和专业化

至少对于承包地(责任田)的粮食生产,应逐步创造条件走这条路,这不仅可以调动农民种粮的积极性,而且有利于粮食生产向现代化转变。这里的关键,是要解决农民愿意放弃种粮土地和农民愿意接受土地种粮的问题,规模经营要以 1＋1＞2 为前提条件,否则,即使有人愿意种

---

① 本文作者为黄祖辉,是本人 1988 年 2 月在浙江绍兴的一次会议发言。

粮,但粮食总产量仍不能得到增长。

4. 对农村工业开征粮食附加税,是从微观上调节粮食生产矛盾的一个有力措施,但面似乎还不够广

建议也对城市工业企业开征粮食附加税,或者适当提高城市居民统销粮价(由于它不是原料粮,提价后引起其他产品价格连锁反应的可能性很小),并把这部分钱作为农业,特别是粮食生产发展基金。否则粮食问题光由农村来负担,而不让城市相应地负担,从道义上也讲不通。

20 世纪 90 年代农村经济发展与改革的若干思考[①]

　　20 世纪 80 年代,我国农村经济的发展取得了举世瞩目的成就。90 年代,我们应在加快城市经济体制改革步伐的同时,继续注重农村经济的发展与改革,使城乡经济比翼齐飞。

一、应多从宏观经济角度考虑农村的发展与改革问题

　　事实表明,经过 20 世纪 80 年代改革与发展,我国的农村经济已在整个国民经济体系中占有愈来愈重要的地位,不仅农业,就是农村非农产业的变动,也会对国民经济的发展产生重要影响。因此,如果说在 80 年代,把农村经济的发展与改革置于整个国民经济的系统中来考虑和把握还显得不迫切的话,那么,到了 90 年代,这种考虑与把握就显得极为迫切了。现实农村经济中存在不少问题,如:在确立农村小康目标的前提下,如何寻找实现这一目标的有效途径? 我国的农村工业究竟应在整个工业化进程中担当什么角色? 目前农村工业布局相对分散、结构与城市工业基本雷同的格局,是否应长期保持下去? 农业剩余劳力的转移,是否应继续保持"离土不离乡"、"进厂不进城"的格局? 我国的农业现代化道路,究竟应选择什么样的道路? 90 年代农村经济体制改革的重点究竟是什么? 在农村经济自成体系的情况下,如何协调城乡关系和具有

---

　　①　本文作者为黄祖辉。本文内容发表在《内部参阅》(人民日报社编辑发行)1992 年 9 月 21 日。

双重含义的工农关系(即城乡之间的工农关系和农村中新出现的工农关系)？如何建立起既适合于农村经济社会系统，又适合于城市经济社会系统的宏观调控体系？如此等等，这些具有根本性的问题，都是不能回避的，正确解决这些问题的方法与思路，如果单纯从农村或农业的角度去考虑和把握，是难以得到令人满意的结果的，只有将其置于整个宏观经济社会系统中，才能找到理想的答案和途径。

二、继续推进农业剩余劳动力的转移，是农村实现小康目标的一条主要途径

农村实现小康目标的根本途径是农村经济本身的发展和农民实际收入的增长。如何实现农村经济的发展和农民实际收入的增长？从20世纪80年代不少地区的发展经验来看，关键是不断推进农业剩余劳力向非农产业转移。这是我国农村实现小康目标的一条主要途径，理由在于：

第一，农业是国民经济的基础，但农业并不是国民收入中份额越来越大的产业。从某种意义上讲，如果说解决基本生存或温饱问题应主要靠农业的话，那么解决小康或人民进一步富裕的问题，就应更多地依靠非农产业的发展，并且要在非农产业不断发展的基础上，把农业剩余劳力转移出去。

第二，维持现有农村就业格局，仅仅通过宏观或微观上的政策措施来提高农民的收入水平，如不断提高农产品的价格，对农产品减免税，对农民实行收入补贴以及继续实施乡镇企业"以工补农"等，短期内会有一定效果，但是从长期看，这样做只能提高农民的名义收入水平，不仅不利于农村经济的综合发展，而且还会产生不少副作用，如加重财政负担、促使物价水平全面上涨等，因为我们不可能建立起确保8亿农民收入达到小康水平的工农产品价格体系。

三、注重农村工业化、城市化、农业现代化的协调发展

农村工业化和城市化，不仅是农村经济发展的现实需要，也是整个工业化和城市化进程不可缺少的组成部分。农村工业化、城市化和农业现代化之间存在着密切的关联性。工业化和城市化是同一事物发展过程中的两个方面，是农业现代化的重要条件和保证。

但是，从目前的实践看，这三者的关系并不很协调。特别是在经济发达地区的农村，农村城市化的进程相对于农村工业化和农业现代化的要求看，已显得过于滞后。农村城市化进程过慢所直接或间接带来的诸如农村工业布局过于分散、农村第三产业发展过于缓慢、农业转移劳力不能彻底脱离土地、农业土地规模经营步履艰难、农业生态环境严重恶化等问题，已严重地阻碍了这些地区农村工业化和农业现代化的进程。

农村城市化进程过于缓慢的原因，除了在农村工业发展初期，宏观上缺乏对农村工业布局与农村城市发展合理配套的准备，从而没有对农村工业的空间布局给予及时的引导外，主要的原因是：传统的城市发展思路与体制阻碍了城市的兴起与发展。因为在传统的城市发展思路与体制下，城市建设的资金，城市居民的就业、教育、医疗、住房以及各种社会福利，统统要由国家包揽，发展一个新城市，意味着国家将要承受很大的，并且永无止境的财政负担。如果没有足够的财力，维持原有大中城市的发展都有困难，又怎么能谈得上在农村发展许多中小城市呢？

因此，加快农村城市化的进程，不仅要有非农产业的发展，而且还必须突破传统的城市发展思路与体制。要充分发挥地方财政、农村企业和农民的积极性，要对城市的户籍制度、就业制度、住房制度、医疗制度等一系列的社会福利制度进行改革。目前，不少地区正在开展拆区并乡和扩镇的工作，这不仅是农村行政管理体制的一项重大改革，而且也是农村生产力要素在空间重新组合、加快农村城市化进程的有利时机。应抓住这一时机，大胆实施农村城市化战略，并且，要与农村工业布局的调整

和转移劳力的迁移进城结合起来,只有这样,城市化的进程才能推动农村工业化和农业现代化。

由于我国经济发展水平的不平衡性较明显,城市化滞后问题在经济发达地区比较突出,但在欠发达地区的情况并不是如此。因此,应从本地区的实际出发来认识与把握农村工业化、城市化和农业现代化这三者的关系。

四、要把市场体系的构造与
完善作为深化农村改革的重点

我国经济体制改革,20 世纪 80 年代是"农村热,城市冷",90 年代以来却是"城市热,农村冷",这是很不正常的。继续加快农村经济体制改革的步伐,关键是要明确深化农村经济体制改革的重点。笔者认为,在农村第一步改革基本完成的情况下,应不失时机地把农村改革的重点转向构造与完善农村的市场体系。

具体说来,农村进一步改革的重点应是:

第一,进一步建立与完善农村的要素市场。在交通便利、已有发展基础的集镇,在中小城市,建立零售、批发、期货等形式的各类农产品专业市场,以及在农村建立非农商品的专业市场;在农村开发、城市规划的基础上,建立和发展农村房地产业市场;进一步建立和完善农村的金融市场,不断拓展各类金融业务和网络;建立科技、信息等方面的劳务市场;等等。

第二,深化农产品价格体制和农村流通体制的改革。其思路是:进一步减少由政府直接控制的商品种类、数量及其价格,扩大市场调节的份额;继续鼓励多形式、多渠道的商品流通和产销直接见面;政府对农产品的购销控制,由直接经营和价格管制,转到更多地运用储备制度、市场监测与组织制度、税收手段以及适度的价格调控手段上来。

如同农村第一步改革一样,确立以市场运行机制构造为农村改革的重点,也不应排斥其他与之相配套的改革,这些改革主要是:①进一步完善农村双层经营体制;②加快县乡级管理体制的改革等。

　　总之,农村经济的发展与改革远没有穷尽,但只要我们始终不渝地以经济建设为中心,以建立社会主义的市场运行机制为改革的目标,解放思想,大胆实践和探索,我国的农村经济发展与改革在 20 世纪 90 年代必将取得更大的成功。

实现农业、农村工业与小城镇的协调发展①

《中共中央关于制定国民经济和社会发展"九五"计划和 2010 年远景目标的建议》明确了未来 15 年我国经济和社会发展的奋斗目标。为了实现这一奋斗目标,必须实行两个具有全局意义的根本性转变,即经济体制从传统的计划经济体制向社会主义市场经济体制转变、经济增长方式从粗放型向集约型转变。从我国经济体制改革与经济发展 17 年来的实践历程看,要切实转变经济增长方式,一是取决于社会主义市场经济体制的逐步建立和完善,二是取决于整个产业结构与布局的不断优化。由于农村经济在我国整个国民经济中占有愈来愈大的比重和持续高速增长的特点,谋求农村经济增长方式的转变,对于今后 15 年整个国民经济增长方式的转变,具有至关重要的意义。而要实现农村经济增长方式的转变,关键是使农业、农村工业和农村城镇协调地发展。

20 世纪 80 年代以来,我国农村经济发展尤为迅速,其重要的特点是农村工业发展迅猛,但农业现代化进程和农村城镇化水平却显得滞后。我国农村工业之所以能在农业现代化和农村城镇化相对滞后的情况下得到高速发展,主要是因为我国自农村改革以来,实行了鼓励农村工业就地发展、农业剩余劳动力"离土不离乡"就地转移的农村经济发展政策。这种经济发展模式的特点是投资少、组织方便、机制灵活、启动快,能够在短期内实现经济结构较快的转变和农民收入较快的提高。毫无疑问,选择这样的发展模式符合中国的国情,实践已经证明,以农村作

---

① 本文作者为黄祖辉。本文内容发表在《浙江日报》1995 年 12 月 5 日。

为改革和发展的突破口,不仅启动成本低,社会震荡小,而且使占人口80％的农民首先受益,一举解决了众多人口的温饱问题。然而,不容否认的是,这种发展模式也有其明显的弱点,主要表现在:农村工业布局过于离散,规模经济不明显;增长方式粗放,质量不高;耕地资源占用量大,影响农业发展;环境问题较严重,治理成本大。长此以往,将不利于农村工业的进一步发展和农业现代化的实现。

因此,要实现农村经济增长方式的转变,就必须克服农村工业高速增长过程中的这些弱点。为此,除了不断规范企业行为,严格产业政策,构造市场规则外,还要考虑加快农业现代化和农村城镇化的进程。在沿海经济发达地区,大量农业劳动力已转向非农产业,应不失时机建立土地使用权的流转机制,创造条件推进农业适度规模经营,将农业现代化提上重要议事日程。加快农村城镇化的进程,引导乡镇企业适当集中,把发展乡镇企业与建设小城镇结合起来,调整现行农村工业的空间布局,并通过农村城镇的发展,促进农村第三产业的发展和农业剩余劳动力的进一步转移,实现农村产业结构、劳力结构和资源配置的不断优化,促进农村经济整体素质和效益的显著提高。

需要强调的是,所谓农村城镇化,绝不是指在目前那种分散的农村工业布局基础上来发展农村中的小城镇,而是要在政府宏观指导下,以土地资源的合理配置和城镇的规模效应、经济辐射力发挥为前提,以推动农村工业的规模经济、农村第三产业的发展为目标。随着近年来县级市、小城镇的不断增加,以及各类开发区、工业小区的兴起,农村城镇化的进程,特别是在经济相对发达的沿海省份,一方面得到了明显的加快,但另一方面却也暴露出了盲目布点、任意扩张、宏观失控的现象。主要表现在两个方面:一是一些地区各类开发区和工业小区过多过密。不仅有国家级和省级的,而且几乎每个县、乡都划出土地搞县级或乡级的开发区和小区,占用了大量耕地,其中不少开发区或小区只见招牌,不见投资和项目。二是不少市、县、乡搞城镇规划与建设,存在超规模、超标准和超水平的倾向,缺乏宏观调控和严格的审核把关。

有些地区农村城镇发展盲目无序,一方面是由于存在认识上的偏差:①把农村城镇建设与发展单纯理解为每个县都要搞几个中小城镇;②把城镇规划与建设的超标准与超水平看成是超前意识强和政绩显著;

③认为农村城镇建设既然不靠国家靠自己,怎么搞法就应由自己说了算;④一些经济相对不发达的县、乡把当地城镇规模的扩大和上水平,作为当地经济强行起飞的契机,担心现在不抓住机会扩大城镇,一旦国家严格控制后,就会失去机会,延误本地经济发展。另一方面是因为国家对农村城镇发展缺乏有效的调控手段。主要表现为国家或省级政府部门对近些年农村兴起的城镇建设热,在布局、规模和阶段性等方面缺乏具体的指导与整体规划,而县、乡级城镇规划方案只需同级人大和职能部门的审批便可执行,这就为农村城镇的盲目发展提供了方便。

农村城镇化进程过慢,固然不利于农村经济增长方式的转变,但如果农村城镇发展得不到必要的控制,盲目无序地发展的话,势必产生不利后果:①加剧农业耕地资源锐减,使农田保护区和保护率得不到真正落实,进而影响农业,特别是粮食生产的稳定发展。②过热、失控的城镇建设,容易引发投资规模的膨胀和物价水平的过快上涨,使国民经济处于结构失衡和过热状态。③布局无序,布点过密,同时又是超标准、超水平的城镇群,不仅会导致城镇设施的相对过剩和利用不经济,而且还会削弱城镇作为区域经济文化中心的辐射功能,引起区域内中小城镇的低水平竞争。④与农村工业布局调整和农业劳动力转移不相关的城镇发展,不仅会浪费土地资源,而且不利于农村生态环境的改善。

《中共中央关于制定国民经济和社会发展"九五"计划和2010年远景目标的建议》的核心是切实转变经济增长方式,显著提高国民经济整体素质和效益,使社会生产力有一个大的发展。围绕这一战略任务,我们必须把握农村城镇化的进程,使其与农业和农村工业的发展协调起来。

其一,要正确处理农村工业化、城镇化和农业现代化的关系。农村城镇的发展必须同过于分散的农村工业布局调整结合起来。与此同时,还应通盘考虑农业转移劳动力迁移至农村城镇的政策措施,要兼顾城镇建设用地和农业造地、工业还地于农的关系,确保农业耕地的保护面积,使农业有足够的生存空间。

其二,要加强对农村城镇发展规模与布局的宏观调控。将农村城镇发展规划纳入"九五"计划和中长期发展规划中,制定科学的农村城镇化发展战略和政策法规,指导农村城镇化的进程。

其三,要加强对农村城镇规划的可行性论证和审核把关。完善审批程序,制止那些不从实际出发的超标准、超规模、超水平的城镇规划与方案的实施。

"九五"期间浙江农村
经济面临的挑战①

　　改革开放 18 年来,浙江经济年平均增幅为 13.5%,"八五"以来则高达 18%左右。在浙江从经济小省逐渐跃为经济大省的过程中,农村经济发展的贡献不可磨灭。其一,在全省工业经济中,乡镇工业已从二分天下有其一,发展到三分天下有其二,现在,已达到了四分天下有其三的格局;其二,浙江农村市场十分活跃,尤其是各类专业市场的规模,不少已在国内处于领先地位,成为浙江经济高速增长的重要源泉。但在"九五"期间,浙江农村经济也面临五个方面的挑战。

　　一是实现粮食生产稳定发展的挑战。与高速增长的工业相比,浙江农业基础仍显薄弱,发展相对缓慢,对农业的投入、农业的技术进步以及现代化的进程,都还不能适应发展的要求。特别是粮食生产,还面临着耕地面积逐年减少、农民积极性减弱、总产量不断下降的局面。这种局面若不能在"九五"期间得到明显改观,将会制约全省经济的持续发展。

　　二是实现人口、资源、环境良性循环的挑战。由于经济增长方式的粗放和缺乏有力的宏观调控,浙江农村经济发展中的资源与环境的代价很大,并已导致人口、资源和环境关系的紧张。例如:浙江人均耕地资源已从 20 世纪 80 年代的人均 0.6 亩,下降到现在的人均不足 0.5 亩,并且下降趋势仍在持续;过多的农药、化肥施用以及一些乡镇工业的有害废气、废水、废尘的肆意排放,导致农村生态环境日趋恶化,"收入水平上升,生活质量下降"的现象在农村已具一定的普遍性。环境污染正威胁着农民的正常生活和生产。这种以资源与环境为代价的经济增长若得

---

　　① 本文作者为黄祖辉。本文内容发表在《浙江经济报》1996 年 2 月 5 日。

不到抑制,后果将不堪设想。

三是实现经济体制转型的挑战。尽管改革首先从农村起动,并且取得了明显的成效,但目前的农村经济体制还远未达到经济体制转型的目标要求。当前迫切需要进一步创新与完善的体制主要有:①建立有利于土地规模经营和现代农业发展的土地流转机制;②建立有利于农村集体经济健康发展、政企分离、产权明晰的集体资产管理体制;③建立能够灵活协调地区间、产供销间关系的农产品、农用生产资料的市场流通体制和农业社会化服务体系;④建立政府扶持农业、工业反哺农业、农民热心农业的农业发展机制。

四是实现经济增长方式转换的挑战。浙江农村经济增长速度虽然很快,但增长方式粗放。这具体表现在:农业生产技术含量不高,乡镇工业布局分散,产品质量档次不高,增长主要依赖于生产要素的投入,小城镇发展缺乏宏观调控,规模经济和区域经济效应不明显。因此,要实现农村经济增长从粗放型向集约型的转换,任务相当艰巨。这种转换不仅取决于经济体制的进一步转型、农村资源与环境的合理利用,而且还需要充分发挥技术进步、产业组织、经营管理对经济发展的贡献和作用,注重农业、农村工业和小城镇的协调发展,以及农村能源、交通、通信等基础设施与农村工业的有效配合,使农村经济的增长建立在结构合理、质量上乘、效益显著的基础上。

五是来自国内外市场日趋激烈的竞争的挑战。"九五"期间,浙江农村经济将面临更为激烈的国内外市场的竞争。周边和内地省份的发展态势,无疑会对浙江农村市场的进一步拓展带来难度,而国内市场对世界的不断开放,对浙江农村经济既是一种机遇,又是一种挑战。在竞争日趋激烈的国内外市场中把握机遇和占据主动,将对"九五"期间乃至21 世纪的浙江农村经济和全省经济的发展具有至关重要的意义。

总之,浙江社会经济的中长期发展目标已经确定,我们要实现这些目标。只有正视挑战、寻找对策并果断实施,才能使浙江经济获得持续、健康的发展。

合作在经济运行中的功能^①

　　长期以来，人们往往把经济的成功归功于竞争，然而不少事实表明，这种看法并不全面。当一个国家的制度结构能为个人和组织从事经济活动提供有效的激励时，同样能带来经济的成功，合作在这时候会发挥重要的作用。

　　在经济运行中，合作的行为与形式是多方面的，且有宏观、中观、微观三个层次。从功能上看，合作虽然在某种程度上会削弱合作参与方之间的竞争，但并不排斥竞争。相反，合作导致的竞争度的降低或更加有序化，恰恰是我们避免盲目竞争、避免低水平竞争的有效途径。合作不仅能带来 1＋1＞2 的效率，同时还具有其他重要的功能。

　　从宏观层面看，产业与产业、行业与行业之间的合作，具有明显的制约"寻租"行为的功能。众所周知，"寻租"的所得常常是社会其他成品的利益所失。因为谋取某种垄断的权力、特殊的政策或者价格差是"寻租"者的共同特征。而通过建立企业联盟、行业协会等合作组织，扩大利益集团，这样，它所代表的社会份额也就随之扩大。一个组织包含的范围愈大，其谋求再分配所得的可能性就愈小。尽管这种宏观层次的合作不能完全消除"寻租"行为，但是至少是抑制了分散状态下的"寻租"需求。值得说明的是，"寻租"现象的原因是多方面的，抑制乃至消除"寻租"行为需要从多方面入手，合作仅仅是其中的一条途径。

　　从中观层面看，购销企业的合作、投资者与企业的合作，具有减少交易双方不确定性、抑制投机性行为、降低交易费用的功能。企业如果与其零部件、设备和原材料的供应商之间缺乏相对稳定持久的供销合作关

---

　　① 　本文作者为黄祖辉。本文内容发表在《浙江日报》1997 年 5 月 19 日。

系,对企业并不很有利。不断寻找最好的供应商或顾客,在交易双方信息不对称的情况下,如果缺乏合约基础上的合作,会加大对未来的不确定性,交易各方会产生投机性的行为。更为重要的是,由于缺乏对未来交易的保证,双方都会有短期效益最大化的动机,这种行为不利于长期投资。纵向合并尽管是一条可供选择的出路,但是往往需要大量的投资,并且导致管理机构臃肿以及对风险的规避,同时还会削弱竞争,进而影响效率和创新。按照 O.E.威廉姆森(O.E. Williamson)的观点,在市场和科层这两种控制方式之间,可找到中间形式的控制结构,建立一种与独立的经济行为主体的长期合作关系,将双方的利益与风险以合约的方式加以明确,也是一种选择。它既可以降低市场交易的成本,使企业避免在合并状态下的大量投资,又有利于各自行为的长期化。

从微观层面看,管理层与员工的合作、员工与员工的合作,具有降低企业内部的控制成本,增强企业的凝聚力,提高员工的努力程度,使诸如"代理人"问题、"搭便车"现象得到较好抑制的功能。对"代理人"问题和"搭便车"现象的常规治理办法,一是加大监控力度,二是将利益支付与努力程度或效益挂钩。当然,采用利润挂钩的做法,其效率则要视具体的情况而定。当员工的努力程度并不与效益直接关联时,当某种效益的取得是取决于集体努力的情况下,上述办法仍然难以避免"搭便车"现象。因此,我们可以通过让员工参与班组决策或承担某种责任与义务,来培育信任感和鼓励班组成员自发监控员工自身的工作绩效。正如 D.莱文(D. Levine)和 L.泰戎(L . Tyjon)所指出的那样:"通过协同作业,班组成员会珍视团体的利益,并且注意损害集体利益的偷懒行为。这样,就使偷懒或'搭便车'行为成为一种可直接观察的成本,由此,班组就可以采取制裁措施来制止这种违背集体利益的行为。"车间层的班组参与形式,应该说是起源于中国的"两参一改三结合",日本人吸取了其精华,已流行了许多年,获得了良好的效果。

总之,合作作为介于完全市场和完全科层控制结构之间的控制形式,不仅在宏观层面,而且在中观和微观层面,均可以得到应用。尽管上述问题与矛盾的解决,还存在其他可供选择的途径和手段,但合作在不同层次的合理应用,为我们提供了一种极其有益的思路。

正确看待与引导粮田
规模经营的发展^①

近 10 年来,围绕着我国农业特别是粮田规模经营的兴起与发展,理论界和实际工作部门的同志进行了大量的研究与探索,取得了不少成果,但仍然存在一些不同认识和争论。最近,《经济学消息报》发表的一些学者的文章,如《中国农业并不具备规模经营条件》(1997-08-01)、《农业规模效益非常有限》(1997-08-08)、《两田制:利弊还得权衡》(1997-08-22)等,令人关注。我国的农业或粮田规模经营,不仅涉及农业生产要素的流动与重组,而且波及农村土地关系、农民利益和农村土地承包与家庭经营的制度、政策,需要正确评价与引导。基于此,由笔者主持的一项国家社科基金项目"沿海地区农户土地规模经营内在机理分析与政策思路",经过了两年时间的深入研究,得出了以下基本结论和看法。

1. 我国沿海地区现阶段的农户土地规模经营,重点不在于粮食生产存在土地的规模经济性,而在于解决从事粮食生产的农民积极性或比较利益问题

但这并不意味着粮食生产可以不讲究适度经营规模,不过,农户粮食生产的适度经营规模应从本地区的经济、技术、资源等条件出发,同时,考虑经营者的利益、积极性与政府政策等因素,不要简单追求划一或规模愈大愈好。

---

① 本文作者为黄祖辉。本文内容发表在《调查与研究》(浙江人大常委会研究室主办)1997 年第 9 期。

2. 土地的流转与集中机制是实施粮田规模经营的重要前提

在现阶段,尤其要处理好土地流转、规模经营与土地家庭联产承包责任制政策的关系。在土地规模经营中坚持土地家庭联产承包责任制长期不变,关键是对现行农村土地制度进行再创新,土地产权的"三权分离"是一条可供选择的途径。只有在产权关系上处理好所有权、承包权和经营权的关系,才能体现"明确所有权,稳定承包权,搞活经营权"的思路。要正确对待和认识粮田规模经营中的"两田制"形式,只要坚持条件、农民自愿,并且处理好各方利益关系,"两田制"并不是对土地家庭联产承包责任制的否定,而是一种从我国现实出发的,既能兼顾农民最低社会福利水平和风险保障,又能激励种粮和体现粮食生产效率的制度安排。对于那些不坚持条件、不尊重农民意愿、借"两田制"名义变相剥夺农民承包权的做法,则应纠正。

3. 农业的家庭经营不仅适合于传统农业、小规模农业,而且也适合于现代农业和规模经营的农业

家庭经营组织在农业中的生命力,主要是由家庭组织所具有的独特制度功能和农业生产的特点以及经营规模的可伸缩性所决定的,因此,不应在土地规模经营中轻易否定或取代家庭经营组织,要坚持家庭经营基础上的粮田或农业规模经营。

4. 农户粮田规模经营与农业社会化服务存在相互制约、互为促进的关系

农业社会化服务不仅是农户粮田规模经营的重要条件,而且也是农业专业化分工与现代化的重要标志。与完全自主的农业家庭经营模式相比,依赖社会化服务的农业家庭经营,既可能因专业化分工而获得较高的效率,又可能因专业化分工而产生交易成本的问题,因此,建立完善的农业社会化服务体系,尽可能降低经营农户与服务组织之间的交易成本,以真正实现专业化分工的效率,对于农户粮田规模经营的发展尤为重要。

5. 要从经济、社会、环境的角度来评价沿海地区的粮田规模经营效果

实践表明,粮田规模经营对经营户收益、劳动生产率、粮食商品率、

机械化程度以及农业生产投入、农田基础设施改善等已产生了比较普遍与明显的效果,而对于土地生产率和单位成本等,则并没有显示出普遍明显的效率。这需要从具体的个案实际出发,结合相关因素和条件来评判,但不宜从某一两个个案的实绩出发来推出普遍的结论。

6. 资本,尤其是机械对劳动的不断替代,对于农户粮田规模经营来说,具有必然性,这在一些地区已呈现明显的态势

需要注意的是,应该从我国,特别是沿海地区劳动力、土地资源的特点出发来把握这种替代进程。经营规模与要素相对价格(包括补贴因素)是决定这种替代的主要变量,在实际中,有必要通过政策或对上述相关变量的调控,如对超大规模的控制、农机购买补贴政策的调整等,使农户粮田规模经营中的资本对劳动的替代与地区乃至国民经济的整体发展保持协调。

总之,要把我国的农业土地(或粮田)规模经营置于整个经济社会系统中去观察、分析、评判和把握,在政策出台时,则应注意地区差别,强调分类指导,避免简单化或以偏概全,使农业的土地(粮田)规模经营向着健康的方向发展。

第二篇
2001—2010 年

浙江现象与浙江经验①

2000 年 8 月,我在德国柏林参加了三年一度的国际农业经济学会第 24 届年会。近千名来自世界各国的农经学者与政府官员,共同研讨了"明天的农业——激励、制度、结构与创新"。会议期间,改革与经济转型是讨论的一个热点,而使我感受最深刻的是,中国近二十多年来的改革实践与发展业绩、中国的渐进式改革模式及其许许多多的制度创新,已成为一种"中国现象",这一现象不仅为学者们所感兴趣,而且已愈来愈为世界所认同。

"中国现象"又使我联想到"浙江现象"。浙江的土地面积在全国列第二十五位,是一个人均耕地面积在全国倒数第三的省份(仅在西藏和青海之上)。浙江的自然资源并不丰裕,国家的重大投资项目也基本上与其无缘。改革开放前,浙江的经济总量在全国列第十二位,人均 GDP 在全国列第十五位。然而,就是这样一个省份,现在却让国人刮目相看。改革开放二十多年来,浙江经济增长速度为全国之冠,GDP 年均增长 13.2%(柴松岳,2000),高出全国平均约 4 个百分点(方民生,2000)。2000 年,浙江 GDP 总量突破 6000 亿元,列全国第四位;人均 GDP 突破 1.3 万元,高出全国平均近一倍,名列全国各省、自治区第一,仅次于上海、北京、天津三个直辖市。浙江还是全国第一个没有贫困县的省份,农民收入水平已连续十一年列全国各省、自治区第一位。2000 年,浙江农民人均收入的增幅高达 7.6%,比全国平均水平约高出 5 个百分点。特别是,在全国经济增幅普遍放慢,农民收入连年徘徊、增长缓慢的背景下,浙江仍能保持高速发展的活力,形成了一道独特的风景线,以至于被

---

① 本文作者为黄祖辉。本文内容发表在《浙江日报》2001 年 2 月 26 日。

人称之为浙江现象,颇耐人寻味。

浙江现象,或者说,浙江能从资源小省变为名副其实的经济大省,长期保持经济快速增长的势头,其根本原因从官方角度讲,是浙江人民把邓小平理论同浙江的实际紧密结合起来,形成了一种具有鲜明时代特征、具有广泛群众基础、"自强不息、坚忍不拔、勇于创新、讲求实效"的浙江精神,探索出了一条具有浙江特色的建设社会主义现代化的新路子。从经济转型和制度创新的角度看,这条新路子就是:坚持从实际出发,推行经济的市场化、民营化和民主化。这既是浙江的经验所在,又是浙江现象的本质所在。

经济的市场化在浙江表现得极为充分。浙江人被认为具有比较浓厚的商品意识和悠久的经商传统,无论是温州人的"走南闯北",还是宁波帮的"长途贩运",无论是义乌人的"鸡毛换糖",还是永康人的"打铁补锅",都与一个"商"字有关。因此,市场化取向的改革在浙江有深厚的群众基础。目前,全省已形成一个以全国性专业批发市场为龙头、以区域性专业市场为骨干、以遍布城乡的集贸型市场为基础的商品交易市场网络。义乌的中国小商品城,绍兴的中国轻纺城、海宁的浙江皮革服装城、嵊州的中国领带城、瑞安的商城、庆元的香菇市场、余姚的中国塑料城、南浔的建材市场、诸暨的珍珠市场、桥头的纽扣市场、永康的小五金市场、宁波的服装市场、乐清的低压器材市场、舟山的国际水产城等都已名扬中外。除了商品市场外,诸如劳动力、土地、资金、科技等要素市场在浙江也发展较快,整个浙江形成了一个主要依靠市场机制来配置资源和运行经济的良好格局。

经济的民营化是浙江的一大特色,集中反映在多种经济成分的共同发展上。1998 年,浙江国有(包括国有控股)、集体、个体私营、外商及其他工业在工业增加值中所占的比例为 13.5∶42.7∶34.0∶9.8(张宏斌,2000)。在民营化的过程中,浙江的基本思路是:对国有经济是注重其控制力,而不是追求其比重;对个体、私营经济是鼓励其发展,而不是加以限制;对集体经济是注重其完善与制度创新,而不是墨守成规。

经济的民主化在浙江主要体现为政府对经济的运行比较放手,但并不放任;对一时看不清、有争议的事物,采取不争论、允许试的态度。如对温州个体私营经济的发展,对股份合作制的发展与规范,对农地承包权的流转与股权化,对科技人员的参股与技术折股,对民间金融的发展问题等,都不急于对其定性,而是让其在实践中探索,或对其进行积极引导,使其在比较宽松的环境中健康发展。

经济的市场化、民营化和民主化实际上是现代经济发展的基本要素,并且三者之间相互关联,缺一不可。市场机制被认为是人类社会迄今为止一种极为有效的配置稀缺资源的制度,但这种机制的效率并不会自动生成,民营化和民主化是市场机制作用发挥的孪生子。缺乏预算约束与明晰产权的经济主体,往往会超越市场而行事,或者说,市场对其就会失灵;愈是对经济进行干预与控制,市场的功能就愈得不到发挥。只有将民营化和民主化同市场制度融为一体,才能使市场化进程沿着正确的轨道推进,才能使经济的发展充满活力。

浙江经验的核心又可以归结为制度的创新。制度创新同技术创新一样,是人类社会不断发展的基本源泉。人类不仅生活在一个千姿百态的物质世界中,而且生活在一个由制度合成的世界中。制度左右人类的行为,是人类活动的游戏规则或行为的指南。

就单个的行为主体而言,制度既是外生的,又是内生的。所谓制度的外生性,是指不是由单个主体的行为所决定或改变的制度,这些制度对其而言是给定的,因而常常被称作制度环境。制度环境对单个行为主体的给定性,并不意味着制度环境是一成不变的,制度环境的变化决定于集体的行动、政府的行为或者生产力的变革。从某种意义上说,人类社会的发展史就是一部制度环境的变迁史。所谓制度的内生性,是指可以由单个主体的行为所决定、选择和安排的制度。在这种状况下,制度对于经济主体或企业而言,就是一种要素,它的合理安排和创新,能产生难以想象的绩效。

中国改革开放以来制度创新的成功范例是农业家庭联产承包责任制的推行。该制度的推行不仅消除了农业集体劳动中的"搭便车"现象和低效率现象,引发了中国农业在 20 世纪 80 年代的超常规增长,而且为整个农村的市场化改革奠定了制度基础。公司制是资本主义发展过程中的企业制度创新。它的创新意义不仅在于引入股份制度,找到了一条企业融资与规模扩张的有效途径,而且通过所有权和经营权的分离,大大缓和了社会化大生产与生产资料私人占有之间的矛盾。浙江在改革开放二十多年来,有不少成功的或值得进一步总结与探索的制度创新,如农业承包土地从"两权分离"向"三权分离"的探索、在个体私营企业中建立党组织、科技人员带科技入股、民间金融组织与制度构造、股份合作制企业的创办,等等。重要的是,这些制度的创新基本上是诱致性的制度创新,即它的形成主要不是由于外部力量的强制性作用,而是群众在实践中不断探索、自愿选择,然后政府加以引导的结果。这从一个侧面反映了浙江民间所蕴藏的活力,这种活力以及由这种活力所带来的诱致性制度创新,是浙江经济改革以来持续高速发展的重要原因。

土地承包款不宜当成
农民负担而取消①

最近,获悉一些地区在消除农民负担中将土地承包款也予以取消。我认为此举出发点是好的,但是做法不妥,值得商榷。其主要理由如下。

第一,农村土地是最重要的农业生产资料,《土地管理法》明确规定,农村土地属于农民集体所有,作为包括土地在内的村集体资产的管理者,村民委员会向土地承包经营者收取土地承包款,用于村级管理费和公益事业,是我国农村土地产权关系的具体体现,不属于农民负担的范畴。免除农民承包土地的承包款,等于取消了农民集体对土地收益在集体和农户之间分享的权力,模糊了农村土地产权制度的性质,不利于农村土地产权制度的改革与完善。

第二,据了解,此政策出台后,浙江省不少村集体反应强烈。它们认为,这一举措不仅与土地承包法相违背,而且大大削弱了村集体经济。

---

① 本文作者为黄祖辉,为本人在浙江省政协第九届五次会议(2007 年)上的一个提案。与此观点相联系的是本人与徐立幼、陶勤南三位省政协委员在 2002 年 1 月在浙江省两会上提出"建议我省暂停征收农业税"的提案,这一提案最终引起中央高度重视。2003 年的全国两会通过了"取消农业税"的提案,"千年皇粮国税"终于得到终止。但与此同时,在农业税取消的过程中,承包农户每年上缴村集体的土地承包款也因各方面的原因而被取消了。对于这一现象,还是持有不同的看法。2002 年,本人与柴彭颐、陈随军撰写了《土地承包款不宜因税费改革而取消》一文,该文在《农业经济问题》2002 年第 1 期发表。收录在此的是本人在 2007 年浙江省政协九届五次会议上针对这一问题的又一提案,试图能妥善处理好农民负担和农民责任、集体产权与农民权益的关系,但并没有如愿。实践中,土地承包款的取消尽管减轻了农民负担,但从集体所有的产权关系看,并不利于集体经济的发展,它在很大程度上是当前我国农村集体所有权有名无实、普遍虚置的起因。

现在,浙江省村集体大多没有稳定的经济来源,许多村主要靠土地承包款维持运转。有些村一年的土地承包款有 40 万～50 万元,是村集体经济的主要来源。村集体的很多事业,诸如农田水利设施的改善、农田用水的管理、乡村道路的维修、计划生育工作、征兵工作以及不少公益事业的误工补贴等,大多是靠土地承包款来开支,取消了这一上缴款,许多村集体面临严重的困境。

第三,从新农村建设的任务看,尽管政府是主导,农民是主体,但在实践中,许多新农村建设的任务不仅要由村一级组织来协调和落实,而且需要村集体有一定的经济实力作为后盾,这样才能调动广大农民参与具体的新农村建设。

因此,无论从农村土地的产权关系角度看,还是从进一步加强村集体经济、发挥村集体组织在新农村建设的作用角度看,都不宜将土地承包款当成是农民负担而取消,就土地承包款而言,即使要取消,也是村集体组织自己的事,应由村组织自行决定。希望省委、省政府进一步研究这一政策,妥善处理好土地承包款与村集体、与农民的关系。

对浙江农业与农村经济
发展形势的分析与思考①

　　2001 年是浙江农业结构战略性调整与改革发展的重要一年：粮食购销体制市场化改革在浙江全面启动；农村税费改革逐步推开；农村土地流转制度改革不断深入；随着中国加入 WTO，农业国际化与竞争态势日趋明朗。浙江农业与农村经济在机遇和挑战中获得了新的发展，从今年（2001 年）一至三季度的情况看，主要呈现以下特点。

　　第一，农业结构变动比较明显。按照粮食购销市场化改革方案，全省全面取消粮食定购任务，使得农民生产经营的自主权得到了进一步体现，农业结构的变动比较明显。全省粮食播种面积比去年减少 15.3%，其中春粮面积减少 23.7%，早稻面积下降幅度达到了 34.4%，晚稻面积减少 8.9%，但晚稻中的单季稻面积增加了 13.8%。粮食总产预计为 1066.7 万吨，比去年减少 12.4%。与此同时，经济作物的种植面积有较大幅度增加，其中蔬菜、甘蔗、药材、花卉等种植面积估计分别比去年增长 14.7%、5.1%、27.6% 和 76.2%，促进了效益农业的发展。粮食放开和购销体制的改革也促进了养殖业的发展与种养结构的调整，种植业与养殖业的结构比例已从 1995 年的 54.7∶45.3 预计调整到今年的 47.3∶52.7。此外，外向型农业也有了较快的发展，上半年全省农副产品出口额近 14 亿美元，比上年同期增长 16.5%。

　　第二，农村工业增长势头继续强劲。浙江农村工业在乡镇工业园区建设以及结构调整中快速增长，前三季度，全省年销售收入 500 万元以

　　①　本文作者为黄祖辉，是本人针对新世纪中国加入 WTO 后的浙江农业与农村经济发展所撰写的一份形势分析报告，于 2001 年 11 月 20 日提交浙江省咨询委员会。

上的农村工业企业增加值达 662.94 亿元,增长 14.7%,工业销售产值实现 2958.88 亿元,增长 20.0%,产品产销率达 95.9%,农村工业生产、销售增幅分别比全省平均水平高出 2.4 和 4.5 个百分点。

第三,农民收入仍然保持较快增长。今年前三季度浙江农村居民人均现金收入为 3956.99 元,同比增长 11.5%(扣除物价实际增长 10.1%),明显高出全国平均水平,也高于上海(8%)、江苏(6.3%)、安徽(8%)、福建(5.3%)、江西(3.7%)、山东(8.9%)、广东(4.1%)。农民收入仍主要来自非农产业,约占 79.5%。据前三季度统计,农村居民的工资性收入、家庭经营第二、第三产业的收入以及财产转移性收入分别增长了 3.7%、13.2% 和 32.4%。农民出售农产品的收入前三季度增长 4.6%,比去年同期高出 2.7 个百分点。预计今年全省农民人均纯收入可达到 4580 元,同比增长 7.7% 左右。

第四,农村改革不断向纵深发展。一是粮食购销市场化改革全面推开。放开粮食市场,实行了经营主体和投资主体两个多元化,鼓励多种经济主体依法参与粮食经营和投资兴办各类粮食批发市场,从单一主体到多元主体,粮食市场体系建设已全面启动。省际粮食购销合作的范围、领域、方式也出现了新的变化和发展,从原来以粮食购销为主的松散型合作,开始向建立基地、共同出资组建股份制公司等形式转变,一个开放式的、跨省份的粮食供需平衡机制正在逐渐形成。二是土地流转制度改革向纵深发展。浙江把推进农村土地使用权流转作为优化资源配置、加快结构调整、建设现代农业基地(园区),进一步推进农业劳动力转移的重要突破口。在总结经验、强调原则、积极探索的思路指导下,农户承包土地的流转面积不断扩大,与此同时,土地流转制度在实践中不断创新与完善,为农业结构的战略性调整和城市化的发展提供了重要制度基础。三是农村税费制度改革取得明显实效。以上虞市为试点的浙江农村税费制度改革已取得预期成果,并开始稳步推开。试点结果表明,改革后的农村税费制度,不仅大大减轻了农民的负担,而且对村民自治和村级民主制度的建设、农村社区公共产品供给方式与途径的探索、农村土地产权关系的进一步理顺、地方政府职能转变以及乡镇机构改革的突破,都产生了直接或间接的推进效应。

尽管浙江农业与农村经济在新世纪的开局年取得了令人瞩目的发

展,但在发展中所出现的一些新情况和问题值得引起我们的高度重视。

第一,农业结构调整并不像人们想象中那样容易。部分调整后的农产品的市场价格出现波动与下滑(如青虾),不仅导致了部分农民收入的下降,而且动摇了不少农民,甚至一些基层干部对农业结构调整的信心。现实中,不少农民对农业结构的调整,不是茫然就是盲从,以至不能适应激烈的市场竞争。此外,一部分想进行结构调整的农户还担心政策会变,认为粮食购销改革在前几年已搞过,但"放开"政策实施不久,粮食就紧张,结果又重新恢复粮食定购任务,又得种粮食,还不如等等看,因此,这些农户的农业结构调整步履相对缓慢。

第二,地方政府和基层干部对市场经济条件下的农业调控不很适应。比如,一些地方对粮食改革后的农业结构调整缺乏规划与引导,出现了改变良田用途、破坏农田植被或基础设施的现象。一部分基层干部对粮改和农业结构调整存在两种偏向。一种是放任不管,认为既然粮食已放开,就没有必要再去管理和干预,以至农民如同断了线的风筝,在结构调整中得不到必要的引导。另一种是过度干预,如对结构的调整下达硬性任务和指标,但却不能确保农民效益,使得农民的经营自主权和利益不能真正实现。

第三,农民增收存在一定隐患。尽管浙江农民收入水平已连续 8 年在全国省、自治区保持首位,增长幅度明显高于全国平均水平,但农民收入中来自农业的贡献,不仅比重很小,而且绝对额也呈下降趋势,比如,在今年前三季度中,农民人均出售农产品的现金收入,同比下降了1.2%,表明效益农业的发展还没有给农民带来明显的收益。此外,浙江农民收入的不平衡性也比较明显,虽然平均增收幅度较高,但有接近一半的农民,尤其是纯农户,收入提高甚微,其中不少农户甚至于是减收。这需要引起高度的重视。

第四,农业经营体系和农产品质量还不能适应全球化竞争的要求。我国已加入 WTO,农业的竞争将日趋激烈,要适应这种环境,并在竞争中处于有利位置,形成具有竞争力的组织与产品是关键。从浙江农业的实际状况看,经营市场化、主体多元化和品种多样化的农业格局已基本形成,但就农业经营的组织化程度、产业化与规模化水平以及农产品的技术含量与质量而言,仍存在薄弱环节。不仅与发达国家相比有很大差距,而且与周边兄弟省份相比,也并不占优势,这将是浙江农业在日益竞争的市场中取胜和提前基本实现现代化的主要瓶颈。换言之,浙江农业从总体上看已走出传统农业的阶段,但用农业的市场化水平和现代化水平衡量,仍处在发展的初期阶段,因此,着力建立与现代市场体系相匹配的农业组织和技术体系,对于处于市场化和全球化竞争环境中的浙江农业发展,极为重要。

第五,城市化进程面临现实挑战。城市化的核心是非农要素在城市空间的集聚,在我国,这种要素集聚过程的关键是农村分散布局的工业和大量"离农不离乡"的农村人口向城市的集聚。实践中,尽管省委、省政府出台了不少加快城市化的政策措施,如调整城市布局体系、加强城市经济功能、建立工业园区、改革城市户籍制度等,但城市化进程,尤其是产业和人口的集聚,并不是很显著。具体表现在:工业园区建了不少,也占用了不少土地,但迁入的企业并不多,因而工业布局总体上没有得到很明显的改善;与此同时,农村人口向城市的迁移既缺乏推力,又缺乏引力,迁移势头并不明显。实际调查情况表明,许多已稳定从事第二、第三产业,已具备进城能力的农民,对迁入城市的积极性并不高,普遍缺乏进城的动力,而许多有进城意愿的农民,出于土地制度、家庭收入以及就业机会等方面的原因,往往缺乏进城的能力。

浙江农业、农村改革和发展中所面临的新情况与新问题,要求我们对当前农业与农村经济形势保持清醒的头脑,对这些新情况和新问题以及发展的态势应有正确的认识与客观的判断。

首先,要科学认识农业结构战略性调整的内涵。现阶段的农业结构调整,无论调整的背景,还是调整的内涵,都与20世纪80年代的农业结构调整不同。从调整的背景上看,80年代的农业结构调整是农业从计划经济向市场经济转变过程中,着眼于增加农产品供给总量,适应城乡居民消费从温饱向小康转变,针对比较单一的粮食主导型农业结构,向以粮食为主、积极发展多种经营的农业结构的调整。这种结构的调整,从当时情况看,主要是一种适应性的结构调整,因而从一定意义上讲,是一种改革诱致、政府主导、偏重增加农产品数量供给和种养业平面结构的调整。而目前的农业结构调整,是在市场竞争日趋激烈,我国已加入WTO,大部分农产品供给已从相对短缺转变为相对过剩,城乡居民,尤其是东部经济相对发达地区的居民生活,已基本达到小康水平,正在向更高消费水平转变背景下的调整,因而可以说是一种竞争诱致、市场导向、偏重农产品质量提高、涉及多种关联结构变动的调整。这种调整具有战略性和系统性,不仅涉及种养业平面结构(涉及产品种类结构)的调整,而且还涉及区域农业结构(涉及空间布局结构)、农产品纵向结构(涉及加工增值)、农业组织结构(涉及产业化经营)、要素配置结构(涉及土地制度、经营规模、技术进步、经营者素质和剩余劳动力剥离等)以及农业宏观管理结构(涉及政府与市场关系、市场规则与价格形成机制等)的调整与变革。因此,在农业结构的调整中,不能仅局限于"种什么,种多少"的调整,而应同时考虑上述所说的其他结构调整的联动和改革的配套。

其次,要正确认识形势,清醒看待自己。近几年,浙江已被人们看成是全国最具活力、发展势头最好的经济省份之一,以至于出现了"农村经济看浙江"、"浙江经验"之说。我们认为,浙江经济之所以比较有活力,主要是由于浙江经济的市场化、民营化与民主化特点比较鲜明,这种在实践探索中形成的制度构架,符合经济转型与市场经济初期发展的要求。但是,从竞争、发展以及与国际接轨的视角看,目前浙江所形成的制度构架并非十分精致与完善。浙江经济的市场化特色主要是体现在物质产品和有形交易市场方面,但在要素市场和无形交易市场发展方面却显不足;浙江经济的民营化特色主要是体现在个体、私营等非国有经济在多个领域的普遍发展,但这些民营经济,包括农业经营组织,在规模、档次与组织化程度方面仍显一般化;浙江经济的民主化特色主要是体现在政府不过分干预微观经济主体的活动,能"容忍"改革中的新事物在实践中试验,进而为企业与农民创造了良好与宽松的发展环境,但这种经济的民主化并不能说是极其理性和成熟的民主。事实上,我们的政府与市场、与企业以及与农民的关系,政府在市场经济中对农业的调控等问题,都还没有得到根本的解决,需要在实践中,在政治与经济民主化的基本框架中予以确认和解决。

再次,与兄弟省份相比,浙江在土地资源、农业规模化与产业化经营水平、农业先进技术应用以及劳动力成本等方面,并不处在优势地位,有的实际上是处在弱势地位。因此,应正确认识浙江经济发展的优势与弱势,冷静看待自己,保持清醒头脑,以求更快发展。

最后,要牢牢把握机遇,不断创新制度,保持经济发展活力。尽管经济发展中的挑战很严峻,但浙江仍然面临着多种发展机遇。我国已加入WTO,这对浙江这样一个农业资源多易性、农产品多样性的省份来说,应该说是机遇大于挑战,我们可以充分利用浙江资源多易性、产品多样性进而应变性强的特点,有选择、有针对性、有目的地调整和发展我们的农业产业,提升浙江农业的竞争力。浙江是率先在全国进行粮食购销市场化改革的一个省份,可以充分利用改革的先发优势,积极调整农业结构,建立开放条件下的区域粮食安全体系。城市化是浙江经济结构优化、再上新台阶的又一重要机遇,它对农业现代化与农民增收也具有非常重要的意义,我们应坚定信念,牢牢把握城市化进程对农业结构调整与发展的有利机遇,使浙江农业再上新台阶。要把上述发展机遇转变为现实发展,关键是深化改革、创新制度。在新的一年中,加入WTO后的相关制度接轨与改革、粮食购销体制的进一步改革与创新、农村土地流转制度的完善、农村税费制度及其相关制度的改革与推开、农业产业化经营的组织制度设计与农民组织化程度提高、政府职能转变及其机构改革等,都对浙江农业与农村经济的进一步发展和发展活力的保持,有极为重要的作用。

农民合作组织认识误区辨析①

　　1. 农民合作组织与家庭经营组织能否共存?

　　一些人认为,农业的家庭经营与农民的合作组织不可能有效共存,两者必将会有一个取代另一个,尤其担心发展农民合作组织会导致农业家庭经营制度的衰落,而农业的家庭经营制度一直被认为是自 1978 年以来最为成功的制度。其实,这种认识恰恰误解了农民合作组织的本质。事实上,农民合作组织并不排斥农业的家庭经营,相反,农民合作组织的基础在于农业的家庭经营。从某种意义上讲,如果没有农业的家庭经营,农业的合作经济也就失去了存在的价值。历史经验表明,在耕作方面的合作组织并非有效的组织。农民合作组织的意义,在于农民在家庭经营的基础上,有效地进入农业的上下游。农民合作组织将许许多多小规模、分散的农业家庭经营单位联结成为统一从事购销或加工的有效载体。因此,农民合作组织与农业的家庭经营不仅可以有效共存,而且这种在家庭独立经营基础上的合作组织,既可以保持家庭经营在农业劳动控制方面的效率,又可以在很大程度上将由农业产出的不确定性和资产专用性内部化,进而大大降低分散农户的市场交易成本,同时,农民还可以从合作组织的规模经济、范围经济以及与垄断力量的抗衡中获益。

　　2. 农民合作组织与现代市场经济制度能否协调?

　　有些人认为,合作制与现代市场经济制度恐怕难以有效并存。因为市场经济根植于竞争导向的资源配置,而合作经济制度忽视竞争机制,

---

　　① 本文作者为黄祖辉、Olof Bolin、徐旭初。本文内容发表在《经济学家》2002 年第 3 期。Olof Bolin 为瑞典农业大学经济系教授,为本人 1992—1993 年在瑞典合作与访学时的合作教授。

有时还与计划经济相联结,会成为被视为导致市场失灵的垄断力量。但事实上是,不少农民合作组织是通过农民的联合获得了规模收益,提高了市场谈判力,削弱了垄断,进而提高了市场体系的效率,它在一定程度上是对市场失灵的纠正。当然,如果农民合作组织变得很大,也可能成为市场的垄断力量,但这可以通过消解市场垄断力量的做法来处理,理想的方法就是让不同的经营组织在市场中竞争。

3. 农民合作组织会否演变为低效率的集体经济?

也有一些人,不仅是农民,而且也包括学者,对 20 世纪 50、60 年代我国农民组织猛烈变革的经历惊悸犹存,他们害怕重现那种开始于合作组织、终结于无效率的集体经济组织,这是有一定道理的。不过应该看到,当时的农民组织演变主要是由政治力量,而不是由市场力量推动的。与此同时,并不能因过去的阴影而限制今天的农民合作组织发展。确切地说,我们不应再重复过去的错误经历,去组织一种似是而非的所谓的农民合作组织。那种所谓的农民合作组织,与其说是由农民自己管理的,不如说是由政治家和官僚们所操纵的。合作制与传统的集体经济制度的根本区别,在于前者仍然承认组织内成员的个体经营与决策的独立性,而后者则剥夺了组织内成员的这一权利。农民合作组织在世界各国普遍存在与发展的实践表明,只要真正坚持合作制的原则,将其与传统意义上的集体经济制度区别开来,农民合作组织并不会演变为低效率的集体经济组织。

4. 农民合作组织会不会成为新的利益集团?

如果说农民在传统商品市场上可以通过合作而获益,那么他们是否也会通过合作在政治上变得有力量?我国大约有 70% 的人口是农民,如果他们作为一个利益集团一起行动,就有可能成为一种强有力的抗衡国家政策制定者的政治力量。在很多国家,农民在政治舞台上被认为是强有力的,能够推动有利于自己的政策立法,以保护他们免于市场的竞争。然而,建立农民合作组织并不必然意味着要在国家或联盟层面上运作。有关创建农民合作组织的绩效的实证研究大多认为,地方或区域层面的合作组织规模,往往经济方面的绩效最好。合作组织规模优势和竞争优势通常在较低层面上就可获得,合作组织在联盟层面上的意义主要在于推动有益于农民的政策制定,然而后者不仅有可能导致过度的政治压力,而且有可能导致合作组织的异化,即从经济组织向政治组织的转变,形成并非对农民与市场真正有利的庞大的组织机构、高昂的组织成本和市场垄断力量。因此从现实来看,我国似乎还没有必要去鼓励在国家层面上的农民合作行动,但应鼓励农民在地方或区域层面上发展农民合作组织。以具有 100 多年农民合作发展历史的北欧国家瑞典为例,它的合作组织是从农民之间的集体行动进化而来的,开始于乡村层面,最终成为农产品合作联盟。它们在提升农产品市场效率和建立一种强有力的合作行动方面做出了重大的经济贡献。然而,他们作为农民利益集团在政治寻租方面的进化,意味着瑞典社会的经济损失,这种损失是由食品消费者和纳税人来承担的。不过,在很大程度上,这种进程又是政府倡导和赞许的,政府希望在年度价格谈判中出现一个有组织的参与者,而不是千千万万分散的农户。从这一意义上讲,农民的政治力量并不完全是农民合作行动的必然结果,或多或少是政策制定者所赋予的。

5. 农民合作组织的产权制度与决策机制是否有效?

不少学者认为,农民合作组织在有效运作方面或许存在问题。第一,看它如何运作。按照经典的合作制理论,合作组织并不是一个追求自身利润最大化的组织,确切地说,它是一个谋求农民(社员)产出价格的最大化、投入价格最小化的经济组织。第二,由于没有买卖农民合作组织的市场,农民无从知道它们所在的农民合作组织的真实价值。而对于那些私营企业或公司,人们可以时刻跟踪股票市场价格的变化而把握企业的价值。第三,表达关于合作组织的不满的机制是有限的。对于那些私营企业或公司,不满的人们可以抛出它们的股票。但对于农民合作组织,农民无法这样做,他们只有两种无效率的方式来表达不满:一是在上百人规模的年度会议上提出意见,其效果的有限是可想而知的;二是离开该合作组织。然而如果选择了后者,农民将失去他所在合作组织的市场价值中的实际份额。在不少国家,离开合作社的农民只能获得其初始的投资,而不是其在潜在市场价值中的份额,而这可能是其初始投资的几百倍,这一规则构成了合作组织中农民的一个退出壁垒。这是农民合作组织管理中的问题。如果这是确实的,那么这些问题只伤害这些所有者——农户们。如果农民们愿意用他们的费用来运作自己的组织而又不伤害其他社会群体,那就是农民自身的事情。进一步说,这是关于农民如何有效运营他们的组织的问题,它既与企业的管理水平有关,又与合作制的规则有关。但正如任何企业组织都有它的适应领域和局限性一样,我们应将农民合作组织的上述不足置于该组织制度的总体效率框架中去评判,比较客观的评判是:由于农业产业的特殊性以及由此而形成的交易特性,对农业而言,一方面,纯粹科层式的企业制度安排会导致过高的控制成本和突出的代理问题(主要由对农业雇佣劳动的控制引起)。另一方面,如果仅靠家庭式的经营制度,尤其是在农产品过剩情况下,则会产生单个生产农户与其前、后向交易方合约难,进而交易成本高、农户利益受损的情况。而农业的合作组织制度却是一种能较好地解决这两难问题的组织制度,尽管这一组织制度仍存在上述所说的不足。这恐怕就是合作制在农业中极为普遍,而在非农产业中凤毛麟角的原因。

6. 农民合作组织与其他相关组织的冲突

目前,我国基本上仍是一种纵向控制的管理体制。根据相关法律规定,乡镇应是政府在农村中的基层机构,然而实际上,村是一个特殊的组织。通常,在一个村里有三个机构:村委会、村经济合作组织和村党支部。一般由5～7人构成一个村级领导班子,包括一位村支书、一位村长(他通常也是村经济合作组织的领导人,在相当程度上也作为村委会主任而扮演富有竞争力的角色)。这个班子负责所有与三个机构有关的事务,不仅在经济上,如作为集体所有权的代表管理村社的土地和公共设施,而且在政治上也扮演一个村社政治和社会事务的实施者和协调者的角色,有时甚至代表党和政府。实践中,村组织的经济功能和行政功能往往融为一体,因此,村组织事实上承担了大量的党政事务,充当了地方政府机构的角色,应被视为一个真实的实体。对于村民来说,建立一个不依赖于村组织的纯粹的农民合作组织似乎很困难,这意味着在村组织与潜在的农民合作组织之间存在着利益上的或功能上的冲突。

除了村组织,还有三个机构也可能对农民合作组织的发展持保留态度。一是国家的粮食部门或企业,它是国有的,长期来一直对粮食购销负有行政上和贸易上的职能。即使它不能有效的运营,但毕竟它代表政府已经管制我国粮食市场五十多年,而且拥有装备相对精良的储藏设施和运输手段。显然,如果农民合作组织要在粮食购销领域有所作为,那它就得进行庞大的投资以建立相应的储运体系,就得与一个拥有巨大固定资产设施和完备储运体系的国有粮食部门竞争,冲突是不可避免的。二是供销合作社。这一组织建立于 20 世纪 50 年代,其最初的原则和规则是符合合作制性质的,然而随后很快演化为被政府控制和运营的附属机构,并垄断农资供应几十年。虽说改革开放以来这种情形已改变了许多,但该机构及其遍布全国的网络似乎依然主导着我国的农资市场。因此在该领域内,它与新生的农民合作组织不可能没有冲突。三是农村信用合作社。这种已经异化的农村信用合作社也与供销合作社一样,它吸收大量的农民储蓄,但农民却不容易从其获得信贷。如果农民通过合作组织建立自己的融资机构,势必会与现行的农村信用合作社形成利益冲突。

总之,一方面,农民与农业亟待合作组织的发展,但另一方面,在我国目前的管理体制与组织机构框架下,农民合作组织的发展领域与空间十分有限,这不利于我国农民合作组织的发展,因此,积极鼓励农民合作组织的发展,为其发展创造良好的政策环境,在当前就尤为重要。

新中国成立以来,我国有过形形色色的农业与农民经济组织,其中包括农民合作组织,它主要包括社区合作组织与专业合作组织两种类型。然而,它们中的大多数是与种养业有关,而不是与其上、下游经营活动有关。我国的农民专业合作组织还处于初期发展阶段,根据经典的农民合作组织定义,它们中的大多数只能被称为"协作体",而不是真正的合作组织,因此,需要进一步培育现有的我国农民合作组织。

农业生产本身并非要以合作制的形式运作,但农业生产的上、下游经营活动,通过合作制,将既有助于实现规模经济和削弱垄断力量,又有助于农业家庭经营制度的功能发挥,进而给国家和农民带来极大的利益。因此,应促进农业从农资市场到农产品市场领域的纵向关联,并且要通过在与农业相关的活动中积极发展农民合作组织,以不触动成功的家庭农业制度。

现行的农民合作组织发展还存在不少障碍,它们可归结于一些意识形态的、政治的因素以及其运作和制度方面的原因,包括村组织与农民专业合作组织之间的潜在矛盾。有理由认为,现行的村组织不很适应现代农产品市场经济的需要,因此,将村组织的经济功能从其社会和政治功能中分离出来是十分关键的。为了有效组织农业投入和产出市场,围绕农产品组织大型的合作企业是必要的。规模太小、政社不分的村组织难以从大规模的农产品市场运作中获利。

冲突还可能发生在农民与当地粮食部门(即国营粮食企业)、供销社以及农村信用社的交易中。一种思路是在这些领域中引入竞争机制,允许农民以合作组织或其他组织的形式在一定的制度框架下,从事粮食贸易、农资经营和金融业务等。除此之外是对传统的涉农机构与企业进行改革,使其更与农民融为一体,更适应现代市场经济的发展要求。

此外,当农民因合作组织而提高组织化程度,特别是当农民在整个社会中变得强大,以至于能在国家层面上要求政治权利时,协调好政治承受度与经济自由之间的关系是十分必要的。

为了发展我国的农民合作组织,有必要启动一项由政府支持、学术机构参与的培训项目和制定、出台一些针对性的策略,大致包括以下方面:

第一,增加农民有关合作组织规则、运作方式及其优缺点的知识。

第二,尽快制定、颁布和宣传有关合作制的法规,创造公平竞争的市场环境,使合作组织与其他企业能在平等条件下竞争。

第三,由全国人大制定一部农民合作组织法和相关的法规,确认农民合作组织的法律地位,使这一组织免受外部任意的侵害。

第四,在初始阶段,应对农民合作组织的税收、信贷实施优惠政策,到一定年限后,农民合作组织应通过其自身价值的评估,逐步在没有什么特殊的公共支持或政策扶持的情况下自我生存与发展。

城市"菜篮子工程"：
从政府主导转向市场主导^①

"菜篮子工程"于 1987 年 5 月由农业部正式提出，1988 年底经国务院批准实施。目的是发展蔬菜、水产、畜牧业，保证大中城市副食品供应。"菜篮子工程"实施以来，我国大中城市相继建立了副食品生产基地，将产供销作为一个整体，政府从政策、技术、资金、物资等各个方面予以统一规划与支持，大幅度地增强了副食品的供给能力，对提高城市居民生活质量、增加农民收入、促进社会安定、繁荣城乡市场产生了明显的社会效益和经济效益。然而，在副食品供应充裕，甚至过剩以及我国已加入 WTO 和市场开放的新形势下，城市"菜篮子工程"具有了与以往不同的环境和特点，因此，有必要研究和探索新形势下城市"菜篮子工程"的发展问题，提出新思路与对策。

一、城市"菜篮子工程"发展的新思路

1. 从政府主导向市场主导转变

过去，"菜篮子工程"是在政府部门全面参与下，在市长亲自"抓"的过程中发展起来的，是一种政府行为。新形势下，政府应适应市场经济发展的需要，及时转变方式，从过去包办"菜篮子"转变为调控"菜篮子"，

---

① 本文作者为黄祖辉、程言清、方志伟、王建华。本文是由杭州市农经委委托、本人主持，并于 2002 年初完成的"新时期城市菜篮子工程项目"研究成果的决策咨询报告。

进而走向由市场主导"菜篮子"产品的轨道上来。这就是说,经过20多年的经济体制改革,副食品市场供求体制已基本确立,全国统一的、开放的"菜篮子"产品市场已基本形成,面对"菜篮子"产品总量供给大于需求的有利时机,政府应不失时机地从"菜篮子"产品生产中退出,让位于市场,让市场去调节"菜篮子"产品的供求关系。

2. 从数量型向质量型转变

经过10多年的发展,"菜篮子"产品总量已供过于求,多数产品出现了卖难的局面,产品供求的矛盾已从数量矛盾转向质量矛盾。因此,"菜篮子"产品的供给,应从数量型供给向质量型供给转变,以满足消费者对副食品质量不断提高的要求。

3. 从仅仅满足本地市民需要向满足市场需求转变

在传统体制下,"菜篮子工程"的产品是在政府指令性计划指导下生产和销售的,主要供应本地市民。但在市场经济发展的今天,拥有生产和经营自主权的农民与企业追求的是经济效益,因而"菜篮子"产品的生产与供给,应以市场为导向,以经济效益为中心,既满足本地居民的消费需求,又满足生产者的获利要求。以杭州为例,如果"菜篮子工程"仅仅满足杭州市区居民的需要,必然导致对本地市场的过度依赖,不能充分发挥杭州的比较优势。因此有必要把杭州的"菜篮子"产品放到全国,甚至全球的大市场中来研究和把握,以市场需求为导向,用足用好自己的资源与市场优势。

4. 从主要生产大宗产品向生产优势产品转变

农业科技的进步、设施农业的发展,大大提高了副食品的供应能力。大宗产品,是人们消费量大的产品,同时一般说来,也是大多数地区能够生产的产品。这类产品由于生产量大,供给区域广,可以主要由市场来调节。而优势产品,既包括一些在本地具有特殊生产优势的产品,更是指在资源、技术、价格等方面有优势的名特稀优产品。这些产品往往是其他人、其他地区难以生产,因而往往可以做到你无我有、你有我优,进而获得较好的经济效益。因此,今后的"菜篮子"基地应以类似优势产品生产为主。

5. 从全面扶持向重点扶持转变

在"菜篮子工程"发展中,基地的作用很大,但考虑到:①随着城市化进程加快、城市人口的增加,要发挥基地的作用,必须建设更多的基地,如果政府对所有基地都实行扶持政策,财政负担将会很重。②在开放性市场环境下,基地生产的"菜篮子"产品并非全部在本地市场销售,这会导致基地建设的补贴流失到外地区。③如果基地生产者可以获得补贴,非基地生产者不能获得补贴,会导致市场经济中的不公平竞争。④在粮食放开后,农业结构的调整会促进副食品生产的大发展,"菜篮子工程"基地的作用会有所下降。因此,政府没有必要再对基地实行全面补贴,尤其是与 WTO 规则不符的补贴。

政府对"菜篮子工程"基地扶持方式转变是"菜篮子工程"建设从政府主导向市场主导转变的重要体现,但这并不意味着政府完全放弃对"菜篮子工程"建设的支持。按照产业发展的一般路径,政府应主要扶持处于试点或初期阶段的基地。在这一阶段,不确定因素多,技术风险、市场风险较大,需要政府的扶持帮助。一旦进入发展阶段或专业化阶段,产品为广大消费者所认识和接受,生产者也掌握了相应的技术,政府应适时地退出。

政府重点扶持的基地,一类是对本地居民消费非常重要的"菜篮子"产品基地,如蔬菜基地,这类产品一旦缺乏,对居民生活会带来不利的影响;另一类是对本地经济或社会、环境的改善有带动作用,如基地的公共基础设施等,政府不扶持,私人企业或生产者往往缺乏发展的动力。

6. 基地空间布局从近郊为主转向以中远郊、农区为主

由于城市的扩张和行政区划的调整,城市"菜篮子"生产基地从近郊向中远郊区及农区的转移,已是不可逆转的趋势。农区"菜篮子"产品的发展,将极大丰富"菜篮子工程"的内涵和功能,对于优化和调整农业产业结构、扩散适用技术、增加农民收入、繁荣农村经济,都有十分重要的意义。如天津、西安、哈尔滨等城市的奶牛饲养企业面对激烈的市场竞争,提出"奶牛下乡,鲜奶进城"的发展思路,与农户共同创建新型的产业化经营组织,实现优势互补和资源重组,取得了良好的效果。城市"菜篮子"生产基地从近郊向中远郊、周边地区和农区的转移,关键是要做好新

旧基地的调整与统筹规划,突出强调规模化、区域化和现代化的副食品生产基地的建设与发展。

7. 从忽视环境问题向重视环境转变

环境安全是人类发展到一定阶段后的必然要求。环境又是一种公共产品。因此,与"菜篮子"产品有关的环境问题,需要政府的干预,同时引入市场机制,才能妥善解决,这项工作应成为"菜篮子工程"从政府主导向市场主导转变后政府对"菜篮子工程"关注的重点。以杭州为例,有些"菜篮子"产品的生产已造成了一定的环境问题。主要是"菜篮子工程"基地大多集中在市区和近郊区,因而蔬菜生产不合理使用化肥农药,以及畜禽饲养排放粪便,产生恶臭气体,还有鱼的饲养造成水富营养化等,对环境造成了污染,直接影响了居民居住环境、旅游环境和创业环境的质量。此外,环境污染也是影响"菜篮子"产品本身质量的重要因素。无论是工业企业排放的废水、废气和固体废弃物、重金属造成污染,还是农业生产过程中产生的污染,均会污染土壤、空气、地下水,破坏生物链,都可能造成人体慢性中毒,影响身体健康。因此,无论是改善城市环境的质量,还是提高"菜篮子"产品的质量,都必须重视"菜篮子"产品的环境问题。

二、城市"菜篮子工程"发展新对策

1. 统筹规划,对"菜篮子"生产基地布局进行重新调整

要以城市空间扩大为契机,调整"菜篮子"基地布局,为"菜篮子"产品生产选择良好的生产环境。应减少市区的畜禽饲养量,将规模大、环境污染严重的畜禽饲养基地企业迁移到远郊或农区去;要控制新市区的淡水鱼类饲养量;考虑把蔬菜基地逐步滚动式向外迁移。

2. 建立"菜篮子"产品质量监测网

首先,构建"菜篮子"产品质量监测的组织体系,统一权力和责任。应集中工商、技术监督、卫生防疫、农业、市场管理等部门的职权,统一执法,全方位地监控"菜篮子"产品生产和流通的整个过程,禁止劣质的"菜

篮子"产品生产和销售。其次,制定并组织实施"菜篮子"产品质量地方标准体系,开展农业标准化生产。最后,检测"菜篮子"产品生产环境。要禁止在被污染的环境中生产产品,把好生产源头。同时,要求农民合理使用化肥农药,正确使用植物生长调节剂、动物饲料添加剂,禁止在蔬菜生产中施用高残留、剧毒农药,禁止在动物饲料中添加各种对人体有害的成分。此外,要严格市场准入,使非安全食品难以进入市场。

3. 调整基地数量与结构,逐步放松对"菜篮子"产品基地的数量要求

在副食品市场上,生产者和消费者数量众多,近似一个完全竞争市场,可充分发挥市场机制的调节作用。针对目前全国"菜篮子"产品供应充足、交通便利、运输快捷的大背景,我们认为,城市可以适当放松对"菜篮子"产品的数量供给要求,改变对"菜篮子"基地的补贴方式,更多地让市场来调节"菜篮子"产品的生产和供给。

考虑到蔬菜生产的淡季还不能完全消除,而且蔬菜消费量大,运输成本高,保鲜时间短以及我国居民习惯消费新鲜蔬菜,同时蔬菜是一大类产品,其内部品种繁多,结构复杂,一些特定的品种仍应主要由本地生产,并保留这类蔬菜基地。

猪肉、禽蛋、水产品等产品,自身特殊性少,通用性强,能冷藏或加工,适合多地生产、大区域运销。因此,对于生猪、禽蛋、水产品等产品的基地,政府可以通过制定空间布局规划,发布市场对产品的需求信息,以及重点扶持规模养殖和产业化经营来引导生产布局与供应。

奶制品业具有一定的规模经济要求,而鲜奶需求又具有较大的市场潜力,因此应加强技术创新和管理创新,大力发展城市奶类产业,同时,要发展奶业的产业化经营,建立奶牛养殖基地,建立公司直接饲养和农户规模饲养的网络体系和养殖、运输、加工、销售相协调的奶业产业链。

4. 重点扶持能与农民结成利益共同体的龙头企业,加快"菜篮子"产品的产业化经营

农业产业化经营形式有多种,从当前来看,"公司(龙头企业)+农户"的形式比较适合农业的发展。但值得重视的是,发展"公司(龙头企业)+农户"的产业化经营模式,关键是公司或龙头企业作用的发挥,这

种作用是否发挥的标准,是这些公司或龙头企业能不能真正与农民建立利益共同体。因此,政府对龙头企业的扶持应当找准对象,要促成利益共同体的建立,避免扶持了龙头企业,农民仍然得不到利益的现象。从长远看,农业产业化经营的另一条途径是,农民自组织基础上的产业化经营。因此,政府资助和鼓励农民发展各种形式的专业合作组织非常有必要。

5. 开辟国外市场,参与国际经济大循环

发挥自己的比较优势,积极参与市场竞争,符合市场经济规律,是"菜篮子"产品产销发展的趋势。加入 WTO 后,城市"菜篮子"产品的生产和消费将越来越多地受到国际市场的影响,因此,应未雨绸缪,培植和扶持一批农产品营销公司,发展农产品加工业,扩大高价值、高附加值的农产品出口。基于此,一是要研究国际市场,考察国际市场供需情况,引进先进的种植加工技术和管理方法;二是要建立和加入农业信息网,进入国际互联网络,建立电子广告专页;三是要积极组织或参加国际食品展销会、食品博览会、国际超市大展以及国内的广交会、华交会等,及时了解主要国家农产品进出口品种、数量、价格和商检标准;四是要积极开辟国际市场,抓开发,抓服务,努力争取更多的境外客户和销售渠道。

6. 改进"菜篮子"工程的管理体制

要对目前"菜篮子"工程管理中生产基地管理和市场环节管理相互脱节的管理体制进行改革,协调农业管理部门和贸易管理部门在"菜篮子"产品管理中的关系,统一思路和规则,形成管理的合力,提高管理的效率。

总之,城市"菜篮子工程"不仅仅是用来解决城市居民的副食品供应问题,而且肩负着改善国民食物结构、提高人民群众生活质量的重任。"菜篮子工程"对于加快农业现代化、实现农业增效和农民增收,对于构建完善的城市副食市场体系、转变政府职能等,都有极为重要的意义。因此,要从新的高度、新的视角出发,用新的思路和措施来指导新时期"菜篮子工程"的发展,使其成为城乡经济有机协调与繁荣发展的一个缩影、一种标志和一个窗口。

城市化:对农民利益与
土地制度的思考①

　　城市化是产业结构演进和经济发展的必然结果,非农产业和人口在空间的不断集聚与发展是城市化的重要特征。加快城市化进程在我国,尤其是在我国沿海经济发达地区具有紧迫性。主要的原因在于这些地区的农村非农产业发展较快,但布局比较分散,缺乏空间经济效率;此外,这些地区的劳动力从事非农产业的比重较高,但真正脱离农村与农业,同时转变为城市居民的比重却较低,导致城市化明显滞后于就业结构变化,而就业结构的变化又明显滞后于产业结构演进的局面。浙江省的情况可以印证这种格局,该省 1998 年 GDP 中非农业的比重已为87%,但非农业劳动力的比重却为 58%,而以长期居住在城市人口的比重为标志的城市化水平仅为 35%。很显然,城市化的滞后已成为就业结构、产业结构进一步演进的主要障碍。基于此,浙江省从 1998 年起启动城市化发展战略,试图通过城市化战略改变产业结构、就业结构以及人口居住结构不相协调的格局,保持经济社会的持续快速增长。应该说,这一战略的实施已取得一定成效。产业结构、就业结构和城市化水平逐渐趋向协调,2003 年该省城市化水平已提高到 45%左右,与此同时,非农业劳动力的比重已提高到 65%,非农产业在 GDP 中的份额则提高到 92%。近 5 年来,浙江省经济始终保持在 10%以上的增长速度。

　　城市化尽管意味着城市规模的扩大,从而土地占用面积的增加,但

---

　　① 本文作者为黄祖辉,为在 CES(中国留美经济学会)2004 年上海年会上的专题圆桌会议的发言。本文主要观点分别在 2004 年 2 月 7 日和 2004 年 2 月 13 日的《中国经济导报》刊出。

是从动态的角度看,正确的城市化进程不仅有助于经济的健康协调发展,而且可以节约土地。这种节约主要表现为两个方面的土地置换。一是通过科学的城市与产业布局规划,将布局无序、占地多、分散在村镇的工业搬迁到工业园区和城市,进而实现乡村工业用地与城市工业用地的置换;二是通过城市第二、第三产业的发展以及城市户籍制度、农村土地制度和社会保障体制的改革,将农村转移劳动力及其家庭迁移到城市,进而实现农村居民住宅用地与城市居民住宅用地的置换。按照我国目前农村工业用地与人均农民住宅用地的实际情况看,若能在城市化进程中实现上述两个方面的城乡用地置换,将会大大提高我国总体土地的利用效率,这不仅有助于减轻城市化对土地的压力,而且可以大大节约土地。

现实中,一些地区在城市化进程中产生土地矛盾尖锐和农民利益受损等问题,主要原因在于没有正确认识城市化与城市发展的关系,没有正确处理好城市化与农民利益的关系。应该认识到,城市发展是城市化的一个方面,但城市发展并不等于城市化。对于我国这样一个城乡长期分割、二元结构明显、农村人口占总人口近70%的国家来说,城市化的本质,或者说城市化的一个重要任务,就是要使越来越多的农民脱离农业,转入第二、第三产业,转入城市,转变为市民。如果城市化进程不能解决好这一问题,其后果必然是城乡矛盾的进一步加剧,这种矛盾并不是通过工农产品的剪刀差而激化,而是通过城市对农民承包土地的低价占有,甚至于剥夺而激化。因此,在推进城市化的过程中,一定要处理好城市扩张和农民利益的关系,要避免新一轮的以牺牲农民为代价的城市偏向,农民应该成为城市化的受益者,正确的城市化路径应该是城市发展与农民利益的双赢。

处理好城市化与土地占用以及农民利益的关系,除了要从我国人多地少的实际出发,对城市体系和非农产业用地进行科学规划、依法实施外,关键是要进一步深化改革,重点是完善我国农村土地产权制度及其管理制度。应该认识到:1978年以来我国所推行的农村土地承包经营制度不仅实现了土地所有权与经营权的分离,而且在实践中还实现了承包权与经营权的分离。这种"三权分离"的土地制度,不仅仅是农业经营制度的创新,而且也是土地产权制度的创新。它既确立了农业的家庭经营地位,又赋予了农民对土地的收益权。农民对土地的收益权不仅可以体现为农户直接承包经营土地情况下,从土地总收益中扣除上缴集体与国家所得后的收益,而且也可以体现为农户不直接承包经营土地,而是将土地经营权流转,或者将土地承包权出让时应获得的收益。然而在实践中,我们往往更多是从农业经营制度的角度,而不是从土地产权制度的角度来认识和界定我国的农村土地承包经营制度。事实上,忽视我国农村土地承包经营制度在产权制度上的创新性,不仅不利于土地的优化配置和土地要素市场的健康发展,而且也不利于土地家庭承包经营制度的真正稳定,因为得不到权益保障的经营制度是不可能有持续生命力的。因此,要全面认识我国的农村土地承包制度,不仅要在经营制度层面,而且要在产权制度层面来把握这一制度。农村土地承包经营制度不仅要保持稳定,而且要不断完善,完善的重点是它的产权制度层面。要进一步明确、农户土地承包经营既可以是直接承包经营,又可以是间接承包经营;既可以体现为农业生产的经营,又可以体现为土地资产的经营。在中央相关政策还没有出台的情况下,应允许在一些地区先进行试点,赋予农民更为长期不变的土地承包经营权,如将承包权改为永包权,或将 30 年承包期延长为 50 年以上的承包期。此外,应将长期不变的土地承包经营权认定为一种物权,而不是一种债权;要将土地承包权物权化,在法律上明确这种权利是一种可以出租、转让、抵押、入股的权利。在此基础上,进一步探索我国农村土地产权制度的有效实现形式,如建立混合型的土地产权结构,即农民、集体和国家三位一体的土地产权制度。

创新浙江农业发展战略^①

　　进入新世纪以来,浙江农业在发展中面临一些新的问题和挑战。主要表现在五个方面。一是随着城市化的不断推进,土地短缺矛盾日趋突出,耕地资源不断减少对农业,尤其是对浙江粮食的安全性影响愈来愈大;二是随着农业结构的战略性调整,浙江农业一方面获得了按比较优势和市场导向发展效益农业的机遇,但另一方面由于浙江农业对市场的依赖性,面临的市场风险也愈来愈大;三是随着浙江土地资源的日趋短缺和农民收入水平的不断提高,浙江农业要素价格不断提高,农产品竞争力问题愈来愈突出;四是随着浙江农业在 GDP 中的比重的不断降低,进一步减少农业劳动力和提高纯农户收入的任务愈来愈紧迫;五是随着农业的市场化与国际化进程加快,浙江农民素质以及农业产业组织与之不相适应的问题愈来愈突显。

　　面对新形势、新问题和新挑战,浙江农业需要在发展思路和战略上有新的定位与创新。主要包括以下六个方面。

　　1. 拓展农业发展空间

　　按照比较优势原则,浙江农业在战略性结构调整中充分利用省外资源是明智的选择。也就是说,要跳出浙江抓浙江的农业,从立足于本省资源发展浙江农业转向充分利用省外资源发展浙江农业,将浙江的资本、人力资源和营销等方面的优势与中西部地区相对便宜、充裕的土地和劳动力等方面的优势结合起来,形成基地在外,甚至市场在外的农业发展模式。这种发展模式既有助于充分利用浙江有限的农业资源,拓展

---

　　① 本文作者为黄祖辉,是本人在第九届浙江省政协二次会议上的大会发言。本文主要观点发表在《浙江日报》2004 年 3 月 15 日。

浙江农业的发展空间,又有助于中西部地区的经济发展。这种发展模式在国际上已不乏先例,在实践中,浙江近几年也有不少成功的探索和经验,如:粮食生产基地在省外迅速发展;浙江草莓在福建、河南等省发展;农夫山泉、娃哈哈等浙江著名农业龙头企业在省外建立大规模的果品饮料生产基地;等等。这些都是这种模式的成功探索,应给予进一步的总结和政策上的支持。

2. 拓展农业发展功能

农业不仅能提供人类的食物消费,而且还能提供人类在生态环境、休闲旅游、文化陶冶等方面的享受。我国已进入全面小康建设时期,城乡居民对环境、旅游、文化等的需求呈明显上升态势,而浙江农业一方面历史悠久,文化底蕴深厚,另一方面农业资源种类多,生态景观优美,发展生态农业、旅游农业以及挖掘农业文化内涵的潜力很大。因此,有必要拓展浙江农业的发展功能,从仅仅追求农业的食物生产功能向追求农业的多种功能转变,使浙江农业成为功能多样化、效益很可观的现代产业。

3. 调整农业竞争战略

在现代市场经济中,存在两种基本的竞争战略,一种是价格竞争战略,另一种是差别竞争战略,前者以价格最低取胜,后者以效用最大化取胜。按照传统的理论,农产品通常被认为是近乎无差别的产品,因而价格竞争是农产品竞争的基本手段。然而现实中农产品并非都是无差别的产品,农产品的不同质量、包装、品牌以及售后服务构成农产品的差别性,为消费者提供不同的效用,而消费者会按照相应的效用满足,支付相应的价格,在这样的情况下,价格并不是唯一决定消费者购买的因素。浙江经济相对发达,无论是土地要素,还是劳动力要素,都不具备低价格的优势,因此,浙江农业也不具备价格竞争的优势,出路是走差别竞争的道路,从单纯的农业价格竞争战略向差别化的竞争战略转型,注重特色农产品、名优农产品、安全农产品的发展,以满足消费者效用最大化为目标,突破农产品的绿色壁垒与反倾销障碍,提升浙江农业的竞争力。

4. 重塑农业经营主体

改革开放以来,浙江大量的农业劳动力转移到非农产业就业,目前农业劳动力占全社会劳动力的35%左右,但他们中不少是兼业的农业劳动力,主要精力不在农业,不少是年老体弱的劳动力,经营规模小,以自给为主,缺乏市场竞争能力和从事现代农业的能力,这样的农业劳动力基础与结构是与浙江提前基本实现农业现代化的任务和要求不相适应的。为此,有必要对浙江农业经营主体进行重新打造,通过土地流转制度的完善、千万农民培训工程的实施、农村社会保障制度的建立和农业经营主体的法人化,调整和优化浙江农业的经营主体。

5. 深化土地制度改革

应该认识到,农村土地承包经营制度不仅实现了土地所有权与经营权的分离,而且在实践中还实现了承包权与经营权的分离。这种"三权分离"的土地制度,不仅仅是农业经营制度的创新,而且也是土地产权制度的创新。它既确立了农业的家庭经营地位,又赋予了农民对土地的收益权。农民对土地的收益权不仅体现为农户直接承包经营土地情况下,从土地总收益中扣除上缴集体与国家所得后的收益,而且也可以体现为农户不直接承包经营土地,而是将土地经营权流转,或者将土地承包权出让时应获得的收益。然而在实践中,我们往往更多的是从农业经营制度的角度,而不是从土地产权制度的角度来认识和界定我国的农村土地承包经营制度。事实上,忽视我国农村土地承包经营制度在产权制度上的创新性,不仅不利于土地的优化配置和土地要素市场的健康发展,而且也不利于土地家庭承包经营制度的真正稳定,因为得不到权益保障的经营制度是不可能有持续生命力的。因此,要全面认识我国的农村土地承包制度,不仅要在经营制度层面,而且要在产权制度层面把握这一制度。农村土地承包经营制度不仅要保持稳定,而且要不断完善,完善的重点是它的产权制度层面。要进一步明确:土地承包经营既可以是直接承包经营,又可以是间接承包经营;既可以体现为农业生产的承包经营,又可以体现为土地资产的承包经营。在中央相关政策还没有出台的情况下,浙江可以在一些地区先进行试点,赋予农民更为长期不变的土地承包经营权,如将承包权改为永包权,或将30年承包期延长为50年以上的承包期。此外,应将长期不变的土地承包经营权认定为一种物权,而不是一种债权,在法律上明确这种权利是一种可以出租、转让、抵押、入股的权利。在此基础上,进一步探索我国农村土地产权制度的有效实现形式,建立混合型的土地产权结构,即农民、集体和国家三位一体的土地产权制度。

6. 加快农业组织建设

当前,制约浙江农业进一步发展的一个重要方面是农业的产业组织建设相对滞后,它既体现在小规模、分散的农户在进入市场、面对市场风险、进行交易谈判和处理贸易纠纷时,缺乏能真正代表他们利益的组织,因而在市场中常常处于被动或弱势的地位,又体现为农业产业化经营的组织化程度低,多数龙头企业难以与农户结成真正的利益共同体。因此,无论从保护农民利益的角度讲,还是从提高农业产业化经营水平的角度讲,加快农业的产业组织建设都已刻不容缓。除了在政策上继续支持农业龙头企业在产业化经营中与生产农户结成利益共同体外,要高度重视浙江各类农业专业合作经济组织和农业行业协会的发展,为它们的进一步发展提供良好的制度环境和政策支持,与此同时,政府要加快管理体制改革和职能转型,赋予行业协会更多的管理职能,以实现政府职能转型和行业组织职能强化的有效对接。

我国农村社会养老保险：
关键在于制度创新①

　　建立农村社会养老保险制度（以下简称农保），是解决农村居民养老问题的重要途径，也是建设全面小康社会和和谐社会的重要内容。我国农保制度经过十几年的实践与探索，其效果还不尽如人意，能否承载 8 亿农民的养老重担，关键在于能否有新的突破。本文通过对全国典型省市的实地考察，结合多年的研究，对我国农保制度的突破与创新提出了如下思路和看法。

一、我国农保制度突破与创新的重点

1. 保险性质和筹资方式的突破

　　现行农保实行以个人缴费为主的完全储蓄积累制，社会保险性质不明确，是农民参保积极性不高和基层农保推行难的根源。农保要获得发展，必须重新定位，还原社会保险的本质。也就是说，农保在筹资方式上必须突破，加大社会筹资力度。对在企业工作的农民，应该要求企业承担部分养老保险费，对于纯农民和自由职业者，政府要给予适当的保险费补贴，这样不仅可以减轻农民的缴费负担，提高农民的养老保障水平，

　　①　本文作者为黄祖辉、杨翠迎，为本人主持的国家社科基金重大项目"解决中国三农问题的理论、实践与对策研究"（04ZD012）的阶段性成果，刊发于《"卡特"决策参考》2005 年第 4 期。本文报送浙江省委、省政府领导，并获得时任浙江省委书记习近平同志（2005 年 5 月 31 日）和时任副省长陈加元同志（2005 年 6 月 7 日）的肯定性批示。

更为重要的是可以体现政府和社会对农民的养老责任,从而真正地体现以人为本的科学发展观。

2.账户模式和养老金支付方式的突破

现行农保实行个人账户模式,没有体现社会保险的互助共济特性。因此,农保要继续发展,必须对个人账户进行突破,有两种思路可以参考:一是在个人账户的基础上建立适当的统筹基金。将个人、企业及集体所缴的保险费和政府的补贴全部计入个人账户,但按照一定的比例从政府补贴资金和企业所缴保险费余额中建立长寿风险准备金,以用于长寿养老金支付。二是类似于职工养老保险,实行统账结合。将政府补贴资金和企业缴费计入统筹账户,个人和村集体缴费计入个人账户。另外,养老金支付要突破年金支付的单一方式,采取月发、季发、年发和一次发放等多样化支付方式,更加人性化地适应不同农民的要求,但要尽可能地从技术上减少小额养老金的分期支付次数,以降低养老金的支付成本。

3.保障水平的突破

现行农保保障水平低是许多农民对农保不感兴趣的直接原因。许多农民按照当初制度设计时的缴费标准进行缴费,缴费标准低,积累少,领取的养老金难以起到养老保障作用。如农保人均养老金水平相对较高的浙江省嘉兴市市本级,2004 年也只有 67.15 元,低于当地农村最低生活保障标准 130 元的水平。因此,建议农保在养老金水平上给予最基本的规定,如至少不能低于当地农村最低生活保障金标准。为了最低保障水平能够得到保证,必须通过精算,重新确定和设计相关要素与参数。

4.参保对象的规范和突破

在实际中,现行农保的参保对象已经没有了边界,不论职业、工种甚至年龄,都可以参加,带来了严重的社会影响。一是农保的部分参保对象与扩面中的职工养老保险发生重叠:一方面使参保对象处于农保与职工保险的两难选择之中,多数农民干脆都不参加;另一方面导致两个保险部门争夺业务,造成大量的行政资源浪费和业务成本的增加。二是许多地方为了获得较高的参保率,打破了劳动年龄的界限,让 16 岁以下的人员大量参保,形成了政府管理成本和利息承诺的沉重负担。因此,建议将农保的参保对象严格限定在有土地承包权,而且是农业劳动者的范围,非劳动年龄的人员、符合参加职工养老保险条件的人员,以及已经参加职工养老保险和失地农民养老保险的人员,不能再参加农保。如果参保对象因身份、职业等变动,需要变更保险关系的,可以随时和相关保险制度进行接转。

二、农保制度推行中需要重视的几个问题

1. 重视立法保障

现行农保从试点到现在,还没有一个正式的法律文件给予规范,致使各地在推行中出现的一系列问题甚至诉讼案件缺乏法律依据,给农保的进一步推行带来很大的阻力。目前,农保试点地方的许多农民对政府的政策心存疑虑,不愿参保和续保,这一时期的工作已经给农民造成了不小的负面影响。因此建议对现行农保进行制度创新和完善,并根据试点情况及时立法,一方面使农保工作的推行有法律依据,另一方面也好让参保的农民对政策放心。

2. 加强宣传教育

尽管现行农保制度已有十几年的实践历史,可是绝大部分农民,甚至相当多的基层政府干部和村干部对开展农保的意义、农保的具体内容不清楚。这样,如何能让大家有积极性参加农保呢? 因此,加强农保制度的宣传和教育十分重要。建议花 2～3 年的时间,向农民把农保制度和相关政策讲明白、讲透彻,让农民了解农保,让农民认识到国家举办农保是为他们解决老有所养的问题,让农民从心里接受农保。

3. 政府积极推动

农保必须要由政府推动。一是政府要把建立农保制度作为社会发展的重要目标实施。农保是农村社会保障的重要组成部分,是建设全面小康社会、构建和谐社会的重要内容,因此建立农保制度也应该是社会发展的重要目标。二是充分认识到人口惯性的负面影响。长期计划生育政策的推行,加上工业化、城市化的推进,农村家庭人口结构已经实现

了由多子女家庭向"421"家庭的转型,并逐渐向"621"甚至"821"家庭结构转变,到时以耕种土地为生的农村人口会面临难以想象的养老大战,农村养老问题必须未雨绸缪。三是政府要给予适当的财政支持,给纯农民一定的保险费补贴,扶助农保制度的推行。农保没有退路,只能通过制度创新和完善,继续推行,这也是挽回政府信誉的唯一办法。四是加大实施力度,稳步推进农保制度的开展。

4. 群众自愿参加

我国总体经济相对落后,财政底子薄,农民不富裕,全国性的强制性的农村社会保险难以推行。尽管部分发达省市的农村经济情况相对要好一些,但也存在严重的不平衡性,尤其是农民个体收入差距较大,也难以在省市范围内强制统一参加。因此,建议农保制度按照政府引导下的完全自愿参加的原则,吸收有条件的农民参加。只有农民自己选择参保,才是农保制度持续发展的根本。

5. 工作的开展要循序渐进

十几年的农保经验表明,农保工作的开展必须循序渐进。一方面,农保在我国是一个新生事物,群众对它的了解有一个很长的过程。另一方面,我国农村经济差距较大,相当部分的农民收入还比较低,在一定程度上缴纳保险费可能构成他们的负担。因而农保工作的开展不可急于求成,要遵循经济发展规律和人的认识规律,在有条件的地方、认知程度较高的人群中先行推行和实施,然后陆续带动那些符合条件和有能力参加的人参加。

新农村建设应处理好五大关系①

我国目前总体上已到了以工促农、以城带乡的发展阶段,在此背景下,党中央明确提出统筹城乡经济社会发展,建设社会主义新农村的战略方针,这是我国现代化进程中的重大历史任务和解决我国"三农"问题的重要举措。在建设社会主义新农村的过程中,应正确处理好以下五大关系。

第一,正确处理立足当前和着眼长远的关系。建设社会主义新农村是一个长期的、艰巨的过程,不能也不应该一蹴而就。为此,有必要处理好当前和长远的关系。科学规划是处理好这一关系的关键。要用科学的规划作为新农村建设的指导,作为检验新农村建设成功与否、目标实现与否的重要标准。各地在制定"十一五"经济社会总体发展规划时,应把新农村建设纳入规划之中,作为重要建设内容。要立足当前,谋划长远,处理好当前发展现状和长远建设目标的关系。要科学制定城市化战略,合理设计包括村镇体系布局规划、乡村人口布局和人口流动规划、城乡产业与就业布局规划等在内的区域总体蓝图。要高度重视农村社区基础设施建设的规模性效应,做到既有中长远的规划目标,又有年度的工作安排,以及试点示范和引导推广相结合,确保新农村建设有条不紊地进行。

第二,正确处理客观条件和建设目标的关系。我们所有的实践都应该从实际出发,新农村建设更要密切结合各地实际、政府财政承受力、群

---

① 本文作者为黄祖辉。本文内容发表在《"卡特"决策参考》2005 年第 6 期、《浙江日报》2006 年 1 月 16 日。2005 年 12 月 24 日,本文获得时任浙江省委副书记周国富同志的肯定性批示。

众参与能力等实际情况,处理好客观条件和建设目标的关系。各地经济发展水平并不完全处于同一阶段和水平,财政实力也不平衡,新农村建设会存在快慢、高低之分。因此,在建设新农村过程中不宜强调同一个模式、同一种方法或同一个标准,应从自身实际出发,量力而行,注重实效,不搞盲目攀比,避免在新农村建设中搞形式主义和形象工程,避免新农村建设运动化。新农村建设不仅是经济发达地区的事,也是欠发达地区的事。毫无疑问,发达地区经济发展领先,在新农村建设中应加大力度,率先垂范;欠发达地区虽然经济发展相对滞后,但也要从当地实际出发,尽最大努力,加快推进新农村建设。

第三,正确处理政府主导和市场机制的关系。新农村建设任务艰巨。要改造、改善农村的基础设施,需要投入大量的资金,这涉及农村社区性公共产品的供给问题。毫无疑问,公共性产品的供给,政府应起主导作用,但仅仅依靠政府的财政投入是不够的,还应充分发挥市场机制和民众参与的作用。为此,一方面要加快转变政府职能,发挥政府财政投入的主导和引导作用,另一方面应积极引入市场机制,发挥市场的基础性配置作用,提高政府投资效率,实现新农村建设中的经济效益、社会效益和生态效益的有机统一。

不要把新农村建设仅仅看成是村庄面貌的改变。新农村建设应该在城乡统筹、城乡一体化的框架下进行。因此,应深化城乡配套改革,充分发挥市场机制的优势和民营经济的活力,在农村社区文化、卫生、交通、环境保护等基础设施领域,积极引入股份制、合作制、招投标制等市场运作办法,鼓励和调动社会力量参与新农村建设,以形成"政府主导、市场运作、农民为主、社会参与"的新农村建设模式。在新农村建设过程中,尽管各地政府的投入力度可能会有差异,但是对"三农"建设的倾斜力度不应有区别。为此,政府一方面应尽快建立公共财政体系,完善党政一把手政绩考核体系,另一方面应不断探索与引导社会相关资源向新农村建设倾斜的机制和政策。

第四,正确处理农民参与和农民受益的关系。建设社会主义新农村,农民既应是建设者,更应是受益者,他们是新农村建设的主体。发挥广大农民在新农村建设中的主体作用和积极性,关键是处理好农民参与和农民受益的关系。为此,一要将新农村建设与社区经济发展结合起来,使新农村建设能促进农村经济的发展,让农民收入得到更快的提高。二要将新农村建设与农村社区社会事业发展结合起来,使新农村建设能促进农村各项社会事业的发展,让农民享受更多的社会福利。三要将新农村建设与社区环境美化结合起来,使新农村建设能促进农村环境的改善,让农民拥有更好的生存环境。四要将新农村建设与社区民主决策结合起来,使新农村建设能促进农村基层民主化进程,建立在农民自觉、自愿的基础上。

第五,正确处理硬件建设与软件建设的关系。新农村建设内涵丰富,不仅涉及农村社区的基础设施、环境、教育、文体、医疗、商贸、住房等硬件条件的改善、整治和建设,而且涉及农村社区的科学管理、良好村风与民风的形成等软件系统的建设,两者是缺一不可、互为促进的关系。因此,新农村建设不仅要非常重视硬件建设,而且要高度重视软件建设,做到"软硬兼施"和"两手硬"。换句话说,新农村建设中所投入的财力、物力和人力资源不能仅仅局限于硬件方面的建设,而应该同时覆盖软件系统的建设,如村干部与村民的培训、村规民约的制定、社区公共设施管理制度的建立、社区健康文化体育活动的开展等。

缩小我国居民收入差距的十点建议①

在 2004 年到 2005 年期间,我们从城乡、地区和工农的角度,对我国居民收入差距扩大化问题进行了理论与实证的研究。以下是十个方面的对策建议。

1. 积极推进统筹发展战略

中央政府应将城乡之间、地区之间、工农之间的收入差距的缩小作为和谐社会建设和统筹发展战略的一项具体任务,纳入国家"十一五"规划。要通过深化改革,通过国家税收政策、转移支付政策、地区发展政策、公共服务政策等的完善和配套实施,在确保经济持续稳定和健康发展的基础上,争取在"十一五"期间将基尼系数降至警戒线以下,即 0.4以下。

2. 主攻城乡收入差距问题

鉴于城乡收入差距问题是我国居民收入差距扩大的主要原因,因此,有必要将城乡居民收入差距的不断缩小(包括相对差距和绝对差距)作为各级政府的主攻方向。中央政府应将这一指标作为各省份党委和政府领导的重要考核指标,各省份应把这一任务纳入各自的"十一五"规划内容,采取切实措施,在"十一五"期间实现城乡居民收入差距的明显缩小。

———————————

① 本文作者为黄祖辉,为本人主持的国家社科基金项目"扭转工农之间、城乡之间、地区之间差别扩大趋势问题研究——着眼于收入不平等角度的分析与研究"(03BJL028)的对策性建议。本文刊登在《"卡特"决策参考》2006 年第 1 期和《中国经济时报》2006 年 2 月 17 日。时任省委副书记周国富同志对本文做出了重要批示。

3. 推进农业劳动力转移

缩小城乡居民收入差距的关键是尽快提高农村居民,尤其是广大农民的收入。要加快提高农民的收入,主要的途径是进一步推进农业劳动力的转移,提高农业劳动比较生产率。尽快消除劳动力在城乡和地区间流动的体制性障碍,推进城市化的健康发展,把城市化进程和进城农民的市民化进程紧密结合起来;加快第三产业发展,同时支持劳动密集型和能源低耗型的第二产业发展。

4. 加快欠发达地区发展

除了加快推进西部大开发、振兴东北和中部崛起战略外,对欠发达地区,尤其是贫困地区的发展,应进一步加大力度和创新思路,国家应在扶贫开发工作基础上,以乡镇为单位,重新认定贫困乡镇对象,然后根据具体对象的特点,制定相应规划和计划,采取针对性的配套措施或政策组合,进行各个击破。这些配套措施或政策组合主要包括:中央政府和地方政府对贫困乡镇基础设施、生态保护、基础教育、卫生医疗、生产项目等的财政扶持、金融支持和相关转移支付,发达地区对贫困乡镇的结对帮扶,贫困乡镇的人口迁移和人员培训等。

5. 切实保护农民工权益

社会公民间的权利不平等是我国现阶段地区之间、城乡之间和阶层之间收入差距过大的重要原因,这种权利的不平等导致了收入分配的不平等和收入差距的不正常扩大。因此,应重视新时期劳资关系问题,修订劳动工资法,进一步明确和完善劳动者基本权益,建立劳动者最低收入法,确保农民工弱势群体的收入。

6. 发挥税收调节收入功能

企业家才能报酬对收入差距的影响已经被证明,资本收入因为较低的收入比重,目前对收入差距变化的影响还不明显,但是从时间序列上来看,其影响在增强。可见,高收入人群不但获得了高报酬的企业家才能收入和资本收入,而且两者的持续增长会导致收入差距的持续扩大。因此,从政策建议的角度来看,通过对高收入人群征税,既可以调整收入差距,又能起到稳定社会的作用。

7. 加大政府转移支付力度

为了扭转我国工农之间、城乡之间、地区之间收入差距过大的局面，政府不仅应加大转移支付的力度，而且应调整转移支付的结构与方向。要改变重城市居民、轻农村居民的转移支付模式，建立中央政府和地方政府相互分工、各有侧重、互为配套、城乡一体的转移支付体系。从目前我国的实际情况看，政府的转移支付重点应突出以下几个领域。一是对农业的转移支付，即通过对农业生产，特别是对从事粮食生产农民的补贴，保障其收入水平。二是对保护生态环境的转移支付，即通过对生态环境保护区的补贴，弥补该地区居民因保护环境而损失的收益。三是对特殊阶层的转移支付，即通过建立相关社会基金，对失业者或收入不足以维持生计者给予救济或补贴。由于现阶段我国地区经济发展存在明显的不平衡性，不同地区的政府财政实力差异悬殊，因此，对欠发达地区的转移支付问题，可以借鉴国外经验，以中央政府的投入为主，相关地方政府的财政配套为辅。

8. 创新农村土地制度

虽然土地要素没有被纳入我们的分析，但是我国土地问题所涉及的利益关系和矛盾冲突是毋庸置疑的。土地对农民而言，既是生产手段和财产，又具有社会保障的功能。土地理应成为农民财产和收入的主要来源。土地对农民的这些功能的充分实现，直接关系到农民的利益和收入增长。但现实中，我国的土地制度还不很完善，农民在土地的流转和出让中还不能获得合理的补偿和回报，这大大损害了农民的利益，减少了农民的收入。因此，亟须进一步创新我国的土地制度。首先是明确农民对土地的承包权长期不变，并赋予承包农户除土地买卖以外的一切处置权。其次是针对土地利用、土地征用、土地出让中所涉及的相关利益者关系，国家制定相应的法律、法规和处置原则。最后是引入市场机制，通过上述框架条件下的土地市场化，有效实现土地对农民的上述三大功能。

9. 增加农村公共物品投入

我国工农之间、城乡之间、地区之间收入不平衡的一个原因是公共物品的不均衡配置，主要偏向于城市和城市居民，而农村公共物品则长期供给不足,导致农民的生产和生活环境较差,这些不利的外部环境制约了农村居民各要素收入的实现。这就是说,公共物品投入直接影响私人物品的生产效率,公共物品的不均衡配置加剧了城乡之间、地区之间的居民收入差距。我国目前总体上已到了"以工补农,以城带乡"的发展阶段,因此,政府应调整公共物品的投入格局,通过新农村建设,增加对农村地区,尤其是农村落后地区的公共物品投入,加大对农业基础设施建设和科技进步的支持力度,加大扶贫开发和农村社会事业的投入力度,以改善农村面貌和农业生产条件,提高农业效率,进而促进城乡之间、地区之间居民收入差距的不断缩小。

10. 加大农村人力资本投资

我们的实证研究揭示了人力资本对各种收入差距以及差距的变化起到了决定性的作用。因此,要缩小城乡之间、地区之间、工农之间的收入差距,非常重要的一项工作就是加大农村人力资本的投资与开发力度。一是应改善目前农村低收入人群下一代的人力资本,基础教育尤为重要,应实施真正意义上的农村义务教育。2004 年,国家财政收入已达到 2.6 万亿元,根据有关研究测算,如果完全实施农村义务教育,国家财政需新增投入 688 亿元左右,约占财政收入的 2.65%。应该说,目前我国政府的财政能力已可以承担这笔费用。二是要加强农村,特别是欠发达地区的人力资本培训和教育,以提高农村劳动力的文化素质和劳动技能,使农村劳动力不仅有机会,而且有能力参与劳动力市场的公平竞争,进而提高收入水平。

借鉴荷兰经验，
发展高效生态现代农业[①]

当前，从国际上看，我国正处在经济全球化和市场化的加快时期，从国内看，我国正处在经济转型的关键时期和经济社会发展的新阶段，在这么一个重要发展时期，将现代农业发展提到重要战略议程，不仅是经济转型和发展新阶段的要求，而且对于加快新农村建设、建立和谐社会、提高农业竞争力、解决好"三农"问题，都有极为重要的意义。

浙江农业曾经有过辉煌的历史，改革开放以来，又经历了经营体制变革、产业结构调整、产业化经营、效益农业的发展阶段，农业从总体上看，正在从传统农业向现代农业转变。但从现代农业的发展要求看，与浙江工业化的进程相比，浙江农业在全省和全国的地位在下降，农业现代化的进程相对缓慢，不能完全适应市场化和全球化的要求，离现代农业的要求还有较大距离。主要表现为：农业经营规模偏小，经营主体偏弱，农业贡献偏低，品质品牌不突出，技术进步不显著，产业组织不健全，政策体制不完善，竞争优势不明显。

现代农业在当今世界存在多种模式和不同的特点，具有代表性的一种是以美国、加拿大、澳大利亚等为代表的土地与技术密集型为主要特征的现代农业，另一种是以荷兰、日本、韩国等为代表的技术与劳动密集型为主要特征的现代农业。从技术层面看，现代农业的发展一般都会经历从以农业的机械化、电气化、化学化和水利化为主要特征的发展过程，到以农业的信息化、生物化、设施化和管理现代化为主要特征的发展过

---

① 本文作者为黄祖辉。本文内容发表在《浙江政研》（2007 年第 7 期）。本文得到时任浙江省委记记习近平同志的批示。

程。这两个过程可以称为两次农业现代化的过程。但是,由于各国或地区的自然禀赋和生产要素的结构存在差异性,两次农业现代化的过程在不同国家或地区的不同时期有可能表现出不同的技术特征,对于那些人多地少的国家或地区,在一次农业现代化未完成的情况下,二次农业现代化的技术特征的出现与应用,不仅有可能,而且具有必然性。

结合我国国情和浙江的实际,浙江应该借鉴荷兰经验,走荷兰式的现代农业道路。荷兰是一个典型的人多地少、农业资源相对贫乏的欧洲小国,其人口密度与浙江相似,是欧洲人口密度最大的国家,但是荷兰农业却取得了举世瞩目的成绩,荷兰的农产品出口位居世界前列,尤其在畜牧业、花卉市场和农产品加工等方面,优势更为明显。浙江人地关系与荷兰比较接近,资源格局是"七山一水二分田",农业资源具有多样性,但耕地面积不多。很显然,从总体条件看,浙江的现代农业不能走北美式的土地与技术密集型的道路,而应该结合自身的特点,走荷兰式的劳动与技术密集型的现代农业道路。

荷兰发展现代农业的经验主要体现在以下四个方面。

一是充分运用集约高效的农业科技。荷兰在农业生产中高度重视农业科研和采用先进科学技术。荷兰农业的集约化具体表现在高效益的产业结构、高科技的农业投入、高生产力水平及高附加值的农副产品生产上。为了节省耕地,荷兰大力推行温室农业,利用温室进行农业工厂化生产,该国的蔬菜、花卉、水果等大部分农产品采用温室栽培。温室采用无土栽培方法,室内温度、湿度、光照、施肥、用水、病虫害防治等都用计算机监控,作物产量很高。荷兰还采用温室养鱼,不仅产量高,而且节省了大量水面。荷兰农业部门特别注重遗传工程的投资,采取优选本国或适合于本国环境的世界各地的家畜家禽、农作物良种,依靠遗传工程进行改良,生物防病和遗传防病并举,替代对人体有害的各种化学药剂的使用,这不仅取得了显著的经济效益,而且有效地保护了自然生态环境,实现了高效生态的现代农业发展。

二是建立高效运行的农技创新体系。荷兰的农业科研、教育和推广系统相当发达,被誉为荷兰农业现代农业的三个支柱。政府对农业的科研、教育和推广非常重视,把促进其发展作为政府的重要职责。以农民为核心,建立全国性的农业科技创新体系和网络,是荷兰农业取得巨大成就的一条基本经验。在荷兰农业科技创新体系和网络中,研究由各种研究机构进行,这些机构包括国家与地区研究中心、实验农场以及农业经济研究所在内的 8 家单位,它属于公共服务的一部分。这些研究机构对创新思想进行试验,对新技术进行尝试和展示。荷兰政府还在 11 个省设立推广咨询理事会,每个省设有 2 至 7 个地区咨询中心。在这些部门中都有一批学科专家和专业推广人员从事相关科研、推广服务。另外,还有私人机构参与农业推广,它们通常从事农业生产资料供应,包括农业生产工具和投入品,如杀虫剂、复合肥料、兽医服务等。在这个创新体系中,荷兰的农业教育体系在农业生产和产业化中的作用越来越重大。大力开发农业人力资源,造就世界一流农民,始终是荷兰农业政策的出发点。它的农业教育体系完备,包括各种级别的课程,从初等的职业教育到正规的大学教育。荷兰的职业教育直接面对农民,使农民尽快了解各种技术的最新进展和市场需求,具有很高的科学素质和商业能力,大多数农民都能讲流利的英语,能够跟上世界农业科技发展的步伐,这或许是荷兰农业具有很强竞争力的核心所在。

三是建立合作共赢的农业合作制度。荷兰的农业以家庭农场为经营基础,但是,农户与农户已形成利益共同体,而不是竞争对手,使其成为利益共同体的载体是农业合作社及其联盟。合作社覆盖农业生产、供销、农机、加工、保险、金融等领域,为农户的农业生产提供各种周到的社会化服务,既解决了农户进入市场的问题,又保护了农民的利益,提高了农业的国际竞争力。合作社下连千家万户农民,上为议会、政府制定农业政策提供建议,是连接政府和农户的桥梁。

四是提供因势利导的农业支持政策。荷兰的农业如此发达,还得益于政府特有的农业政策。荷兰农业政策的基本目标是建立人与自然的协调发展、可持续发展和具有国际竞争力的农业,并以此为中心制定政策措施。主要体现为结构政策和环境政策两部分。为使有限土地得到高效利用,荷兰政府采取了一系列符合国家气候特点和国情的农业发展战略及政策,如鼓励农民避开需要大量光照和生产销售价位低的禾谷类作物的生产,充分利用地势平坦、牧草资源丰富的优势,大力发展畜牧业、奶业和高附加值的园艺作物种植业。不仅如此,政府通过提供补贴、政策引导,扶植了一批私人公司,这些公司包括一些专业化的咨询公司、生产资料公司、技术服务公司等。在市场体系下，这些组织的作用日益明显，在促进技术推广、信息流通和社会化服务等方面起到了重要的补充作用。此外，政府还常常根据市场情况变化及时调整政策。

就环境政策而言，根据欧盟环境立法要求，荷兰加强了对农用地肥料用量、农药用量的控制，通过立法、政府计划和税收等手段强化对环境的保护。农业方面的重点是：控制农用化学品的使用，防止水体和土壤污染；加强厩肥的无害处理，控制氨、磷的释放量等。国家还实行了相应的税收政策和财政政策，以未来的企业为发展目标，鼓励发展可持续的生产体系、动物福利和从事"绿色"的经济活动。由于环境政策已经成为农业生产的一个准绳，生产者及产销各环节都要在市场上通过环境质量认定来显示自己的特色，以提高其产品的身价。

结合荷兰发展现代农业的经验，从浙江的资源、区位、经济条件和农业发展进程看，当前浙江发展现代农业的主攻方向，应该是发展高效生态的现代农业。高效生态的现代农业的内涵与核心可以概括为：符合生态环境和质量安全要求，具有市场竞争能力，能够给经营者，尤其是农民，带来等于或大于比较利益收益的农业。从荷兰的基本经验看，这种现代农业的特点是：土地利用高效，生态环境良好，技术支撑有力，流通体系发达，组织体系健全，政策体系完善，主体素质较高，产品优势突出，经营收入丰厚，农产品高产、高质、高附加值、具有国际竞争力。

要实现高效生态的现代农业的发展，浙江农业必须在现有基础上实现六个方面的转型。一是农业增长方式转型：从资源消耗型、数量增长型农业向高效生态型、质量增长型农业转变。二是农业经济功能转型：从追求农业的单一功能向追求多功能农业转型。三是农业技术应用转型：从以一次农业现代化的技术特征为主向以二次农业现代化的技术特征为主转型。四是农业组织形式转型：从分散化的农业组织形式向产业化的农业组织形式转型。五是农业竞争战略转型：从以农业价格竞争战略为主向以农业差别化竞争战略为主转型。六是农业发展空间转型：从仅仅立足于本省资源发展农业向充分利用省外、国外资源发展农业转型。

围绕高效生态的现代农业特点和上述六个方面的农业转型，结合浙江农业发展的现状，在"十一五"期间，浙江发展现代农业需要以下十个方面的创新和突破。

1. 推进农作制度创新

近些年来,浙江农业在农作制度上正发生着重大的变革,全省出现了不少新的农作模式。这种新的农作制度内容十分丰富,大体分为五大类:种养结合类,粮经结合类,粮、饲、牧结合类,水产混养、套养、轮养类,"五园"养殖类。新的农作制度通过种植业和养殖业的直接结合,以及水、旱作物的合理轮作,大力发展优质高产、节本增收、生态安全的农作模式及其配套技术,对土地的时空进行科学配置,形成耕地的复合生态生产系统,实现能量的最佳转换,拓展生产的广度和深度,让一亩农田当二亩、三亩用,既使有限的耕地生产出更多的优质农产品,又实现了农业的高产高效、良性循环和持续增收。这种农作制度的创新,不仅体现了科学发展观,而且符合浙江的实际,是一种具有很好发展前景的高效生态的现代农业,值得不断总结与完善,并且予以推广和政策支持。

2. 拓展农业发展功能

浙江土地相对紧缺,又地处沿海经济发达地带,消费需求水平较高,因此,不仅需要高效集约利用土地资源,提供优质、高产农产品,而且应该拓展农业发展功能,如提供休闲观光、生态保护和文化传承等功能,使有限的农地最大限度地满足消费者的多种需求。为此,需要将旅游、环保、文化、景观等概念引入农业,通过科学的规划和引导,将农业和这些相关产业有机结合,发展富有创意的、具有效益的休闲农业、生态农业、文化农业、景观农业等。

3. 强化农业科技支撑

针对浙江农业的特点和资源条件,应强化现代生物技术、信息技术、设施技术、节能技术对浙江高效生态农业的应用。同时,要进一步创新农业科技推广体制,注重农业科技与其他相关技术的集成与应用。鼓励组建由教育、科研、推广机构和行业协会等多方参与的区域性专业性科技服务组织。建立和完善首席专家、推广教授、科技特派员、责任农技员制度,引导涉农企业开展技术创新活动,构建农科教、产学研一体化的新型农技推广体系。涉农高校应进一步完善科研体制和教师考核办法,要为科研人员服务"三农"、推广科教成果提供更多的激励。

4. 培育现代农业主体

针对当前农业经营主体普遍年龄偏大、文化程度偏低、经营能力偏弱的现象,迫切需要创新农业家庭承包经营制度。要通过三个方面的改革突破,建立农业经营者的"进入与退出"机制:通过社保体制的改革,代替土地对农民的保障功能;通过土地制度的改革,建立土地使用权(经营权、承包权)充分流转的交易市场;通过教育体制的改革,培育现代新型农民。要加大对农民职业培训与农业中高等教育的支持力度,要加快农业生产经营型人才的培养,建议把浙江籍大中专学生免费就读农业种养类专业的范围扩大到园艺类的花卉、蔬菜、果树和管理类的农经等专业。要鼓励农业创业,为农业创业活动提供信贷等方面的支持。

5. 建立现代农业组织

分散的农业家庭经营组织难以适应激烈的市场竞争,必须构建相应的产业组织体系。根据国际的经验,这种与市场经济和现代农业相适应的农业组织体系是农户家庭、农业合作社和农业行业协会的"三位一体"。但从我国的实际看,由于农业合作社发展历史不长,农业龙头企业的作用不可忽视。因此,在现代农业的发展过程中,应从产业化经营的角度出发,建立农户家庭、农业合作社、农业龙头企业和农业行业协会的"四位一体"现代农业产业组织体系。从发展趋势看,应重点发展农业合作社和农业行业协会。此外,现代农业的形成与发展还需要有发达的流通和物流体系相匹配。从浙江来看,需要建设集商品流、信息流和资金流于一体,集散和配送、批发和零售高效结合的农产品现代物流体系。要建立特色农产品展示和配送中心,尽快形成联通全省和国内外的农产品连锁配送体系与电子商务网络。要加快农产品批发与零售市场的改造提升,发展一批大型涉农商贸企业集团。另外,要探索组建以农民专业合作社为基础、供销合作社为依托、农村信用合作社为后盾的农业服务体系,构建以政府部门服务和管理为保障、农民合作经济组织参与的集技术、信息、金融、营销等各种服务于一体的新型农业服务平台。

6. 调整农业竞争战略

从荷兰的现代农业发展实践和经验看,在土地资源相对紧缺的国家和地区,农业要在激烈竞争的市场中站住脚,不能主要依赖于成本和价格的竞争,而是要采用差别化竞争的战略。浙江土地资源也不宽裕,农业劳动力价格在国内处于较高价位,因此,浙江农业要在国内和国际市场具有竞争优势,必须调整竞争战略,从传统的农产品价格竞争战略向以质取胜的差别化战略转变。以质取胜不仅包括产品的品质与安全,而且包括品牌、分级、包装和营销服务等方面质量。因此,应从市场需求出发,结合浙江农业资源与区位条件,重点支持浙江名特优农产品和优势产业的发展,要通过有效的品牌建设、严格的环保制度、优良的营销服务(包括质量追溯、物流与信誉体系建设等),培育浙江农业的核心竞争力。

7. 扩大农业发展空间

现代农业的一个重要特点是:通过比较优势和利益连接机制,形成区域化与专业化的分工。从空间看,这种分工有时会超越一个省或一个国家,这对于资源相对紧缺的国家或地区尤其如此。浙江在加快现代农业发展的过程中,应该总结近年来农业对外开放和"走出去"战略的经验与教训,一方面立足本省优势资源,另一方面突破本省资源局限的瓶颈,通过市场导向、政府牵线、企业运作的办法,充分利用省外、国外在土地和劳动力等方面的资源优势,在更大空间范围配置浙江农业要素,建立优势互补、弱势互消、利益共享、风险共担、分工合作的跨省份、跨国度的现代农业发展新格局。

8. 加快农业劳力转移

从宏观视角看,现代农业必定是建立在合理的经济结构基础上的,其主要的判别指标是部门劳动力对 GDP 的相对贡献率。从浙江的情况看,农业 GDP 的份额在持续下降,目前为 6% 左右,已接近发达国家的水平,但是与此不相适应的是,农业就业份额的下降速度却明显慢于农业 GDP 份额的下降速度,目前为 26% 左右。这种态势导致了农业劳动力对 GDP 贡献率的不断下降,其对农业的直接影响是农业相对劳动生产率低下,农民收入低于社会平均水平,农业缺乏竞争力,改变这一格局的基本途径是向非农产业转移农业劳动力。当前,进一步转移农业劳动力不仅取决于非农产业的发展,而且还取决于农村土地制度的进一步改革和城市化的健康发展,而城乡二元社会结构的消除是其中的关键。此外,从农业劳动力转移的个人成本和社会成本角度看,合理布局基础上的中小城市发展,应该成为浙江乃至我国城市化进程的重点。

9. 完善农业支持政策

首先,要建立对农业投入的稳定增长机制。主要是:县级以上政府财政每年对农业总投入的增长幅度大于其财政经常性收入的增长幅度;土地出让收入和建设用地税费提高后新增收入要主要用于"三农";要创新农村金融体制,加大对农业的信贷支持;要鼓励企业和社会对农业的投入。其次,要在遵循 WTO 规则的前提下,根据浙江农业的特点,明确农业支持政策的重点。主要包括:农业风险管理支持;农民培训与教育支持;农业基础设施建设支持;农业与农村环境改善支持;农产品质量安全与管理支持;农业合作组织、行业协会和相关中介与公共服务平台支持;基础性与公共性农业技术研究与推广支持等。最后,要完善农业支持的方法,提高农业投入的效率。主要是:尽可能减少投入的中间环节,无偿投入与有偿投入(如配套、贴息、低息、奖励、以工代赈等)相结合,完善农业投入绩效的评价体系,加强政府农业投入绩效的考核等。

10. 深化农业配套改革

我国正处在经济与体制的转型中,因此,浙江发展高效生态的现代农业,需要一系列的改革推动。从浙江的实际看,当前影响高效生态现代农业发展、亟须通过体制创新和深化改革的主要领域是:农村土地产权与管理制度、农民养老与社保制度、农村金融与保险制度、农民教育与农业科技推广体制、农业部门管理与投入体制、农业合作社与行业协会发展政策与制度、农产品质量安全管理体制等。

重新认识拉美国家：
巴西和阿根廷考察报告[①]

一、访问概况

2006 年 12 月 10—22 日，国家自然科学基金委管理学科部组织了中国农业经济学术交流团，访问了巴西和阿根廷。访问团成员包括：国家自然科学基金委管理学科部常务副主任陈晓田研究员、宏观管理处处长杨列勋博士、浙江大学中国农村发展研究院院长黄祖辉教授、中国农业大学经济管理学院院长王秀清教授、华南农业大学副校长温思美教授。这是中国农业经济学家首次组团访问拉美国家。访问的主要目的，一是考察和了解拉美国家农业生产与组织、农产品供应链与国际贸易以及农业政策的现状与发展态势。二是与有关两国学校和研究机构进行学术交流。三是建立中国和拉美国家在农业经济研究领域与人才培养交流等方面的合作关系。

在访问巴西期间，代表团于 12 月 12 日访问了巴西圣保罗大学经济学院和农学院，与该校经济学院的师生们举行了题为"中巴农业发展与农产品供应链管理"的学术研讨会，中巴双方代表分别围绕主题进行了发言和交流。此外，代表团还与访问了巴西国际贸易谈判与咨询研究所（ICONE），与该所研究人员就 WTO 农业谈判问题、科研经费与体制、

---

① 本文作者为黄祖辉。本文内容发表在《"卡特"决策参考》2007 年第 2 期。

开展双边合作等问题进行了交流；13—14 日，代表团还考察了巴西农科院、巴西核农业研究中心和一个以甘蔗（sugarcane）加工机械为主的大型农机加工厂。在阿根廷访问期间，代表团主要与布宜诺斯艾利斯大学进行了学术交流。

在访问期间，代表团还就中国与巴西和阿根廷在农业产业化经营、生物能源替代、农产品加工和贸易以及研究项目资助、校际合作与人员交流等方面进行了广泛的交流，达成了若干合作的意向。访问取得了预期的成果，代表团成员对巴西和阿根廷两国在农业发展，尤其是强劲的农业国际竞争力、生物能源产业的发展、农业发展的巨大潜力、良好的环境意识和政策、有效的政府公共政策等，留下了极为深刻的印象，对人们常说的"拉美陷阱"问题与"贫民窟"现象，有了全新的认识。

二、若干观察与启示

1. 令人惊讶的农业潜力与竞争力

巴西人口有 1.8 亿，国土面积为 850 万平方公里，巴西有 26 个州，还有 1 个联邦特区。尽管该国国土面积小于中国，但其耕地面积却大大超过中国，占世界 19％的耕地（而中国仅占世界 7％的耕地），并且目前巴西的农业只利用了其中的 50％左右，从农业资源的角度看，还大有潜力。巴西农业在世界上具有很高的地位和很强的竞争力。1995—2004年，巴西的农产品出口年均增长率为 5.8％，2004 年的农产品出口额排名世界第三（第四为阿根廷），仅次于欧盟和美国。其中，2005 年出口额排名世界第一的农产品及其加工品有甘蔗及其加工的乙醇、鸡肉、牛肉、咖啡、烟草和橙汁，大豆出口额排名世界第二，猪肉和棉花的出口额排在世界第四。

2. 相当领先的替代能源产业与发展

巴西和阿根廷均有石油资源，能源并不匮乏，但是两国政府在能源战略方面却有长远考虑，能源替代产业，尤其是生物（植物）能源产业的发展令人刮目相看。以巴西的甘蔗及其加工的乙醇产业为例，其产量

(糖和乙醇)和种植面积未来几年都将有较大幅度的增加(见表 1)。此外,为了加快生物能源产业的发展,巴西还新启动了 100 多个相关研究项目。与美国和欧洲国家相比,巴西在蔗糖及其乙醇的生产方面具有明显的成本优势(见表 2),其乙醇产量占世界份额的 36.4%(见表 3),位居世界第一。在考察期间以及与当地的学者交流过程中,我们强烈地感到,尽管巴西和阿根廷是两个发展中国家,人均 GDP 在 4000 美元左右,但是它们在能源替代产业,尤其是植物替代能源产业的科学研究方面却极其活跃,商业应用和市场份额在世界上都处在领先地位。

表 1　巴西的甘蔗产业发展与计划

项目	2005—2006 年	2006—2007 年	2010 年	2013 年
甘蔗/百万吨	387	440	570	660
面积/百万公顷	5.6	6.1	8.0	9.0
蔗糖/百万吨	25.8	26.3	27.0	28.0
乙醇/百万立升	15.9	18.1	23.0	27.0

表 2　巴西蔗糖及其乙醇生产成本与欧美的比较

单位:美元/吨

地区	蔗糖	乙醇
巴西	160	0.22
世界	500~700(欧洲)	0.60(美国)

表 3　2005 年世界与有关国家乙醇生产量

地区	产量/10 亿立升	占世界比重/%
巴西	15.4	36.4
美国	15.0	35.2
中国	3.7	8.7
印度	1.6	3.7
世界	42.3	100.0

3. 朴实无华的环保意识与实际行动

在巴西和阿根廷,政府大力倡导环境保护,制定了一系列政策,大力发展能源替代产业,除了上述的植物转化乙醇外,两国还加大投入,致力于从生物垃圾中提炼乙醇和开发生物柴油等方面的研究与推广应用,取得了明显的成效。更为重要的是,环保意识已经深入人心。在巴西和阿根廷,我们几乎每天都享受清新的空气和蓝天白云、到处可见城市的公共绿地、与人和谐共处的鸽子;大城市的交通尽管比较拥挤,但却井然有序,高峰时段车流速度很慢,但很少堵着不动。汽车对于这两个拉美国家的百姓家庭来说,似乎也比较普及,但与中国不同的是,这两个拉美国家,尤其是巴西,家庭用车普遍档次不高,马路上行驶的大多是价格相对便宜、排量较低的单排门微型车。听巴西人介绍,大多数巴西人家庭用车主要不是为了炫耀自己的身份或摆阔,而是以车代步。更为意想不到的是,替代能源的使用在这两个拉美国家的交通运输领域已经非常普遍。例如在巴西,每个汽车加油站都同时供应汽油和乙醇,政府鼓励汽车用户加油时使用乙醇,并且规定使用量不低于30%。

4.富有启示的政府与市场结合方式

政府与市场的有效结合是现代市场经济的基本特点,但在实践中究竟如何具体地结合,却是一门学问。巴西是一个私营经济占主导的发展中国家,在政府和市场的配合方面有不少心得。政府在为百姓提供公共品与服务方面动了不少脑筋,特点是用较少的钱,获得较好的效果。比如:在巴西的里约热内卢市,政府在周末两天会对该城市繁华地段以及濒临海边的城市主要干道的道路进行交通管制,其目的是使广大百姓,尤其是工薪阶层能在休息日比较方便地到这些地区享受城市美景,在不很拥挤的空间中得到很好的休闲。此外,对于那些失业或无收入来源的群体,政府对他们的救济方法,除了发给一定额度的救济金外,还为这些人提供一种免费的购物券(卡),持有这种券(卡)的人可以到指定的商店,凭券(卡)购买满足最低的生存需要的食物。从某种意义上看,这种救济方法能够达到救济的目的,比给钱救济要有效,因为钱的用途太广泛,可以一次就挥霍一空。另外,为了让那些低收入者也能享受正常的娱乐活动,政府专门投资建造了一些相对简易的公共娱乐场所,穷人可以到这些场所免费(或近乎免费)参加娱乐活动,这种做法不仅满足了低收入者的基本文化娱乐需求,而且减少了社会冲突,对社会的稳定有积极的作用。

　　至于教育和医疗,政府也建立了免费的从小学到大学的公共教育体系和公共卫生医疗体系,由于是公共品,因此水平和质量不很高,但能够满足广大百姓,尤其是低收入者在这两个方面的最基本的需求。与此同时,社会还存在大量水平与质量较高的私营学校和医院,它们的服务价格完全由市场供求关系来决定,你如果经济条件较好,又想得到较好的教育和医疗服务,那就花钱进入私营的学校和医院。教育和医疗究竟应该作为公共品,由政府来提供,还是作为私人品,由市场来提供? 人们常常争论不休的服务领域,在这儿得到了巧妙的安排。这种制度安排就是政府和市场的有机结合:那些从道义和伦理角度来看的人类生存的基本必需品,应该由政府来提供,而那些超越道义和伦理的、着眼于人类的发展和多样性需求的产品与劳务,可以由市场来提供。上述例子给我们的又一个启示是:对于教育和医疗这样的服务性产品,划分它是公共品还是私人品的标准并不完全在于它的排他性和使用的竞争性程度,而更需要考虑它的道义和伦理尺度。

　　5. 重新认识"贫民窟"与"拉美陷阱"现象

　　在去巴西和阿根廷考察之前,我对这两个国家的认识并不充分,许多甚至是比较负面的,印象中的拉美国家常常被看成是"贫民窟"、"拉美陷阱"、收入差距大、通胀率高、经济不稳定的代名词或象征,经常把它们看成是经济发展不成功的例子。然而,通过十多天的考察和了解,尽管不很全面和深入,我对这两个国家却有了新的认识。巴西给人的感觉是文化与种族相当多元,同时又相互兼容和开放的国家。阿根廷与其说是一个拉美国家,不如说是一个在建筑风格、文化以及人的模样等方面更接近欧洲风格的国家,据说大多数阿根廷人一直认为阿根廷是一个欧洲国家。

　　"贫民窟"可以说是所谓的"拉美陷阱"的基本表现。巴西的"贫民窟"闻名于世,这次有机会在里约热内卢进行了近距离的观察,却有一番别样的感受。里约热内卢是一个靠海多山、风景秀丽、气候宜人,具有500 多年历史、800 多万人口的商业与文化旅游城市。里约热内卢的"贫民窟"大多集中在风景秀丽的山坡上,与城市现代建筑融为一体,形成了一道亮丽的"风景线"。一到晚上,无论你从飞机上俯瞰,还是坐车兜风,星星点点的灯光最密集的地方,就是这些"贫民窟"。白天看去,这些房子大多数位于 50 米至 100 米的山中央,比较密集,基本上都是外墙裸露的砖体结构房子,相对简陋,一般为一层楼的房子,也有少数是两层楼的房子,但都是一户一房,并且通电通水,生活垃圾也纳入城市收集处理系统。因此,比起中国一些大城市城郊接合部农民工租用的房子,外观要差些,但居住面积会大些;比起国内大城市,如上海还存在的"棚户区",条件还要好些。巴西人把它们称作是"违章建筑",因为这些房子并非政府提供,而是由贫穷人口自己建造的,但是政府并不会去拆除,因为你要拆掉这些房子,你就需要为他们提供住处,所以政府是默认它们的存在。生活在"贫民窟"的人,白天在城里工作,收入总体不高,但同样享受国家提供的基本公共教育、医疗和失业救济等福利保障,并且接受城市的管理。由此看来,巴西"贫民窟"的人口已经融入城市,已经成为收入较低,但相对稳定的社会阶层和人口群体。

巴西卢拉总统执政以来,在社会公平和缩小贫富差距方面做了不少努力,他曾经放言:"在我任上,一定要缩小社会贫富差距。"他的许多政策措施已经收到了效果,得到了广大平民百姓的拥护,这是他连任总统的重要原因。巴西政府正视经济转型与发展中的"拉美陷阱",妥善处理"贫民窟"问题的做法,很值得我们在处理失地农民和城市农民工问题时参考。

6. 前景广阔的中国与拉美国家合作

短短十多天的考察,除了对这两个国家的经济、社会和文化有了新的了解,我同时也感受到了中国的发展在拉美国家所产生的影响。标志之一是中国的小商品在这些国家以价廉物美著称,在不少商店里都可以看到;其二是去拉美国家的中国考察团和旅游者越来越多,以至于当地的旅行社有些应接不暇,当地的中国餐馆日益兴隆;其三是由于中国与拉美国家贸易和人员往来的不断加强,中文在当地有了一定的市场,想学中文的人开始增多;其四是无论是学者、官员,还是普通的百姓,都对中国的改革与经济的快速发展表示惊叹,中国在这些国家的地位和影响力在不断提升。

尽管中国和巴西、阿根廷以及其他不少拉美国家都是发展中国家,但彼此互补性很强,巴西和阿根廷资源相当丰富,尤其是农业发展潜力与空间很大,能源及其替代产业具有明显优势,而中国具有劳动密集型加工产品的竞争优势,资本也较充裕,因此彼此的贸易潜力很大,并且是互利互补,可以建立长期的贸易关系。也就是说,中国应扩大这些国家农产品和能源的进口,同时扩大中国劳动密集型加工产品对这些国家的出口。如能形成这种循环,则有助于中国经济结构的进一步转型,即一方面可以缓解中国能源的压力,另一方面通过劳动密集型加工产业的发展,进一步转移农业剩余劳动力,进而提高农业劳动生产率和竞争力。

中国和发展中国家的合作除了发展双边贸易外,还应注重发展对外投资和技术合作。许多巴西和阿根廷的学者与政府官员认为,中国的出口商品尽管价格便宜,受到消费者的青睐,但毕竟是市场营利行为,并且由于价格较低,给当地同行业发展带来的压力很大,如果中国还能重视投资与技术方面的合作,则能对它们的经济发展有带动作用,这样的话,正面效应大,中国和发展中国家的关系会更融洽、可持续。

中国和巴西、阿根廷都是发展中国家,都处在转型过程中,面临的不少问题具有相似性,彼此可以互为借鉴。中国经济增长很快,有不少成功的经验可为它们借鉴,同时,中国存在经济增长粗放、环境破坏严重、贫富差距扩大、社会保障事业滞后等问题,面临着加快经济转型、政府职能转变、建立和谐社会的艰巨任务。在这些方面,我们可以借鉴巴西和阿根廷在发展能源替代产业、鼓励节约能源和保护环境、建立社会基本公共服务体系、缓和社会矛盾以及政府与市场在解决这些问题中的有效配合等方面的经验和做法。

越南土地制度与政策
及其对中国的启示①

　　土地是越南至关重要的资源,越南农业的长期发展主要依靠有效的土地利用。1986 年,越南政府引进了一套完整的改革方案,被称为革新(doi moi)运动。近 20 年的革新运动,对越南农业产生了深远的影响,其中最显著的成效就是粮食产量的快速增长,使越南成为仅次于泰国的世界第二大粮食出口国。本文主要介绍越南土地政策的历史沿革和发展现状,分析了劳动力、贫困问题、土地细碎化、土地利用弹性、土地使用权市场及农村贷款供应等因素对越南土地政策的影响,并就越南土地政策对中国的启示意义谈了若干看法,以供参考。

一、越南土地制度与政策沿革

(一)越南土地制度:1945—1988 年

　　越南民族解放革命和经济发展的历史都与土地密切相关。1945 年越南独立之前,农业土地被分为两部分:公有部分和私有部分。农村人口则根据土地所有权的不同,主要分为两个阶层:地主和佃农。地主阶层只占全部人口的 2%,却拥有超过全国半数的土地;与此同时,59% 的农户是无地佃农。

---

　　①　本文作者为黄祖辉、张蔚文。本文内容发表在《"卡特"决策参考》2007 年第 4 期,并报送中农办和浙江省委、省政府等部门领导参阅。

在越南北方:1945 年以后,新政府调整了包括农业政策在内的经济发展政策。1952 年,政府对土地进行重新分配,减少贫困农民和佃户的租金。1954 年,越法战争结束,北越将北方全部越南地主和法国地主的土地重新分配给无地或少地的农民,结果,约四分之一的土地被重新分配给农民,使约 73% 的北越农村人口受益。此后,北越农村地区进入农业集体化阶段。1960 年以前,约 86% 的农户和 68% 的农业用地处于低水平合作状态,农民仍然占有自己的土地和其他财产。而 1961—1975 年,约 2 万个、覆盖面涉及 80% 家庭的高水平合作社被建立起来。

在南方,西贡政府通过另一种方式实施改革:1956 年实施租金控制和土地所有权限制计划,1970 年实施土地和权利分配计划。后一计划于 1974 年底全部完成,大约 130 万公顷的农业土地被重新分配给超过 100 万的农民。

1975 年二次内战(the war of re-unification)结束后,越南政府进一步推进农业集体化进程。北方的农业合作规模扩大了,发展成为公社。在南方,直到 1978 年农民才被禁止在自由市场条件下经营,此后便逐渐向合作化发展。与北方不同,虽然南方农民在合作社工作,但南方的农业仍然以家庭为基础,他们共享劳动力和生产资料,但仍然是农业投入和技术选择的决策者。

1975 年后,越南经济普遍遭受越南战争的破坏以及中央计划和农业集体化政策的影响,农业尤甚。在集体化农业中,由于对个人贡献缺乏激励机制,生产力下降,总产量增长仅为 2%。与此同时,人口迅速增长(每年 2.20%~2.35%),导致战后每年进口粮食超过 100 万吨,但仍有大量人口忍受饥饿与贫穷。

农业部门的改革始于 1981 年的法令 Kboan 100(Contract 100)。根据这一政策,土地仍属政府所有,但由农业合作社经营,农业合作社将农地分配给农业集体和个人耕作,产出仍由合作社支配:在耕作季末,农民根据产出水平和劳动投入来获得收入。这一政策的实施对农业生产产生了巨大的影响,特别是 1981—1985 年,稻米产量以每年 6.3% 的速率增长。但是,1985 年以后农业增长出现衰退,1986—1988 年农业总产量增长速率仅为每年 2.2%。1988 年前期,粮食供应不能满足需求,从而导致北方 21 个省和城市出现饥荒。

(二)农业革新改革(土地改革):1988 年以来

为了应对危机,根据 1988 年 4 月的政治局 10 号决议,农业革新改革开始实施。这一改革就是 Kboan 10,农民得到 10～15 年的农地使用期,并且家庭首次成为自集体化时期以来的基本经济单位。从此,大部分农业生产资料(如机器、水牛、家畜和农业设备)为私人所有。然而,Kboan 10 所规定的土地使用权(LUR)的分配和继承没有得到法律的承认,并且发电站、农村道路等设施的管理等问题也没有得到很好解决。针对这些问题,1993 年越南颁布了《土地法》。

在革新时期,农业部门针对土地利用问题颁布了一系列法律和政策,其中最重要的就是《土地法》(1993 年)及其修订版(1998 年、2001年)、新《土地法》(2003 年)与政府处理农地和林地分配的法令 64/CP(1993 年)以及 02/CP(1994 年)。其他还有一些对土地产生直接或间接影响的政策。

根据《土地法》,土地为国家所有,国家将农地使用权发放给农户。农户享有长期稳定的土地使用权,并且被赋予五项权利,即流转权、交易权、出租权、继承权和抵押权。就土地使用期限而言,用于一年生作物和水产业的为 20 年,用于多年生作物的为 50 年。到期后如持有者仍需土地可再次享有这种权利。《土地法》还规定了分配给农户的土地面积上限:一年生作物在北方和中部省份最多为 2 公顷,在南方省份最多为 3公顷;多年生作物在平原地区最多为 10 公顷,在中部地区和山地最多为30 公顷。1998 年,71%的农户得到土地使用权证(LUCs),到 2000 年末,这一数字超过了 90%。目前,发证工作仍在继续。

到 1998 年,农民在上述五项土地权利基础上,又得到两项土地权利,即土地再出租权和将土地作为投资的合资资本的权利。到了 2001年,1993 年的《土地法》进行了修订,在修订后的《土地法》中,农民又被赋予将土地权利赠予亲戚、朋友和他人的权利。该修订版还规定了土地权利发生变更的情形及变更登记的程序。2003 年 12 月,用于取代 1993年《土地法》的新《土地法》及其修订版正式颁布,并于 2004 年 7 月开始实施。新《土地法》对农地分配和面积限制的规定未做修改,但土地首次被官方认定为一种"特殊商品",具有价值,而可以交易。该法允许个人

(农民)和经济组织参与土地的市场交易。

越南从 1988 年开始的土地制度与政策调整,对产量增长及农业和农村部门的发展做出了重要贡献。农业总产量在 1994—1999 年以 6.7％的速率增长,在 2000—2003 年以 4.6％的速率增长。国家粮食安全不再受到威胁,贫困现象持续减少。但越南的农业仍面对许多挑战,如农产品价格的下滑,如何参与全球经济一体化,进一步完成土地分配、LUR 登记和补偿工作,满足农民对土地长期拥有的需求,农民觉得土地是他们的私人财产;等等,使政府承受相当大的压力。

二、越南土地制度与政策的影响因素

自 1988 年开始土地改革以来,越南农民处在一个政策不断变化的环境中。连续的土地改革政策趋向于减少土地细碎化,允许更大规模的土地持有、更长期的土地使用权、土地利用的更多弹性和土地流转的更多自由。这些政策试图增加农民对耕作和投资土地的信心。但是,短期内的大量变动会造成一种不确定性。实践中,在衔接农业土地管理、实行 1993 年《土地法》及 1998 年和 2001 年修订版的过程中,已经出现许多问题。2003 年出台新《土地法》就是要解决其中的一些问题。基于此,本文进一步讨论影响越南土地利用的政策问题。

(一)关于农业劳动力问题

在越南,狭小的土地面积和庞大且日益增长的农村人口之间的矛盾给土地带来了巨大的压力。随着革新的经济改革,农业在 GDP 中的比重稳定下降,不断扩大的城乡收入差距正刺激着农村人口向城市转移。但劳动力转移仍存在许多限制,农业部门的就业比重仍然很高,1993—1998 年,仅从 71％下降到 66％。近年来,农业部门的就业结构发生了变化。从 1998 年开始,在自家农田上耕作的人口比重已从约三分之二下降为不足 50％,而成为工薪族的人口比重从 1998 年的 19％增长到 2002 年的 30％。狭小的土地面积和高比例的农业人口,意味着劳动生产力的低下。如果劳动力从农业中转移出来,可使生产力发展更具潜力。

限制农村劳动力转移的一个重要因素就是教育。尽管中小学有较高的入学率,但农村人口的教育和技能仍不尽如人意。ACIAR 项目的数据显示,大部分农户没有完成小学教育,也没有机会参与政府提供的培训。虽然从 20 世纪 90 年代开始,劳动力市场已呈现明显的回归教育的趋势,年轻人的受教育水平有所提高,但在较贫困的地区,中学的入学率仍然处于较低水平。至于贫困人口比较集中的农村,教育处于更低的水平。

(二)关于贫困问题

随着改革的进行和经济的快速发展,越南的贫困问题逐渐得到解决,生活在贫困线以下的人口比重已从 1993 年的 58% 下降为 1998 年的 37% 和 2002 年的 29%。然而,消除贫困的过程仍存在很多冲突和不平等。尽管农民整体收入有所提高,但贫困现象仍集中在农村地区,且城乡差距较大。此外,许多农村家庭的收入仅仅超过贫困线一点,随时可能因意外事件陷入贫困,如疾病或事故、粮食歉收、投资失败(如牲畜死亡)、主要农产品价格下滑、非农就业机会过少且不稳定以及自然灾害等。

有证据表明,越南失地农民的比例正在增长,特别是在湄公河三角洲地区。世界银行在越南的一份报告(2000 年)显示,土地所有权的不平衡正在加剧,形成无地贫民和有地农民之间的巨大差距,导致农户无法依靠农田为生,只能寻找非农就业机会来维持收入。农业部门无法提供充分的非农就业机会,而农村地区整体教育水平偏低又造成进一步限制。农业部门就业和收入的增长、非农企业和农村地区的服务,被认为是未来消除贫困问题的关键。越南政府已将消除贫困作为其政策的重点,并承诺对农村地区增加更多的投入。

(三)关于土地细碎化问题

越南 8000 万人口中约有 80%、超过 110 万户的农民居住在农村地区。尽管全国的农田面积各不相同,但都很小(约为人均 0.2 公顷)。土地分配制度对近年来越南农业和农村的发展做出了显著贡献,但强调土地平均分配,造成了细碎的土地持有,特别是在北方地区,导致了土地低效利用及冲突。

整个越南估计有 7500 万到 1 亿块小土地,平均每户农民家庭 7 至 8 块,其中约有 10％的地块面积不超过 100 平方米。小而分散的土地持有格局阻碍了机械化生产和技术的应用,而分散地块之间的距离又增加了额外的时间和劳动成本。在南方地区,土地分配不那么讲究公平,因而土地细碎化现象不那么明显,比如湄公河三角洲的许多农户只有 1 到 2 块土地。过小的农田面积限制了农产品的收入潜力,ACIAR 项目调查数据显示,2000 年,约 50％农户的产品净值低于 1000 万越南盾(VND)(合 645 美元)。

细碎的土地持有对农业发展来说是一个制约因素,因而在北方,政府积极鼓励小块土地的合并,并在政策上扶持更大规模的土地持有。1993 年的越南生活标准调查(Vietnam living standards survey,VLSS)显示,1988 年 Kboan 10 和 1993 年《土地法》联合出台的土地分配制度,并不是由富人和强势群体支配的,因而对土地的分配是非常平等的。但是,1978—1998 年 VLSS 的最新研究显示,富有家庭还是存在一定程度上的土地集中(land accumulation)。

越南政府鼓励土地交易以抑制土地的过度细碎化。由于越南出现农村剩余劳动力,农户从土地合并中获得的实际收益可能并不明显,除非农业劳动的实际机会成本上升。这一机会成本显然会受许多因素的影响,如农户家庭成员的就业机会、这些就业机会的工资水平、教育水平和农村劳动力的年龄以及年份和季节等。因此,不断创造新的非农就业机会和推动农业劳动力向其他经济部门转移,将成为越南未来农业和农村发展的关键因素。

(四)关于土地利用弹性

土地利用弹性在很大程度上影响着农民的收入和农业发展。自1986 年的改革以后,越南开始从一个国家直接控制农业生产的中央计划经济,转变到了政府与市场相结合的市场经济发展模式。1988 年的农业改革使农民可以依据现有的资源来决定种什么,农民对其生产行为拥有更多的自主权,农民家庭的种植模式随之也发生了很大变化。分析土地利用弹性,有助于提出提高土地利用率的针对性政策建议,进而提高农民的生活水平。以越南河西(Ha Tay)省的花卉生产为例,即使农户只把 9% 的土地用于种植花卉,这个产业还是能够给农民带来可观的现金收入,同时也创造了更多的就业机会,因为它比其他农作物需要更多的工作日。

改革以来,政府出台了一系列影响土地利用弹性的土地政策,主要包括以下几方面。

1. 农用地拥有的年限

从 1993 年开始,种植一年生作物土地的农民可以拥有 20 年的土地使用权,而种植多年生作物的土地使用年限为 50 年。一年生和多年生作物的分类是由政府决定的,并在土地使用权证中予以明确。

2. 农民可以拥有的土地数量

如前所述,《土地法》规定了个体农户可以分配到的土地数量的上限:种植一年生作物的中部省为 2 公顷,北部省为 3 公顷;种植多年生作物的为 10 公顷。这种土地限制并没有在所有地区都严格执行,尤其是在一些有闲置土地的地方,而在人口密集的三角洲地区则实行限制。虽然按规定,超过土地利用限制的土地使用权不能转让给农户,但是有关这种使用权的供应还是存在的。超过土地限制转让的土地必须是从国家那里租来的,但是实践中并非都收取租金,尤其是那些被认为没有很高生产价值的土地,往往不收租金。

3. 农用地使用者的权利和责任

由于人们对土地的拥有是一个整体的概念,因此,实践中土地使用者对土地负有一些连带的责任。如土地利用应该是完全的(所有的土地都应该被利用)和合理的(土地应得到有效的利用,如种植合适的作物,采用合适的耕种周期以及注意土壤肥力的保持)。在实践中,这由土地使用权证所规定的土地利用规则所决定。

4. 农用地的税收

在越南,许多与土地相关的变化都必须进行正式的登记,并且需要支付一定的费用。但农用地的土地税将于 2008 年废止。

5.农用地的价格

实践中,租金和土地转让价值不能真实反映土地的市场价值,因为它是由中央政府设定的定价系统来确定的,而这个系统中的实际价格是由省级或市级机构确定的。

(五)关于土地的产权

根据越南宪法,土地是全体人民共同拥有的财产,由国家管理。2003 年的新《土地法》称政府是"人民权利的代表"。既然土地由全体人民共同"所有",那么个人(或组织)就不能拥有土地,尽管他们(包括外国人)可以拥有和交易土地上的建筑物,如房子,尽管个人(不包括外国人)、家庭和组织可以拥有并且交易使用土地的权利。

1993 年的土地改革的主要目的,是通过将农地分配给农民长期使用并发放土地使用证(LUCs)来保障农民的土地持有。但是,分配给农民的土地使用期限仍然较短,而在 2003 年的新《土地法》中对此也未做修改,这对农民长期投资农业的激励是不够充分的。另外,土地利用弹性仍具有局限性,特别是传统种植大米的稻田向其他作物的转变,存在一定限制。但土地使用权受到立法制约,对于不同类型的土地、不同的土地持有者和不同的使用权,其流转、出租、交易、抵押或者继承的能力是不尽相同的。

(六)关于土地使用权市场

越南是一个人多地少的国家,因而土地价值很高。1993 年的《土地法》通过对土地使用期限的保障和对土地使用权交易的许可与促进,为越南土地市场的正式建立奠定了基础。《土地法》正式规定家庭为农业生产的主要单位,并且把对土地使用权的处置权分配给了家庭。土地使用权赋予了家庭许多重要的权利,如对投入的控制、对产出的销售以及在相当程度上对土地的使用权。土地使用权可以被转让、交换、租赁、继承和抵押。1998 年又加入两条新的土地使用权利,即可以把土地使用权作为合资或信贷的抵押物以及租赁的土地可以再出租。

尽管越南的土地使用权市场正在形成与发展,改革也为土地持有提供了一定程度的保障,但仍受到一些制约。一是来自官方的针对土地使用权交易的限制。土地使用权的流转要交付让与人的税金以及受让人的注册费,出租也是同样。当家庭陷入贫困,有其他的职业,或者无力经营土地时,可将土地使用权出租,但也要交付上述费用。二是土地出租和转让价值不能反映真实的市场价格,是由中央政府设置的定价体系决定,在实践中这种价格往往是根据省市政府的意志确立的。尽管2003年的《土地法》规定定价系统应该与市场价格接近。三是农民家庭一般不愿意出售自身的土地使用权,除非能找到更好的前途。土地使用权交易中的税费、烦琐的程序和时间耗费、不明确的规定、价格的扭曲以及城市郊区和新建道路沿线的寻租行为等,导致了尽管法规严格控制着土地使用权在什么条件下向什么人流转,但实践中仍有许多土地的流转是违法的。比如,大多数农户拥有多块土地,但只有一本土地使用证,因此如果一户家庭想转让或交换其中的某一块土地,就必须交出原有土地使用证,重新办理新的土地使用证,这增加了不少交易成本。为了降低这种交易成本,农民的土地使用权交易一般不愿意进行官方登记。

调查和研究表明,农业土地使用权市场在越南十分活跃,但是地区间并不平衡。北部省份和南部省份在私有、公有的租赁市场活跃程度方面有很明显的不同,北部的公有市场要比南部活跃一些。在南部地区,土地使用权更趋向于买卖而不是租用。不少个体家庭通过私有或公有的土地市场,买或租了相当一部分的土地。这意味着,1993年的《土地法》使土地使用权的交易合法化后,越南正出现土地的再分配现象,呈现出土地集中于较富有人手中的趋势。一方面,这有助于越南农业的商业化和规模化经营;另一方面,如果非农业的工作机会仍然不多,也有可能导致贫穷和不平等问题的发生。

(七)关于农村信贷问题

越南正在实行银行系统的改革,试图建立一个逐渐开放的信贷市场。但是,小规模农户以及农村部门仍存在重大的信贷限制。越南的信贷市场曾经由于政府干涉而严重扭曲,如为国有企业和各种日用品生产项目提供信贷优先权。此外,越南的农业信贷政策经常被用来当作福利手段,其目的是让银行承担社会政策功能,为更贫困的地区和家庭提供资金。

从 1993 年开始,商业贷款向农户开放。法令 14/CP 给农户提供了贷款的机会,但最初的贷款只能通过公共机构获得。改革后,商业银行和金融机构可直接为农户提供贷款。1993 年《土地法》将土地使用权分配给农户,也给予其间接使用银行贷款的权利。将土地使用权作为一种可信任的抵押,农户可以贷到一笔固定金额的资金。根据最新的规定,从越南银行的农业和农村发展计划(VBARD)贷款的金额,家庭农田户不超过 1000 万越南盾(相当于 5000 元人民币),商业农田户不超过 2000 万越南盾(相当于 1 万元人民币)。这一规定的优点在于:农户可以方便地获得贷款,生产力低和缺少资金的家庭也可获得援助。但是,尽管以土地使用权作为抵押担保,但当农户无力偿还贷款时,银行仍无法方便地出租或卖出农民抵押的土地。

将土地使用权作为抵押的大多是短期小额贷款,主要是为了生产。ACIAR 项目的调查显示,一般的贷款约为 500 万~1000 万越南盾左右。这种短期小额信贷对于农业经济的发展作用不是很大。在越南的农村信贷市场上,正规、不完全正规及非正规贷款并存。正规银行部门,特别是越南银行的农业和农村发展计划,现在已成为农村贷款的主要提供者。在越南北方,不完全正规渠道和越南银行的社会政策是重要的贷款来源,但在南方却不是。这说明北方省份的农民比南方有更多的机会获得贷款。农户也从非正规渠道获得贷款。越南的信贷限制削弱了农民租赁和购买土地的能力,尤其是在南方。

总之,从正规商业部门获得的贷款数额很低,不高于 1000 万越南盾,且只是短期或中期贷款,并且贷款数额与农户农田经营规模无关。此外,土地使用权作为抵押担保的价值和效用的不确定,也限制了农户信贷数额和长期贷款的获得。越南的土地所有、管理和利用问题比较复杂,难以轻易解决。基于此,2003 年的新《土地法》涉及了有关土地使用权作为抵押的一些问题。

三、越南土地制度与政策及其启示

从越南土地政策的沿革来看,越南目前的土地政策与变革,是从革新运动开始的。越南和中国一样,大部分的人口生活在农村,因而土地政策和中国有许多相似之处。但随着越南改革的深入,不少土地政策和法规已经走在了中国的前面,对我们有一定的启示和借鉴作用。

(一)关于《土地法》问题

越南的革新改革始于 1986 年,其中土地制度方面的重要改革始于 1988 年。在革新时期,农业部门针对土地利用问题颁布了一系列法律和政策。其中,最主要的就是《土地法》(1993 年)及其修订版(1998 年、2001 年)和新《土地法》(2003 年)。越南《土地法》顺应了改革,在法律上对农民土地使用权做了具体规定和保障,并且在实践中不断完善,使之具有操作性。1993 年的《土地法》为越南土地市场奠定了基础,2003 年的新《土地法》又为土地市场的发展做了进一步的调整。从这些方面来看,越南《土地法》的产生和发展,完全是为了满足改革的需要,为了适应国内农业发展和土地制度的需要,并且取得了相当的成效。

中国的土地制度改革要早于越南,但至今还没有真正意义上的《土地法》。目前中国实行的土地法规主要就是《土地管理法》。《土地管理法》最早是 1986 年通过并于 1987 年 1 月 1 日起施行,此后虽几经修订(最近的一次修改是在 2004 年 8 月),但基本还是以 1998 年的修订版为主体。从法律体系来看,中国的《土地管理法》只是部门管理法,在法律地位和严肃性上不能与越南的《土地法》相比,且规范性和操作性也有所欠缺,与中国市场经济的发展和土地管理的要求已不很适应,暴露出不少缺陷和不足,对此,土地管理部门、从业人员以及相关学者已有不少建议。

越南的《土地法》的产生与发展,以及其对土地权利,特别是对农民使用土地权利的规定和保护,很值得我们借鉴。为了顺应当前土地市场的发展,顺应土地有效管理的需要,中国也需要出台相应的《土地法》,从法律上为土地管理确立依据,从根本上消除现行《土地管理法》存在的弊端。

(二)关于土地产权界定问题

越南人口大部分是农业人口,其土地政策对农民拥有土地使用权的产权界定也很值得我们借鉴。根据越南宪法,土地是全体人民共同拥有的财产,个人(不包括外国人)、家庭和组织可以持有并流转使用土地的权利。根据《土地法》,越南农民分配到的土地,可以长期稳定地使用,并且被准予多项权利,如流转权、交易权、出租权、继承权、抵押权、合资权、再出租权和赠予权等。很显然,在越南,农民拥有的土地权利具有明显的物权属性。

中国《土地管理法》对农民的土地使用权也做了一些规定,如"农民集体所有的土地由本集体经济组织的成员承包经营,从事种植业、林业、畜牧业、渔业生产","承包经营土地的农民有保护和按照承包合同约定的用途合理利用土地的义务","农民的土地承包经营权受法律保护"。可见,法律明确规定的农民拥有的土地使用权仅限于承包经营,但对其他权利未做任何详细界定。因此,中国农民除了知道可以利用其承包的土地进行农业生产外,不知道还可以利用土地干什么,不知道还可以享受哪些另外的权利。很显然,在中国,农民拥有的土地权利还不具备物权的属性,这就使得农民除了农业生产,无法享受土地给他们带来的其他权益。这不仅不利于土地价值的充分发挥,而且不利于调动广大农民的积极性,对农民的正当权益也是一种侵害。权利的界定是交易的前提,对土地使用权的科学界定,既是保护农民权益的重要方面,又是开放土地使用权市场的基础。因此,有必要借鉴越南对农民土地使用权详细界定的做法。

此外,越南对农民土地使用权的限制也有相当具体的规定。就土地使用期限而言,区分了一年生作物、水产业和多年生作物的期限。就承包面积而言,则根据不同地区、不同作物规定了不同的上限。中国《土地管理法》仅对土地承包经营期限做了统一规定。对农民土地使用权未做任何规定和限制。中国的土地法规及政策,大多是原则性的,缺少非常细致和科学的界定,相比之下,越南《土地法》对农民土地使用权的规定更加具体,更具科学性,这是值得我们借鉴的。

(三)关于土地使用权市场问题

越南土地政策对产权的明确界定,催生了土地使用权市场的发展。从 1993 年的《土地法》、1998 年的《土地法》修订,到 2003 年的新《土地法》出台,越南政府对农民的土地权益进行了不断的完善,对土地流转价格及其交易等做了规定,尽管目前越南的土地流转还存在不少制约因素,但一个国家管制下的、大多数人可以参与的、比较活跃的农业土地使用权市场已经形成。这对中国在稳定完善农村土地家庭承包经营制度的基础上,开放土地使用权市场,有着非常重要的启示。

与此同时,越南土地使用权市场开放过程中所存在的一些问题,如少数富人从农民手中购买或租用土地使用权,进而拥有更多土地的现象,以及由此可能会出现的贫富差距扩大的问题,值得我们在开放农村土地使用权市场时参考。想要处理好土地经营规模扩大与贫富差距有可能扩大的关系:一是规范交易市场,对土地使用权交易量进行上限控制;二是控制交易土地用途,要着眼于农用土地的利用率;三是建立全社会最基本的社会保障制度;四是拓展非农产业就业领域,为农民创造更多就业机会。

解读中国特色农业现代化道路[①]

最近一段时间,我们对党的十七大报告中所提出的走中国特色农业现代化道路这一命题进行了研讨与交流,认为:中国特色农业现代化道路的含义,就是要坚持富民强农的基本目标、家庭经营的基本制度和统筹城乡发展的基本方略,按照整体提高土地产出率、劳动生产率、资源利用率的要求,充分发挥体制机制优势、人力资源优势、市场潜力优势,全面增强科技支撑能力、综合生产能力、市场竞争能力,走出一条经济高效、功能多样、产品安全、技术密集、可持续发展的中国特色农业现代化道路。

走中国特色农业现代化道路,必须全面、准确、科学把握这一道路的基本要点。由于我国农业发展在资源要素禀赋、经济社会体制、目标任务要求等方面有着独特的国情,因此,走中国特色农业现代化道路既要遵循世界现代农业发展的一般规律,又要坚持从中国国情出发:

①从资源状况看,我国人多地少,耕地减少、水资源短缺的矛盾越来越突出。

②从任务要求看,不仅保障国家粮食安全、确保主要农产品供给的压力越来越大,而且农业还要促进农民就业、增收,发挥多种功能。

③从发展阶段看,一方面,我国总体上仍处于社会主义初级阶段,但另一方面,工业化、城市化、信息化、市场化、国际化进程加速推进,我国

① 本文作者为黄祖辉、顾益康,由 CARD 和浙江省农办的研究人员共同完成。本文内容发表在《"卡特"决策参考》2008 年第 1 期。浙江大学中国农村发展研究院参与讨论的人员有卫龙宝、杨万江、钱文荣、郭红东等。浙江省农办参与讨论的人员有邵峰等。2008 年 2 月 26 日,时任中央财经领导小组办公室副主任、中农办主任陈锡文同志对此报告做出了重要批示。

已进入以工促农、以城带乡的发展新阶段。

④从体制环境看,我国已向社会主义市场经济体制转型,但长期存在的城乡二元体制、计划经济体制影响很深,农业发展仍处在体制转轨和结构转型阶段,城乡统筹的体制机制还不健全。

⑤从经营方式看,我国家庭经营的农户数量庞大,农户生产经营规模小而分散,农业组织化程度低。

⑥从生产力水平看,我国农业生产力水平整体较低,各地资源禀赋和发展水平千差万别,农业生产力水平的多层次性和不平衡性十分明显。

⑦从科技发展趋势看,新的科技革命正在兴起,科技对农业发展的影响越来越大,对农业生产力的促进和带动作用越来越大,改变我国农业科技相对滞后的状况越来越紧迫。

⑧从国际环境看,我国仍处在有利的和平发展环境中,但全球化和国际竞争在不断加剧,尽管我国农业发展具有后发优势,但更面临严峻的贸易摩擦和国际竞争挑战。

鉴于对我国国情特点、时代发展特征和国际国内农业发展趋势的全面分析,走中国特色农业现代化道路必须坚持以科学发展观为统领,以富民强农、固本强基为目标,以转变农业发展方式为主线,以体制创新和科技创新为动力,以政府宏观调控和依法保护为保障,具体要把握好以下几个原则。

①在发展目标上,既要坚持立足国内粮食基本自给的方针,致力于提高粮食生产能力和生产水平,确保国家粮食安全,又要大力培育有比较优势的农业主导产业,积极拓展农业的多种功能和多种经营,不断增强农产品生产供给能力与市场竞争力,提高农业经济效益、生态效益、社会效益,促进农民增收致富和农业的可持续发展。

②在经营体制上,既要坚持以家庭承包经营为基础,大力培育专业化、规模化的家庭农场,充分发挥农民群众的积极性和家庭经营的优越性,又要大力发展农民专业合作社和农业龙头企业,致力于提高农业产业化经营水平和农民组织化程度,着力解决小农户与大市场的矛盾。

③在技术应用上,既要传承精耕细作、循环利用的农耕制度和农业文明,又要广泛采用现代高新技术和现代装备设施,大力实施农业标准

化生产,推进农业的信息化、机械化、水利化、园田化;既要推广应用高产技术,节约资源能源技术,推进农产品产量的提高和成本的节约,又要注重推广应用绿色安全技术,提高农产品质量安全水平,整体提高农业资源利用、土地产出率、科技贡献率和农业劳动生产率。

④在服务体系上,既要注重发挥政府农业公共服务的作用,大力发展政府主导的农业科技研发、技术推广和生产服务体系、农业金融保险支持体系,又要积极倡导和发展社会参与、企业界入的多种形式的农业市场化服务组织;既要发展专业性的合作服务组织,又要发展区域性的综合服务组织,促进农民专业合作、供销合作和信用合作的联合服务;既要注重农业生产环节的服务,又要注重农业产前、产后的农产品市场物流体系的建设和农业生产资料服务体系的建设。

⑤在发展模式上,既要鼓励各地采取符合当地经济社会发展条件和农业生产力发展水平的农业生产经营方式,又要积极倡导符合现代农业发展趋势的现代农业生产经营方式;既要大力发展劳动密集型、技术密集型相结合的现代农业发展模式,又要鼓励有条件的地方发展兼容资本密集型、技术密集型和劳动密集型的现代农业发展模式。

⑥在发展路径上,既要加快转移农业劳动力,减少农业劳动者的数量,推动农业生产从小规模向适度规模转变,又要注重劳动者素质的提高和人员的更新,大力培育有文化、懂技术、会经营的新型农民,着力解决好农业老龄化、兼业化、副业化的问题,促进农业生产从粗放、繁重的劳动密集型向技术、知识的劳动密集型转变,使农业发展尽快转向依靠科技进步和高素质劳动者的轨道。

⑦在农业投入上,既要发挥社会主义制度的优越性,切实加大政府对农业投入的支撑作用和依法保障作用,加大公共财政对农业投入的支持力度,以法律法规保障农业的基础地位和有效投入,又要充分发挥市场机制的激励作用,以市场需求的扩大来引导农业投资,鼓励工商企业、社会各界投资现代农业,反哺农业建设,形成多种形式、多种途径、多种机制投资农业的格局,形成"以工促农,以城带乡"的长效机制。

浙江省农民就业现状与对策建议[①]

一、研究背景

改革开放以来,浙江省农民人均纯收入已经连续 23 年位居全国各省、自治区之首。2007 年,浙江省农民人均纯收入达到了 8265 元,近五年的年均增速更是达到了 10.4%。[②] 这一成绩的取得,既得益于浙江省农民从业领域和收入来源的日益宽广,也离不开各级政府对农民就业、增收问题的高度重视和大力支持。

与此同时,面对国内外经济社会发展的新环境,农民就业和增收将面临一系列新难题。首先,传统的粗放式增长与就业方式正面临资源和环境的空前压力而难以持续,以低成本、高能耗为特点的浙江省劳动密集型加工制造业正处在发展的困境,这些企业如果不能走出困境,受影响的不仅是企业本身,而且还有在这些企业就业的大量的农民工,即从农业部门转移出来的农民。浙江省农民收入尽管持续高居国内省、自治区首位,但其中 80% 以上是来自非农就业收入,如果非农就业不稳定,

① 本文作者为黄祖辉、俞宁。本文内容发表在《委员建议》(浙江省人民政府咨询委员会主办)2008 年第 10 期。本文研究得到时任浙江省副省长茅临生和省人民政府办公厅的指导与支持。浙江大学中国农村发展研究院数十名大学生参与了项目调查。同年 7 月 28 日,时任浙江省副省长陈加元批示如下:"黄祖辉同志在问卷调查和实证分析基础上,提出努力实现农民充分就业、稳定就业和和谐就业的思路富有创新,令人耳目一新。建议省农办、省劳动保障厅认真研阅,积极借鉴。"

② 数据来源于 2008 年 1 月 14 日举行的浙江省农业工作会议。

则浙江省农民收入就会出现大的波动。其次,浙江省农民收入的持续增长是通过平均数表现出来的,但在平均数下掩盖了收入差距以及低收入户增收困难等问题,根据浙江省农村住户抽样调查资料显示,2005 年全省有 57.4% 的农户人均纯收入低于全省农民纯收入平均水平,所占比重比前几年有所提高。最后,改革开放 30 年来,外省低成本劳动力大量流入浙江省,与浙江省劳动力在就业领域形成激烈竞争,导致浙江省农业劳动力向外转移的难度与成本不断加大。2007 年,浙江省农业 GDP 比重已降至 5%,但农业劳动力比重仍然徘徊在 25% 左右,这几年进一步下降的趋势并不明显,这不仅不利于浙江省经济结构与就业结构的协调,而且对浙江省农民的充分就业、稳定就业、和谐就业是一个严峻挑战。此外,浙江省正处在发展高效生态现代农业的关键时期,要求农业劳动者与其相适应,目前 25% 左右的农业劳动力状况究竟如何? 值得关注。

基于上述背景和认识,我们于 2007 年 6—9 月,对全省十一个地级市的农户以及杭州地区的浙江籍农民工进行了较大范围的抽样调查,取得了目前浙江省农民(包括浙江籍农民工)就业(农业就业与非农就业)状况的第一手数据。在整个调研过程中,我们一共发放了 33 份行政村问卷、500 份农民工问卷以及 1100 份农户问卷;共回收了 30 份行政村问卷、483 份农民工问卷和 939 份农户问卷。问卷回收率分别为 90.9%、96.6% 和 85.4%。通过数据处理和统计分析,形成如下报告。

二、浙江省农民就业现状

1. 农民就业个体特征:从业者年龄偏大,文化层次偏低,经营规模偏小

从表 1 相关调查数据看,样本在性别、年龄、文化程度以及就业领域和农业经营规模等方面呈现以下基本特征:一是男性就业比重高于女性,尤其是在非农就业领域。二是与非农就业者相比,从事农业的劳动者年龄偏大,前者 40 岁以上的占 80.2%,后者为 46.3%。三是从事农业的劳动者文化程度较低,小学及小学以下文化程度的占了 62.1%,

表 1 调查样本个体特征、规模与就业分布

指标		农业就业	非农就业
性 别 (%)	男 性	58.5	79.5
	女 性	41.5	29.5
年 龄 (%)	小于 18 岁	0.5	0.3
	18—40 岁	19.3	53.4
	40—60 岁	66.7	44.2
	大于 60 岁	13.5	2.1
文化程度 (%)	小学以下	19.6	9.2
	小学	42.5	19.3
	初中	28.6	40.5
	高中	7.2	24.2
	中等职业教育	1.1	3.4
	大专/大学	1.0	2.6
	其他	0.0	0.9
经营规模	产值 (元) 粮食	2705.8	
	蔬菜	4558.7	
	水果	8753.0	
	养猪	10333.0	
	养鸡	7113.2	
	淡水养殖	33576.5	
	土地面积 (亩) LS≤5	85.2	
	5<LS≤10	10.1	
	10<LS≤30	3.6	
	30<LS	1.1	

注：①表格中所有的数据是基于"浙江省农民就业状况与对策研究"课题的调研所得，其中"农业就业"部分的数据主要来源于 939 份农户样本，"非农就业"部分的数据主要来源于 468 份农民工样本。②表格中依据就业领域的不同将农民就业分为两大类，一类是在农业中就业，另一类是在非农产业中就业。需要特别说明的是，此处非农就业仅指外出务工的情况。③表格中"性别"、"年龄"、"文化程度"部分的所列数据均是百分比的格式，即相应指标值或指标区间占样本总体的比例。④表格中"经营规模"部分的数据分为两部分。第一部分通过户平均产值来反映种植业和养殖业中从事户数最多的前三位行业的平均经营规模；第二部分则通过农户目前经营土地面积的大小来反映其生产规模，"LS"表示土地面积。

而在非农领域就业，低于这一文化层次的比重为 28.5％。四是从农业就业角度看，农户经营规模普遍很小。在种养业中从事户数最多的是粮食、蔬菜和水果，而它们的户均产值均在 1 万元以下。从土地经营规模角度看,被调查农户中户均 5 亩以下的占了 85.2%,而 10 亩以上的农户仅占 4.7%。

2. 农民就业充分性评价:非农就业比较充分,农业就业不很充分

劳动力的工作时间和兼业状况在很大程度上能体现其就业的充分性程度。通过调查所得的 2111 个农村劳动力样本工作时间的统计分析,发现 2006 年浙江省农村样本劳动力人均工作时间为 270.3 天,其中有 68.5%的劳动力全年工作时间大于 252 天,31.5%的劳动力全年工作时间少于 252 天。在这些个体样本中,兼业的劳动力占到 16.9%。

对农民工和仅从事农业生产的劳动力这两个群体进一步分类分析时发现,在被调查的浙江籍农民工群体中,全年工作时间为 252~300 天的占 41.8%,超过 300 天的有 42.1%,不足 252 天的仅占 16.1%。调查还显示,大部分农民工加班加点或者牺牲双休日工作是出于自愿,其主要原因是超时工作可以获得更多收入。而仅从事农业生产的劳动力群体中,全年工作的平均时间为 209 天,其中工作时间不足 252 天的劳动力占该类群体的 60.2%,远高于仅从事非农产业的劳动力群体水平。此外,在考察所有从事农业生产的农村劳动力兼业情况后发现,有 42.4%的劳动力存在兼业现象,占样本中所有兼业劳动力的 87.4%。我们对 2006 年劳动力样本的纯收入和兼业情况这两个变量进行了品质相关分析,结果显示在 99%的置信度下呈显著相关。

结论是:浙江省农民就业的充分性总体上是比较高的,但比较而言,非农就业比较充分,农业就业不很充分。单纯依靠农业经营不足以充分利用劳动力资源或获得理想收入,从事农业生产的劳动力的兼业情况比较普遍,统计表明的兼业性与农民纯收入存在显著的正相关性,可以说明这一点。

3. 农民就业稳定性评价:家庭非农经营相对稳定,外出务工就业岗位不稳定

调查结果显示,从事家庭非农经营和外出务工就业时间大于 5 年(含 5 年)的劳动力分别占该两类样本群体的 58.6%和 62.0%。但是,在我们调查的浙江籍农民工样本中,外出务工的农民在现行岗位上从业时间为 1 年以下的农民工比重达 39.2%,1~3 年的占 28.3%,3~5 年

的占 15.5%,5~10 年的占 7.6%,10 年以上的占 4.1%。

这些数据至少可以说明两方面的问题。第一,农民从事家庭非农经营的稳定性比较强。原因之一是家庭非农经营通常要对生产所需房屋、设备等进行投资,这些投资具有比较强的专用性,使得家庭从事非农经营的退出或转换成本较高,因此,一旦进入这一领域,只要经营项目能够为家庭带来净收入,经营活动就会持续下去。

第二,尽管有 62.0% 的农村劳动力外出务工就业时间要大于 5 年(含 5 年),但是他们的就业岗位稳定性并不强,就业岗位的流动性和变动性较大。调查表明,有近 40% 的外出劳动力在目前工作岗位上的就业时间不足 1 年。其基本原因是劳动者缺乏职业技能,无法从事专业性较高的工作,只能在一些临时性、耗体力的岗位上就业。其他原因是就业市场和保障机制不健全,农民工一方面很难获得稳定权益和预期收入,另一方面转换工作岗位代价也低,导致频繁更换工作。

4.农民就业和谐性评价:有所改进,但仍存在不少问题

外出务工是一种雇佣式的就业,存在劳资关系,这种就业状况更能反映就业的和谐性程度。由于存在城乡二元社会结构,我国农民外出就业的和谐性主要体现在劳资关系是否融洽、就业者能否享受社会保障、城市对农民进城就业是否存在歧视等方面。调查表明,浙江籍农民工对浙江省近年来在这方面的努力总体上表示满意,比如,在养老保险方面已基本套用现行城市职工基本养老保险制度,缴费水平远低于城市职工,但是享受的待遇只略低于城市职工。又如,出台了《浙江省人民政府关于解决农民工的问题的实施意见》。此外,尽管进城务工农民对城市是否会歧视他们存在一定顾虑,但从实践看,城市企业和居民对外来农民工的认同程度与融合度已越来越高。

存在的不和谐之处首先是农民工的子女教育问题。其次是部分被调查者反映,拖欠工资的现象还是时有发生,并且薪酬水平太低以致支付他们的各项生活开支后便所剩无几。再次是在被调查的农民工中,工伤、医疗和养老保险的覆盖率不足一半,且超过七成的用人单位没有给雇佣的农民工投保任何一项保险。最后是一些被调查者认为,政府对从事农业生产和家庭非农经营农户的支持力度还不大,有些惠农政策没有得到很好的落实。

5.浙江省农民对就业问题的想法与建议

农民对农业就业方面的主要建议是：有 20.13％的被调查者希望得到技术服务；16.29％的被调查者希望解决信贷问题；14.59％的被调查者希望转包更多的土地，扩大经营规模；14.48％的被调查者希望得到技术培训；14.38％的被调查者希望得到农业保险服务，降低农业风险；13.63％的被调查者希望加强市场信息和营销等方面的服务。

农民对非农就业方面的主要建议是：有 17.57％的被调查者希望及时获得就业信息；13.84％的被调查者希望得到就业技能培训；13.74％的被调查者希望建立最低工资制度；12.78％的被调查者希望着力解决社会保障问题；12.14％的被调查者希望建立劳工维权组织；11.08％的被调查者希望提供廉租居住房；9.27％的被调查者希望解决子女就学问题；8.31％的被调查者希望解决土地抵押贷款问题；7.14％的被调查者希望解决户籍问题。

三、促进浙江省农民就业的对策建议

1.促进浙江省农民就业的基本思路

针对当前浙江省面临的国内外经济社会发展新形势和浙江省农民的就业特征与状况，进一步促进浙江省农民就业的基本思路是：以科学发展观为引领，按照统筹城乡发展、"以工支农、以城带乡"方略，坚持"以人为本"和"以稳促转"方针，把握经济转型与农民就业关系，努力实现农民充分就业、稳定就业和和谐就业。具体说来，要以拓宽农民就业领域为核心，促进农民充分就业；以改善农民就业服务为重点，促进农民稳定就业；以保障农民就业权益为宗旨，促进农民和谐就业。

2.拓宽农民就业领域，促进农民充分就业

首先，拓宽农民就业领域必须进一步转移农业劳动力。无论从浙江省目前产业结构与就业结构的关系看，还是从浙江省农民在农业的就业充分性程度以及提高农民收入的途径看，进一步转移农业劳动力是农民充分就业的基本前提。浙江省当前正处在工业化的中期阶段和产业转型的关键时期,根据国际的经验和浙江省劳动力在三次产业的就业分布,现阶段浙江省农业劳动力转移的重点不应是第二产业,而是以服务业为主体的第三产业。第三产业是最能容纳劳动力,同时消耗资源相对少的就业领域,但发展第三产业的关键是城市化。因此,浙江省仍应把城市化战略放在重要地位,但应纠正城市化战略的偏差,要走出一条"产业集聚、人口集聚和进城农民市民化"相协调、三位一体的城市化道路。不仅要通过城市化的健康发展,带动第二、第三产业,尤其是第三产业的发展,而且要通过城市化的健康发展,突破二元社会结构,吸引更多的农业劳动力从农业领域转移到城市就业,并真正成为城市的居民。

进一步转移农业劳动力还需要深化农村土地制度改革。除了要进一步完善农村土地家庭承包经营制度,赋予农民长期而有保障的土地使用权,还应明确农户宅基地和农户承包土地的物权属性,建立健全农村土地的流转与交易制度,积极探索"宅基地换住房"、"承包权换社保"、"承包权股份化"等制度。农村土地流转制度与交易市场的发展,不仅会推动农业劳动力向非农产业和城市转移,而且也有利于土地的适度规模经营,提高土地利用率,推进现代农业的发展。

其次,拓宽农民就业领域还应拓展农业就业领域的空间。在进一步转移农业劳动力的同时,不能忽视农业领域的就业潜力。随着现代农业的发展,农业的专业化分工、社会化服务和产业化经营将不断发展,这将为农民在农业领域的就业提供愈来愈多的机会和空间。从发达国家的实践看,在农业从传统农业向现代农业的转变过程中,尽管直接从事农业生产的劳动力会不断减少,但是与农业生产密切相关的农业产前服务,产后分级、保鲜、储运、配送、营销等领域的从业人员却会不断增加。浙江省农业正处在传统农业向现代农业的转变之中,农业产前与产后的就业空间很大,应成为农民在农业领域就业的新的重点。

最后,拓宽农民就业领域应构造农业新型双层经营体系。随着大量农业劳动力的转移就业和农村土地流转制度的不断完善,农户的家庭经营模式和农业的组织形式将会发生变化。因此,不仅应在土地的流转过程中积极推动农业的适度规模经营,而且还应推动建立农业家庭经营与农民专业合作相结合的、产业化的农业新型双层经营体系,使这一农业经营体系成为现代农业的主体经营形式。从一定意义上讲,这种新型的农业双层经营体系将推动农业的专业化分工和产业化经营,进而能够为农民提供更多的就业机会,尤其是更适合那些年龄偏大、文化程度较低的农村劳动力就业。

3.改善农民就业服务,促进农民稳定就业

促进农民稳定就业,除了加快国家社保体制改革和农村土地制度改革以外,还需要为农民提供各种就业服务。

(1)完善农村教育体系,提升浙江省农民素质和就业竞争力

在完善农村常规教育体系的基础上,重点是为农民提供职业技能培训方面的服务。除了政府加大对这方面的投入力度外,还应完善相应的激励约束机制,建立政府、企业、中介、市场等共同参与的农村劳动力技能培训体系,充分调动用人单位和农民参与培训的积极性。培训内容应注重针对性和实用性,既面向就业市场需求,又具有一定前瞻性。浙江省可率先在部分地区试点"9＋2"义务教育,即让未升入高中的毕业生根据其就业意向,自愿选择专业,免费或以较少的费用参加 2 年职业技能教育,取得相应的职业技能资格。

(2)建立特色劳务市场,打造浙江省劳务产业品牌

劳务作为一种特殊的商品,其品牌的价值对于促进农民稳定就业具有重要意义。诸如我省的"江山保安"、"衢州家政"等都已具有一定的品牌效应。各级政府应注重发掘本地已具有一定优势、在劳务市场上又有良好声誉和市场前景的项目,进行深度与广度开发,对这些项目加大培训力度和促销力度。要像企业营销产品一样,加强品牌劳务的对外宣传和营销服务,要和劳务主要输出所在地城市或主要用工单位建立长期劳务合作关系和特色劳务市场,为浙江省农民外出就业和稳定就业开辟新的市场,提供优质服务。

(3)发挥信息咨询功能,建立就业信息网络与服务平台

就业信息的不及时、不对称和不完善是影响农民非农就业与就业稳定性的重要因素,因此,要充分发挥信息咨询服务的功能,建立城乡一体和网络化的劳动力就业市场与就业信息服务平台,将就业信息网络覆盖到乡镇、村组织的就业服务中心(站)。要积极利用互联网开展就业信息服务,开展网上招聘求职与咨询,提高用人单位招聘的质量和效率,降低农民外出就业的成本、风险和盲目性。

4. 保障农民就业权益,促进农民和谐就业

(1)加快推进社会保障制度改革

从总体看,解决好农民和农民工社保问题需要建立中央政府、流入地政府、流出地政府与用工单位"四位一体"的解决框架。中央政府应着重于解决覆盖全体公民最基本的社会保障问题,如义务教育、基础医疗、基本养老金、失业和最低收入保障等问题。地方政府(包括流入地政府和流出地政府)以及用工单位着重于农民、农民工的生存环境(如住房问题、劳动环境、环卫问题等)、劳资关系、家庭分居、教育培训、土地权益等方面问题的解决和协调。

当前,应在贯彻新《劳动法》的过程中,抓紧农民工工伤、医疗(含女工生育)和养老保障制度的落实,并积极探索城市养老、医疗保险与农村养老、合作医疗的衔接方式与渠道,赋予农民工自主选择权。此外,要研究解决一方面用工单位认为社会保险费率过高、负担重,另一方面缴费基数不实的问题。要完善农民工社会保障监督机制,强化社会保障部门对相应业务管理部门和基金营运部门的监督,发挥社会监督(如媒体监督、群众监督等)的作用。与此同时,要通过建立专门的法律咨询中心、救援小组,为农民就业提供帮助,维护农民与农民工的劳动和社会保障权益。

(2)解决好农民工子女教育问题

农民工子女教育问题包括非留守子女和留守子女的教育,它不仅对农民家庭和谐与就业和谐有重要影响,而且关系到我国的人力资源状况和儿童的健康成长。尽管浙江省在解决农民工子女教育,尤其是在非留守子女教育方面出台了不少政策,取得了不少成绩,但仍需进一步总结经验和完善相关制度与政策。与此同时,还应高度重视浙江籍乃至非浙江籍农民工留守子女的教育问题,要通过区域联动、结对帮扶等形式,保障留守子女上学、生活等各项权利,消除外出就业农民工的后顾之忧。

(3)把握经济转型和农民就业的关系

浙江省正处在经济转型的关键时期,由于我国的粗放式经济增长不仅体现在资源与环境方面,而且也体现在人力资本利用方面,经济转型面临着巨大的双重压力和两难选择。一方面,如果仍按粗放式增长方式增长,浙江省的资源与环境状况将进一步恶化,增长难以为继,但另一方

面,经济增长方式的转型也存在另外的风险,即高失业率的风险,其原因是与我国现行粗放增长方式相匹配的人力资源,绝大部分是那些文化层次相对低、主要依靠强体力劳动、数量众多的农村劳动力,他们的素质特征在短期内是难以改变的。因此,如果我们的转型方式把握不当,则很可能再出现大量企业倒闭或外迁(珠三角地区和浙江省一些地区已出现这一情况),大量农村转移劳动力失业,大量农业劳动力不能进一步转移出来,进而社会就业不和谐矛盾不断加剧的情况。基于此,有必要采取相应的应对措施,实施稳健式的转型战略,以稳促转,妥善处理好经济转型与农民、农民工就业的关系,以既实现浙江省经济增长方式的逐步转变,又实现浙江省农民,尤其是农业转移劳动力的充分就业、稳定就业和和谐就业。

当前"三农"问题与改革深化①

中国的改革源于农村,中国的发展源于"三农"的贡献,农村的改革与发展是中国发展的源动力。但与此同时,"三农"为中国的持续高速增长付出了巨大的代价,由于中国目前产品基本实现了市场化,但要素却没有市场化,进而2亿多的农村劳动力转变成为从事第二、第三产业的廉价农民工,几亿亩的农民集体所有的土地被廉价征用。因此可以说,"三农",尤其是广大农民并没有从中国的高速增长中得到应有的回馈。

改革开放以来,尽管中国"三农"发生了翻天覆地的变化,农民生活实现了从温饱到基本小康的转变,取得了举世瞩目的成就,但是就现状看,中国"三农"问题依然很严峻。农村依旧远远落后于城市;城乡居民收入差距不仅没有缩小,而且在不断扩大;农民还未能享受到平等的公民待遇、劳动权益、土地权益和财产权益;农业是弱质产业、农村是落后社区、农民是弱势群体的问题还没有得到根本的解决。简言之,"三农"问题并没有因中国经济的高速增长而缓解,在许多方面反而是更加尖锐了。不仅如此,当前中国经济社会发展所面临的种种问题和困难,实际上都与"三农"问题直接关联。比如,内需不足就与农民群体低收入、低消费、农村社会保障不健全直接相关。又如,国际贸易频繁遭遇技术壁垒和反倾销、粗放型增长方式难以改变等问题,也与2亿多农民工被长期廉价使用、社会保障普遍缺失、人力资本投资不足等问题有直接的关联。再如,土地征用和使用上的大量违法行为与浪费行为,也与农民土地权益的缺失和土地制度改革的滞后有直接的关系。显然,要推进中国

---

① 本文作者为黄祖辉。本文为农村改革 30 年有感而写,完稿于 2008 年 8 月 20 日。

经济的转型与健康发展,解决"三农"问题仍然是全党工作的重中之重、难中之难、急中之急。

下一步的改革应该在认真总结 30 年改革成功经验的基础上,针对现实中存在的各种紧迫问题,进一步解放思想,进行总体设计,着力推进。要把尽快消除城乡二元经济社会结构,形成城乡经济社会发展一体化的新格局作为深化改革的主攻方向;改革的核心是还权于民、用权于民,真正给农民平等的公民权利、财产权利、劳动权益和土地权益,使农民从"经济人"向"社会人"转变,实现自由、全面的发展。

一、深化农业发展体制改革

1. 深化农业经营体制改革,建立与现代农业发展相适应的新型农业双层经营体制

要在改造传统农业双层经营体制的基础上,建立新型农业双层经营体制,并将新型农业双层经营体制和农业产业化经营机制进行有效对接。建立新型农业双层经营体制,就是要把现行的家庭承包经营与社区集体经营相结合的双层经营体制改革提升为以专业化、规模化、农庄化的家庭经营为基础,并与专业合作社和农业龙头企业的经营服务相结合的新型农业双层经营体制。

建立新型农业双层经营体制,一方面,仍要把农业家庭经营作为农业基本生产形式,但要把专业化生产、规模化经营、企业化管理的家庭农庄作为现代农业的生产主体,为此,要进一步转移农业劳动力和推进农民市民化,要进一步推进土地使用权的流转和集中,减少从事农业的农户和农业劳动者的数量,使专业农户成为专业化、规模化的家庭农庄,成为现代农业生产主体和新型农业双层经营体制的基础。另一方面,要大力引导家庭农庄(专业大户)在自愿的基础上组建农民专业合作社,要引导农业龙头企业与生产基地的家庭农庄(专业大户)组建纵向一体、产业化经营的专业合作社,以形成家庭农庄的生产与农民专业合作社和龙头企业的统一经营服务相结合的新型农业双层经营体制,提高农业的产业化经营水平和农民的组织化程度。

为了建立新型农业双层经营体制,必须对农民专业合作社实施优惠政策,要给予其比一般的农业龙头企业更加优惠的政策。对专业合作社从事农产品加工贸易给予免税或减税,使农业生产者通过合作社能真正享受到加工贸易的增值利益,进而引导专业大户、家庭农庄走合作发展的路子。促进一部分农民转入第二、第三产业开拓生产门路,一部分农民就地当农业工人,使农民既有承包土地使用权转让的好处,又能根据自己的能力开拓就业。

2.深化农业科技体制改革,建立农科教、产学研一体的新型农技推广体系

要进一步改革农技推广体制与体系。要对涉农院校、农业科研机构与地方政府部门的农技推广组织进行有效的力量整合,形成政府指导下的、以农民专业合作社为主要载体、农科教相结合、产学研一体化的农技推广体制与体系。要鼓励建立专业化、区域性的综合农技推广服务中心和现代农业示范与辐射基地。同时,要促进政事分开,各级行政部门的技术推广任务、项目经费要相应地整合到新的农业科研推广体系中去,使科研经费真正集中用于农业科技与推广。

3.深化农产品流通体制改革,形成开放、高效的农产品物流体系和地区协作机制

要坚持农业区域化与市场化的方向,无论是粮棉油等重要农产品还是其他农产品,都要坚持放开生产经营和流通。同时,为了保障国家食物安全,政府应制定优惠政策,建立粮、油等生产基地和产业带,鼓励专业合作社生产国家安全需要的粮油农产品。要鼓励产销两地开展对接,实现产地积极生产、销地积极收购,确保粮油安全。要积极引导社会力量参与农业专业合作社和农业龙头企业开展跨区域的农业产业化经营,提高全国的农业综合生产能力和农业开发能力。国家财政要致力于建设和培育全国统一、开放、高效、多层次的农产品市场与物流网络。要坚决开通常年性、全国性的鲜活农产品免费绿色通道,加快农产品流通基础设施建设和市场体系建设。要建立农资价格与农产品价格挂钩的价格调控机制,使国家农业政策性补助真正起到作用。

二、深化农村土地制度改革

1. 深化农地制度改革

要把 30 年不变的农地承包制时间同邓小平同志关于社会主义初级阶段至少 100 年相衔接,即把现行的 30 年农地承包期延长到 100 年不变,明确赋予农户 100 年的土地承包经营权。同时加快农地使用权的市场化和农地转用权的法制化,让农户不仅拥有对农地的承包经营权,而且拥有完整的土地财产物权。要建立跨社区的土地使用权流转交易市场,允许和鼓励农户按照自愿、依法、有偿的原则转让土地使用权,促进农地向专业大户和种田能手集中,使规模经营的家庭农庄逐步成为现代农业的生产主体。也可以采取土地入股、组建股份合作社和股份公司的形式,推动农业规模经营。同时,要强化政府对农地流转和转用的依法管理,促进农地市场化流转,确保农地农用。要对承包农地的常年性抛荒进行依法处罚,促使长期不经营农地的农户把农地流转出去。

2. 深化征地制度改革

要改变地方政府卖地财政的状况,遏制卖地增收的冲动。地方政府要退出直接的征地环节,由土地管理部门建立专门的征地机构和建设用地市场,建设用地买卖双方直接进入市场进行交易,涉及征用农地的必须按项目进行农地转用和征用的计划审批,征地补偿价格要落实区片综合价,在同一区域内不管什么用途,都要按相同的区片综合价定价。定价的基本原则是让农民共享农地转用增值的利益,提高对农民的补偿标准,为失地农民搞好基本养老保障。对所有征地,都要实行农民代表参与的公开招标出让。与此同时,要落实土地出让金收益主要用于农村的政策,使土地出让金收益成为农业、农村和农民发展的重要资金来源。要明确土地出让金收益应包括农业用地转为非农建设用地、工业用地的招标出让和工业用地转为商业用地的增值收益,明确规定"偏农"的分配比例,并且建立专项制度进行检查监督。

3. 深化农村非农建设用地制度改革

要抓紧制定农民集体所有的非农建设用地市场化开发利用的政策

和法规。在服从政府村镇建设规划和依法办理农地转用审批手续的前提下,要允许农民集体经济组织在村镇范围内市场化开发利用非农建设用地,发展农村第二、第三产业和集体物业经济,并明确集体所有土地上的所有房产设施都可以核发与国有土地上的房产设施一样的权证,一样可以抵押和买卖。特别是在城中村和城郊村,应允许其利用村庄建设用地建设多层高层的民工公寓,这既有利于解决农民工在城市安居的问题,又可以为失地农民创造物业管理的就业机会。

4.深化农民宅基地制度改革

第一,要对《物权法》中的有关规定做出修改,明确农民建在宅基地上的住房应该有同市民私宅同样的财产权利,核发房地产权证,允许自主买卖和银行抵押。超过规定面积的应加重土地占用税。第二,明确农户宅基地指标可以在镇域或县域范围内有偿折价和异地置换使用,凡是符合"一户一宅"新建住宅条件的农民可以带宅基地指标到相关部门办理异地建房手续,有条件的农户也可带宅基地指标到县城或中心镇换购一套经济适用房。政府要把这些进城农民的住房建设纳入当地经济适用房的建设规划,这样做既能节约和集约利用土地,又能促进有条件的农民到城市安居乐业,真正减少农村人口,减少农村建设用地,减少农民无效建房投资,推动城市化的健康发展。第三,抓紧改革农村宅基地使用制度。要对"一户一宅"无偿使用、无限期分配宅基地的政策做一历史性了结。明确今后一律不再安排无偿的宅基地,同时放开农民住宅的自由买卖和抵押,使农民获得对房产完整的财产权利。

三、深化农民就业和收入分配制度改革

1.以保障农民工的劳动权益为重点,推进劳动就业和分配制度改革

要从保障农民工权益的实际出发,推进整体劳动就业制度、户籍制度和国民收入分配制度的改革。具体来说,一是严格执行《劳动法》和《劳动合同法》。特别是要落实好农民工依法享受企业职工基本养老保

险、基本医疗保险、工伤保险、失业保险和女工生育保险的制度。要适应农民工区域流动性大的特点,抓紧改革企业职工社会保障制度,建立全国统一的个人账户,使农民工基本养老保险、医疗保险可以在全国各地对接。二是修改最低工资制度的规定,工资水平应与国家经济发展水平同步提高,并与当地消费水平挂钩。要按照东部地区、中部地区和西部地区等分类,提出各地所有企业和雇主都必须严格执行的地区最低工资标准,并且做到几年提高一次。要充分发挥工会在保障农民工合法权益中的作用,建立劳资双方协商确定工资水平的制度,建立和谐的劳资关系。三是切实解决进城农民工的居住问题和子女上学问题。地方政府应该把外来农民工的居住纳入廉租房的建设规划。要允许和鼓励城中村改造中利用集体非农建设用地建造民工公寓。四是建立覆盖城乡的劳动就业服务体系,把劳动就业服务网络延伸到农村。鼓励企业招收农民工,对农民工占企业职工人数比例高、农民工福利保障搞得好的企业,要实行税收减免的优惠政策,做到政府财政所得让一块、企业利润让一块,让农民工的收入、福利水平高一些。

2. 深化公共服务体制改革,切实保障农民享受公共福利

一是要解决好农村教育落后的问题。把改善农村教育条件,让农民子女上得起学、上得好学作为培育新农民、建设新农村的关键来抓。为培养新一代有知识的现代农民,对农林大中专院校中农业技术类专业的学生一律免收学杂费,鼓励他们成为新一代的农业生产经营者。二是解决好农民看不起病的问题。要下决心完善新型农村合作医疗制度,同时尽快建立统一的、覆盖城乡居民的医疗保障制度。乡镇卫生院要承担起农村公共医疗服务中心的职责,并与县级医院连锁;每个行政村应该有一家对口乡镇卫生院统一管理的村卫生室,配备好全科医生,医务人员国家统包。三是解决好农民养老难的问题。可以采取分类解决的办法,将农民工全面纳入企业职工养老体系,同时完善失地农民的基本养老保障制度;要全面建立城乡全覆盖的最低生活保障金制度;要积极探索建立个人养老储蓄与政府配套补助相结合的农业劳动者养老储蓄金制度。

四、深化政府管理体制改革

1. 强化政府服务功能

一方面，要通过立法建立公共财政体制，使政府的财政主要用于公共服务，用于"以工支农，以城带乡"；另一方面，政府部门的管理和服务应实行免费服务，要在农业进入免税时代的同时，让政府的服务管理进入免费时代。凡是政府行政管理部门向公民和企业提供的各类行政审批以及各类证件的发放，都应该免收成本费和服务费，诸如结婚证、房地产证、居民身份证、企业登记证、税务登记证、企业安全证、卫生防疫证、职业资格证等应该免收成本费，这些成本应该在公共财政中开支。

2. 推进政府管理体制改革

要进一步改革市管县体制，全面实现省直管市县的体制。县级要扩大中心镇的权限。可以把乡镇分成两类，一类是人口比较多，第二、第三产业比较发达，经济实力比较雄厚，已成为区域生产力和人口集聚中心的中心镇，另一类是一般乡镇。对于中心镇，可以赋予其县一级的管理权限，对于一般的乡镇，特别是欠发达地区的小乡镇，可以设立县委、县政府的派出机构，建立乡公所，财政收支可以由县直管，并明确乡公所的主要功能是公共服务和社会管理。对于涉农政府部门，要按照农林牧副渔、产加销、贸工农一体化管理的要求，对现有涉农政府机构进行整合，充分发挥其行政效能。

3. 深化干部制度改革

要把改善民生作为干部的主要政绩，要把公共服务作为主要的职能，要把农业是否发展、农民是否增收、农村是否稳定进步作为考核县乡（镇）干部政绩的重要依据。对乡镇干部的年轻化不搞一刀切，要注意发挥经验丰富的中年壮年干部的作用。要积极探索乡镇一级完善社会主义民主制度的途径，实行乡镇党委书记民议、民推、党选，乡镇长直选和乡人大代表对乡镇政府的行政、财政等依法监督。

当前形势和浙江经济转型升级的看法与建议①

一、当前形势及其对浙江的影响

1. 总体判断

一方面,国内经济在国家宏观强力干预下有所回暖,但国际经济态势仍不乐观,因此我国是否能就此走出困境还有待观望。另一方面,由于我国体制改革的渐进性和发展过程中的偏差,我国经济社会长期积累的问题和矛盾依然存在,有些还趋于尖锐化。此外,最近时期各级政府对经济的强势介入与干预,使得我国经济社会出现了一些新情况和新问题,主要表现在以下几个方面。

(1)"一进一退"现象

"一进一退"现象也可称作"国进民退"现象,即国有经济在政府宏观调控中获得大力支持,在国民经济社会中的地位不断上升,而民营经济,特别是民营中小企业,在这一轮政府宏观调控中获得支持不多,发展环境不如过去。

(2)两个替代倾向

一是存在政府替代市场的倾向。在应对世界金融危机的过程中,政

①　本文作者为黄祖辉。本文内容发表于《委员建议》2009 年第 5 期(浙江省人民政府咨询委员会主办)。

府强势出手,积极干预,取得的效果很明显,但存在政府替代市场的倾向,由于政府直接干预和补贴盛行,市场作用有所削弱,市场扭曲可能加剧。二是存在政府推动替代改革推动的倾向。各级政府普遍存在偏重行政手段和财政手段解决问题,比较少通过体制改革和机制创新手段解决问题,以至存在体制滞后,甚至倒退的情况,如农村土地制度改革、二元社会体制突破、政府职能转变等体制改革,进展不快,力度不大。

(3)面临诸多两难选择

一是缓解资源环境压力与缓解劳动就业压力的两难选择;二是提高土地利用效率与保障粮食安全的两难选择;三是保持经济增长速度与实现经济转型的两难选择;四是低成本竞争与有效需求不足的两难选择;五是保持地方(微观)自主性活力与确保中央(宏观)调控力的两难选择。

(4)存在多种偏差

一是经济转型升级中存在偏差。无论在认识上还是行动上,普遍存在过于重视外生型或替代型的产业转型升级,忽略内生型或延伸型的产业转型升级。二是内需拉动中存在偏差。主要是偏重投资需求的拉动,而居民消费需求的拉动则明显不足。三是产业结构与就业结构存在明显偏差。具体表现为社会就业结构演进明显滞后于产业结构演进。如我国农业在 GDP 中的比重已经降至 10% 左右,但农业劳动力在全社会劳动力中的比重仍然高达 45% 左右,农业劳动力比重的下降明显慢于农业 GDP 比重的下降。四是城市化进程存在偏差。主要表现为进城农民的市民化进程明显滞后于人口和产业在城市的集聚过程,城市化水平存在高估现象。五是国民经济资源配置存在偏差。一方面是农村土地、劳动力和资本(农民资金积累)的非农化倾向十分明显,另一方面是政府资源配置存在比较明显的非农偏好和城市偏好。六是在国民收入分配中存在严重偏差。主要是国家(政府)财政增长和投资增长过快,而城乡居民收入增长,进而消费增长过慢。

(5)对浙江的影响

上述形势对浙江的影响较大,如不能很好地应对,会导致浙江的比较优势逐渐丧失,相对弱势日益突显。也就是说,这样的宏观环境和态势下,浙江经济发展中的诸多比较优势,如民营经济的优势、市场机制的优势、低成本竞争的优势、出口导向的优势等,都将得不到发挥,而浙江经济发展中的诸多弱势,如土地与资源相对短缺、大型企业少、国家重大项目投资少等的弱势或制约,则会进一步突显和加剧。

二、浙江经济转型与升级之路

基本思路是:宁可放弃一定的增长速度,努力在经济发展方式和转型升级方面寻求突破,走出新路,实现浙江经济社会的持续健康发展。

1. 以改革深化和体制转型为突破,推动浙江经济转型与升级

对我国而言,经济转型将是长期的过程。包括浙江在内的我国经济的粗放增长方式是有体制成因的,因此,如果没有政治与社会体制的进一步转型,换句话说,如果没有生产要素(土地、资本、劳动)的合理配置和利益格局的合理形成,经济的转型与升级实际是很困难的,是难以实现的。从这一意义上讲,通过改革深化,加快体制转型更为迫切,浙江应在这方面加大力度,争取中央授权,成为我国体制改革深化的先行区和实验区,成为以改革带动经济转型与升级的示范区。

2. 从浙江产业特点和基础出发,推动浙江经济转型与升级

重点是做好三篇文章。一是做好浙江传统产业内生型,或者说传统产业延伸型的转型与升级这篇文章。二是做好浙江产业集群转型与升级这篇文章。要变同质性的企业集聚为专业化分工基础上的产业集聚;要发挥产业集群的生产性服务功能和外部规模经济性功能;要将浙江产业集群和块状经济发展与城市化进程紧密结合起来。三是做好浙江产业(包括农业)组织(企业组织、农民组织、行业组织等)转型与升级这篇文章。着力解决中小企业(分散农户)恶性竞争、技术创新乏力、规模优势不足等问题。

3. 在跳出浙江过程中,推动浙江经济转型与升级

关键是发挥浙江比较优势,做好三篇文章。一是进一步发挥浙江的地缘比较优势,做好"无中生有"这篇文章,以非浙江资源带动浙江经济的转型与升级。二是进一步发挥浙江的人缘比较优势,做好"无处不浙"

这篇文章,以浙江人经济带动浙江经济的转型与升级。三是进一步发挥浙江的网络(市场网络、人才网络)比较优势,做好"走出国门"这篇文章,不仅要产品"走出去",而且要投资、技术、人力资本"走出去",以国际化带动浙江经济的转型与升级。

浙江省新型农业经营主体的
现状特征与政策需求[①]

以农业专业大户、农民专业合作社和农业龙头企业为代表的新型农业经营主体,已经成为现代农业发展的"主力军"。深入了解这类农业"精英群体"的现状特征与政策需求,对于培育新型农业经营主体和加快现代农业发展有重要意义。2009 年 4 月 19 日至 5 月 28 日,"浙江省新型农业经营主体政策研究"课题组的研究人员,分赴浙江 10 个县(市、区)[②]、36 个乡(镇)、96 个村,开展了为期一个多月的实地调研。现将此次调研的主要结果反映如下。

---

① 本文作者为黄祖辉。本文内容发表在《"卡特"决策参考》2009 年第 2 期。本文是由本人主持的省政府委托调研课题的部分内容。时任浙江省副省长茅临生在批示中充分肯定了课题组的研究成果,认为本课题是"比较深入实际、贴近农民的一次真实调查,花了很多精力,数据也翔实可靠、有价值",希望相关部门能"结合浙江农业发展实际和趋势,运用好此成果,重点就合作社负责人的素质、政策需求、后备人才来源、培养方式等问题结合工作实际进一步研究",在"找出区分合作社与大户企业的不同权利、义务标准、职能素质等"的基础上制定相关政策。参与课题设计、实地调研、数据分析、报告撰写及讨论的有时任浙江省政府办公厅副主任陈龙、浙江省农办原副主任顾益康、浙江省农业厅经管处处长童日晖和吕丹等,以及浙江大学中国农村发展研究院的王朋、俞宁、邵科等博士生和硕士生。

② 开展实地调研的 10 个县(市、区)分别是:余杭、长兴、浦江、常山、三门、嵊州、松阳、嘉善、鄞州和苍南。

一、浙江省新型农业经营主体的现状特征

目前,浙江省农业经营主体发生了较大的变化,除了一般的小农经营主体外,出现了以专业大户、专业合作社和农业龙头企业为代表的新型农业经营主体"三分天下"的新格局。其中,从专业合作社的增长数量和辐射带动效应来看,这一农业经营主体的发展已呈现出超过其他两类经营主体的态势。① 在此基础上,广大农民群众和基层干部还探索出了"合作社+农户"、"龙头企业+合作社+农户"、"合作社+基地+农户"、"龙头企业+合作社+基地+农户"等多种符合当地实际需要和产业特点的经营组织形式,以新型农业经营主体为核心、多样化的农业经营组织形式正在得到不断的发展。

调查还表明,各类新型农业经营主体在个体特征、就业及培训经历、土地经营规模及流转、生产技术水平、产品销售渠道、信息服务方式、生产资金来源等方面,都显示出了自身的特征。总的来说,这些新型农业经营主体不仅基本上摆脱了传统分散经营农户的发展困境,而且也展现出了年轻化、知识化、组织化、规模化、科技化、品牌化、信息化、企业化等特征,它们在浙江省农业的转型、升级和发展中发挥了非常重要的核心、示范与辐射作用。

二、浙江省新型农业经营主体的政策需求

表 1 是当前浙江省三类新型农业经营主体(按"大户、合作社、龙头企业"的顺序,下同)对相关政策需求的排序,除了政府资金或项目的扶

---

① 截至 2007 年底,浙江省有各类种养大户 19.2 万户,农产品购销专业户 9.5 万户,农民专业合作社 5788 个(社员 31.2 万户),农业龙头企业 5437 家。而到 2008 年底,全省合作社的数量增加到 9254 家(社员 47.6 万户),增幅达 70.2%,龙头企业的数量增加到 5883 家,增幅为 8.2%。——转引自"农业创业创新主体培育路径对策研究",《重点课题调研报告成果汇编》,浙江省农业厅,2009 年,第 5 页。

持是最重要的政策需求外,其他的政策需求如下。

表 1　浙江省新型农业经营主体对政策需求的排序情况

政策需求	大户	合作社	龙头企业	总体
政府资金(或项目)扶持	①	①	①	①
金融信贷扶持	②	③	②	②
农业保险扶持	⑦	⑦	⑤	⑦
农业信息和技术服务	③	④	⑩	④
土地流转服务	⑥	⑥	⑥	⑥
农产品销售服务	⑤	⑤	⑥	⑤
农资价格优惠	⑧	⑧	⑨	⑧
解决设施用地	④	②	③	③
用水、用电等价格优惠	—	⑩	⑦	⑩
税收优惠	—	⑨	④	⑨

1. 关于金融信贷方面的政策需求

金融信贷支持已经成为各类新型农业经营主体非常重要的政策需求。调查结果显示,三类经营主体分别将"金融信贷扶持"列为第②、第③和第②位的政策需求,具体包括以下三个方面。

(1)农业生产资金贷款授信担保的政策需求

按照目前的相关规定,农民申请贷款必须要由具有公务员身份的人或相关部门提供授信担保,而这对于一般的农业经营主体,尤其是刚刚处于发展起步阶段的农业专业大户来说,并非易事。因此,我们建议政府出台相关政策,允许农民通过村委会进行贷款担保,或以合作社在上下游生产供应链中的地位、作用、身份等名义提供贷款担保。实际上,从农民的社会信用归属角度来看,这种做法也更加符合农村的实际情况。

(2)农业生产资金贷款手续简化的政策需求

从总的情况来看,目前的农业贷款手续还显得过于烦琐,特别是对于一些偏远山区的农民而言,由于交通不便、信息不畅等,他们的贷款成本很容易因为贷款手续的烦琐而大幅增加。因此,在全省范围内出台简化农业生产资金贷款手续的扶持政策,对于那些距离县城较远的新型农业经营主体来说,具有十分重要的现实意义。

(3)农业生产资金贷款利息优惠的政策需求

调查表明,在绍兴、嘉善、余杭等经济较发达的县(市、区),地方政府已出台了一些针对合作社等新型农业经营主体的贷款利息优惠政策,例如县(市、区)财政直接将一笔专项扶持资金划入当地信用社的账户,专门用于补贴农业项目贷款的利息优惠。但是,在松阳、常山、苍南等经济欠发达的县(市、区),由于地方财政实力较弱,几乎没有任何用于农业贷款利息优惠的专项扶持资金。因此,在全省范围内推行统一的农业生产资金贷款利息补贴的财政扶持政策显得尤为必要。

2.关于农业配套设施用地方面的政策需求

调查结果显示,三类经营主体分别将"解决设施用地"列为第④、第②和第③位的重要政策需求,具体包括以下五个方面。

(1)合作社和农业龙头企业的办公管理用地需求

随着合作社和农业龙头企业的发展与规模扩大,日常业务管理、召开会议、产品分级包装、储运、设备安放等方面的业务越来越多,并且需要有相应的场地才行。尽管省委、省政府出台的《中共浙江省委办公厅浙江省人民政府办公厅关于进一步加快发展农民专业合作社的意见》(浙委办〔2005〕73号),已经要求对合作社的相关配套设施用地需求可依法办理"临时用地"手续,但是在实际操作过程中仍然存在很大的困难。例如,杭州余杭茶叶合作社的负责人就反映,他们因为无法在茶山上建造用于茶叶包装的临时用房,只能取消购入数台大型茶叶烘干、包装设备的计划。

(2)农机服务主体的农机设备存放用地需求

上规模的农机服务合作社或专业大户一般都拥有数十台的农机设备,实践中,这些设备的存放用地问题往往得不到妥善解决,进而制约了这类服务主体的发展。例如,成立于2005年的鄞州区五乡镇力邦农机专业合作社的发展势头非常好,但却苦于没有足够的仓储用地而不敢贸然扩大服务规模。该合作社负责人反映,当地的一些农机具因为没有足够的存放用地,只能露天随意摆放,这就大大地缩短了机械设备的使用寿命。

（3）粮食生产主体的粮食仓储用地需求

与农机服务主体的用地需求类似，上规模的粮食生产主体在粮食烘晒期间、粮食销售之前都需要仓储用地，而且与农机仓储用地相比，粮食仓储用地还有防潮、防火、防盗等方面的要求，所以仓储用地的选择余地很小，用地需求得到满足的可能性也就更小。例如，苍南马站镇的粮食种植大户施成钏反映，2008 年他生产的粮食中有 1/3 需要长时间的仓储，迫不得已，他只能临时租用了一个大型仓库，增加了 5000 多元的成本，这在很大程度上影响了他的粮食生产积极性。

（4）鲜活农产品生产主体的冷库建设用地需求

种植保存时间较短的水果或养殖海鲜产品的经营主体对于冷库建设用地的需求比较强烈，但是这类用地比起一般农业配套"临时用地"的审批更难。另外，由于冷库的建设还涉及用电、用水设施的安排等，各种审批手续也更加复杂。例如，温州的状元杨梅专业合作社的负责人就反映，由于没有冷库等保鲜储藏设施，杨梅的采摘和销售时间就不得不缩短，进而大大影响到杨梅的销售价格和收入。

（5）淡水养殖经营主体的设施用地需求

养殖鳖类、观赏鱼等需要保温、引水等设施的经营主体，对于养殖设施用地的需求也非常强烈，这些设施的建造必然需要硬化一部分河塘水面，而这些做法对于土地管理部门来说都是不被允许的。例如，松阳老伟甲鱼养殖专业合作社在扩大养殖规模的过程中就遇到了类似的问题，经过近一年时间的申报、审批，他们还是没能得到相关部门的同意批复。

3. 关于农业科技推广和疾病防疫技术方面的政策需求

专业大户和合作社负责人分别将"农业信息和技术服务"列为第③、第④位的政策需求，并且特别强调在农业科技推广和疾病防疫技术等方面缺乏足够的扶持政策。而且，提出这方面政策需求的经营主体主要集中在对生产技术要求较高的水产养殖业和对疾病防疫要求较高的畜牧产业。例如，松阳的一位养猪专业大户反映，他所在乡镇现在只有一位已经临近退休年龄的老畜牧兽医员，生猪疾病防疫工作存在很大的困难。而由于该镇的养猪大户较多，一旦发生疫情，后果不堪设想。因此，建议在养殖规模较大的片区建立疫病信息观察点，定期向上级防疫部门提供信息，以便及时派遣专业技术人员开展疾病防疫工作。此外，目前的畜牧区还存在一些倒卖死猪、病猪的交易黑市,这些流入市场的坏猪肉很容易引发更多的传染病,并危害到居民的身体健康和生命安全。对此,养殖大户们还建议上级畜牧防疫部门建立定期低价收购死畜、病畜的制度,并就地集中消毒焚烧,力争将疫病的传播控制在最小的范围内。

4.关于土地流转服务方面的政策需求

三类经营主体分别将"土地流转服务"列为第⑥、第⑥和第⑧位的政策需求。尽管土地流转的规模越来越大,范围越来越广,形式越来越多样,但是土地流转的纠纷仍普遍存在,土地流转中介服务组织的发展可以在一定程度上解决这个问题。

5.关于农业保险方面的政策需求

三类经营主体分别将"农业保险"列为第⑦、第⑦和第⑤位的政策需求。农业保险方面的政策需求主要集中在自然风险较大的粮食作物、投资周期较长的香榧等特种经济作物以及疫病风险较大的畜、禽、水产品等行业,而目前的相关政策只规定了种猪和作物果实可以作为参与农业保险的对象并获取政府的相关配套补助资金。对于企业化运作的保险公司来说,农产品保险的回报率太低,甚至存在巨大的亏损风险,所以它们通常都缺乏为农产品提供保险服务的内在动力。我们认为,至少对于粮食、猪肉等重要农畜产品来说,政府应当为其参与农业保险提供必要的扶持政策。

6.其他方面的政策需求

不少经营主体对特种农产品生产很感兴趣,但是却苦于缺乏相关的专项扶持政策。例如中药材,因其特殊的药物用途和生长环境,一些地区的农户在申请组建中药材合作社以及后续的发展过程中都遇到了很大的困难,主要原因是工商登记、药品监管、环境保护等相关部门在对中药材这类特殊农产品的认识方面缺乏必要的沟通和协调。例如,余杭鸬鸟镇仙佰坑中草药专业合作社和苍南玉龙中药材专业合作社都遇到了注册登记、生产许可、产品监测等方面的困难。因此,这类经营主体对于特种农产品的专项扶持政策需求特别强烈。

除此之外,我们还了解到了一些零散的政策需求,主要是:①农机设备目录更新的政策需求。目前,政府提供的可以给予补贴的农机设备购置目录,还无法满足一些在特殊土地类型,尤其是山区丘陵地带的农户购买需求。②农业用电价格优惠政策需求。在一些农业开发项目中,还普遍存在按工业用电价格收取农业用电费用的情况。③农产品税收优惠的政策需求。在与超市或工商企业签订购销合同时,农产品的税收优惠范围及具体额度还不够明确,相关政策执行上也存在很大难度。④农资价格、品牌、质量等监督的政策需求。农资价格波动较大、农资品牌鱼目混珠、农资质量参差不齐等现象,在很大程度上影响了正常的农业生产秩序,需要相关部门进行有效的监管。

三、基本结论与建议

首先,浙江省新型农业经营主体已经并且还将继续为浙江省农业结构的优化、现代农业的发展、农村经济社会的繁荣、农民收入的提高做出重要贡献,但相关制度与政策的不完善和不到位,对它们的进一步发展产生了不利影响,着力解决这些问题是浙江省现代农业发展的关键。

其次,传统的农业用地政策已经无法适应现代农业的发展。要将农产品加工、农产品仓储、合作社办公等用地纳入农业用地范畴,予以支持。

最后,调查表明,三类新型农业经营主体的具体身份来源主要涉及五大类,即"投资农业的企业家"、"返乡创业的农民工"、"基层创业的大学生"、"农村种养能人"、"农村干部带头人"。尽管他们都有条件成为新型农业经营主体,但他们的个体特征、创业背景以及优势劣势却不尽相同。因此,在对新型农业经营主体的培育中,应根据"分类指导"的原则,为上述五类群体提供与其相适应的创业条件,并且为他们提供针对性的扶持政策。

1. 从长远发展角度看,要重点扶持"年富力强"的经营主体

"返乡农民工"和"大学生"是"年富力强"的农村创业者群体的代表。尽管他们在社会实践经验、资金实力等方面存在明显的不足,但是他们大多具有较高的文化水平和较强的学习能力,是未来现代农业发展的希望。这类主体的成长,可以在一定程度上改变农业经营主体的年龄结构

和知识结构,为农业的可持续发展奠定人才基础。最关键的是,他们都还很年轻,再过若干年,当那些年长的经营者不再从事农业的时候,他们会成为新型农业经营主体的"主力军"。因此,从长远角度看,政府应重点扶持这两类"年富力强"的经营主体,要研究农业进入机制,为他们进入农业提供便利,鼓励他们组建合作社或注册成立公司,并为他们提供物质条件方面的补贴和帮助,使他们能够在广大农村地区生根发芽,成为发展现代农业的主力军。

2. 从经济效益角度看,要大力扶持"强效辐射"的经营主体

由于在生产资本、管理经验等方面的优势,"企业家"是最有经济带动效应和辐射作用的经营主体。通常情况下,他们投资或开发的项目规模比较大,科技含量比较高,经济效益比较好,因而对周边农户或相关产业农户的带动效应比较大。因此,从现实经济效益角度看,政府应大力扶持这类经营主体,为他们提供水、电、路等基础设施方面的便利,营造良好的投资环境,引导他们成为具有示范带动作用的农业龙头企业。当然,由于农业投资项目涉及面比较广,与资源环境联系紧密,政府应及时掌握它们的运行情况,在扶持的同时,要防止破坏生态环境、盲目开发自然资源和损害农户利益等事件发生。

3. 从社会效益角度看,要积极扶持"土生土长"的经营主体

农村种养能人和农村干部带头人一般来自传统农户,大多是"土生土长"的新型农业经营主体,他们的转型与发展不仅对现代农业发展,而且对农村社区的和谐稳定具有十分重要的意义。通常情况下,他们的经营规模和组织规模不是很大,但是他们的出现,既可以在一定程度上改变农村的落后面貌,增加当地农民的收入,又可以维系一大批农业经营者的热情。因此,从社会效益角度看,政府应当特别关注这类"土生土长"的新型农业经营主体的发展,要鼓励他们发展成为特色专业大户,或者鼓励他们组建能够吸纳分散小农的合作社,并为他们提供包括信贷、技术、保险、土地等方面的政策扶持。

浙江经济转型:从农村工业化推动向城市化拉动转变①

一、当前形势和看法

2008 年的世界金融危机确实可以说是百年一遇的,也就是说,从 20 世纪 20 年代后期到现在为止,这次危机应该算是最为严重的了。但是它对整个世界经济的影响并不一定会比 20 世纪 20 年代后期的经济危机更严重,这是因为时代变了,现在的国际经济格局及其处置能力都与过去大不相同了,它对国际金融危机的化解作用和影响是不可低估的。主要表现在:

第一,这次金融危机本质主要是美国消费过度,产生泡沫,然后泡沫破裂,进而导致需求不足的萧条问题。当今世界发达国家在这方面的问题一般都是消费饱和后消费需求不足的问题,但中国不同,中国面临的消费需求不足与发达国家的情况有本质的不同。我们的消费,尤其是广大农民的消费并没有达到饱和状态,我们的问题是居民收入过低下的消费需求不足,因而是一种假性消费需求不足。从这点看,世界经济危机对中国的影响主要还是短期的,因为我们国内的市场需求潜力仍然是巨大的,如果我们能解决好中国 60%、70% 的低收入人口的收入问题,则

① 本文作者为黄祖辉。本文内容发表在《公共政策内参》(浙江省公共政策研究院主办)第 09008 期。2009 年 10 月 19 日,时任浙江省副省长陈加元批示:"黄祖辉同志这篇研究报告值得一读,对于我们研究明年及'十二五'期间的新型城市化发展具有重要的参考价值。"

国内发展空间仍很大。当然这并不是说我们要放弃国际市场，而是应该国际国内两个市场一起抓，中国在国际上的作为是有战略意义的，尽管现在国际需求受到很大的影响，但是从全球化趋势看，从中国这样一个新兴经济体在新一轮的国际分工和利益重组中获取有利位置看，中国应该迎难而上，要继续保持中国在国际贸易总量中的增长势头。

至于危机对浙江的影响，从目前看起来，与其他省份相比较，影响还是比较大的。这是因为浙江经济的比较优势，如比较高的出口导向、中小民营企业占主导、善于运用市场机制等，在当前形势下，都不同程度地受到了冲击或失宠，这显然不利于浙江优势的发挥和经济的发展。

第二，当前有一些现象值得关注。总的感觉是存在政府代替市场、政府推动代替改革推动的倾向。简言之，是政府权力过于集中，政府过于强势。整个经济社会中几乎是政府这只有形手在起作用，市场这只无形手的作用不是越来越弱，就是越来越扭曲。在经济社会中，政府的调控是非常必要的，尤其在经济危机情况下。但必须防止政府行为过度，必须处理好政府与市场的关系，政府的干预必须以不损坏、不扭曲市场机制为前提，否则，我们就会在经济增长和转型升级中产生新的代价，即体制倒退的代价，因为毕竟中国的市场经济体制本身并不成型和成熟，比较脆弱，极易受到伤害。

第三，关于产业的转型升级问题。要从不同的角度来看产业的转型升级问题。比如，关于浙江经济与江苏经济的孰优孰劣问题，在 20 世纪 80—90 年代，浙江经济一直被认为是一个最符合市场经济发展的好模式，包括江苏在内的众多省份都要学习浙江经验，但现在看来，又有不少人认为江苏的经济模式更不错，它更能抵御经济危机的冲击，产业的转型升级也做得不错，进而对浙江的发展模式产生了怀疑，对浙江的产业转型升级道路产生了动摇。我认为，浙江的经济转型与江苏并不一样，浙江可能还是要从浙江经济与产业的实际出发，选择适合浙江实际的经济转型升级道路。就浙江的经济发展轨迹和意义看，浙江经济的变革已超越浙江经济发展本身，它甚至关系到中国改革开放与市场化发展道路的一个取向问题。所以，如果浙江的经济转型能很好走出来的话，不仅对浙江有利，而且对整个国家、对中国的市场化改革的意义更大。所以从这方面来考虑的话，我并不很赞同那种简单否定或摒弃浙江传统优势产业,走外生型、替代型、重开炉灶式的产业转型升级之路的看法,而是更主张浙江要从自己产业基础和特点出发,走出一条内生型的产业转型升级之路,具体建议可以见我上一次专门提交的《当前形势和浙江经济转型升级的看法与建议》[①]。

二、走农村工业化推动向城市化 拉动转变的浙江转型升级之路

要科学认识中国特色新型城市化道路,中国的城市化不仅是人口与产业的集聚过程,而且也应是转移农民的市民化过程,是城市人口和谐共处、城市理性发展的过程。因此,中国的城市化道路必须考虑农村工业化进程中的产业分布与集聚对城市化的要求,必须考虑城市化进城中转移进城农民市民化的成本因素,必须考虑信息化和现代交通网络(轨道)设施发展对城市化的影响。

浙江应该将考虑到上述要求、因素和影响的城市化进程作为推进浙江的经济转型与升级的一个切入点。所以这么说,就是因为近 30 年来的浙江经济发展,实际上走的是工业化推动经济发展的道路,并且是农村工业化推动浙江经济发展的道路。农村工业化推动经济的增长,优点是多方面的,主要是启动快、门槛低、成本低、就业与收入效应明显。但是这种发展道路也有它的局限性,主要是增长方式粗放、产业层次低、分散与小规模、对资源环境的消耗代价比较大、城市化比较滞后。随着产业的发展和竞争的加剧,这种发展模式的局限性已越来越显露,现在已到了由城市化来拉动经济发展与转型的时候,要通过城市化这一平台和载体,既拉动产业与人口的集聚,又解决好广大进城务工经商农民的市民化待遇问题。因此,有必要反思我们的城市化思路,要走中国特色的新型城市化道路,即大、中、小城市发展协调,产业集聚、人口集聚与转移进城农民市民化"三位一体"的城市化道路。我所认为的城市化是一个大、中、小城市协调发展的过程,而且应更注重中、小城市的发展。其主

---

① 《委员建议》(浙江省人民政府咨询委员会主办)2009 年第 5 期。

要原因是中、小城市发展更符合我国农村工业化的发展路径,更宜与浙江的产业集群和块状经济特点相对接,更能够以较低的成本解决好进城农民的市民化问题,更有助于实现内生型的浙江产业转型与升级。

三、关于城市化拉动浙江经济增长与转型的若干建议

基本的指导思想是:统筹城乡经济社会发展,注重大、中、小城市协调发展,突出浙江中、小城市更快发展,实现城市化对浙江经济转型与升级的三个拉动。

拉动一,城市化进程与浙江块状经济发展相衔接,以城市化拉动浙江产业集群转型与升级。实践表明,浙江的许多集群位于县和乡镇,产业和人口都已达到相当大的规模,迫切需要通过城市化来拉动其进一步的转型与升级发展。

拉动二,城市化进程与浙江新农村建设相衔接,以城市化拉动浙江中心镇(村)区域经济转型与升级。就是要将城市化与新农村建设相结合,以城市化带动新农村建设,将新农村建设置于城市化体系中推进,而不是将两者相互对立、相互割裂开来。也就是说,一方面,城市化不应仅仅是大城市的发展,而应包括中、小城市,中心镇和中心村的发展;另一方面,要将新农村建设纳入城市化体系,通过城乡统筹、规划引导、村庄整合、人口迁移等措施来推进新农村建设。

拉动三,城市化进程与浙江现代交通与信息网络建设相衔接,以城市化拉动浙江中心城市转型升级和城市集群的发展。信息化、网络化和现代交通(轨道)设施的发展使得城市发展不一定要追求单个城市的无限膨胀,大城市在人口拥挤、交通不畅、空气污染、生活昂贵等方面的弊端已越来越显露,城市的集群式发展已是一个趋势与方向。因此,浙江不仅应考虑分别打造杭、甬、温三个城市集群,而且应同时考虑打造浙中的义乌、东阳、金华城市群以及若干地级市领衔的区域城市群的发展,通过浙江中心城市的转型升级和区域城市集群的发展,改善城市环境和居民生存状况,加快现代服务业经济发展,提升浙江区域经济竞争力和块状经济实力。

西部做得这么好，
其他地方没理由做不好：
云南开远新农村惠民工程的启示①

　　自 2009 年 9 月以来，我国云南等地遭遇百年一遇的严重旱灾，不但造成了农业上的巨大损失，而且造成了数百万农村居民和大量牲畜饮水困难。在本来是清明时节雨纷纷的春月里，我们浙江大学中国农村发展研究院调研组来到被称为七彩翡翠的云南，从飞机上俯视却是赤地千里、红土高原的严重旱情，沿途所见所闻是乡乡村村挑水抗旱、打井找水的繁忙景象。但当我们一行来到红河州开远市，却发现另一种令人惊喜的景况，开远抗旱"不挑水"、"不发愁"的另类景象促使我们去深入调研，发现这抗旱"不挑水"、"不发愁"的背后，是开远近年来统筹城乡发展、建设新农村惠民工程的创造性实践所结出的丰硕成果。

　　云南开远是一个面积 1950 平方公里、人口 31.22 万的经济发展水平不很高的西部县级市，2009 年全市地区生产总值为 76.2 亿元，财政总收入为 9.5 亿元，其中地方财政一般预算收入为 5.0 亿元。就是在这样一个财政状况非常一般的西部县级市，从 2006 年开始的统筹城乡发展和新农村建设，创造了让我们心灵震撼的成绩。2006—2008 年，开远投向新农村建设的资金从近 5000 万元增长至 7.5 亿元，增长了 14 倍；农业总产值从 7.9 亿元增长到 12.9 亿元，增长了 63.3%；农民人均纯收入从 2951 元增长到 4007 元，增长了 35.7%。

---

　　①　本文作者为黄祖辉、顾益康、胡豹。本文于 2010 年 6 月 5 日报送中央领导，6月 15 日得到时任国务院副总理回良玉的重要批示，8 月 29 日得到中央农村工作领导小组副组长、办公室主任陈锡文同志批示："开远的经验值得重视，为欠发达地区进行新农村建设提供了有益借鉴。"

开远统筹城乡发展、建设新农村的一个重要特点是从农民群众最迫切、最关心、最需要解决的民生问题入手。他们将这些事具体化为破解农村民生"十难":

一解"用水难"。村村都用上了安全饮用水,实现了大旱之年不挑水、提前 8 年基本实现农民饮水安全的国家要求;三年投资约 1.6 亿元抓水源工程建设和小型农田水利建设。

二解"行路难"。康庄道路村村通,公交车开进了高寒山村。2006年,自然村公路全部修通;2007 年,村委会驻地道路硬化全部实现;2008年,自然村进村道路和村内街巷硬化全部实现。

三解"安居难"。一次性全部消除农村茅草房、杈杈房;每年以完成上级指标 200% 的速度推进农村抗震安居房建设。

四解"就医难"。村村建有卫生所,新农合参保率达到 100%;城乡居民同比例报销医疗费,农民大病报销比例达到 85%,最高报销额度达到 15 万元;重点解决困难群体就医问题,推进实施城乡居民免费体检,建立健康档案。

五解"就学难"。在城乡义务教育全覆盖的基础上,实施城乡幼儿教育普及工程;在所有乡镇创建幼儿园,并向自然村延伸;建立从幼儿到博士的一条龙奖补制度。

六解"养老难"。2008 年,率先实施农民工养老保险;对农村 70 岁以上无固定收入的老年人实施生活补助;制定和出台了补助比例全省最高的失地农民生活用品补助政策。

七解"文娱难"。为每个自然村和社区免费安装 1 套以上乒乓球桌;市财政每年补助每个村委会和社区 5000 元的文艺经费,近千支农村文艺队活跃在开远城乡;数字电影率全省之先走进村寨;2008 年,广播电视村村通全部实现,全市广播电视通村率达到 100%,通户率达 97%,同时免除农村困难家庭广播电视维护费。

八解"照明难"。实施村庄光亮工程,免费为全市所有自然村安装路灯,电费和维护费全部由市级财政承担;财政给予农户 95% 的补贴,在全市农村全面推广使用节能灯;全面启动城乡同网同价的农村电网"一户一表"改造工程,每年为每户农民节约电费 300~500 元。

九解"燃料难"。2006 年起实施农村沼气池建设项目,在全市 442

个自然村建设沼气池 1.8 万多口,近一半农村家庭用上了沼气;政府对农民安装太阳能热水器每户补助 500 元,全市一半以上农户安装了太阳能热水器;农村家庭基本普及节能灯。由于推广沼气、太阳能,平均每年节约薪柴 18.5 万吨,相当于保护了 14.8 万亩的山林。

十解"清洁难"。全面推进村容村貌整治,开展改水、改圈、改厕、改厨、改房、改园的"六改"工程,实现建筑美化、沟渠净化、道路硬化、街道亮化、村庄绿化、庭院洁化的"六化"和脏乱差的"三治理";在全市自然村新建 625 个卫生厕所,每个村至少有 1 个卫生公厕。

开远农村民生"十难"的解决,实在难能可贵,可以说是创造了我们预想不到的奇迹,没想到西部的新农村建设进展这么快,投入力度这么大,农民积极性这么高,建设效果这么好,即使在东部的发达地区,也不是所有的县都达到了这样的水平。开远的实践令人震撼,出人意料,催人奋进,发人深思。

对云南开远的 4 天实地调查和干群访谈,使我们深深感到:开远的经济条件即使在西部地区也不是最好的,开远之所以能取得如此大的惠民成绩,并不是因为财政收入特别多,也不是因为上级拨款特别多,而是开远的广大干部特别有爱民之心、惠民之情,并且在这方面特别有思想,特别有思路,特别能创新,特别能实干。西部开远的新农村惠民工程能做得这么好,全国其他地方没有理由做不好。开远的新农村惠民工程有三条值得总结推广的经验与启示。

一是创新理念,增强爱民之心。思想指挥行动,观念决定思路,解决民生问题首先要有心有情。开远的各级党政班子是有思想、有理想、有激情的领导班子,广大党员干部有爱民之心、惠民之情,对新农村建设有心、用心,这是开远的首要经验。开远市各级领导自觉学习践行科学发展观,真正做到入耳、入脑、入心,把以人为本、民生为先的理念贯穿于统筹城乡发展和新农村建设的全过程,力求做到以民为大、惠民为重、富民为先。他们从广大农民群众最迫切要解决的难题入手,把爱民之心转化为推进新农村建设的强大动力,把新农村建设转化为一系列富民、惠民的工程,把农民群众需要不需要、急迫不急迫、期盼不期盼作为确定新农村建设项目的首要标准,把农民群众满意不满意、高兴不高兴、赞成不赞成作为衡量新农村建设绩效的最高标准。2006 年,开远制定了云南省

第一部新农村建设规划——《愿景与探索——开远市社会主义新农村建设整体规划》,在该规划中,他们不仅提出了开远新农村建设的理论构架,而且制定了加快扶持现代农业发展、改善农村人居环境、改造农村危房旧房、建设农村水利基础设施、建设农村公路、建设农村沼气、建立新型农村合作医疗体系、建设新型社会保障体系、实现农村广播电视村村通、加快农村教育和文化体育事业发展等 14 个与民生工作密切相关的文件。

二是创新主体,增添发展活力。充分发挥党政主导力量,有效激发农民集体合作力量和调动农民个体力量,有机形成共创共建新农村的合力,是开远新农村惠民工程又好又快推进的重要经验。开远提出了新农村建设的"三大主体论"观点,即农村的事分三类:农民自己的事、农民集体的事、农村公益的事。相应地,确立了"三大主体"行为:农民的个体行为、农民的集体合作行为、农村的党委政府行为。这"三大主体论"明确划分了不同主体的职责——农民干自己的事,基层组织组织农民干集体的事,政府干公益的事。"三大主体论"的提出,使党委政府真正成了"主导":农村基础设施建设、社会文化事业建设是党委政府的事,公共财政必须承担;产业建设、环境建设政府必须引导、必须扶持。开远的"三大主体论"使党委政府承担起了相应的角色职责。三大主体协调配合,各司其职,各负其责,共同为开远贡献能量。近 3 年来,开远投入"三农"资金 10 亿元左右,并通过 10 万吨的水泥补助和 5000 万的财政奖补及贷款贴息引导,带动农民和民间社会投入 3.2 亿元用于村庄建设与改造,财政扶持资金真正起到了"四两拨千斤"的作用。在开远,新农村建设理事会、新农村建设促进会、农民听证会、新农村建设村规民约等一系列行之有效的组织与制度,振奋了民心,开启了民智,使开远新农村建设呈现出"干部带着群众干、群众催着干部干、一村赛着一村干、村村寨寨搞建设、家家户户得实惠"的喜人景象。

三是创新机制,增加惠民投入。开远在实施新农村惠民工程中,突出了集中财力办急事、创新机制解难题,探索了一次性建设做到位的方式方法,把原来按部就班分多年的投入资金集中在一两年内投入,把几年的工程量和惠民举措集中在一两年内完成,避免了过去零星投入、分步建设难见实效的问题。比如在农民饮用水工程建设上,通过新农村投资公司的 1000 万元融资贷款,以及人饮安全项目,农户投入筹集 2000 余万元一步建好所有村的饮用水工程,为大旱中抗旱"不挑水"发挥了重要作用。在公路村村通工程中,也采取了类似的投融资方法,筹集 1 亿多元的资金,用 1 年的时间干完 8 年才能干完的工程。这种做法适合农村基础设施建设特点和民生需要,变小批量多次投入、分年度小规模建设为大规模集中投入、一次性建设,取得了事半功倍的好效果。开远的做法融合了投融资机制的创新,把城市建设投资机制引入农村,创新农村投融资机制,通过市场运作和社会筹资等途径,多渠道合力融资,筹措新农村建设和民生工程资金。

　　开远新农村建设资金主要来自八个渠道:一是融资增资。成立新农村投资公司、新农村投资担保公司、城市开发投资公司、小额贷款公司,这些机构与农发行、信用社、富滇银行、农行等金融机构,近 3 年共支持开远城乡建设资金 4.6 亿元,其中新农村建设资金 2.2 亿元,力度史无前例。二是财政增投。2008 年实现了对农村投入和对城市建设投入历史性的"平分秋色"。开远的 5 万亩优质稻、7 万亩水果、10 万亩蔬菜、3 万亩烤烟的发展以及优质米基地、蜜桃基地、禽蛋基地、苗木基地的形成,靠的就是每年 1000 万元以上的市级财政扶持资金的拉动。三是农民自投。政府投入的增加使农民参与新农村建设的热情空前高涨,每个村都像当年包产到户时那样,按红手印,投工投劳,出现了男女老少齐上阵、修路改水建新村的热潮,政府 10 万吨水泥投入带动了 250 多万人次的农村劳动力投入。四是上级扶持。五是社会支持。云南首家县级慈善机构——开远市阳光济困协会已募集资金近 1000 万元。六是结对扶持。在政府的牵线搭桥下,不少开远的企业"结对"村庄,进行扶持投入。七是业主投入。各类龙头企业已累计投入 6.4 亿元。八是政策投入。自 2006 年起,开远乡镇新办企业的市级税收全额返还乡镇,这吸引了一批工商企业落户农村,为开远开辟了新的财税来源。

中小城市应作为
现阶段城市化发展的重点[①]

　　城市化是当前学界和政府工作的一个热点问题。在走什么样的城市化道路以及城市化进程中应重点发展什么样的城市等问题上，理论结合和实践部门还存在着不少分歧。就城市化进程中的户籍制度改革而言，我认为户籍制度背后的东西很重要，如果光取消户籍制度，不取消户籍制度背后的城乡权利差别，户籍制度的取消或改革就失去了意义。这是因为中国存在独特的城乡二元社会结构，因此，中国的城市化进程必须放在城乡二元社会结构的大背景和经济社会转型的视角中去把握，不能单纯从城市经济或者空间经济的角度谈什么样的城市应该优先发展。

　　毫无疑问，中国现阶段应该是城市化主导发展时期，因此加快城市化进程非常急迫。但我并不很赞成在城市化过程中优先发展大城市，我认为现阶段应该优先或者重点发展中小城市，这主要是因为：中国的城市化不仅是人口与产业的集聚过程，而且也是进城农民的市民化过程。即使是大城市的发展，也要突破传统发展理念，要考虑信息化、现代网络和轨道交通的发展对城市发展的影响，今后的大城市也应该是组合式、集群式的大城市发展，而不应该是摊大饼式的城市扩大与膨胀式发展。大城市的发展必须与进城农民的市民化紧紧挂起钩，不能把这一问题继续留给农村和农民。

　　实践表明，中国的城市化不仅明显滞后，而且存在严重偏差。所谓

---

　　① 　本文作者为黄祖辉。本文内容发表在《咨询研究》（浙江省人民政府咨询委员会主办）2010年第41期。《中国社会科学报》2010年8月10日第9版刊发了其中的部分内容。

滞后,是指城市化发展非常滞后于工业化的发展。所谓城市化的偏差,一是指城市化进程中进城农民的转化(即市民化)明显滞后于农民的就业转移。二是指农民进城的速度滞后于城市空间的扩张速度。其原因就是城乡二元社会权利结构的存在。这种偏差式的城市化不仅高估了我们的城市化水平,而且存在危险的后果,不仅会导致大量农地的"非农化"和大量农地利益的"非农化",而且还会导致人口的"流动陷阱"和"拉美陷阱"并存,进而加剧社会的不公平和社会的不稳定。因此,中国的城市化既要摒弃过去那种城乡分割式的城市化模式,即将广大农民排除在城市化进程以外的城市化模式,又应该摒弃目前这种进城农民非市民化的城市化模式。

值得高度关注的是:中国的城市化存在着双重制约,即土地制度和社保制度的双重制约。城乡分割的社保制度是二元社会结构的产物,这种社保制度又影响到土地制度,使中国的农村土地制度不得不承担着农民基本社保的功能,而土地的社保功能从很大程度上讲是中国农村土地制度迟迟难有重大突破的重要原因。因此,无论是城市化的推进还是农村土地制度的进一步改革,当前最关键、最迫切的是要破解城乡二元社会结构,尤其是城乡二元的社保体制。只有这样,才能使进城农民的市民化问题和农村的土地问题得到比较好的解决。土地应该成为农民收入、农民市民化的重要源泉。现在国家赋予农民的主要是土地的经营权,但还没有完全赋予土地的财产权利,或者赋予得还不完整、不清晰,如果能够进一步解决好这一问题,那无论是农民的土地流转还是农民的转移进城,农民的利益就会具体化、显性化,这不仅对农民有利,而且也有助于城市解决外来进城人员的市民化问题。

现阶段强调中小城市优先发展的主要原因,一是城乡二元社会结构问题的解决不可能一蹴而就。二是进城农民的市民化有个成本问题。就市民化的成本或代价而言,大城市解决农民市民化问题的成本或代价要明显高于中小城市。三是中国的城市化不能脱离自身工业化的轨迹。中国改革开放以来的工业化进程具有明显的农村工业化推动国民经济快速增长的特点。现在的问题是,目前不少发展很快、产业规模和人口规模都不小的农村工业或块状经济的所在地,往往是县城和一些中心镇,它们的城市化进程非常滞后。在这些有条件的地方,迫切需要加快以中小城市为主的城市化,通过城市化,既可以解决外来人口的市民化问题,又可以拉动工业块状经济和产业集群的转型升级。

此外,中小城市的加快发展还有助于与新农村建设相对接。新农村建设需要合理规划村庄,涉及农村人口向中心村、中心镇的迁移和集聚,这一过程实质也是城市化的过程,是城市化不可或缺的组成部分。因此,如果我们将中小城市发展作为城市化的重点,则新农村建设与城市化进程不仅不矛盾,而且如果处理得当,两者可以互促共进。

总之,无论从中国产业分布、优化以及中国人口众多的实际出发,还是从解决好民生问题、破解城乡二元社会结构的急迫性看,现阶段的中国城市化都有必要高度重视中小城市的发展,而不应只盯着大城市。

农村土地、住房、社保等制度联动改革的尝试[①]

2008 年 4 月,嘉兴市被浙江省列为三大省级综合配套改革试点区之一。为此,该市于 2008 年 5 月启动实施了以"两分两换"土地使用制度改革为核心,包括就业、社会保障、户籍制度、新居民管理、涉农体制、村镇建设、农村金融体系、公共服务、规划统筹等改革的"十改联动"制度创新试点工作。改革以来,嘉兴市的"两分两换"试点工作取得了一些具有创新意义的成效,但也面临不少问题与矛盾,其推广价值还有待进一步探讨。

一、"两分两换"试点工作的政策设计目标

"两分两换"试点工作就是按照"土地节约集约有增量,农民安居乐业有保障"的要求,以"农业生产经营集约、农村人口要素聚集、农民生活质量提升"为目的,将农民的宅基地与承包地分开,将农民住房搬迁与农村土地调整或征用分开,以宅基地换城镇房产(或部分现金补贴),以承包地换社会保障(或股权、租金等),推进农村居民集中居住,转换生产生活方式。"两分两换"的政策设计目标具体包括以下几个方面。

1. 优化农村建设用地配置,开拓城乡互动发展空间

"两分两换"试点工作试图进一步拓展农村宅基地整理的内涵,不再

---

① 本文作者为黄祖辉、王朋,为教育部哲学社会科学研究重大课题攻关项目"我国当前农村土地流转制度与农民权益保护研究"的一个专题调研报告,完成于 2010 年。

将其局限在引导农民集中居住到某一范围内,而是把建设征地、农房搬迁、宅基地整理、户籍管理、社会保障等关系到农民切身利益的诸多因素紧密联系起来统筹考虑。嘉兴市农村居民点的户均面积和居民点面积占建设用地面积比重在全省都排名前列,按照传统方法进行的宅基地置换复耕、农村居民住房从旧村到新村的搬迁,会进一步增加农村建设用地的使用量。① 而"两分两换"试点工作可以尝试将农村居民住房由农村转换到城镇,并且以多层公寓安置和货币安置为主要方法,从而节约大量的城乡建设用地,缓解耕地后备资源严重不足的压力。

2. 加快农业生产用地流转,促进现代规模农业发展

"两分两换"试点工作试图进一步促进农业生产用地集中流转和集约利用,改变土地抛荒、老弱妇幼耕种、土地流转规模较小、土地利用效率较低的现状。通过农村承包地流转和宅基地整理复垦,既能保证耕地保有量和基本农田保护面积不减少,又可以有效提高土地集中连片的程度,突破农户传统分散经营的生产方式,提高农业劳动生产率和土地产出率,推进现代农业规模化、专业化、组织化的发展。

3. 引导农村居民聚集发展,改进农村生产生活方式

"两分两换"试点工作试图进一步引导分散的农村居民向中心村镇聚集,转变和改善农村居民的生产生活方式。传统的农村居民点规模小,分布散,基础设施不完善,居住环境相对较差,土地使用结构不合理,土地资源浪费严重。通过"两分两换"试点工作,政府及相关部门将对农民集中居住区供水、供电、道路交通、垃圾收集、污水处理等基础设施配套进行统一规划,实现城乡地区各项事业的多方位一体化。特别是"以宅基地换住房"的农村住房改革措施,将从原始房屋评估、面积、家庭人口等多个方面考虑,给予农村居民适当的货币补偿及其他实惠,从而缓解农民购、建房的压力,加快农村宅基地复耕的速度。这将从根本上改善农民居住环境、生活条件,加快社会主义新农村建设步伐。

4. 打破城乡户籍制度约束,共享国家公共服务保障

"两分两换"试点工作试图进一步打破城乡二元体制,尤其是户籍制

---

① 嘉兴市农村户均宅基地多达 0.96 亩,为浙江省平均水平的 2.5 倍,而用于"通村达户"的道路面积达 40 多万亩。

度的约束,使更广大的农村居民共享国家经济发展的成果与公共服务保障。在我国特殊国情和体制背景下,对于广大农村居民而言,土地体现的不仅是生产功能,而且还承担着可以长期赖以生存的保障功能,土地是一种综合性保障载体。"两分两换"试点工作改变了以往"农民失去土地就意味着失去一切"的体制缺陷,而"以土地承包经营权置换社会保障",从长远的角度为农民考虑,切实保障农民生活,使广大农村居民也能够享受到生活、养老、医疗、失业等城市居民已经享有的各类公共服务保障项目。

二、"两分两换"试点工作的实施成效

自 2008 年 5 月以来,嘉兴市选取了 9 个乡镇(街道)作为"两分两换"制度创新工作的试点地区。各个乡镇(街道)根据当地的实际情况,因地制宜地进行了各项创新实践的探索,取得了一些实际的成效,具体如下。

1. 缓解了农村建设用地与农业生产用地之间的需求矛盾

"两分两换"试点工作使一部分散居的农村居民聚集到中心镇或中心村居住,从而有效地减小了农村居民住宅的占用面积,优化了农村道路、水利等基础设施建设用地的配置,并通过建设用地复垦、土地流转等方式增加了农业生产用地面积。土地承包经营权的统一流转、统一收储、统一发包,使得土地进一步向种养大户和经营能手集中,并加速了农民向第二、第三产业转移。例如,桐乡市龙翔街道原有耕地 36897.1 亩,基本农田 27059.0 亩,农村宅基地(村庄用地)6250.1 亩(航拍 6862.5亩),户均占地 0.92 亩,人均占地 0.24 亩,户均耕地 5.40 亩,人均耕地1.43 亩,土地集约利用水平低于嘉兴市的平均水平。通过"两分两换"试点工作的整体规划和实施,该街道设立了 10 个农村新社区,总面积约为 1887 亩,节约了土地 4363 亩。预计到 2012 年,全街道有 50% 以上的农户向城镇和农村新社区集聚,其中到城镇置换公寓房 1500 户,统筹统建房安置 1500 户,土地节约率达到 50% 以上,有 50% 的承包土地(约

16000 亩)实现流转。①

2.促进了城镇与农村的一体化规划发展进程

用地需求矛盾的缓解,为城乡规划发展的一体化奠定了重要的基础。一些试点乡镇(街道)在集中安置农村居民的同时,通盘考虑了城乡发展的现实需要及未来发展方向,从而有效地促进了城乡规划发展的一体化进程。例如,嘉善县姚庄镇按照"一次整体规划、分期推进建设、逐步完善功能"的总体要求,修编《姚庄镇域总体规划》,将姚庄镇的 30.80 平方公里土地划分为商贸居住区、工业功能区、农业产业区等三大区块。规划建设 1.20 平方公里的新型商贸居住区,其中 0.98 平方公里规划建设为姚庄镇农村新社区,计划引导全镇 4805 户农户自愿居住集聚进区。其余 0.22 平方公里规划建设为与工业功能区和商贸居住区相配套的综合服务配套区,组建农民物业股份有限公司,允许进区农户自愿入股,获取租金红利,增加财产性收入。② 自 2008 年 6 月以来,该镇已经全面启动了总面积为 0.98 平方公里的农村新社区建设,其中总投资约为 4 亿元的第一期 311 亩新社区、1000 余套标准公寓房和复式的公寓房已经顺利建成,首批农户也已于 2010 年春节前入住,该镇力争通过 8 年时间,共投入 12 亿～14 亿元,逐步把 1.8 万农民集聚居住到农村新社区。③

3.改善了广大农村地区居民的生产、生活环境

长期以来,农村居民的生产、生活环境存在"散、乱、脏"、占地大、设施差、土地利用率低等问题,而"两分两换"正在逐渐改变这种状态。农村新居住点依托城市和中心镇、工业功能区来规划布局,按新社区要求实施建设,使农村居住点的数量由多变少,规模由小变大,环境由差变美,村庄由旧变新,打破"天女散花"式的村庄格局,实现了村庄布局的根本性转变。农村的居住形态从单家独院的单一形态变为联排房和公寓房,从结构陈旧、功能混杂、配套滞后、安全性差的危旧房变为设计新颖、

---

① 龙翔街道党委、办事处:《龙翔街道"两分两换"试点成效明显》,桐乡通讯网,2009-09-20.

② 贾新龙:《浙江嘉善试点"两分两换"》,《农村工作通讯》,2009(12):26-26.

③ 卢佳颖:《"两分两换"试点见效,嘉兴农民搬进社区》,CCTV.com,2009-09-03.

结构合理、功能完备、优质安全的城镇新房,农民的生产、生活方式由此发生了重大转变。通过承包地搞流转,农业向规模化发展,改变了"家家都种田,户户小而全"的生产方式,农民从小农经济中解放出来,"洗脚上岸",变成产业工人,更新了思想观念,融入了城市生活,完成了农民变市民的过渡,实现了生产生活方式的转变。① 例如,平湖市新仓镇芦川花苑作为"两分两换"试点工作确立的集聚区置换房核心区块,现已建成了公寓房和联排式住宅 360 户,一期公寓北侧的枫叶路沿街开设了陶瓷店、餐饮店、家具店、中小型超市、建材店、装修店等一批商铺。② 集聚的人群、优良的环境、便利的交通、优惠的政策,使得这个原本落后的村庄逐渐变转成了充满商业气息的城镇,广大农村居民也享受到了现代城市文明的发展成果。

4.加快了城乡基本公共服务均等化的进程

以往由于受农村居住点分散、城乡分割的户籍制度、土地产权制度、社会保障制度等方面的约束,广大农村地区的各项基础设施和公共服务难覆盖,难到位。"两分两换"在一定程度上消除了城乡体制差异,使得农村居民新社区与城镇实现一体化规划布局,通过宅基地置换国有划拨土地性质的公寓房,改变了原有宅基地集体土地性质,城乡住宅从"一宅两制"变为"一宅一制",实现了农房产权的平等化、完整化和合法化,破解了城乡之间在住房权属上的二元制度。通过异地置换集中居住,促进了基础设施、公共服务、社会保障、现代文明快速向农民覆盖,缩小了基本公共服务的城乡差距,促进了基本公共服务的城乡均衡发展。如今,越来越多的农村居民已经享受到了与城镇居民一样的供水、供电、供气、排污、有线电视、宽带网络等设施,教育、科技、文化、卫生、体育等方面的公共服务也比以前有了很大改善。例如,在海宁市许村镇"两分两换"试点首期启动区块涉及的双联村、景树村和南联村,目前已经有 1231 户农户完成各项评估工作,其中 519 户已经放弃土地承包经营权,5163 人按

① 姚作汀等:《农村住房改造建设的一场革命——嘉兴"两分两换"推进农房改建的创新实践》,《政策瞭望》,2009(10):27-29.

② 殷文捷等:《"两分两换"落实配套,集聚效应带来商机》,中国平湖网,2010-02-20.

照失地农民标准办理全民统一社保并搬入新农村社区①,开始享受与城镇居民一样的社会保障及各项公共服务。

三、"两分两换"试点工作存在的主要问题

众所周知,推进城乡一体化是一项非常复杂的系统工程,涉及户籍、农业、财政、城乡建设、土地管理、社会保障等多个部门的职责,必须统筹规划,分步实施。目前嘉兴市选取的试点乡镇(街道)的工业基础较好或者靠近城区,进城务工人员较多,农民人均收入水平较高,土地流转基础较好,这是取得上述成效的重要基础。然而,不难发现,"两分两换"试点工作的开展也受到了现有各项法律制度、政策规定、市场机制等方面的制约,存在的困难与问题不容忽视,具体如下。

1. 现行法律规定对"两分两换"试点工作的制约

"两分两换"试点工作的创新性,也必然意味着这项改革举措与现行法律政策之间存在的天然矛盾,尤其是当创新实践与现行法律发生明显冲突时,试点工作的推进就会受到影响。具体来说,"两分两换"与现行农村集体建设用地使用制度、土地流转制度、户籍制度、土地利用总体规划等之间存在矛盾。例如在土地流转方面,就立法宗旨而言,《农村土地承包法》仍是一部"农民是耕者,耕者有其田"的"农业社会"的法律,在一定程度上并不希望农村土地使用权(承包经营权)的大量流转,因此其对农地流转的条件规定较严。虽然十七届三中全会通过的《中共中央关于推进农村改革发展若干重大问题的决定》中鼓励农村土地使用权的适当流转,但这毕竟只是一项政策而非法律,部分农民存在的对土地的天然依赖和人身捆绑的思维仍然十分牢固,这给"两分两换"试点工作中关于推进土地成片流转和成片经营的做法形成了一定的制约。② 而在试点

---

① 海宁市委农办:《海宁市许村镇"两分两换"试点工作调研》,海宁百村在线网,2009-03-12.

② 朱兴祥:《法律突破与利益均衡——农村土地使用权"两分两换"制度路径探索》,《法治研究》,2009(8):20-26.

工作的总体用地布局方面,往往也会受到国家现行土地利用总体规划中的具体用地批标、用地规范等制约,由此还可能导致相关职能部门之间的工作矛盾。

2."两分两换"试点工作过程中的具体政策对接问题

由于"两分两换"涉及多个相关职能部门的多方面政策,因此在具体操作过程中经常出现政策对接上的不顺畅。首先是由于"两分两换"政策鼓励农民放弃土地经营权,以土地承包经营权置换社会保障,而当前的社会保障功能还很弱,很难保证居民的日常生活需要。其次是"两分两换"政策与早期各地实施的拆迁政策、宅基地置换政策之间存在一定差异,尤其是在土地补偿价格方面的出入比较大。因此,如何在确保"两分两换"顺利开展的前提下实现政策的延续性和一致性,是试点工作能否取得长期效应的重要问题。最后是基本农田和耕地保护政策及土地使用性质的变化。实践中规划建设的农民安置房(公寓)或居民点,可能无法避免占用基本农田,而复耕的土地在质量上也将存在一定的问题,试点必然涉及对基本农田和耕地的占用补偿,而置换出的基本农田使用性质的变化更是一道难以逾越的鸿沟。

3.具体操作办法与相关市场机制之间的不协调

"两分两换"作为一项由政策主导、带有行政色彩的改革举措,其对于具体的"分"或"换"过程中产生的交易标的物及其金额的规定,有可能会背离市场经济这只"无形之手"。尽管大部分试点乡镇(街道)都已经严格按照相关文件的要求,在最大范围内征求农民的意见,但是仍然会出现上述情况。例如对于土地流转价格的政策性规定,就有可能背离市场原则。一些试点乡镇(街道)通过政府性投资开发公司或土地流转服务平台直接与农户签订流转协议,统一规定承包地流转租金为每年每亩600~700元(租期为二轮承包的剩余年限,至2028年),今后以一定的比例增加。这种土地流转租金定价机制的政策化虽然保证了农民"旱涝保收",但却背离了市场行情。据调查,目前的承包地流转主要靠季节性发包,价格一般在春粮每亩100元、晚稻每亩350元左右。这种入不敷出的现象,容易让土地经营者背上包袱,如操作不当,还会造成新一轮的土地闲置抛荒。此外,还出现了农户之间因不规范的土地交换、转让等产生的纠纷,比如原先土地平整时放弃土地的农户要求补还差价部分,一些农户因为已流转的土地租金偏低而要求享受现有优惠政策等。

4.各方参与主体的思想认识统一程度还不够

总的说来,各县(市、区)对"两分两换"试点工作基本上都持肯定态度,但是从各县(市、区)政府职能部门到乡镇再到村庄,干部普遍感到困难很大,实施起来有相当难度,其中有部分人员持保留意见。一些基层干部积极性不高,有的冷眼旁观,有的怕承担风险。试点乡镇(街道)更忧心的是运作资金筹措及财政资金投入与产出的平衡问题,对"两分两换"能否取得成功缺乏信心,存在一种等待观望和畏难情绪,主要原因在于许多干部认为财政资金大量投入后,无法在短期内赢利甚至无法回收。[①] 此外,部分干部及群众对于此次试点工作中关于土地使用制度创新的认识存在明显误区,他们将土地流转误解为农村土地使用性质的变更,甚至幻想可以随意地占用农地用于住宅及商业开发。

四、"两分两换"试点工作的改进方向

"两分两换"综合土地制度改革是一项全新的探索,从目前试点工作的开展情况来看,这项工作涉及面广,利益关系复杂,政策把握难度大,历史影响深远。因此无论是在当前的试点工作及今后的逐步推进过程中,都需要进行全方位、深层次的思考,并根据推进过程中出现的新情况、新问题,不断地调整并完善政策思路。[②]

1.以更长远的政策目标通盘考虑"两分两换"工作的运作机制

据了解,目前的每一个试点单位都面临着巨大的压力,包括资金筹措、资源配置、社会关系处理等。因此,需要在总结各个试点乡镇(街道)的探索经验基础上,在县(市、区)级层面上建立起一整套运作机制与体

---

① 沈俊:《优化土地使用制度的改革探索——以嘉兴市"两分两换"试点工作为例》,《浙江国土资源》,2009(8):42-45.

② 朱兴祥:《法律突破与利益均衡——农村土地使用权"两分两换"制度路径探索》,《法治研究》,2009(8):20-26.

系。要打破现有的以乡镇为单位的"两分两换"运作方式,建立起以县(市、区)为单位的"两分两换"运作体系,解决乡镇财力有限、融资渠道狭窄等问题,同时打破现有的乡镇利益格局,集中财力办大事,集中要素出效益。要建立起资源要素的交易平台,解决乡镇之间各自分散发展模式的弊端,调整并整合各地的规划布局及要素配置,适时建立起以县(市、区)政府为主导的资源要素交易平台,促进要素的集聚与高效利用,真正实现以工补农、以城补乡。要在县(市、区)层面分类实施"两分两换",针对不同的区域位置、不同的地块,与现行征迁政策相衔接,引导农民永久性放弃土地承包经营权。

2. 从战略的高度充分考虑建立一系列农民收入保障及增长机制

据了解,愿意置换土地的农民对于"两分两换"的期望值还是很高的,虽然在目前情况下接受了现行的政策,但从长远看还存在很大的隐患。从几个试点乡镇(街道)的情况看,对农民在土地流转出来后的补偿及社会保障的标准都不是很高。农民原来在土地上从业尚有自给自足的特征,收入和支出都还有一定的弹性,进入城镇社区后,收入和支出都呈刚性态势,现有的补偿政策能否满足、能否长期保持稳定都还是未知数。从长远的角度来看,应充分考虑建立农民的收入保障机制及增长机制。从现实情况来看,目前"两分两换"后建立起来的农民社会保障还是一种低水平的保障机制,难以长期保持不变,而现实生活中涉及农民的社会保障种类也比较繁杂,有失地农民养老保险、"两分两换"保障机制、进入企业后的养老保险、70 岁以上老人的生活补助及刚刚推出的全民保障体系等,这些社会保障自成一体,互不关联,形成了一种复杂的局面。因此,各类保障制度应相互接轨,理顺关系,优势互补,同时也使政府的财政资金能够发挥最大的效用,尽可能多地给农民实惠。此外,还可以考虑建立一种农民收入的长期增长机制,或者说是分红机制,这样既能提升农民参与"两分两换"工作的积极性,又使得农民可以长期享受"两分两换"的成果,确保农村社会的稳定。在面上推进"两分两换"的过程中,应确保农民在流转出的土地上有一定收益,并根据各个区块的不同特点,采取多种方式,尽可能建立起一种农民收入的长期增长机制,使广大农民长期共享改革的成果,确保农村社会的长期稳定。

3.以市场化的运作方式发展一批新型农业经营主体

要想通过"两分两换"改变现有农业生产小而散的生产方式,改变农民的生活方式,根本出路就是建设现代农业,走科技型农业、规模化经营之路,要创造出比现有的农业生产方式效益更高的农业发展模式。因此,当大片的土地流转出来以后,大部分土地仍只能回归于农业,而依靠农业招商引资能解决的部分依然是少数,而且在招商引资过程中还潜藏着风险,一旦农民的利益得不到保障,势必会引起农村社会的不稳定。因此政府应当有意识地培养、扶持农业规模化经营的实体,鼓励发展一批农业专业大户、农民专业合作社、农业龙头企业等现代新型农业经营主体。要对现有的支农政策进行整合,将一些小而散的扶持政策进行合并归类,重点扶持规模化经营的主体,尝试以农产品归类建立政府财政补贴制度,加大对一些低效农产品但又是必需品如粮食类农产品的补贴力度,保证农业经营实体的正常运作,使涉农政策体系尽快转型变轨,走上与现代农业相配套的轨道。

4.从思想上统一对"两分两换"政策目标的认识

"两分两换"作为一项具有"变革性"的农村土地制度创新举措,其具体做法与传统思维方式必然存在差异,整个工作与我们现行的政策和法律制度存在不匹配甚至冲突的现象。从长远看,"两分两换"既是农村土地制度的深刻变革,也是农村生产力和农民生活方式的重大变革,这就需要我们以改革的思维方式及改革的勇气去思考、去推进这项工作。各级干部特别是基层干部应该认识到在目前的形势下,推行"两分两换"工作,虽然可能要付出巨大代价,但却是我们加快经济社会发展的一条切实可行之路。工业化进程需要我们集聚空间,城市化进程也需要我们集聚空间,现代农业的发展更需要我们集聚空间,要使各级干部明确这项试点工作的利益再分配原则及纠纷处理办法,务必站在更宏观的角度正确看待利益的调整,打破对利益得失的彷徨和传统思维的桎梏。

重视城市化对新农村建设的
引领和两者的互动共进[①]

近段时期,各级政府都在抓紧制定"十二五"发展规划,其中涉及城市化发展和新农村建设两大重要议题。在阅读和参加不少地方政府"十二五"发展规划以及"规划建议"的过程中,或发现不少地方对城市化和新农村建设的关系把握不够准确与恰当,存在着用城市化代替新农村,或者将两者割裂开来,甚至对立起来的倾向。基于此,有必要进一步认识城市化和新农村建设两大战略的关系,高度重视城市化对新农村建设的引领和两者的互动共进,并体现在各级政府的"十二五"发展规划中。

一、城市化与新农村建设是我国两大重要战略

从人均收入、产业结构和就业结构的现状以及转型发展的要求看,我国经济社会发展总体上已到了从工业化推动发展转向城市化引领发展的新阶段。但需要注意的是,由于城乡二元社会结构的存在,我国的城市化不仅是人口与产业的空间集聚过程,而且也是广大进城农民的市民化过程。换句话讲,我国现阶段的城市化,应该是人口集聚、产业集聚、进城农民市民化的"三位一体"的过程。

与此同时,由于经济高速增长的粗放性和资源要素配置、收入分配

---

① 本文作者为黄祖辉。本文内容发表在《咨询研究》(浙江省人民政府咨询委员会主办)2010 年第 78 期。本文于 2011 年 3 月 17 日获得时任国务院总理温家宝同志的重要批示,指出"黄祖辉同志提出的问题是存在的"。

中的偏差,尽管我国经济保持了 30 多年的高速增长,但城乡关系依然没有从根本上得到改善,城乡差距,尤其是城乡居民收入差距还呈不断扩大的态势,我国"三农"问题依然十分严峻,因此,解决"三农"问题,加快新农村建设与发展,在当前,也是重中之重、急中之急。

可以说,城市化战略和新农村建设战略是我国现阶段经济社会转型发展、持续发展的两大重要战略,两者并不存在替代关系,而是缺一不可。问题的关键是我们能否在实践中正确处理和把握好这两大战略,将这两大战略有机结合、有效结合起来,而不是将这两大战略相互替代、相互割裂,甚至相互对立起来。

二、城市化与新农村建设是相互包容的统一体

事实上,我国的城市化与新农村建设应该是一个相互包容的统一体,它们之间具有密切的联系性。关键是要正确认识我国城市化和新农村建设的准确内涵。对我国城市化和新农村建设相互关系的准确认识和科学把握,应该成为各级政府在制定"十二五"发展规划时的重要考量。

就新农村建设而言,新农村的建设与发展不仅应包含村庄空间布局的变化过程,也应包含着农村人口的减少过程,从这一意义上讲,我国的新农村建设必须放在城乡统筹、城乡一体发展的框架中进行,必须以城市化来引领、推进,必须与城市化进程有机结合、有效结合。

就城市化而言,既然城市化体现的是人口与产业的集聚过程,那么城市化就不应仅仅指大城市的发展,而应该同时包含着大中小城市、中心镇,甚至中心村的发展与协调。城市化既是一种过程,又是一种体系。因此,引领和带动新农村的建设与发展应该是我国城市化的题中之意,是城市化的重要任务。

三、城市化与新农村建设互动共进的基本前提

一是牢固确立城乡统筹发展、城乡一体发展的理念和方略。要切实将这一理念和方略体现在政府的"十二五"发展规划中,体现在相关法律和政策中,并落实在实际工作中,而不是停留在口号上。

二是扭转城市化发展的偏差。我国在加快城市化进程中存在明显的偏差。这种偏差一方面表现在进城农民身份转变滞后于其就业转移,农民进城就业转移和城市建设质量又滞后于城市空间扩张;另一方面表现在人口非农化速度滞后于农地非农化速度。其直接后果是大量的两栖型流动人口和失地农民现象并存;进城农民非市民化,城市粗放发展,城市化被严重高估。

三是找准城市化战略的重点。相对于工业化的进程,我国城市化进程确实滞后,但具体分析的话,我国的城市化滞后并不是大城市发展滞后,而是许多经济相对发达地区的县域城市和中心镇发展滞后。这些地区的产业发展和人口规模都已达到相当水平,但城市化却明显滞后。因此,现阶段我国城市化进程的战略重点应该是这些中小城市和有条件的中心镇。以中小城市发展为战略重点的城市化,不仅能真正解决城市化的滞后问题,降低进城农民的市民化成本,而且能与新农村建设更好契合,并且实现互动共进。

四是扩大新农村建设的视野。①大农村视野。新农村建设并不局限于村庄,也涉及乡镇层面,为此,要在城乡统筹方略下进行谋划与整体规划。②动态化视野。新农村建设是个长期的过程,必然涉及产业、人口、村庄的空间格局变化,这种变化应该与整个区域经济社会和城市化的进程相衔接。③民生观视野。民生问题既是我国城乡差距的要害所在,又是新农村建设"二十字"方针的核心所在,因此,在新农村建设中必须倾力于解决民生问题,这不仅符合新农村建设和发展的根本方向,而且也有利于降低进城农民市民化的成本,缓解城市化进程的压力。

四、实施城市化与新农村建设互动共进战略

1. 城市化和新农村建设互动共进战略的基本思路

将中小城市发展作为城市化和新农村建设互动共进战略的重要节点与载体。通过城乡统筹、城市化和新农村建设双轮驱动,实现"以城带乡、城乡协调、城乡融合和城乡共荣"。

2. 城市化和新农村建设互动共进战略的主要目标

在体制机制上破解城乡二元社会结构,其核心是实现城乡居民基本公共权益的平等化,以及在此基础上的城乡资源要素配置的市场化。因为没有城乡居民基本公共权益的平等化,就不可能有效实现资源要素配置的市场化,不仅如此,还会扭曲市场机制,加大政府调控难度,加剧城乡矛盾和失衡。具体而言,实现城乡居民基本公共权益的平等化,就是要进一步赋予和保障农民的基本公共权益,使农民的各项权益明晰化、财产化和可流动、可交易。就是要实现城乡公共服务体系从"广覆盖、低水平、可持续"状态向"全覆盖、提水平、一体化"状态转变,真正实现进城农民市民化和城乡居民平等化;实现城乡差距和区域差距的不断缩小;实现惠民、富民、安民、新民以及城乡产业在空间的集聚发展、集约发展、集群发展和集成发展。

3. 城市化和新农村建设互动共进战略的重点任务

做优大城市,做强地县市,做实中心镇,做美新农村。具体说来,大城市发展的重点是着力解决城市交通堵塞、空气污染等"城市病",产业结构"退二进三",进城就业人口享受同等公共服务,消除城市内部二元结构,增强城市辐射力。中小城市发展的重点是培育支柱性产业,强化城市特色,增强城市对人口和产业的集聚能力,提升城市竞争力。有条件的中心镇的发展重点是扩容和扩权,改善基础设施,增强管理能力,建设产业特色鲜明、人口相对集聚、公共服务齐全的小城市。广大农村建设与发展的重点是第一产业"接二连三",产业结构与就业结构大体相当,生态环境美化、净化,公共服务全覆盖、提水平,农民生活殷实富足。

第三篇
2011—2022 年

绿色发展、兴农强县、生态富民的科学跨越之路

——西部四川蒲江发展县域经济的经验启示①

最近,浙江大学中国农村发展研究院西部新农村建设调研组到四川省成都市蒲江做了调研。调研发现,位于我国西部的蒲江在发展县域经济的过程中,从处于丘陵山地的欠发达县和作为成都西南生态屏障的县情出发,独立思考,独辟蹊径,积极发挥自身生态资源环境优势,大力发展高效生态现代农业、低碳生态加工业和生态旅游业,加快建设"宜农、宜游、宜居"的最美现代田园城市,走出了一条绿色发展、兴农强县、生态富民的科学跨越之路。

蒲江有 3 个 70％令人印象深刻。一是蒲江的 GDP 中,农业、农产品加工业以及农业休闲旅游业的贡献约占 70％;二是蒲江的劳动力结构中,从事农业、农产品加工业以及农业休闲旅游业的约占 70％;三是蒲江的农民纯收入中,来自农业、农产品加工业以及农业休闲旅游业的收入达 70％左右。2010 年,蒲江农民人均纯收入达 7330 元,大大高于全国平均水平。

蒲江的实践探索为西部丘陵山区县域经济的发展提供了一个很好的样本。蒲江的实践告诉我们,西部的丘陵山区县可以不必照搬照套东部地区和平原地区曾经走过的工业强县、工业兴县的老路子,可以在科学的理念和创新的思路引领下,走出以现代农业、生态旅游业富民强县

---

① 本文作者为黄祖辉、顾益康。本文于 2011 年 5 月 6 日报送时任国务院总理温家宝和副总理回良玉。5 月 18 日获温总理重要批示。时任农业部部长韩长赋于 5 月 31 日批示:"请农村发展中心和农民日报一道去做一调查,加以总结报道。"5 月 30 日,本文获时任四川省省长蒋巨峰的批示。

的新路子。蒲江的实践还告诉我们,农业不仅仅是国民经济和社会稳定的基础,也可以成为富民强县的支柱性产业,关键是要跳出传统农业发展的思维模式,要用新理念、新思路、新战略、新举措来发展农业,走高效生态的新型农业现代化道路,走绿色发展、兴农强县、生态富民的科学跨越之路。

一、蒲江绿色发展、兴农强县、生态富民的举措与成效

1. 以统筹发展、绿色发展和集聚发展的理念为指导,搞好城乡一体的产业发展新规划

按照统筹发展、绿色发展和集聚发展的新理念,蒲江把搞好城乡一体的产业发展规划放到龙头位置,并注重规划科学制定和刚性执行的统一性,以此来夯实城乡统筹发展的基础。按照打造最美现代田园城市的目标,结合实施"现代农业产业基地、现代食品及轻工制造业基地、成都休闲旅游基地和生态宜居城市"的"三基地一轴心"发展战略,强化自然生态格局在产业体系中的突出地位,凸显"全域城市化、全域景区化、全域生态化"的特色。把县城和中心镇作为第二、第三产业与人口集聚的重点区,把中心村作为新农村建设的着力点,把河流细沟作为生态走廊,把城乡道路作为景观通道,把原始林区、农业产业园区和城市公园作为基本生态板块,使产业集群和人口集聚有机融合、城市绿地系统与乡村生态农地系统渗透融合,着力构建"青山绿水抱林盘,大城小镇嵌田园"的景象。按照这种城乡一体、统筹发展的规划新构想,蒲江科学编制完成了产业发展规划,进一步优化了产业布局,明确了工业集中发展区、现代农业发展、旅游业发展等产业的发展思路与目标。

这种融合了统筹发展、绿色发展、集聚发展新理念的城乡产业规划体系,有效构建了现代城市与现代农村和谐相融、历史文化与现代文明交相辉映的新型城乡形态;创新构建了多层次、多功能的生态体系,将基本农田、生态环境、城乡社区和基础设施等方面的建设渗透到各类规划体系的编制成果中,全面构建了三次产业联动发展的绿色产业体系,以实现产业发展与人口聚集、城市功能提升的共赢。

2. 以农业规模化、科技化、市场化的理念为指导，大力发展高效生态的现代农业

蒲江地处成都平原的生态屏障区，工业基础薄弱，矿藏资源缺乏，用创新的思维打破"农业不能富民强县"的陈规旧律，坚持发挥自然资源与生态优势，以农业规模化、科技化、市场化的理念，把高效生态现代农业作为富民强县的支柱性产业来打造，按照"做大三大农业主导产业规模，重点培育三大优质农业品牌，整体构建多功能与纵向一体的现代农业产业体系，全面推进现代农业园区、现代农业经营主体、现代科技支撑体系等三大载体建设"的思路，探索了一条具有蒲江特色的现代农业富民强县的新路子。

蒲江在稳定发展粮食生产的基础上，把茶叶、水果、生猪作为该县高效生态现代农业的主导产业予以重点培育，形成了覆盖全县域的三大农业产业带。从茶业产业来看，蒲江把优质茶叶作为全县农业结构调整和农民增收、农业增效的重要支柱产业加以培育。全县茶园种植面积达18.5万亩，其中获无公害认证面积5.2万亩，绿色认证面积3.6万亩，GAP认证面积2.5万亩，有机认证基地0.8万亩。2010年，茶叶产量达到1.05万吨，其中出口0.20万吨，涉茶总收入约7.5亿元。该县还拥有茶叶加工企业40余家，其中规模以上企业12家，省级龙头企业4家，拥有现代化茶叶生产线14条，从业人员4000余人，年加工茶叶能力1.20万吨，走出了一条"基地规模化、种植标准化、加工集群化、营销组织化"的特色茶业产业发展之路。目前，蒲江已成为"国家级茶叶标准化示范区"、"全国三绿工程茶叶示范县"和"四川省出口茶叶生产示范基地"。

从水果产业看，蒲江把猕猴桃和柑橘作为特色优势果品产业加以重点培育。全县已获得绿色、有机、GAP认证总面积2.5万亩。"金艳"猕猴桃已成为全球三大黄肉型猕猴桃之一。该县拥有猕猴桃产业化经营种植基地6.4万亩，产量1.8万吨，产值达2.8亿元。柑橘作为传统优势水果，拥有优质柑橘基地21.6万亩，年产量30.0万吨，产值达4.8亿元。

从生猪产业看，蒲江充分发挥生猪饲养的传统优势，把优质生猪饲养与深加工作为畜牧业产业发展的战略重点。现已形成年出栏优质生

猪 100 万头以上,生猪产业产值达 10.7 亿元,占畜牧业产值 76%。全县已形成生猪"五星"级设计标准屠宰加工能力 130 万头,国家 I 级定点屠宰企业和生猪产品出口商检设计标准屠宰加工能力 200 万头的生猪屠宰加工规模,肉制品精深加工能力达 6 万吨,生猪产品远销我国香港地区以及韩国、俄罗斯、欧盟等地。

在培育三大农业主导产业的过程中,蒲江建构了专业化、规模化、集约化的家庭经营与合作化、产业化的企业经营相结合的新型双层经营体制和新型产业化经营体系,全面提升三大农业主导产业的市场竞争力和经济效益。蒲江引导农户"依法、自愿、有偿"流转土地,建立与完善县、乡、村三级土地流转交易平台,促进农业的适度规模经营。在猕猴桃产业发展中,充分利用农村产权制度改革成果,对确权颁证后符合贷款条件的农户,由中国农业银行给予最高 5 万元的授信额度,并积极引导农民用小额农贷现金入股,组建农民专业合作社。四川中新农业公司与农民专业合作社还共同组建合作公司,探索以农业龙头企业为带动、合作公司为利益联结方式、金融配套为支持、农业保险为保障和政府统筹服务为引导的"五位一体"的猕猴桃产业发展模式。在茶叶产业发展中,则积极推行以绿色防控为核心内容的茶园托管模式,依托茶业龙头企业成立茶园托管公司,探索实行从品种改良、农资供应到种植技术等环节的托管,促进茶产业的高产、优质、高效、生态、安全。

蒲江特别注重农业产业科技支撑和产品品质,将科技贯穿于农业产业发展的始终。坚持标准化生产,积极创建全省首个国家级出口茶叶猕猴桃质量安全示范区,优势农产品标准化生产覆盖率达 90% 以上,有机农产品认证面积达 4 万余亩,猕猴桃成为有自主知识产权的专利品种。积极策划、包装、申报、实施农业科技项目,引导产业化龙头企业科技创新,已创建国家高新技术企业 4 家,获专利产品 35 件。实施现代农业产业人才工程,与中科院、四川农业大学、四川省科技顾问团等科研院所建立了院县合作机制,与武汉植物园、中国茶科所、中国农科院柑橘研究所形成长期合作,着力引进和培育现代农业科研、管理与技术人才,建立了产业致富带动人公开选拔机制,现代农业产业智力支撑体系健全完善。

蒲江在农业标准化、产品绿色化的基础上,全力推进产业市场化发展,重点实施龙头企业带动、专合组织推动、专业市场拉动、品牌培育促动等市场手段,提升农产品综合效益。在茶叶中,建设了四川最大的茶业鲜叶交易市场,"蒲江雀舌"已成为国家地理标志保护产品并成功注册地理标志证明商标,成为知名的区域公共品牌,品牌价值超过 9 亿元。2010 年 10 月,蒲江猕猴桃也成为国家地理标志保护产品,并出口到新西兰、德国等海外市场。蒲江的生猪是全国著名的生猪品牌。集猪业联合社、生猪屠宰厂、肉制品加工厂、销售公司于一体的佳享食品有限公司,是省级重点龙头企业,佳享牌猪肉产品取得中国驰名商标,形成了20 亿元的销售规模。农业市场化已不仅成为蒲江高效生态现代农业发展的重要驱动力,而且已成为蒲江农业增效、农民增收的有效机制。

3. 以经济生态化、生态经济化的理念为指导,协同推进高效生态农业、低碳生态工业、生态旅游业的融合发展

按照打造最美现代田园城市的目标要求,蒲江充分发挥生态资源丰裕、生态环境优美的优势,致力于建构"以农为基、工贸兴农、三次生态产业互动共促"的发展新机制,形成了以高效生态现代农业为基础、以低碳生态加工业为主导、以生态旅游业为新增长点的生态经济新格局。

结合区域特色农产品资源优势,蒲江突出了县城工业区以饮料、休闲食品等农产品加工业为主的产业定位,在招商引资中坚持产业选择的高端化与低碳化,瞄准国内外优秀食品饮料加工企业,并注重产业衔接,推动第一、第二产业的互动发展。目前,蒲江已基本形成休闲食品和饮料加工基地、川西畜产品加工基地和以"蒲江雀舌"为主的绿茶加工产业集群以及四川最大的植物原料提取基地。此外,蒲江还以为农产品服务的包装业为基础,突出该县寿安工业区以包装与印务为主的产业定位,大力引进包装印务等关联企业,形成了"龙头"带"配套"、"配套"引"龙头"的包装工业产业基地。

蒲江把生态旅游业作为新兴战略性支柱产业,把农业休闲观光、农家乐、农业文化传承与创意作为拓展农业功能,拉长农业产业链,把茶叶、猕猴桃、柑橘、樱桃等农业产业园区打造成为休闲农业观光园区,把新农村建设的示范镇、村建设成为农家乐、乡村旅游的专业镇、村,使休闲农业、乡村旅游业成为蒲江生态旅游业的最大亮点。按照旅游与生态、农业、文化、城市一体化,城区与景区一体化的要求,蒲江整合新农村示范区建设、土地综合整治、乡村环境综合治理等项目和资金,把旅游产

业要素融入农业产业,大力发展以第一、第三产业互动为特色的全域乡村创意旅游,成功打造了石象湖生态风景区、光明樱桃山、西来古镇、成佳茶文化观光区、五龙谷橘子红了观光区、复兴猕猴桃观光区等12个各具特色的农业旅游景区与景点,先后成功举办了国际猕猴桃高峰论坛、中国采茶节、成都郁金香节、成都樱桃节、成都乡村美食节等乡村旅游节庆活动,把市场搬到了田间地头,把生态农产品转化为特色旅游商品,把农民转型为旅游从业者。蒲江已成为名副其实的"全国休闲农业与乡村旅游示范县"。

二、蒲江绿色发展、兴农强县、 生态富民、科学跨越的经验启示

蒲江绿色发展、兴农强县、生态富民的科学跨越之路给了我们许多有益的启示。

1. 要实现绿色发展、兴农强县、生态富民,必须在发展过程中坚持从实际出发不动摇

坚持从实际出发是科学发展观的基本要义和核心所在。蒲江能走出绿色发展、兴农强县、生态富民的科学跨越之路,关键是坚持了从本地实际出发,通过理念创新、科技创新和体制创新,将农业作为支柱性产业,并且常抓不懈,抓出成效。更难能可贵的是,蒲江县委、县政府班子在兴农强县的过程中,能够顶住因保护资源环境而少上工业项目给县财政带来的压力;能够不随"工业强县"、"无工不富"的大潮流而甘于承受住抓农业的寂寞;能够摆正政绩观与民生观的关系,坚持绿色发展、兴农强县、生态富民的信念长期不动摇。

2. 要实现生态屏障地区的富裕繁荣,必须找到把生态资源优势转化为生态经济优势的现实路径

蒲江的实践证明,作为生态屏障地区,完全有可能实现经济的繁荣和百姓的富裕,完全有可能跳出生态屏障地区必然是欠发达地区、丘陵山区必然与贫困相连的思维定式。而打破这种常规的关键在于坚定绿

色发展信念,找到把生态资源优势转化为生态经济优势的现实路径。蒲江在这方面探索出了一条新路径,这就是:以良好的生态资源为支撑,以全产业链的高效生态现代农业为基础,以生态型、低碳型的农产品加工业为主导,以生态休闲的旅游业为新增长点,以宜农、宜游、宜居的最美现代田园城市建设为中心,做实、做大、做强三次产业相互融合、相互促进的大生态经济。

3. 要实现农业富民强县的目标,必须促使农业向第二、第三、第四产业延伸和农业的立体式发展

认为农业单纯是国民经济基础而难以成为富民强县产业的重要原因,在于把农业仅仅看成是第一产业,看成是只能提供初级产品的产业。蒲江能实现农业富民强县的目标,根本原因在于把农业定位在高效生态现代农业的层次上,注重现代农业全产业链的融合和价值提升。也就是说,把规模化、专业化、集约化的种养业与农产品精深加工的第二产业,与休闲体验农业、农产品物流业等第三产业,与创意农业这一第四产业相互融合,实现农业的"接二连三与进四",实现农业的一体化发展和立体式发展,使农业成功转变为富民强县的支柱性产业。

4. 要实现西部县域经济的科学跨越,必须走因地制宜、特色鲜明的差异化发展之路

如何实现我国西部地区县域经济又好又快发展,避免照搬照套东部一些地区走过的单纯依靠"工业立县、工业强县"和以牺牲环境为代价的传统工业化路子,是新一轮西部大开发面临的新课题。蒲江的实践探索为西部县域经济科学跨域提供了一个因地制宜、特色鲜明、差异化发展的全新样本。蒲江的实践证明,作为生态屏障地区的西部县域经济,只要思路清晰、坚持特色、寻求差异,完全有可能跨越传统工业化的发展阶段,走出一条绿色发展、兴农强县、生态富民的科学跨越之路。

5. 要实现县域经济的协调发展,必须找到符合县情的推进"三化同步"的抓手

蒲江的科学跨越还在于找到了符合县情的"三化同步"推进的抓手,即找到了新型工业化、新型城镇化与新型农业现代化同步推进的现实路径。一是以县城、中心镇和农村新型社区建设为重点,探索了一条城乡

统筹、社会和谐、形式多样的新型城镇化的推进路径。二是发展低碳型、生态型工业和生态宜居城市,使绿色生态型工业和城市建设成为新型工业化的核心主体。三是通过规模化、科技化、市场化的高效生态现代农业发展和农业产业链的延伸与价值链的提升,既走出了一条经济高效、功能多样、产品安全、资源节约、技术密集、精耕细作的新型农业现代化路子,又形成了与新型工业化和新型城镇化互促共进的发展机制。

6. 要实现西部农民的富裕幸福,必须坚持富民新产业与惠民新社区一起抓

蒲江在这方面进行了很有益的探索,就是坚持富民新产业与惠民新社区一起抓。通过发展全产业链的高效生态现代农业和建设全县域的田园城市,蒲江为农民开辟了创业增收的广阔领域。同时,把城乡新社区作为农民安居乐业的新家园,让有条件的农民进新城镇、新社区,将务农农民居住的村庄建设成农村新型社区,使这些新社区成为基础设施城乡连接、公共服务城乡均等、生态环境清洁秀美、社会管理民主文明的幸福家园,广大城乡居民真正享受到了富裕文明的幸福生活。

包容性发展与中国转型①

一、包容性增长与发展的内涵、观察视角和测度

包容性发展关系到人本发展、转型发展、和谐发展与持续发展。包容性发展的目的在于实现惠及更多贫困人口、更多普通劳动者,或者说社会大多数人的增长和发展,因此,包容性的基本对象是弱势群体、低收入阶层和社会大多数。包容性的范畴至少应该包括经济包容、社会包容、政治包容、文化包容和环境包容等方面。我们还应区别增长包容性和发展包容性的不同与联系:前者是后者的前提与基础,着重于初次分配的包容,是私人品和要素价格的实现问题,本质是市场的包容性问题,是市场主导的过程;后者是在前者基础上更全方位的包容,着重于再分配的包容,是公共品的分配与分享问题,是公共权益的实现问题,其本质是社会的包容性问题,应该是政府主导的过程。

观察包容性增长与发展可以有多个视角。一是包容度视角。核心是参与度与分享度。也可以从排他性、冲突性与歧视性观察包容性程度。二是制度视角。无论增长包容还是发展包容,其本质均与制度和权利有关,涉及赋权与治权的关系、生存权与发展权的关系。同时,也与政府、市场、组织(如产业组织、社会组织等)的相互作用关系有关。三是动态视角。这也就是包容性增长与发展的阶段性和可持续性问题,在经济社会的不同发展阶段,包容性的内涵并不一定相同。

---

① 本文作者为黄祖辉。本文内容发表在《人民论坛》2011 年 4 月 20 日。

包容性增长与发展的测度指标主要有：贫困率、失业率、识字率、基尼系数、民主化程度、公共服务均等化程度、信息可获得性等。

二、中国的包容性增长与发展评价

1. 增长的相对包容性与代价

改革开放以来，中国走的是一条粗放但高速的经济增长道路，是一种进入门槛较低、广大民众容易参与的大众市场经济模式，这使得广大民众，尤其是广大农民能够直接参与经济增长，并且获得国民收入的初次分配，迅速脱贫，不仅解决了温饱问题，而且总体上实现了基本小康。这无疑是过去30多年来中国经济增长包容性的最鲜明、最有力的体现。但是，这种粗放式的包容性增长的代价却极其昂贵，集中表现在资源与环境的过度消耗和生态恶化，这既使得相对包容性的增长难以持续，又导致中国环境的包容性程度大大降低。

2. 发展的包容性不足与成因

在过去30多年中，中国经济增长对普通民众的直接贡献，明显要大于发展对普通民众的贡献。这种不平衡现象，既是中国粗放型高速增长的重要源泉，又是包容性发展长期滞后的表象原因，而深层次的原因则是体制，是城乡二元社会结构所导致的城乡居民权利的不平等和不充分。忽视发展包容性的不足和滞后，是当今社会诸多矛盾不断累积，甚至激化的基本原因。

三、中国转型中的包容性增长与发展

中国转型发展的关键是要处理好增长与发展的关系，现阶段既要重视增长的持续包容性，更要重视发展的包容性，这是化解当前中国社会诸多矛盾、转变增长方式、实现经济社会进一步转型的根本途径。

首先，在增长方式转型中要继续保持增长的包容性。不能因为增长方式的转变,使众多的社会劳动者被排斥在经济活动或初次分配以外,成为增长方式转变的牺牲品。增长方式的转变必须从中国人口与劳动力众多的实际出发,走一条民众广泛参与、以内源驱动为主的转型道路。

要实现内源性发展对经济转型升级的三个驱动:一是传统产业内生型和延伸型发展对产业转型与升级的驱动;二是传统产业集群进一步发展对产业转型与升级的驱动;三是企业组织、农民组织、行业组织等产业组织和非政府组织的发展对产业转型与升级的驱动。

与此同时,还要通过深化改革和完善市场体制,解决生产要素扭曲配置问题,实现初次分配合理化的包容性增长。

其次,在转型过程中解决好发展的包容性问题。要确立以人为本、民生为重、权利平等的发展型社会理念,破除城乡二元社会结构,转变政府职能,加大国民收入再分配中直接用于民生的比重,实现分享度高、分享性强、分享面广的包容性发展。

要确立包容性发展的社会转型战略重点。一是从温饱型社会向发展型社会转型。要建立发展型社会管理体系,加快政府职能转变、社会组织发展、社会公共平台建设。要努力满足多元化民生发展需求,如民众基本权益的保障、民众对政治民主的参与、社会文化的和谐、良好生态环境的建立等。二是从城乡二元社会向城乡一体社会转型。要建立城乡一体的户籍管理制度,建立全覆盖的并且分享水平逐步提高的基本公共服务和社会保障体系。三是完善赋权结构与治权结构。尤其要赋予广大农民更为完整的财产权利。同时要从法制体系和组织体系角度,完善治权结构,保障民众权益不受侵害。

最后,在和平发展中实施包容性国际化战略。也就是说,我们在和平发展中要重视包容性,既要担当相应责任,又要善于化解冲突。我们的开放战略应该注重互补开放、互利开放、互动开放、互融开放和互信开放。我们的出口战略要内需与外需并重,产品出口与技术、劳务、资本出口并重,产品走出去与企业走出去并重。

大批农民工返乡创业意味着什么?[①]

四川省金堂县大批农民工返乡创业现象意味着什么? 它给了我诸多联想。

一是从"知青潮"到"民工潮"的联想。我觉得当前农民工的返乡创业与就业看来是一个趋势。20 世纪 60 年代,我国出现过"知青潮",那时候是城里人去农村,搞了 10 年,结果都回城了。改革开放后,我国出现了个"民工潮",是农村人到城里来,搞了 30 年,现在出现了回乡创业就业热。这表明,家乡情对人口流动具有非常重要的影响力,只要一有条件,就会形成回流潮。我们应该正视这一现象,要因势利导,以实现我国人口空间结构、产业空间结构的协调稳定,因为这不仅仅是个经济问题,而且涉及社会和区域的结构的变化与发展。因此,四川省金堂县的农民工返乡创业现象具有非常重要的经济社会意义,它不是金堂县仅有的现象,在全国不少劳务输出省和县都已出现了这一现象,我们应该很好关注和研究这一现象。

二是从"离土离乡"到"离土不离乡"的联想。我们以前常讲农业劳动力转移应该"离土离乡",觉得农民转移如果是"离土不离乡",是就地转业,那就不是很理想,主要是认为这样的转移不彻底,所以鼓励农民"离土离乡"地转移。但现在看来,大量农业劳动力"离土离乡"式的转移并没有获得预期的效果,原因在于我们的农村土地制度和城乡二元的社会结构没能在大量农村劳动力的流动中实现相应的变革。因为农民"离

① 本文作者为黄祖辉。本文内容发表于《中国城市化》2011 年第 9 期,是本人 2011 年 9 月 17 日在北京参加由农业部农村社会事业发展中心举办的"金堂县促进农民工返乡创业"研讨会上的发言整理。

土离乡"式的转移需要城市对他们的全方位接纳和包容,而不仅仅是就业的接纳。很显然,现在看来,我们的城市并不能很好做到这一点。与此同时,"离土离乡"的农民在农村的权益(如土地承包权、宅基地住房权等)不能转换成货币或财产而带入城市,也是 30 多年来我国农村劳动力不能彻底"离土离乡"的重要原因。当前大量农民工的返乡创业就业,使农民"离土离乡"式的转移转变成了"离土不离乡",甚至"不离土不离乡"的创业就业,这既是他们的理性选择,又是农业劳动力输出地经济社会发展的标志,可喜可贺。

三是从"打工经济"到"老板经济"的联想。我国农村劳动力转移到城市就业,绝大多数是被雇佣,是一种"打工经济",获取的是工资性收入,而诸如金堂县这样的农民工返乡创业现象,则是一种"老板经济",因为创业者往往就是"老板",他们获得的是资本的收入,并且创业者还会产生就业、地区经济发展的带动效应,这就是创业与就业的本质区别。如果说改革开放初期是我国东部发达地区的农村转移劳力引领了创业潮的话,那么,现在应该到了我国中西部地区转移劳力返乡引领创业潮的时候了。这一浪潮不仅有可能促使我国中西部地区"劳务输出经济"向"返乡创业经济"的转型,而且会对当地的区域经济与城市化进程产生深刻影响。因此,我国中西部地区各级政府应抓住大批农民工返乡创业的历史性机遇,在创业平台、创业项目、创业培训、创业基金、创业带动、创业持续等方面下功夫,实现农民工返乡创业与区域经济社会发展的互促共进。

加快发展我省农民
专业合作社的若干政策建议①

近年来,特别是 2007 年《农民专业合作社法》实施以来,我国农民专业合作社发展迅速,成效显著:①促进了农户间的联合与合作,提高了农业组织化程度,合作社正在成为推进农业经营体制机制创新的重要载体;②推进了农业专业化、标准化生产,规模化、品牌化经营,合作社正在成为发展现代农业的中坚力量;③提高了农民市场谈判地位,延伸了农业产业链条,合作社正在成为促进农业增效、农民增收的有效途径;④培养了新型农民,促进了乡风和谐,合作社正在成为推动新农村建设、构建和谐社会的支撑力量。

但是,我国农民合作社发展历史曲折,当前也存在不少问题,总体上仍处在初期阶段,还不能成为引领农民参与国内外市场竞争的现代农业经营组织。①发展不平衡。一些欠发达地区合作社发展水平明显偏低。②覆盖面较小。目前实际入社农户仅占全国农户总数的 15% 左右。③规模普遍偏小。目前已注册的合作社已达 40 多万家,数量不少,但规模偏小,平均社员不足 70 人,服务层次低,带动能力弱。④运行不够规范。不少合作社有名无实,有的甚至偏离合作社的基本原则。⑤政府支持不足。一些地方政府雷声大雨点小,没有真正花力气扶持合作社发展。⑥政策法律滞后。现行有关合作社的政策法规(包括《农民专业合

---

① 本文作者为黄祖辉、徐旭初。本文内容发表在《委员建议》(浙江省人民政府咨询委员会主办)2012 年第 1 期。时任省委副书记李强于 2012 年 3 月 16 日做出重要批示。时任省委常委、副省长葛慧君于 2012 年 3 月 19 日批示:"黄祖辉同志一直潜心'三农'研究,这次提出的加快发展我省农民专业合作社的若干政策建议,很有深度。请农业厅研。"

作社法》)大多比较原则性,难以适应发展需要;对合作社政策法规宣传不够,农民群众普遍缺乏合作社知识。

"十二五"期间,围绕我国现代农业发展和农业市场化、全球化进程,我国农业的组织化将进入一个快速推进和充满挑战的时期。其间,极为关键的是我国农民专业合作社能否在量的发展基础上,有个质的飞跃。

就浙江而言,我省农民专业合作社的发展是走在全国前列的。"十二五"期间,应该以推进农业专业化、规模化为主线,把农业组织化与农业经营体制创新、农业科技进步、农业结构调整、农地制度改革、农业劳动力转移等方面有机结合,通过专业大户、农民专业合作社、龙头企业、农产品行业协会等农业生产经营服务主体的协同发展,着力构建"规模化家庭经营＋农民专业合作社"的新型农业双层经营体制和"专业农户＋专业合作社＋专业涉农企业＋专业行业协会"的现代农业组织化体系。要形成上述新型农业双层经营体制和现代农业组织化体系,当前尤其要加强政策引导,加大扶持力度,提升我国农民专业合作社的发展质量,促进其健康快速发展。

1. 创新经营机制,推动农民专业合作社壮大发展

目前,农民专业合作社亟须创新经营机制,提高竞争能力,真正成为引领农民参与国内外市场竞争的现代农业经营组织。

一要积极拓展农民合作的领域和功能,把合作社的制度优势不断引入农业生产的各环节和农村发展的各领域中,带领农民创新创业。要进一步解放思想,不死抱理论教条和法律条文。只要有利于农民增收、农业发展和农村进步,都可以允许合作社大胆探索;只要政策法规没有禁止或有限制性规定的,都可以允许合作社自主尝试。

二要积极鼓励和支持合作社在经营规模、品牌提升、科技进步、市场影响、加工能力、商业潜力等方面创新经营机制。要争取在大多数优势产业、主导产业中培养出一些有规模、有品牌、有技术、有市场、有加工、有潜力,同时产权安排平衡、治理结构健全、分配制度规范、联结社员紧密、带动农民强劲的大型合作社或合作社联社。

三要鼓励有条件的合作社自办加工企业,逐步从"公司＋合作社＋农户"模式发展到"合作社＋公司＋农户"模式。

四要积极鼓励合作社开展信用合作,探索专业合作与信用合作相结

合的有效形式。

五要积极鼓励合作社增强联合性,逐步建构多层次、多功能、覆盖大多数农民的、有中国特色的合作经济组织体系。

六要积极探索专业合作与社区合作相结合的多种形式,把合作社作为改革和发展农村社区集体经济组织的重要途径。要鼓励基层农技站和基层供销社参与发展合作社,为其深化改革焕发生机,也为构建有效的农业农村社会化服务体系提供重要途径。要推动合作社在扶贫开发中发挥更大作用。

2. 完善政策法规,引导农民专业合作社健康发展

目前,农民专业合作社亟须规范内部管理,提升发展质量,真正符合"服务农民、进退自由、权利平等、管理民主"的要求。

一要继续坚持我国农民专业合作社的发展特色和宝贵经验。我国农民专业合作社发展的特色和经验大致为三个方面:①服务社员,面向市场;②民主管理,多元参与;③强调共赢,注重公平。这也是合作社进一步发展中应继续坚持的基本理念。同时,也要认真汲取国际合作社发展经验,注重研究其历史发展趋势。

二要在维护合作社生命力和活力的前提下,在符合法律基本要求和体现合作社基本思想两个层面上,加强和推进农民专业合作社规范化建设。目前,关于合作社发展的规范性,议论颇多,也不乏责难。因此,一方面,要认识到我国合作社发展的现实水平,不强求所有合作社都规范,不对合作社发展进行过于刻板的规制。要使合作社发展具有更强的包容性。另一方面,要着重强调示范性合作社的规范化建设,特别要加强对示范社的财政扶持资金发放、使用的监管和评估。

三要重视合作社(特别是示范性合作社)的内部组织建设,特别是治理结构和利益分配方面,正确处理合作社发展中的重大关系,包括合作社与家庭经营的关系、核心成员与普通成员的关系、合作社与工商企业的关系、合作社与涉农部门的关系、合作社与农村基层组织的关系等。

3. 加大扶持力度,促进农民专业合作社强势发展

目前,亟须提高认识,把扶持合作社作为扶持农业、扶持农民的有效载体,进一步加大扶持力度,建立配套的法规政策支持体系。

一要通过简化工商登记手续、落实税收优惠政策、加大金融支持力度、给予用地用电和农产品运输优惠等支持，吸引和鼓励更多农民组建、参与合作社。

二要集中一定财力，通过适当途径，着力打造各地合作社的公共服务平台。重点建立公共物流平台、公共营销平台、公共信息平台。

三要对合作社进入、参与现代商业业态提供政策性扶持和补贴。

四要注重普及合作社知识以及相关政策法规。各级政府应建立相关培训基地，或合作社教育学院，通过财政支持，分类分期分批进行有计划的培训，以培养一大批有合作思想、懂合作社管理的领导干部、合作社负责人和社员骨干。同时，也要支持开展更为广泛、深入的合作社理论和应用研究。

五要采取切实措施，出台大学生到合作社创业的政策，鼓励和引导大学生进入、参与合作社。

"扩权强县"还需"限权"①

传统社会以来,县制"背靠庙堂,面朝江湖",具有良好的政治与社会治理优势,因而2000余年来一直沿革至今。近十几年来,我国不断完善县制改革,主要措施是进行由"强县扩权"到"扩权强县"和"省管县"的改革。为此,学界反复强调权力下放,甚至呐喊要求"能下放的权力都下放",以此来促进县域经济和社会的发展。这种"扩权强县"的改革思路,最初针对的是长期束缚县域经济发展的"市管县"体制,无疑对解放县域生产力具有相当重要的积极意义。然而,当前我国政治、经济和社会发展已经到了一个各种矛盾有可能集中爆发的时期,如果只是强调"扩权强县",而忽视对县政应有的"限权",则可能失之偏颇,反而不利于真正达到"强县"的目标。对此,我们从三个维度来讨论县政限权的出发点、主要途径及最终归宿,以使县政"扩"中有"限"、"限"中有"扩",完善县制改革和提高县治水平,进一步推动我国县域经济社会的发展。

一、"限权"的出发点是优化县政的组织优势

我国古代社会能出现"郡县治则天下安"的社会治理效果,关键在于县级政府的组织优势是一头连接着"朝廷",一头连接着百姓,正所谓"背靠庙堂,面朝江湖",较其他社会治理结构有着更为明显的信息畅通的优势。一方面,一县的长官直接由中央任命,可直接上书皇帝反映本县的民情;另一方面,朝廷的政策可通过一县长官传达给百姓,减少了政策贯

---

① 本文作者为黄祖辉、陈胜祥。本文内容发表在《人民论坛》2012年第10期。

彻的层级渠道。这种模式较好地实现了"君民联手",对于防治中层官僚系统官官相护、欺下瞒上式的官场恶习有一定的效果。然而,古代社会的县政也有非常明显的弊端。一是"县政"作为衔接皇权统治与基层民众的"桥头堡",具有自我繁殖和持续膨胀的扩张力,导致出现"天下之官冗,而吏胥日以伙,每县殆不止千人矣"的现象;二是县政始终处于上下夹击的"两难境地",成为滋生腐败的温床;三是县政实质是一种"以民养官"的地方基层行政管理体制,"事权"与"财权"极为不对称。①

古代社会县政的组织优势在当下的我国并不存在。新中国成立初期,干部选拔制度开始是党内任命,下管两级,即中组部管到省级和地市级。20 世纪 80 年代开始进行干部任免制度改革,改为下管一级,也就是说,基层官员只需对上一级领导负责,不需要对中央政府负责。而且,由于县政主官并非本县民众选举产生,因而也不会对本县民众负责。在这种组织架构中,县级主官既不需要听命于中央政府而行事,又不需要对治下的民众负责,形成实际上的对中央和对民众双重不负责任的现象,容易产生很多恶果。如在农村税费改革之前,我国农村就大面积出现"农村真穷,农民真苦,农业真危险"的凋敝破败现象,根源之一在于县域内各级行政冗员的自我膨胀及由此带来的农民税费负担的奇重。近几年各地频发的群体性事件及一系列恶性侵权事件,更是暴露出我国基层社会的治理危机。

由此可知,当前的县政与县治在组织架构上存在严重不足,不仅缺乏古代县政的优势,而且在一定程度上延续了其缺点,并添了更多的不足。即便是现行的"扩权强县"及"省管县"的财政体制改革,出发点也仅是为了强化县的经济和财政功能,并不是着眼于打通中央与县政、与民众的血肉联系,因而并不能彰显县政的"背靠庙堂,面朝江湖"的传统组织架构优势,进而无法应对当前的县政治理危机。在这种情况下,中央应该从顶层设计一套权力制衡机制(限权机制),以革除县政滥权之弊,发扬县政沟通中央与基层社会的桥梁功能,这是当前"扩权强县"还需"限权"的基本出发点。

---

① 张新光:《试论古代中国"县政"之弊》,《邯郸学院学报》2007 年第 2 期。

二、"限权"的主要途径是县政自治

如前所述,县政是一个联系中央和基层的桥梁。县域经济社会要得到切实发展,必须有一个有充分经济社会管理权限的地方主官,这需要"扩权"。但在"扩权"的同时,要求这个地方主官既能贯彻中央的发展理念,又能对地方民众负责,这就需要"限权"。"限权"的着力点:一要监督县域经济社会的发展是否符合中央的宏观发展理念与政策,二要监督县域各级公权力是否侵犯民众的私权利。实际上,这两种"限权"机制具有内在的目标一致性,因为中央政府追求的是国家政权的长治久安,这就需要发展经济、限制官权、保障民权。而站在民众的立场来看,这种逻辑也是成立的。

从理论上说,要达到上述监督、"限权"的目的,最好的办法就是中央直接任命和管理一县主官,古代的县官任用制度即是如此。但是,现在全国有 2800 多个县,每个县的人口已经远远超出了古代的规模,加上治理信息的先天不对称性,由中央直接管县肯定力有不逮。但是,由省直管县的改革是否会导致县级主官只对省级领导负责,而与中央发展理念相违? 这种可能性并不是不存在。因为就目前的干部任用体制来说,基层官员只需要对他上一级的领导负责,"我上级的上级不是我的上级"成为当前我国官场的普遍行为法则,当省级政府的发展理念与中央不一致①,则县级主官只能对省负责,而推出与中央发展理念相违背的政策来。

那么,究竟有什么途径能够达到上述限权效果呢? "县政自治"恐怕是其中的突破口。② 如果"县政自治"能够突破以下两点,则上述两种监督(限权)机制自然会发生作用。第一,改革干部选拔制度。目标是实现县级主官由本县百姓选举产生。作为过渡,可以先"上下结合",比如由

---

① 省级政府的发展理念与中央常会有冲突,比如房地产调控、生态环境保护、耕地保护、全国统一大市场的构建等。

② 于建嵘:《县政改革的目标和路线图》,《东南学术》2010 年第 1 期。

百姓推选若干候选人,然后由上级部门任命一人,等条件成熟,推行县级主官由本县民众直接选举产生。由此,县政领导自然会承担起刚性的政治责任,直接对人民负责,民众对县政的限权机制自然就有了。这样,县域政治才可能常态化、职业化,县政府才会建立起公信力,受到群众的拥护和爱戴。表面看起来,这种授权机制只对本县民众负责,但由于中央的目标就是要求各级官吏"权为民所用"、"利为民所谋",以实现社会的长治久安,因而实质上也就达到了对中央负责的政治目标。第二,建立垂直的司法体系。垂直的司法体系要求审判、检察权力的中央化和垂直管理化,以对县级人大的地方立法和县级行政主官的行政行为进行立法与司法制衡,这在一定程度上能够监督县政与中央的发展理念保持一致。

三、"限权"的最终归宿是实现县域科学发展

"限权"是监督、制衡权力而非包办代替具体事务。一个县,只有获得了充分、自主的财政和经济发展权,其经济社会才能获得切实的发展。但是,县域发展的大方向不能走偏,需要服从中央的发展理念。那么,中央的发展理念是什么呢? 就是科学发展观。何为科学发展? 肯定不是单纯的 GDP 增长,而是经济社会可持续协调发展。

改革开放以来,我国经济发展取得了举世瞩目的成就,被誉为"中国奇迹"。对此,有人就认为,县域经济的快速发展与县际竞争对中国的增长奇迹发挥了重要作用。[1] 然而,近年来,越来越多的县把经济发展简单等同于 GDP 增长。具体做法无外乎两种形式及其综合:一是不惜代价招商引资。如邻县有优惠的招商引资政策,我县就出台更优惠的,哪怕赔本也要干。总之,不惜一切代价也要把资本引进来,引进了就算是大功一件。接下来就是建超大型开发区、盖厂房、招工人,于是就产生了交易,计入当地的 GDP。于是这些县级领导就自豪地宣布自己在任上实现了经济快速增长,有显著的政绩! 现实中有一些欠发达的县为了追

---

[1]　张五常:《中国的经济制度》,中信出版社,2009 年。

求短期的经济增长,甚至违背经济发展规律,盲目引进不适合本地的产业,甚至高污染企业,严重损害了当地的生态环境和人民健康,与中央的经济发展理念严重背离,更谈不上"强县"富民。这种现象并非个例,近年来媒体经常报道的癌症村、血铅儿童等事件即为例证。二是"做GDP"。现实中有很多县,尤其是贫困县,不在改善招商引资的环境上下功夫,当引资的效果不好时,就来"做GDP"。怎么做呢?一个见效快的办法就是大拆大建。比如媒体报道的某国家级贫困县兴建"白宫"式的豪华办公大楼、星级豪华公务接待酒店等,而县内百姓的收入则相当低,民怨很大,更谈不上百姓幸福。毫无疑问,这种"做"出来的 GDP,对当地的经济社会发展不仅无益反而有害,如考虑到政府融资平台的风险及对当地资源和环境的破坏,其害处与代价还需要我们的子孙后代来买单。因此,我们在不断强调"扩权强县"的同时,还需要跟进"限权"措施。

国家于 2011 年 6 月初正式制定发布的《全国主体功能区规划》,就包含中央对县域发展限权的意蕴。其目的是要根据不同区域的资源环境承载能力、现有开发密度和发展潜力,统筹谋划未来人口分布、经济布局、国土利用和城镇化格局,将国土空间划分为优化开发、重点开发、限制开发和禁止开发四类,确定主体功能定位,明确开发方向,控制开发强度,规范开发秩序,完善开发政策,逐步形成人口、经济、资源环境相协调的空间开发格局。为此,各县应根据国家和省级主体功能区规划中对本县发展的基本定位,结合自身的地域与资源禀赋特点,对所辖行政区域空间做进一步的具体功能分区和定位,明确划定各类具体功能区。具体而言,就是要在县域层面上,通过划分合理的主体功能分区,明确县域的优化开发区、重点开发区、限制开发区和禁止开发区等空间"红线";把经济中心、城镇体系、产业集聚区、基础设施以及生态保护区等落实到具体的地域空间;为区域发展、政策落实和区域管治提供依据,为县域国民经济和社会发展提供保障,以实现县域经济社会的可持续发展。

综上所述,当前进行的"扩权强县"和"省直管县"改革,是以扩大县级财经权力为导向的,但由于未能抓住县政是一个沟通中央和基层社会的桥头堡这一组织特性,因而现有的县域改革和发展成效需要辩证地评价:一是有可能在短期内促进县域经济的快速增长,但也有可能导致"有增长而无发展"式的 GDP 竞赛现象。二是有可能在短期内实现县域社会稳定,但却不一定能保持中、长期基层社会的稳定。因此,为了国家和社会的长治久安,必须将中央的科学发展观思想贯彻到基层实践,而要做到这一点,除了改革干部选拔与考核制度外,关键在于打通中央与县政直至与基层社会的联系,保持政令与民情的交互式畅通。为此,我们在大谈特谈如何"扩权强县"、"省直管县"等改革方案时,还需要从政治分权和权力制衡的视角,即限权机制入手,探索如何进一步优化县政的组织架构,完善县政的社会治理结构,防范县域经济发展偏离科学发展观,以达到"郡县治则天下安"的国家大局。

我国"三化"关系现状与建议①

一、我国"三化"关系的现状

从总体或宏观上看,我国现阶段的"三化"状况是:城市化滞后于工业化,农业现代化滞后于工业化和城市化,"三化"关系明显失衡。并且,工业化率虽很高,但质量并不高,城市化速度在加快,但存在水分和高估问题。从动态角度看,尤其从改革开放以来这段历史考察,可以得到的结论是:相对于工业化和城市化的发展,我国农业发展的滞后性在提高;相对于工业化的发展,我国城市化的滞后性则在降低。从区域的角度看,则呈现出经济越是相对发达的地区,城市化越是滞后于工业化,农业现代化越是滞后于工业化与城市化的症状。

主要依据是,我国目前城市化率已达 51.3%,工业化率是 46.8%。但从全球来看,相对于城市化率,我国的工业化率偏高很多。根据世界银行的数据,2010 年全球平均的城市化率为 50.9%,而工业化率仅为 26.1%,两率的比值(城市化率/工业化率)是 1.95(50.9%/26.1%),而我国该指标值是 1.09(51.3%/46.8%)。说明相对于工业化水平,我国的城市化是明显滞后的。

如果与发达国家比较,2010 年,美国的城市化率/工业化率为 4.10,法国为 4.11,英国为 4.09,德国为 2.64,日本为 2.48,均呈现出城市化

---

① 本文作者为黄祖辉。本文内容发表在《咨询研究》(浙江省人民政府咨询委员会主办)2012 年第 34 期。

率远远高于工业化率的特征。即便是"金砖五国"中的巴西、俄罗斯、南非和印度,该项指标也分别达到了 3.22、1.97、1.38 和 1.15,都比我国的 1.09 要高。

由于城乡二元体制的影响,我国城市化不仅滞后于工业化进程,而且还存在高估现象,如果把水分挤掉,我国实际城市化水平在 35％ 左右。这样的话,我国城市化就更滞后了。这就隐含着一个政策含义,在我国,提高城市化水平,不仅要加大农业与农村劳动力向城市的转移,而且要使转移进城人口市民化。

我国农业现代化水平滞后于工业化与城市化,主要可从两个方面来判断。一是从产业结构与就业结构的关系看。2011 年,我国三次产业结构比重为 10.1∶46.8∶43.1,而三次产业的就业比重为 34.8∶29.5∶35.7。这两组数据反映了一个基本问题,就是我国农业劳动力比重大大高于农业 GDP 比重。这既表明我国部门劳动力结构的演进与产业结构的演进很不协调,又表明我国工业化和城市化对农业的带动,尤其是对农业多余劳动力的吸纳不充分。二是从三次产业部门的劳动生产率或劳动力对 GDP 的贡献率看,可以用产业增加值比重和产业劳动力比重的比值来测算。该比值测算结果是:一产是 0.29(10.1/34.8),二产是 1.58(46.8/29.5),三产是 1.20(43.1/35.7)。很显然,在三次产业中,农业劳动力的生产率或农业劳动力对 GDP 的贡献率是最低的,其次是三产,二产最高。如果用一产代表农业,二产代表工业,三产代表城市化的产业水平,这组数据反映了我国农业发展不仅远远滞后于工业化,而且也滞后于城市化。

以上分析是基于宏观层面和静态视角的,如果从区域(中观)层面和动态来看,可以得到的结论是:我国绝大多数地区的"三化"关系与国家宏观层面的格局基本相同,但不同地区存在一定差异,撇开北京、上海等大城市,经济越是发达的地区,城市化越是滞后于工业化,也就是说,我国城市化滞后于工业化的现象在不同区域表现并不一致,我国城市化滞后从城市发展的角度看,并不是大城市,而主要是中小城市,尤其是那些改革开放 30 多年来农村工业化发展快、劳动密集型加工业集群发展迅速的区域,其城市化进程尤为滞后。而像北京、上海等大城市,城市化并不滞后,而是过度了。此外,经济越是发达的地区,农业现代化进程也越是滞后于工业化与城市化。当然,也存在少数农业现代化与工业化、城市化比较协调和同步的地区(包括县域)。

二、我国"三化"关系失衡的原因

一是与我国长期以来所实行的城乡二元体制有关。这样的体制框架,计划经济时期,把农村人口拒于城市化与工业化门外,以致我国城市化严重滞后于工业化。在改革开放后,则体现为将农村进城人口拒于市民化之外,这导致我国城市化水平出现高估和城市化偏离正确轨道。此外,在城乡二元的体制框架下,农村资源与要素价格被扭曲、被低估,导致农村土地、劳动力和资本的过度非农化,致使农业发展处在不利地位,现代农业发展进程缓慢。

二是与我国的工业化发展模式有关。我国的工业化发展大体可以分为两个阶段,在改革开放以前,工业发展与城市发展联系比较紧密,但由于排斥农民或农村人口进城,因而尽管当时我国的工业化率提到了40%左右的水平,但城市化水平却始终保持在20%左右的较低水平。改革开放以后,我国的工业化与城市化出现了分离现象,以乡镇企业为代表的工业化在农村异军突起,推动了我国经济的高速增长,农村工业化尽管吸纳了大量的农业剩余劳动力,但由于大多地处农村区域,加之城乡二元体制的制约,农村工业化对城市化的推动并不如预期的明显。

三是与我国的发展战略与政策偏向有关。应该说,无论是改革前还是改革后,我国的经济与社会发展战略,大多数时候是偏向于城市大工业,尤其是国有经济的发展。与此相适应,国家的资源配置和政策也是基本上偏向于城市工业与城市居民,而不是农业、农村和农民,这恐怕是目前我国"三化"不同步、不协调的重要原因。

四是与我国经济社会的转型阶段有关。任何国家从农业国转向工业国、从传统走向现代的过程中,在一定时期都会不同程度地出现"三化"不同步和不协调的现象,这在一定意义上讲是经济社会转型的必然现象,但这不意味着我们可以对此无动于衷。

三、推进"三化"协调发展的建议

1. 消除城乡二元体制,加快城乡一体发展

"三化"同步与协调发展,必须建立在城乡一体发展的基础上,要满足这样的条件,前提是消除城乡二元体制。为此,要加快户籍制度改革。户籍制度改革必须城乡联动,不仅要注重城市对进城人口的包容与融合,以实现进城人口在教育、医疗等基本公共服务和权益方面与城市人口的平等共享,而且要深化包括农地、集体建设用地、宅基地在内的农村土地制度改革以及农民住房制度、农村集体经济分配制度的改革,以使农民权益进一步明晰化、财产化和可交易化。只有推进城乡联动的户籍制度改革,才能真正剥离依附于户籍制度上的利益,才能使户籍真正成为居住意义上的制度,才能使城乡人口和要素得到合理流动,为"三化"同步和协调发展提供制度基础。

2. 扭转城市化发展偏差,加快中小城市发展

我国经济发展已到了城市化加速发展和城市化引领经济社会发展的新阶段。加快城市化在我国已有共识,但如何加快城市化,走什么样的城市化道路,仍存在不同看法。我国城市化率这几年提高很快,但偏差却很大,一是城市化过于偏向于大城市的发展,忽视已具备产业基础和人口规模的中小城市发展。二是在城市化进程中"要地不要人"、"要劳不要人",致使农村人口进城速度慢于城市空间扩张速度,进城农民身份转变速度慢于其职业转变速度,农村非农人口减少速度慢于农村土地非农化速度。因此,必须扭转我国城市化发展的偏差,确立大中小城市有序发展、现阶段优先发展中小城市的城市化战略与方针。理由是:首先,尽管从总体看,相对于工业化的发展,我国城市化处在滞后状态,但这种滞后并不存在于大城市,而是存在于中小城市。把中小城市作为现阶段城市化的重点,有助于真正改变我国城市化滞后的局面,有助于引领和带动所在区域的产业转型升级。其次,中小城市解决进城农民(农民工)市民化问题的成本比较低,有助于解决大城市发展中"要地不要人"和"要劳不要人"的问题。最后,中小城市(不少是地处县域层面)与农村连接相对紧密,其发展有助于实现城乡统筹、城市化和新农村建设互动共进以及城乡一体化发展。

3. 转变经济增长方式,加快传统产业转型升级

在我国"三化"中,尽管工业化率比较高,但工业化的质量并不是很高,存在着消耗高、层次低、规模小、协同差的问题。必须通过增长方式的转变,提高工业化质量,实现转型升级。我国工业转型升级要防止单纯追求"腾笼换鸟"式(或者说是外生型、替代型、重开炉灶式)的转型升级,忽视内生式的转型升级。也就是说,忽视对我国劳动力资源的充分利用,忽视在原有企业和产业基础上的转型升级。因此,要特别注重内源性、内生式发展和城市化发展对工业转型与升级的四个驱动。一是注重传统产业(企业)自身内生型和延伸型的发展对产业转型与升级的驱动。二是注重传统产业集群的进一步发展对产业转型与升级的驱动。也就是说,要在同质性企业集聚的基础上,发展专业化分工基础上的产业集群,充分发挥产业集群的公共平台服务配套功能和外部规模经济性的功能。三是注重城市化进程,尤其是中小城市发展对产业转型与升级的驱动。要将工业转型升级与城市化的进程紧密结合起来,以城市化拉动区域产业或产业集群的转型与升级。实践表明,我国目前有不少工业企业和产业集群位于县域层面的县城、乡镇,有的产业和人口都已达到相当规模,迫切需要通过区域城市化的发展来拉动产业(包括农业)的转型与升级。四是注重企业组织、农民组织、行业组织等产业组织和非政府组织的发展对产业转型与升级的驱动。着力解决同业内恶性竞争、技术创新乏力、规模优势不足等问题。

4. 创新农业经营体制机制,加快现代农业发展

在我国"三化"中,农业的滞后性最为明显,加快现代农业发展对于实现"三化"的同步与协调,尤为重要和急迫。加快我国现代农业发展,创新农业经营体制机制是关键。为此,一要创新符合现代农业和产业化经营的农业经营机制,以充分发挥农业的家庭经营制度、合作经营制度和公司经营制度在整个农业产业链的不同环节中的各自优势与组合优势。二要深化农村土地制度改革,以推进农业土地的进一步流转、多余

农业劳动力的转移、农业适度规模经营的发展。三要加快农民专业合作组织的发展,以建立农业新型双层经营体系和农业新型规模精英体系。四要发挥农业龙头企业在农业产业经营中的作用,以完善农业产业化经营体系、供应链体系和食品质量安全控制体系。五要深化农业科技推广体制改革,建立政府与市场相结合,地方与科研部门相结合,农民、合作社、企业、科技人员相结合的农推大联盟体系。六要加大政府对现代农业的支持力度,同时要提高政府支持农业的水平。要把支持农业和支持农民予以适当区分,要梳理现行各类农业支持与补贴政策,明确支持重点,提高政策效率,重视对新型农业经营主体的支持与培育,建立农业经营者"进入与退出"机制,引导农业向现代农业发展方向转变。

实现居民收入倍增
与全面小康社会的关键[①]

一、推进城乡联动户籍制度改革，实现城乡发展一体化

党的十八报告已明确指出，城乡发展一体化是解决"三农"问题的根本途径。如何才能实现城乡发展的一体化？关键是要消除城乡发展一体化的体制障碍，这是实现城乡要素平等交换和公共资源均衡配置的前提条件。当前，影响我国城乡发展一体化的主要体制障碍是城乡二元的户籍制度。这种户籍制度不仅造成了城乡居民在众多基本公共权益方面的不平等，而且使农村资源与生产要素价格被严重低估，导致城乡要素交换不平等，农村资源与要素所有者或使用者的权益不是被剥夺，就是得不到实现。因此，必须加快城乡二元的户籍制度改革，这一制度的改革不能单纯针对城市的户籍制度，而且也应包括农村的户籍制度，要城乡联动推进户籍制度的改革。改革的实质是使居民财产权益与公共权益与户籍制度相脱钩，使户籍成为居住地意义上的制度。改革的核心是剥离依附于城乡户籍制度上的各种权利与利益，所谓剥离，并不是剥夺，而是要使基本公共权益为全体公民无差异、无歧视共享。

同时，要通过城乡联动的户籍制度改革，进一步理顺和明晰城乡各类资源与要素的产权关系，使城乡资源与要素能够得到公平交换和优化

[①] 本文作者为黄祖辉。本文内容发表在《咨询研究》(浙江省人民政府咨询委员会主办)2012 年第 38 期和《农民日报》2012 年 11 月 17 日。

配置。为此,不仅要消除城市对外来进城人口在教育、医疗等基本公共
权益分享方面的制度障碍,使进城农民的职业转换进程与身份转换进
程,即市民化进程相同步,而且要对依附于农村户籍制度上的相关权益
进行梳理,尤其是要对包括征地制度、农用地制度、集体建设用地制度、
宅基地制度在内的农村土地制度,农民住房制度以及农村社区集体经济
收益分配等制度进行改革,以探索农村集体所有制的有效实现形式,探
索农村社区集体经济、集体产权权益与农村户籍制度相脱钩、相分离的
有效路径。也就是说,我们不仅要提高农民在土地增值收益中的分配比
例,赋予农民长久不变的土地承包经营权和使用权,而且要通过确权颁
证和农民土地权益、住房权益的流转与交易,使农民获得对农村土地、住
房和相关资源的财产权利。这不仅能增加农民的财产性收入,有助于农
民收入倍增计划的实现,而且有助于完善农村基本经营制度,加快现代
农业发展,推进农村人口向城市的进一步迁移,推进城市化进程,降低农
村进城人口市民化成本,实现城乡发展一体化。

二、加快中小城市和现代农业发展, 实现"四化"同步与协调

　　党的十八大报告指出,要坚持走中国特色新型工业化、信息化、城市
化、农业现代化道路,推动信息化和工业化深度融合、工业化和城市化良
性互动、城市化和农业现代化相互协调,促进工业化、信息化、城市化、农
业现代化同步发展。从我国目前人均 GDP 的水平、产业发展水平和结
构状态以及全社会劳动力的就业分布看,我国总体上已到了工业化转型
期、信息化提升期、城市化加速期和农业现代化加快期,在这一时期,科
学把握工业化、信息化、城市化和农业现代化这"四化"的关系,实现"四
化"同步与协调发展,对于我国经济社会的转型发展、结构矛盾的化解和
2020 年实现居民收入倍增与全面小康社会目标,极为关键。

　　毫无疑问,信息化对工业化、城市化、农业现代化的发展具有渗透
性、带动性。撇开信息化,当前我国工业化、城市化、农业现代化的关系
是:城市化滞后于工业化,农业现代化滞后于工业化和城市化,"三化"呈

明显失衡状态。并且,我国工业化率虽很高,但质量并不高;城市化速度在加快,但存在水分和高估现象。从动态角度看,尤其从改革开放以来这段历史考察,可以发现,相对于工业化的发展,我国城市化的滞后性在降低,而相对于工业化和城市化的发展,我国农业发展的滞后性在提高。从不同区域的角度看,则经济越是相对发达的地区,城市化越是滞后于工业化,农业现代化越是滞后于工业化与城市化。

推进工业化、城市化、农业现代化的同步协调,破解城乡二元体制是前提,此外,一要扭转城市化发展偏差,加快中小城市发展。要确立现阶段大城市优化发展、中小城市优先发展的城市化战略与方针。主要理由是:①相对于工业化的发展,我国城市化的滞后并不存在于大城市,而是存在于中小城市,把中小城市作为现阶段城市化的重点,有助于真正改变我国城市化滞后的局面。②中小城市解决进城农民市民化问题的成本比较低,有助于推进农村劳动力进一步转移。③中小城市与农村连接紧密,有助于实现城乡统筹和城乡发展一体化。

二要优化农业要素配置,加快现代农业发展。重点是:①创新现代农业经营机制,以充分发挥农业的家庭经营制度、合作经营制度和公司经营制度在整个农业产业链中的各自优势与组合优势。②深化农村土地制度改革,以推进农地流转、农业劳动力转移和农业适度规模经营,实现农业增效和农民增收。③加快农民专业合作组织发展,以建立农业新型双层经营体系,农业专业化分工、规模化服务和营销体系。④发挥农业龙头企业在农业产业经营中的作用,以带动农业"接二连三",提高农业增值效益。⑤深化农业科技推广体制改革,以建立政府与市场相结合,地方与科研部门相结合,农民、合作社、企业、科技人员相结合的政产学研农推大联盟,提高科技对农业的贡献率。⑥拓宽现代农业发展视野,以发挥农业生产功能、生态功能、休闲功能和文化功能,实现农业多功能效益。⑦加大农业支持力度,以提高农业政策效率,推动农业转型发展和竞争能力提升。

现阶段推广家庭农场不宜操之过急[①]

2013 年中央一号文件提出要鼓励和支持承包土地向专业大户、家庭农场、农民合作社流转。其中，家庭农场的概念是首次在中央一号文件中出现。引起了不少关注。那么，什么是家庭农场？家庭农场和合作社有什么区别？现阶段我国的家庭农场发展是否具备条件？对这些问题有必要做些讨论。

应该说，家庭农场是农业家庭经营的一种类型，农业的家庭经营可以有多种表现形式，专业大户、兼业农户都属于农业家庭经营的范畴。家庭农场与合作社的区别在于家庭农场可以成为合作社的成员，合作社是农业家庭经营者（可以是家庭农场主、专业大户，也可以兼业农户）的联合。家庭农场在国外，尤其是发达国家极为普遍，现代的家庭农场通常是拥有独立的土地产权和法人地位，具有一定的经营规模和管理能力，技术和设施装备比较先进，以家庭劳动力为主，专门从事农业的经营主体。我们不能简单地把家庭农场看成是种粮大户或专业大户的升级版，但他们是最有可能、最有条件转变为家庭农场主的群体。从严格意义，或现代意义的家庭农场概念讲，我国的家庭农场发展是很不够的，这与我国的土地制度、农业家庭经营的多样性有关。

我国现阶段发展家庭农场是否具备条件，关键是如何定义家庭农场。如果按照现代家庭农场的概念要求，则农业劳动力的充分流动、土地产权制度的进一步改革、农业产业组织与服务体系的进一步完善，将是我国家庭农场发展的重要条件。应该说，现阶段我国不少地区已具备了发展家庭农场的可能性，只要上述条件能具备，家庭农场就具有推广

[①]　本文作者为黄祖辉。本文内容发表在《农村经营管理》2013 年第 6 期。

性,农业的专业大户应该是现阶段我国最有可能成为家庭农场主的对象。

就政府而言,现阶段推广家庭农场不宜操之过急,不能追求形式和数量,应主要在家庭农场产生与发展的环境上下功夫,比如在产业组织化、服务体系完善、土地产权制度改革、农业经营者进入退出机制、农业职业技能培训等方面下功夫,要出台相关政策和措施。对农民而言,关键是要着力于自身素养和能力的提高,使自己成为职业农民和新型农业经营者。

我国发展家庭农场不能简单照搬发达国家的模式,比如,不能单纯追求规模,尤其是土地规模,关键是要追求比较效益和家庭农场的综合效益。相对而言,大宗农产品,如粮食类家庭农场,土地经营规模相对重要,而对于劳动密集型的农业,如蔬菜、水果、畜禽养殖类的家庭农场,土地规模并非决定因素,如何通过专业化分工和服务体系的建构,形成规模化服务体系,支撑家庭农场的发展至关重要。从这一意义上讲,我国家庭农场发展的条件并不很成熟。

总之,今年中央一号文件首提家庭农场发展问题,体现了对现代农业经营主体培育与发展问题的重视,也是坚持和完善农业家庭经营制度的体现。它并不意味着我国农业经营主体都要向家庭农场转变,而是表明,家庭农场也可以成为我国农业,尤其是现代农业的重要经营主体,多种形式的农业经营主体的并存格局在我国会长期存在,但是会不断地优化。

新型农业经营体系构建
急需相关制度创新^①

党的十八大报告指出,要"构建集约化、专业化、组织化、社会化相结合的新型农业经营体系",其核心是实现现代农业经营主体与现代农业服务体系的有效结合,建立能够支撑新型农业经营主体成长、多元化农业服务体系形成、多类型农业规模经营发展、多种农业经营机制与组织模式耦合以及产业化经营水平提升的新型农业经营体系。当前,构建新型农业经营体系的关键是创新与之密切相关的家庭经营制度、合作经营制度、双层经营制度、产业化经营制度和行业组织制度。

一、创新农业家庭经营制度

农业的家庭经营制度仍然要坚持。农业家庭经营的类型很多,无论是兼业型还是专业型,小规模型还是大规模型,传统型(如自给型)还是现代型(如家庭农场),都有它存在的土壤和条件。我国幅员辽阔,自然环境多样,区域之间发展不平衡性明显,经济社会体制又处在转型中,多类型的农业家庭经营格局的存在具有必然性,绝不要因为存在这样和那样的不足而否定农业家庭经营制度本身。

我国农业家庭经营的制度要不断完善与创新。一是消除阻碍家庭

---

①　本文作者为黄祖辉。本文内容发表在《咨询研究》(浙江省人民政府咨询委员会主办)2013 年第 40 期。本文于 2013 年 8 月 31 日报送国务院办公厅,9 月底获得李克强总理重要批示。

农业健康发展的体制机制。现行农村土地制度必须在确权基础上深化改革,目的是进一步稳定土地承包制,实现土地承包权永久化,并且赋予农民对土地的财产权利,引入市场交易机制。这不仅有助于农村土地的流转,促进农业的规模经营,而且有助于农业剩余劳动力的进一步转移、转型和新型农业经营者的进入,以提高农业家庭经营者的素质。另外,需加快农村社保体制改革,要让公共社保、商业社保替代土地的社保功能,使老农能退出农业经营。二是着力培育新型的家庭农业经营主体。新型农业经营主体主要由农业专业大户、家庭农场主、合作社带头人、农业龙头企业家以及流通等环节购销大户等组成,要对这些主体进行重点培育。主要途径是扩大农业职业技术教育覆盖面,提供免费的农业职业技术教育和短期培训,同时采取支持政策,鼓励大学生进入现代农业领域就业与创业。三是建立现代家庭农业的支撑体系。要将扶持农业和扶持农民分开,使各项农业补贴与支持政策更具针对性。同时,建立与完善多元农业服务体系和平台,使农业家庭经营建立在完善的服务体系基础上。对现阶段家庭农场的发展,应稳步推进,不宜定指标,不宜过于以土地经营规模为门槛条件,要视不同类型农业和产品的特点予以区别对待与分类指导。

二、创新农业合作经营制度

构建新型农业经营体系,农业合作经营机制与制度的创新至关重要。这种创新,不仅应与国际相接轨,而且要从我国具体国情出发。从与国际接轨的角度,重点是在农民合作组织的联合发展和行业组织建构,新一代合作(股份合作)组织模式在我国的推广与发展,农民合作组织在融资、保险、抵押等方面的功能拓展,农民合作组织治理结构的改善等方面寻求突破和创新。从与国情结合的角度,重点是在农民专业合作组织与村社区合作经济组织的相互融合、专业服务型合作组织和农业综合型合作组织的发展、农业供销合作与农业信用合作回归"三农"的改革、土地制度改革与土地股份合作制的发展、农民合作组织与农民组织(农协)的关系、农民合作组织政策与法律环境的改善等方面寻求突破和创新。

三、创新农业双层经营制度

一方面,要建立和完善农民专业合作组织与农民(社员)统分结合的农业新型双层经营制度,因为比起传统的村(社区)合作经济组织,农民专业合作社与社员的双层经营制度具有更大的发展潜力和空间,它能突破村(社区)合作经济组织的区域空间局限,可以跨地区发展,进而更好实现服务的规模化效率。同时,仍要发挥农业龙头企业在服务农民,尤其是技术服务、营销服务等方面的作用。

另一方面,农业双层经营制度的创新还应体现在双层中"统"的功能的增强与延伸,如赋予合作社融资、保险、抵押等功能,探索村(社区)合作经济组织与农民专业合作组织的相互融合发展、合作社与合作社的联盟化发展,在合作社联盟基础上建立真正有效的农业行业组织(协会),以增强多元化的农业服务功能和有效的行业协调功能。

四、创新农业产业化经营制度

创新农业产业化经营制度的关键是充分发挥家庭经营、合作经营、公司经营这三种经营制度以及行业协会制度的自身优势和集成优势,建立农业纵向一体化的利益连接与协调机制,以形成家庭经营、合作经营、公司经营与行业组织四位一体、优势互补、有机结合的现代农业产业化经营体系。创新的基本方向是将原来的公司(龙头企业)主导的"公司＋农户"的产业化经营模式,转变为公司与合作社共同主导的"公司＋合作社＋农户"的产业化经营模式,并且积极探索由合作社主导、合作社直接向下游延伸的欧美式农业产业化经营模式,即"合作社＋公司＋社员"的更为纵向一体化的农业产业化经营模式。

鉴于我国农民专业合作组织发展历史较短、水平较低、实力不强的现状,在创新农业产业化经营机制的过程中,应支持和鼓励下游的公司(农业龙头企业)积极向上游延伸,尤其是在扶持农民专业合作社发展

（如人员培训、技术服务、品牌打造、质量控制等）以及与合作社建立更为紧密、互利共赢的利益机制（如互为参股、二次分配、价格保护）等方面发挥作用，以使我国的农业产业化经营和纵向一体化进程尽快适应世界农业产业化经营与纵向一体化的发展进程。

五、创新农业行业组织制度

新型农业经营体系建构离不开农业行业组织制度的创新。我国农业行业组织制度的作用发挥，一方面，有赖于农业行业微观主体，如经营农户和农民合作组织的发展壮大，另一方面，更有赖于政府机构的改革与职能的转换，政府如果不退出行业管理的诸多职能，行业组织的功能就得不到发挥，整个农业的产业组织体系就不可能完善。政府农业管理职能的转变还应与农业综合性服务平台的建设相结合，可以考虑在政府农业管理职能转变与机构改革的同时，将现行的农技推广服务体系、基层农业供销合作体系、农业信用合作体系有机整合，并与农业行业组织（协会、联盟）相结合，建立分层次、"三位一体＋行业组织"的农业综合服务平台与行业组织体系。

推动人口政策改革，
缓解人口老龄化负面效应①

一、中国人口老龄化状况与影响

1. 中国 2000 年已跨入老龄化社会行列

由于计划生育政策对人口出生的控制以及医疗水平的提高，中国仅花费了 30 余年的时间便完成了人口结构从中期结构到终极结构的转变，其速度远远快于大多数发达国家。第六次全国人口普查的数据表明，2010 年，中国 60 岁以上的人口已占总人口的 13.32%，其中 65 岁以上人口占了 8.92%。按照联合国世界卫生组织关于老龄社会的定义，中国在 2000 年就已步入人口老龄化社会。根据联合国关于世界人口的最新预测：中国人口总数将在 2026 年达到最高值，为 13.96 亿人，随后便开始呈现负增长；而劳动年龄人口将在 2015 年后便开始呈现负增长的趋势。到 2030 年，中国 60 岁以上人口占总人口的比例将上升到 24.40%，其中而 65 岁以上的老年人口将达到 16.52%。

2. 中国人口老龄化地区间差异很明显

随着中国东部沿海发达地区工业化和城市化的加速，中西部欠发达地区劳动力不断向东部发达地区转移；与此同时，由于户籍制度等因素的限制，中国的人口流动呈现出家庭劳动力转移而非举家迁移的特征。

---

① 本文作者为黄祖辉、王鑫鑫。本文内容发表于国家社会科学基金《成果要报》。

这致使中国农村和欠发达区域的少年儿童、老年人口的比例不断升高,其中,西部农村地区人口抚养比最高,成年劳动力负担最重,人口老龄化和"空巢化"现象并存,而西部地区经济发展相对滞后,社会保障体系,尤其是养老保险体系尚未完善,人口老龄化态势有可能导致中国地域之间居民收入差距进一步拉大。

3.中国人口老龄化将减缓经济增速

在人口老龄化情景下,中国经济增长呈逐步放缓态势。2010—2015年,中国经济增长率可保持在9.0%左右的水平,2025—2030年,增长率将下降到5.5%左右。假定不存在人口的老龄化(即2010—2030年的人口增长率按照1990—2010年的人口增长率来计算),在其他条件不变的情况下,2010—2015年的GDP增长率可保持在12.0%,至2025—2030年仍有可能是两位数的增长,平均增长率在10.0%,增长率几乎为人口老龄化情景下的2倍。进一步从GDP的构成要素来看,人口老龄化情景下的出口拉动力将远小于1990—2010年的人口增速拉动力。重要的原因在于人口老龄化使劳动力总数下降,劳动力成本上升,进而中国低成本劳动力比较优势弱化。人口增速的放缓同时会影响消费和投资,从绝对数看,消费和投资对GDP的贡献率要明显低于不存在人口老龄化的情景。

二、应对人口老龄化负面效应的对策建议

提高教育水平和人力资本水平,适时延长劳动者退休年龄,并且逐步放松计划生育政策以及加快城市化进程,可以缓解人口老龄化对经济社会的负面效应。这可进一步从各项政策对GDP的贡献率模拟情况来看。

1.提高教育水平,促进人力资本积累,增加高技术劳动力投入

这对经济的拉动作用最为明显。原因在于人力资本的积累可以提高劳动力的质量和效率,进而增强劳动力的创新能力和获取新知识的能力,创造新的人口红利,从而提高作为生产投入的实际劳动力的劳动生

产力,抵消人口老龄化导致的劳动力供给减少所带来的负面影响。

2.适时延长劳动者退休年龄,并且逐步放松计划生育政策

这对经济增长有较大的促进作用。但延长退休年龄是权宜之计,只能暂时地延缓劳动年龄人口的减少,而逐步放松计划生育政策,则可以弥补这一不足,因为放松计划生育政策对劳动力供给的影响具有时间性,也就是说,它是一项短期对劳动力供给影响不大,长期却有重大影响的政策。

3.毫无疑问,加快城市化进程也有利于经济增长

究其原因,一是城市化有助于提高要素空间配置效率,进而促进经济增长。二是城市化有助于拉动内需,这不仅体现为城市化对城市基础设施的投资需求拉动,而且体现为城市化对消费需求的拉动。城市化对消费需求的拉动效应,一方面体现为居民收入增长的拉动效应,另一方面体现为居民消费方式变化而带来的效应。就中国而言,这一效应将极为明显。因为城市化水平的提高意味着大量的农村人口转变为城市人口,这就会使农村大量的不形成需求的自给性消费方式,尤其是食物的"自产自销"方式,转变为具有需求效应的市场交易式的消费方式。需要特别指出的是,中国的城市化必须解决好进城人口的市民化问题,否则,进城人口非市民化的城市化的需求拉动效应将是有限的。

要科学辨析家庭农业、
家庭农场与农业规模经营[①]

　　建立完善的农业家庭经营制度是新型农业经营体系构建的基础。农业的家庭经营制度不仅适合传统农业,而且也适合现代农业,但传统农业的家庭经营与现代农业的家庭经营存在本质的区别,这种区别主要体现在家庭经营经营者的素质、家庭经营的经营规模以及与家庭经营密切相关的产业组织(如合作社)与服务体系的发展。当前,我国农业仍然以家庭经营为主,但由于经营规模普遍较小,并且经营者存在老龄化现象,因此,一方面,不少人对农业家庭经营是否适合现代农业存在疑虑,缺乏信心。另一方面,政府对公司进入农业以及发展家庭农场(family farm)态度积极,出台了不少积极的支持政策。如何看待这样一种现象,值得我们深入探讨。

　　对于农业的家庭经营制度,要讲两句话,一是要坚持,二是要完善。坚持农业的家庭经营制度是因为家庭经营是最适合农业,尤其是最适合作为一产农业的基本经营制度,完善的目的是坚持,两者是辩证的统一。要坚持和完善农业的家庭经营制度,首先需要认识农业家庭经营制度的本质,它不是建立在雇佣劳动基础上的经营组织,而是家庭自我管理、自我劳动的经营组织。实践中,农业的家庭经营又表现为兼业化的家庭经营和非兼业化的家庭经营、加入合作社的家庭经营和不加入合作社的家庭经营、自给性的家庭经营和商品性的家庭经营。我国幅员辽阔,农业

---

　　① 本文作者为黄祖辉。本文内容发表在《咨询研究》(浙江省人民政府咨询委员会主办)2014 年第 11 期。2014 年 4 月,本文分别获得时任浙江省委副书记王辉忠、副省长黄旭明、副省长朱从玖的批示。

资源种类多样,并且区域发展差异很大,多种类型的农业家庭经营在我国的存在具有必然性。对于这种多样化农业家庭经营格局的现象,我们要有个正确的认识和把握,绝不要因为我国目前农业家庭经营面临的经营者年龄偏大、文化程度偏低、经营规模比较小等问题,怀疑甚至否定农业的家庭经营制度。现实中这些问题或现象的存在并不是家庭经营制度本身的问题,而是我国农业区域发展的不平衡、城乡社保制度的不健全、农村土地制度的不完善、农业劳动力转移的不彻底等发展问题和制度瓶颈所致,需要通过深化改革来解决或消除,这是坚持和完善农业家庭经营制度的基本前提。

要建立和完善农业家庭经营的支撑体系。也就是说,要通过建构支撑农业家庭经营的服务体系,形成高效的农业双层经营体系,以克服农业家庭经营的局限性,尤其是农业的家庭经营在现代农业发展中在经营规模扩大、产业化经营和市场竞争等方面的局限性,而基本的路径是建构"三位一体",即产业化、组织化、社会化的支撑家庭农业发展的服务体系。

坚持和完善农业家庭经营制度还要防止家庭农场的异化。自从2013 年中央一号文件提出要发展家庭农场以来,家庭农场在全国各地发展迅速,不少地方政府纷纷出台扶持政策,制定发展规划,召开现场会,鼓励家庭农场发展。但是,这种政府主导推动发展的家庭农场却存在不少异化与偏差。一是把家庭农场简单等同于农业的家庭经营。在国外,家庭农场确实是等同于家庭农业的。如美国的粮食类家庭农场,即使土地规模达到 400~500 公顷,但都是家庭自我经营和管理,不雇佣外来劳动力,而据我本人考察,我国最近发展起来的不少家庭农场,并不是真正意义上的家庭农场,而是雇佣劳动力的农场,其本质已不是家庭农业,而是私人或合伙式的农场。两者的治理结构完全不同。政府着力扶持这样的家庭农场,是否有利于农业家庭经营这一基本制度的坚持与完善,就很值得商榷。二是把家庭农场与合作社相割裂。按理,家庭农业和农业合作社是对孪生体,是互为依存的农业产业组织。在国外,几乎所有的农业家庭经营者(包括家庭农场主)都是合作社的成员,但我国目前不少的家庭农场却是经过工商注册的法人,与合作社是并列的法人关系,一般不会加入合作社,与合作社成了两个利益主体,这就搞乱了农业经营组织的关系,削弱了合作社的基础,以致不少合作社的社长宁可辞掉社长职务,要去办政府大力扶持的所谓的家庭农场。

我国现阶段大规模发展家庭农场的条件并不充分。撇开现实中我国大力发展的家庭农场的性质不论,一方面,土地制度不完善。建立在期限不长并且仅仅是土地经营(使用)权流转基础上的土地规模经营,对于流转双方而言,仍然存在大量的行为不确定性,潜伏着明显的利益冲突和投资风险。另一方面,农业服务体系不完备。如前所述,现代农业的经营体系是集约化、规模化、专业化的经营主体和产业化、组织化、社会化的服务体系的有效结合,我国目前的农业服务体系并不完备,家庭农场如果缺少或者不依赖这样的服务体系的支撑,仅靠政府的扶持,既会扭曲与异化农业的基本经营制度,也很难得到可持续的发展。因此,现阶段政府应对家庭农场的扶持与发展持审慎态度,尤其不宜大力扶持那种名为家庭经营、实为雇佣经营的家庭农场,因为它既不利于我国农业基本经营制度的稳定与完善,也不适合现阶段我国的国情,同时也与现代农业经营体系的基本特点不相吻合。近些年来,我国农业领域还出现了不少冠名为"股份合作制"的农场和合作社,得到了政府的支持,但仔细观察,不少这类组织(企业)并非具有合作制的性质,也就是说,其成员(农民)与组织(企业)的关系并不存在合作制意义上的关系,而是一种雇佣的关系,这样的组织(企业)实际上是一种股份制的农场或农业企业。

不要把农业规模经营当成是土地规模经营。对于农业的规模经营问题,实践中也存在着误区,就是把土地经营规模作为农业规模经营的唯一标志,把它作为注册或审批家庭农场的重要门槛,以至于不少地方片面追求家庭农场的土地规模,忽视农业规模经营的多样性和不同农产品的规模经营差异性。农业的规模经营与工业企业的规模经营存在不同点,农业的规模经营本质上是由经营者的比较利益所决定的,具有动态性,而工业企业的规模经营基本是由固定成本与变动成本的关系所决定的,在技术一定情况下,这种关系是给定的。土地的规模经营仅仅是农业规模经营的一种类型,并且主要与土地密集型的产品如粮食生产有关,除此以外,大多数农产品生产具有劳动密集型的特点,因而土地并非这类农产品规模经营的决定性因素,起决定作用的是经营者所获得的收益水平,或者说经营者从事该产业的机会成本。要获得这样的收益,既可以通过土地经营规模的扩大而实现,也可以通过土地利用方式的改变,比如农作制度的创新来实现。在我国不少地区,土地资源相对于农业劳动力来说并不富裕,难以实现土地经营规模扩大的农业规模经营,但通过种养结合、粮经结合等农作制度的创新,往往能在每亩地上实现1 万元以上的净收益。许多设施农业也具有这样的特性,它的效益并不取决于土地的水平规模,而是取决于单位土地的立体规模。此外,农业的规模效益还可以通过专业化分工来实现,如通过建立专业化的服务体系或合作组织,形成农户(社员)生产小规模、专业服务规模化的农业规模经营格局。因此,不仅家庭农场的发展,而且其他类型农业的发展,都应从农业规模经营的本质出发,力求多种类型农业规模经营方式与不同农业生产方式的最佳结合,而不是单纯着眼于土地的经营规模。

　　总之,在建构现代农业经营体系的过程中,坚持和完善农业的基本经营制度,鼓励真正意义上的家庭农场、股份制或股份合作组织(经济)以及规模经营的发展是很有必要的,但一定要避免运动化,要防止政府的扶持与政策过度干预,并且误导与异化主体与组织的行为。在我国,政府的运动式干预致使主体行为与组织的异化是有历史教训的,计划经济时期,主要是通过意识形态对经济活动的运动式干预,致使主体行为与组织异化,如 20 世纪 50 年代我国农业生产合作社、信用合作社、供销合作社逐渐背离合作制的过程与历史。在现阶段,需要警惕的是政府通过经济手段和行政号召对经济活动的运动式干预,致使主体行为与组织的异化。

改善乡村治理与转变政府职能①

一、管理与治理的关系

　　管理与治理是不同的制度安排。管理偏向于科层与等级、统治与控制，是自上而下，强调下级服从上级。治理偏向于平等与合作、互动与协调，是由下而上，强调自主性和参与性。社会治理蕴含了有限政府、法治政府、公众参与、民主以及社会公正等理念。社会治理中的政府与公民的关系不是统治与被统治的关系，而是一种"委托-代理"的关系，也就是说，是公民委托政府代理公共管理事务。从制度层面讲，我们存在正规和非正规两种制度，治理从一定意义上看是一种非正规的制度，也就是说，这种制度所引致的公民行为并非强制基础上的行为，而是共识基础上的行为。社会治理还打破了政府对公共管理的垄断和包办，这有助于改变公共服务的局面，能够激发社会组织的活力，形成多方参与，权利平等，具有自主性、自治性的社会或社区的治理体系与结构。党的十八届三中全会将治理体系和治理能力提到重要议事日程，体现了从强调管理到注重治理的转变，是一个国家或社会的运行能力的提升、文明的进步和民主的改善，意义深远。

---

① 本文作者为黄祖辉。本文内容发表在《浙江日报》2014 年 5 月 21 日。

二、我国乡村治理与改革

我国的乡村治理大体涉及三个层次的治理。一是乡村(社区)的集体经济治理,二是乡村(社区)的社会治理,三是政府管理与乡村(社区)治理的关系治理。乡村治理的重点是赋权乡村基层、尊重多元文化、增强地方居民参与社区决策、凝聚与动员乡村社会资本、构建乡村新型权力关系。在我国农村地区,长期实行的是由上而下、党政主导、政社合一的乡村治理模式。目前我国所进行的乡村治理改革,比较偏重基层行政管理体制的改革与调整,相对忽视乡村社会自主能力和自治能力的发挥。理想的"县政、乡派、村治、民选"的乡村治理模式仍在不断探索中,这一模式能否获得成功,不仅要处理好政府与市场的关系,而且要处理好政府与社会的关系,这既取决于政府体制的改革进程,又取决于乡村基层组织的重构。

随着我国城镇化的加快和农村劳动力的不断流动,我国乡村在空间状态、人口格局和产业结构等方面都发生了深刻变化,出现了传统的乡村社区、村庄整合的乡村新社区和融入城镇的新社区并存的格局。就这些社区的人口状况而言,传统乡村社区呈现出空心化与老龄化的特点,村庄整合新社区呈现出集聚化与镇区化的特点,而融入城镇的新社区则呈现出本地人与外地人、农村人和城市人集聚的特点,这对我国乡村治理问题提出了新挑战,建构多种类型的乡村治理模式极具必要性。

三、乡村治理改善与政府职能转变

乡村治理方式从国家主导逐步向地方主导的转变,是我国乡村治理方式变迁的必然趋势。在转变过程中,构建综合农协将是改善乡村治理的重要选项,这种组织既可以在市场竞争中扮演农民与市场的中介,又可以在乡村治理中扮演政府和农民的桥梁。实践中,如果将我国供销社、农村信用社、农技推广部门以及村组织的改革与农民生产合作社、农业行业协会的发展结合起来,建立分层次、"六位一体"的综合农协组织,并将其纳入乡村治理范畴,确立其相应的主体地位,既有助于提高农民进入市场能力,又有助于改善乡村治理结构。

改善乡村治理,还必须同步推进乡镇行政体制的改革,核心是转变基层政府的职能。为此,一方面要提高政府的公共服务能力,另一方面政府要赋权社会中介组织,提高这种组织对社会(社区)公共事务的协调能力和社区居民自我行为的协同能力,使乡村社会在享受民主的基础上达到和谐状态,使基层政府从管制型和经济型的政府向公共服务型的政府转变。

要以新型城镇化引领
城乡一体化发展[①]

党的十八大提出城乡发展一体化是解决我国"三农"问题的根本途径。党的十八届三中全会则进一步指出,城乡二元结构是制约城乡发展一体化的主要障碍。当前,我国正处在改革攻坚期,经济社会将呈现两大态势:一是围绕城乡发展一体化的体制机制创新与改革深化将加快;二是围绕"四化"同步协调的城镇化进程将加速。

一、以新型城镇化引领是城乡一体化发展的正确路径

推进城乡一体化发展,不仅要消除城乡二元结构,而且还应选择城乡一体化发展的正确路径。推进城乡一体化发展既要摒弃过去那种城乡分割、牺牲"三农"的城镇化思路,又要防止在城乡之间做简单加减法,放缓城镇化的发展思路。正确的选择是以新型城镇化为引领,也就是说,要通过人的城镇化,大中小城市与城市群协调的城镇化,人与自然、人与人和谐的城镇化道路来引领城乡一体化发展。

以新型城镇化引领城乡一体化发展是我国"四化"同步发展的内在要求。撇开信息化不论,从工业化、城镇化和农业现代化这"三化"的关系看,我国现阶段是城镇化滞后于工业化,农业现代化滞后于工业化和城镇化。2013 年,我国的城镇化率为 53.7%,工业化率是 43.9%。城

---

①　本文作者为黄祖辉。本文内容发表在《咨询研究》(浙江省人民政府咨询委员会主办)2014 年第 42 期以及《农民日报》2014 年 8 月 13 日。

镇化率与工业化率的比值是 1.22(53.7%/43.9%)。但从全球来看，2010 年全球平均的城市化率为 50.9%，而工业化率为 26.1%，两率比值是 1.95(50.9%/26.1%)，我国的这一比值要低于世界的平均水平。与发达国家比较，差距更大。2010 年，美国为 4.10，法国为 4.11，英国为 4.09，德国为 2.64，日本为 2.48，即便是"金砖五国"中的巴西、俄罗斯、南非和印度，该项指标也分别达到了 3.22、1.97、1.38 和 1.15，我国仅比印度略高。

从动态看，我国城镇化的滞后性在逐步消除。但需要指出的是，我国近年来不断加快的城镇化存在明显的偏差，主要是土地城镇化与人口城镇化的不协调，农村转移进城人口市民化进程过于滞后。这意味着加快以人为本新型城镇化的紧迫性，不仅要加快农业剩余劳动力向城镇的转移，而且还应着力解决转移进城人口的市民化问题。

值得高度关注的是，我国农业现代化水平不仅滞后于工业化与城镇化，而且从动态看，这种滞后性还呈现提高的态势。从静态看，2012 年，我国三次产业结构比重为 10.1∶45.3∶44.6，三次产业的就业比重为 33.6∶30.3∶36.1。两组数据表明，我国农业劳动力的比重大大高于农业 GDP 的比重，产业结构和就业结构很不协调，非农产业发展对农业带动，尤其是对农业剩余劳动力的吸纳仍不充分。从三次产业部门的劳动生产率或劳动力对 GDP 的贡献率看(用产业增加值比重和产业劳动力比重的比值来测算)，结果是：一产为 0.30，二产为 1.49，三产为 1.23。显然，农业劳动生产率或农业劳动力对 GDP 的贡献率最低。从动态关系看，1978 年，我国农业占 GDP 比重是 28.2%，农业劳动力占全社会劳动力比重为 70.0%。用这组数据与 2012 年的情况相比，可以看出，尽管改革开放以来我国已转移出大量的农业劳动力，但我国农业 GDP 的比重下降要大大快于农业劳动力的比重下降。前者从 28.2% 降到 10.1%，后者从 70.0% 降到 33.6%，我国农业的部门劳动生产率或者说农业劳动力对 GDP 的贡献率不是在提高，而是下降了，由 1978 年的 0.4(即 28.2% 除以 70%)下降为 2012 年的 0.3(即 10.1 除以 33.6)，这表明相对于工业化和城镇化的发展，我国农业发展的滞后性是在提高。

要改变这种状况，必须加快新型城镇化发展。一方面，这是我国产业结构由"二、三、一"向"三、二、一"不断演进的需要。第三产业的核心是服务业,服务业的发展与人口的集聚进而城镇化的发展密切相关。另一方面,这也是我国就业结构协调的需要。我国农业发展滞后的一个重要原因是农业产出比重与农业就业比重不协调,使其协调的办法不是提高农业产出比重,而是降低农业劳动力比重,途径是进一步转移农业剩余劳动力。从我国目前三次产业对劳动力的吸纳状况看,出路主要在第三产业,因此也必须加快城镇化进程。简言之,如果说过去 30 多年来我国经济的快速增长主要是依靠工业化推动的话,那么现阶段,无论从"四化"同步协调,还是从产业结构与就业结构的演进和协调看,都已到了新型城镇化引领发展的新阶段。

二、以新型城镇化引领城乡一体化发展的两大关键

(一)推进城乡、区域、上下三大联动改革

以新型城镇化引领城乡一体化发展的最大制度障碍是城乡二元结构,因此,消除城乡二元结构是基本前提。我国城乡二元结构本质上是城乡居民不平等的权利结构,一是公共权益的城乡不平等,二是财产权益的城乡不平等,消除城乡二元结构,必须从公共权益和财产权益两个方面同时入手。

最近,国务院发布了《关于进一步推进户籍制度改革的意见》(国发〔2014〕25 号),就统筹户籍制度改革和相关经济社会领域改革、合理引导农业人口有序向城镇转移、有序推进农业转移人口市民化做出了具体部署,对于破解我国城乡二元结构具有重要意义。但我们还应意识到,我国城乡二元结构是由相关制度锁定的,这种制度不仅与城镇户籍制度有关,而且与农村产权制度和我国基本公共权益供给制度有关。城镇户籍制度改革主要能解决基本公共权益均等化问题,而财产权益的城乡不平问题则要靠农村产权制度改革来解决。农村产权制度又与农村户籍制度和农村社区集体经济制度有关,具有相当的复杂性。就我国公共权益供给制度而言,不仅存在城乡二元性,而且还存在明显的地方化供给特点。因此,在我国数亿人口跨地区流动,同时基本公共权益又带有地

方化供给特征的背景下,我国农业转移人口市民化的主要难点是非本地农业转移人口的市民化,要消除城乡二元结构,必须同步推进三大联动的制度改革。

一是推进城乡联动的制度改革。就是要推进城镇户籍制度与农村户籍制度的联动改革,实现区域公共权益和财产权益的城乡一体,进而实现本地农业转移人口的市民化。二是推进区域联动的制度改革。就是要推进与跨地区(主要是跨省)人口流动有关的流入地和流出地的联动改革,以实现按人享有的地方公共品(权益)的跨地区流动与交易,进而推进非本地农业转移人口的市民化。三是推进上下联动的制度改革。就是要推进中央政府和地方政府的联动改革,以理顺中央和地方在财权与事权上的关系,实现基本公共权益的全国一体化或全国通兑,进而全面实现农业转移人口的市民化。

在三大联动的制度改革中,属于地方范围的城乡联动改革,只要国家给予明确的赋权,地方应该可以自行探索进行,但区域联动改革和上下联动改革需要相关地区的改革协同,尤其是中央政府对这些改革的顶层设计、相关改革的整体推进来解决,不然,区域新型城镇化引领城乡发展一体化将难以推进。这次国务院《关于进一步推进户籍制度改革的意见》已涉及相关制度的设计与改革,如建立财政转移支付同农业转移人口市民化挂钩机制。完善促进基本公共服务均等化的公共财政体系,逐步理顺事权关系,建立事权和支出责任相适应的制度,中央和地方按照事权划分相应承担、分担支出责任。深化税收制度改革,完善地方税体系。完善转移支付制度,加大财力均衡力度,保障地方政府提供基本公共服务的财力等。但同时,还应探索人口流入地与流出地住房建设等用地指标的交易。鼓励地方性社保、义务教育等基本公共权益的跨地区携带与置换机制和政策配套。

(二)加快中小城市的发展

在新型城镇化进程中,加快中小城市发展在现阶段极为必要。因为尽管从总体上看,相对于工业化的发展,我国城镇化发展仍处在滞后状态,但具体分析看,我国城镇化的滞后并不存在于大城市,而主要存在于中小城市,尤其是那些改革开放30多年来农村工业化发展较快、劳动密集型加工业迅速发展的乡镇与地市县，城镇化的进程尤其滞后。

　　把中小城市作为现阶段我国新型城镇化的重点，首先，能真正改变我国城镇化滞后的局面，并且有助于推动所在区域的产业转型与升级。其次，中小城市解决农业转移人口市民化问题的成本比较低，有助于促进农业转移人口和农业剩余劳动力的就地就近市民化和城镇化，同时，也有助于缓解大城市在农业转移人口市民化方面的压力。最后，大多数中小城市与农村连接相对紧密，城乡管理体制比较顺，其发展有助于城乡统筹，有助于城镇化和现代农业、城镇化和新农村建设互促共进，进而实现城乡一体化发展。

农村土地"三权分离"还需
"三权交易"相匹配①

随着工业化和城镇化的推进,我国农村土地的"三权分离",即所有权、承包权、经营权(使用权)的分离早已成为事实,然而,与此相适应的权益交易与市场体系却极为滞后,影响了农村土地资源的优化配置、进城农民的市民化和农民财产权益的有效实现。

土地的"三权分离"和交易问题与土地产权制度密切相关。现代产权理论已经不是单纯讨论产权的公有或者私有的问题,不是单纯从意识形态来讲产权问题。产权无非是一种影响人类行为的指南或制度安排,在一定意义上讲具有技术性。产权制度的安排往往是利益各方妥协的产物,并不存在绝对的好或不好的产权制度,合理的产权制度实际是一种均衡体现、一种效率反映。

值得进一步探讨的是我国农村土地的集体所有制问题,通常被称为是公有制的一种形式,但实际上,我国农村土地的集体所有是一种社区农民的集体所有,因而它不是公有制的"公有",而是共有制的"共有",一字之差,差别却很大。由于我国农村土地是社区农民集体共有,因此,农民对土地实际上不仅拥有使用权或者经营权,而且拥有一定的所有权。

核心问题是农村土地承包权的性质问题。我国农民土地承包权从"长期不变",到十七届三中全会提出的"长久不变",表明农民的土地承包权是一种不能随意被剥夺或收回的权利。这个权利绝不是一般意义

① 本文作者为黄祖辉。本文内容发表在《咨询研究》(浙江省人民政府咨询委员会主办)2014 年第 31 期,同时报送教育部社科司。《社会科学报》总第 1416 期(2014 年 6 月 26 日)刊发了本文主要内容。

上的房屋租赁或工程项目承包的权利,也不是本地人或外地人承包流转土地的权利,那样的权利实际只是一种经营权或使用权,而我国农村社区农民拥有的土地承包权实际具有两种含义,一是经营权(使用权),二是所有权,但还不是完整的所有权,而是农村土地集体所有权在农户和集体之间的一种分割,具有村集体和村农户混合所有的性质。按照十八届三中全会所提出的混合所有制思想,这可能是我国农村土地集体所有制的理想实现形式与途径。

既然农村土地已经实现了"三权分离",接下来的关键是分离的产权能否交易。如果不能交易,再明确的产权也没有价值。目前国家的法律或文件中,土地权益交易主要是讲农地承包经营权的流转和抵押,但这一表述很具模糊性。从现实农民土地流转和抵押的实践来看,基本是土地经营权或使用权的流转和抵押。可见,尽管农村土地已实现"三权分离",但"三权"的交易,尤其是承包权的交易并没有得到体现,这并不是农民不愿意交易承包权,而是除了国家征地外,我国不存在土地承包权的交易市场。

只有土地经营权或使用权的交易,没有土地承包权的有效交易,不仅影响农民土地权益的实现,而且不利于进城农民的市民化。因为对于进城务工经商的农民来说,如果其土地承包权不能得到很好处理,就不会轻易放弃其土地承包权,进而始终是游离于城市和农村的两栖人口。在这种情况下,即使城市通过改革解决外来人口的公共权益问题,也难以解决进城农民的市民化问题。这是我国城乡二元结构的双重二元性,即公共权益和财产权益的城乡双重二元性所决定的,因此,必须在解决城乡公共权益二元问题的同时,解决城乡财产权益二元问题,而后者主要依赖于农村产权制度的改革。

要建立包含土地经营权在内的土地承包权的有偿退出与交易通道,迫切需要在确权和颁证的基础上,建立与农地"三权分离"相适应的"三权交易"市场。从农地承包权的交易来看,除了国家征地制度需进一步完善外,还可考虑其他两条途径,一是土地承包权股权化交易。这既可以实现农民的土地权益,又可以实现土地权益的物化与资本化的分离,进而不影响土地这一生产要素在空间的优化配置。二是建立非股权化的土地承包权的直接交易机制。

当前,建立农村土地交易市场的一个重要瓶颈,是我国农村土地的社区集体所有性质。这意味着农民的社区成员身份制度会限制农村土地权益的市场化交易,也就是说,在现行制度下,非农村社区成员通过交易至多只能获得该社区土地的经营权或使用权,不可能获得该社区土地的长久承包权,而仅有本社区范围成员的土地权益交易,其市场肯定是不充分的。如何实现农民权益从成员身份依附到非身份依附的转换,关键要将农村土地产权制度改革与农村社区集体经济制度改革结合起来,主要的思路是在产权分离与确权颁证基础上,对农村集体经济进行股份化改革,同时突破社区成员身份限制,在用途管控的同时逐步放开市场交易。

东平土地股份合作制的 若干制度启示①

一、股份合作制是农业特有的制度

为什么说股份合作制是农业特有的制度？这是因为在产业组织制度中,合作制是农业特有的制度。工业产业没有合作制,工业产业占主导的组织制度是公司制。改革开放初期,我们曾出现所谓的股份合作制的乡镇企业,但实际上是戴个红帽子,因为当时股份制还没有被完全接受,随着改革开放的深入,这种戴着股份合作制帽子的乡镇企业很快脱下这顶帽子,还其股份制企业的面貌。农业为什么要搞合作制？原因在于农业是家庭经营,家庭经营制度是农业最基本、最有效的组织制度,家庭农业不仅能适应传统农业,而且也能适应现代农业,这已为当今世界的农业实践所证实。但是,农业的家庭经营也存在一定的局限性,如何寻找一种既能保持其制度优势,又能克服其局限的组织制度与其相匹配,那就是合作制。这就是合作制在农业领域这么普遍的原因,但如果农业不需要家庭经营了,那么合作制也就失去了存在的理由,从这一意义上讲,合作制与农业的家庭经营制度是一对孪生体。农业合作制为什么又要引入股份制？在国外,这被称作是新一代合作制,其主要的原因

---

① 本文作者为黄祖辉。本文内容发表在《中国乡村发现》2014 年第 4 期。本文为本人于 2014 年 9 月 27—28 日在山东东平的"土地股份合作与集体经济有效实现形式高端论坛"上的发言整理。

是合作社向农业产业下游延伸，即纵向一体化发展的需要。合作社在向下游延伸的过程中，会进入加工领域，这实际是进入工业领域，工业领域的适宜组织制度不是合作制，而是以股份制为特征的现代企业制度，这样，合作社就变成了股份合作社了。一个产业组织如果能处理好股份制与合作制的关系，就意味着它能同时发挥合作制、家庭经营制和股份制的优势，使公平、民主和效率融为一体。

二、土地股份合作制是中国特有的制度

为什么说土地股份合作制是中国农业特有的制度？原因在于中国特有的农村土地制度，也就是说，股份合作制在世界上的农业中很普遍，但土地股份合作制却是中国仅有的。中国农村土地实行的是村集体所有、农户承包经营这样一个独特的制度，而国外的土地要么是私有，要么是国有，通常无须在合作社向下游延伸中引入作为股份的土地，而是引入作为股份的货币资本或技术就可以了。但在中国的农村土地制度框架下，为了使土地所有者（集体）、土地承包者（农户）能够在土地经营中更好实现各自的土地利益，土地股份合作制是一条理想的途径。昨天看了东平的几种土地股份合作社的类型，联想到这些年国内土地股份合作社的发展，感觉绝不是偶然现象。一个合作制，一个股份制，然后加上中国特色的土地制度，这种土地制度也使得我们的农业家庭经营与国外的不太一样，即土地承包权还不是完全的产权，还必须与土地所有权的代表——集体，共同分享，而土地的股份合作制倒真是一个能够使得我们中国特色的土地产权制度得到有效实现的制度。这一制度的重要性不仅在于农民可以以土地承包权或经营权的入股获得相应的收益，不仅在于通过土地股份合作制使土地资源得到优化利用，而且还在于村集体经济通过土地的股份合作制，使土地所有权得到经济上的实现。东平的实践已经充分证明了这一点。总之，土地股份合作社搞得好，既有助于农民实现其财产权利，又有助于村集体焕发活力，走出一条具有中国特色的集体土地制度有效实现的路子。

三、推进农业组织制度创新中值得关注的几个问题

1.处理好股份制和合作制的关系

这个非常重要。为什么这么说？因为现在有许多所谓的股份合作社，股份是真的，合作是假的，是股份制取代了合作制，合作制是名不符实，而我们的政府却不加以鉴别，还给予补贴。为此，一定要处理好两者关系。一是利益分配关系。主要是要体现按合作制原则的利益分配。二是上下游关系。在纵向一体化情况下，上游领域尽可能以合作制为主，下游领域可以以股份制为主。从国外的经验来看，股份合作社基本都是合作制占主导，合作社内部的加工企业是合作社的子公司，但都是由合作社控股。中国目前的情况却相反，因为中国农民合作社的力量不强大，因此在产业化经营中，往往是企业占主导，进而在股份合作中经常是股份占主导，或者是少数核心人物占主导，使得合作制的基本原则难以得到体现。

2.处理好家庭经营和企业经营的关系

现在有不少工商企业投资农业和经营农业，但往往处理不好家庭经营与企业经营的关系。它们在流转农民土地后，尽管对农业采用了规模化的布局、现代化的技术和统一化的营销，但却常常放弃农业的家庭经营，转而采用企业化的雇工经营，通过一定的分工作业，让农民为其打工，结果不仅用工成本不菲，而且劳动控制成本很高，生产效率降低，陷入发展困境。而有的投资或经营农业的工商企业却将企业经营和家庭经营有机结合，将流转整理后的土地以"反租倒包"的形式再让农户承包经营，效果就不错。这表明，单纯按企业的雇佣制管理模式来经营农业，尤其是农业的上游，并非最合理的选择，还是家庭经营更有效，在此基础上引入合作制或股份合作制就不会走偏，如果农业生产者与企业或者所谓的合作社成了雇佣关系，那就不能称其为合作制了。

3.辨析组织创新和组织异化

近些年来，中国农业中出现了不少新兴的农业组织，如家庭农场、股

份合作农场、股份合作社、土地股份合作社、合作社联合社,等等,其中不少是农业组织制度的创新,但也有不少是农业组织制度的异化,值得引起关注。农业组织为什么会异化?政府有推不掉的责任。在计划经济时期,我们曾有组织被异化的经历,那时是意识形态异化组织,而现在是政府经济手段异化组织,而这种异化过程还往往不为我们的政府所觉察。比如,这些年政府在构建新型农业经营体系、培育新型农业经营主体时,出台了不少鼓励和支持农民专业合作社、家庭农场或者股份合作社(农场)的政策,甚至将其纳入政绩考核体系。为了获得支持或完成考核任务,形形色色的合作社、家庭农场和股份合作社应运而生,但深入考察,不少都存在异化现象,如一些家庭农场,并不是家庭自我经营,而是雇工经营。一些合作社,根本不存在合作制的元素,但却获得了政府的优先支持。如果对这种现象不引起警觉和纠正,不仅会搞乱中国转型中的农业产业组织体系,而且会加剧组织异化,扭曲主体行为,导致政策不公。

4. 推进要素股权化和股权可交易化

包括土地、资本、技术等要素的股权化在农业中已逐渐十分普遍,但就土地这一要素而言,由于存在所有权、承包权和经营权的"三权分离",还需在土地股权化过程中处理好"三权"的关系,目前的主要问题是农民土地的经营权已经可以比较充分地流转或股权化,但农民土地承包权的股权化却没有破题。即使农村土地的"三权"都能实现股权化,但如果不能实现充分的流转或交易,权益所有者或占有者也仅仅是获得了土地权益的分配凭证和权益的红利,但仍不能实现这种权益的市场交易,如果能实现股权的充分流转和交易,则农民的财产权利和集体经济组织的土地权益都可以得到更好的实现。解决这一问题的关键在哪里?一是土地承包权,而不仅仅是经营权,要能够股权化,并且能够流转和交易。二是现行农村集体经济制度要改革。因为目前的农村集体经济制度具有社区性和封闭性,它限制了非社区成员参与土地承包权和宅基地使用权的交易,而只有社区范围内的土地承包权和宅基地使用权的流转与交易,农民的土地权益是难以得到充分实现的。为此,在推进农村土地产权制度改革的同时,必须同步推进农村集体经济制度的改革和创新,使土地"三权分离"建立在"三权"可交易的基础上,使封闭性、成员依附性的农村集体经济制度向开放性、契约依附性的新型集体经济制度转变。在农村劳动力充分转移,经济相对发达的地区,这种改革和探索可以先行一步。

"新常态"对浙江的意蕴
与浙江进入"新常态"①

一、"新常态"对浙江的意蕴

所谓"新常态",是相对于"旧常态"而言的。浙江可以说是中国"旧常态"下的佼佼者、引领者和受益者,但同时又是受损者。"新常态"不会自动到来,进入"新常态"需要付出努力和代价,需要与"旧常态"决裂。因此,进入"新常态"对浙江更多地意味着挑战、阵痛,而不是"奖赏"和天上掉下的"馅饼"。"新常态"对浙江的主要机遇是各级政府兴许可以不必为追求那种质量不高、代价却很高的高增长指标而疲于奔命、费尽脑汁,大可腾出些精力去多谋划如何进入"新常态",尽快使"新常态"成为浙江未来发展的"常态"。

一方面,"新常态"对浙江而言,意味着那种在"旧常态"下的低端化、低成本、粗放型、资源环境负外部性很大、出口导向式的劳动密集型加工制造业的高增长模式已难以为继。另一方面,"新常态"对浙江还意味着,增长速度在一定区间的下滑和徘徊,有可能成为浙江相当时期内的"常态"。这种增速下滑和徘徊的"常态",存在两种截然不同含义的可能,一种是结构转型后的"减速",另一种是结构未转型下的"减速"。前者是好事,值得欣喜,表明浙江真正进入了"新常态",后者则并非好事,令人担忧,表明浙江经济在衰退,将进入中等收入的"陷阱",或者说是陷

---

① 本文作者为黄祖辉。本文内容发表在《浙江经济》2015 年第 3 期。

入"旧常态"的困境,由此,还可能引发社会的不稳定和震荡。

从目前的状况看,浙江似乎还不是完全主动地要进入"新常态",而是被动地,或者是在被形势逼着进入"新常态"。从这一意义上讲,浙江目前的经济减速是"旧常态"受阻下的减速,还没有真正进入"新常态",具体表现在体制与产业的转型依然步履艰难,不少政府部门机构与干部对从"旧常态"转向"新常态"的紧迫性、必然性缺乏认识,对如何进入"新常态"缺乏准备,缺乏信心,缺乏办法,显得有些无所适从、茫然和状态不佳。

因此,必须认识"新常态"、适应"新常态"、把握"新常态",要主动进入"新常态",并且争取引领"新常态"。浙江改革开放以来的发展历程表明,浙江的发展在一定意义上讲是中国发展的风向标,浙江能否尽快适应、把握、进入乃至引领"新常态",不仅对浙江的经济社会转型发展,对浙江继续保持在国内发展的先进地位,具有至关重要的意义,而且对整个中国经济社会的发展能否顺利走出"旧常态"、进入"新常态",具有重要示范价值和效应,尽管这对浙江会是一个充满挑战、痛苦和纠结的过程,但这是浙江走向现代化的必经之途,是一个重大的转折关口,浙江必须积极面对,迎难而上,战而胜之。

二、"新常态"下浙江发展的两大重点和三个关键

在"新常态"背景下,一是要突出改革与转型这一重点。前者包括体制改革与制度创新,后者包括产业转型、结构转型和政府转型。二是突出民生与社会发展这一重点。主要包括收入分配、社会保障、公共服务、环境安全、社区治理等工作,这两大重点实质上是"新常态"的基本特点与要求。与此同时,在进入"新常态"过程中还应把握三大关键。

一是突出以新型城镇化引领经济社会转型发展。新型城镇化是人的城镇化,大中小城市与城市群协同的城镇化,人与自然、人与人和谐的城镇化和城乡发展一体化的城镇化。加快新型城镇化发展是浙江经济社会发展阶段的要求,以新型城镇化引领经济社会的转型发展,是现阶段浙江低端化工业转型升级,浙江三次产业结构从"二三一"向"三二一"

演进,产业结构和就业结构协调,工业化、信息化、城镇化和农业现代化这"四化"协调发展的迫切需要。

二是突出以城乡联动改革推进城乡发展一体化。城乡发展一体化既是解决"三农"问题的根本途径,又是新型城镇化发展的基本要求。城乡发展一体化的最大障碍是城乡二元结构,而城乡二元结构主要涉及居民公共权益的城乡二元和财产权益的城乡二元,因此,只有实施城乡联动的改革,才能既破除城乡二元的公共权益制度,又破除城乡二元的财产制度,进而破除城乡二元结构,为城乡发展一体化和城乡居民基本权益的平等提供制度基础。应该充分认识到,体制改革与机制创新不仅是浙江过去发展,而且一定是浙江未来发展的源泉、活力与红利所在,是浙江进入"新常态"和引领"新常态"的基本前提。

三是突出以现代治理体系建构推进和谐社会发展。和谐社会是现代化之基础、民生之所需、"新常态"之要求。构建和谐社会不仅有赖于经济的转型和高质量的"常态化"发展,而且离不开现代社会治理体系的建构和治理能力的跟进。现代社会治理体系的建构和治理能力的跟进涉及政府职能的调整与转换,涉及"三位一体"的社会治理结构与体系的建构,即政府有形之手、市场无形之手和社会自主之手的运用和匹配,涉及现代生态文明体系,包括环境生态文明和人文生态文明体系的建构与民众化的渗透。

三、推进"新常态"下的"三农"发展

"三农",尤其是农业,是中国"四化"中最明显的短板,要在"新常态"背景下使"三农"发展走上一个新台阶,有必要把握四个重点。

一是把城乡发展一体化作为解决"三农"问题的根本途径。要坚定不移地通过城乡"二元结构"的破解和新型城镇化的引领,进一步推进农业劳动力的优化配置和农业富余劳力向第二、第三产业,尤其是向城镇第三产业的转移,并且同步推进农业转移人口的市民化,以实现农业产业结构与就业结构的协调,工业化、信息化、城镇化和农业现代化的协同发展。

二是高度重视农村产权制度的改革深化。尤其要深化农村土地制度和农村集体经济制度的改革,在确权颁证、土地"三权分置、经营权流转"的基础上,在有条件的地区积极探索土地"三权分置"下"三权交易"的思路与路径。其重要意义在于,农村产权制度改革不仅对农民财产权益实现、现代农业发展意义重大,而且关系到城乡二元结构破解、新型城镇化推进和农业转移人口市民化问题的根本解决。

三是探索粮食安全新思路和新模式。浙江既要对国家粮食安全承担一定的责任,更要探索浙江粮食安全的新思路与新模式,要实现浙江粮食生产安全与市场安全的有机结合。除了加强与完善粮食功能区建设外,要进一步推进农作制度创新,推广多种类型的"千斤粮、万元钱"模式,同时,充分发挥市场机制在粮食安全中的作用,鼓励企业走出去,积极参与粮食贸易、储运和流通。

四是突出农业转型中的组织化、品牌化和电商化建设。要将农业组织化、品牌化、电商化这"三化"建设作为政府推进农业进入"新常态",促进农业转型发展、高效生态现代化发展的工作重点和抓手,以此带动农业的多类型规模经营体系、多元化服务体系和新型农业经营体系的建构,加快农业的"接二连三"、多功能拓展、产业化经营和城乡融合发展。

当前我国新型农业经营体系建构的若干关键[①]

在我国农业的转型发展过程中,把握新型农业经营体系建构的科学内涵,重视新型农业经营体系建构中的组织制度安排,突出多类型农业规模经营体系和多元化农业服务体系的建构,将农业的家庭经营制度、合作经营制度、公司经营制度和行业协调制度有机结合,形成集约化、组织化、专业化的农业经营主体与产业化、规模化、多元化的农业服务体系的融合发展,对于新型农业经营体系的建构与有效运行,极为关键。

一、把握新型农业经营体系建构的科学内涵

党的十八大提出要"构建集约化、专业化、组织化、社会化相结合的新型农业经营体系"。而后,党的十八届三中全会以及 2013 年、2014 年、2015 年的中央一号文件等中央文件,都强调要加快构建新型农业经营体系。所谓新型农业经营体系,实质上是一种适应现代农业发展和现代市场竞争的农业经营体系,是一种多维度视角、多层次特征、多功能属性的系统集成。构建新型农业经营体系的重要目的是要实现现代农业经营主体与现代农业支撑体系的有机结合和融合发展,以促使新型农业经营主体健康成长,多元化农业服务体系尽快形成,多类型农业规模经营有效发展,多种农业经营机制与产业组织模式有机耦合,农业产业化经营水平和市场竞争力不断提升。

---

① 本文作者为黄祖辉。本文内容报送农业部《决策参考》。

新型农业经营体系可以从三个维度进行观察。一是纵向维度,它体现为农业经营主体与农业全产业链的契合关系。二是横向维度,它一方面体现为某类农产品经营体系中的单位主体或组织的规模,另一方面体现为关联性农产品经营体系的相互联系度。三是区域维度,它体现为农业经营体系在区域空间的跨度。

新型农业经营体系具有三个层次的特征。一是产业体系特征,主要体现为生产集约化、经营规模化、分工专业化、产业组织化、服务多元化和产品市场化的"六位一体"与相互协同。二是组织体系特征,新型农业经营体系的组织特征是以合作组织为核心的农业产业组织体系,是农户组织、合作社组织、公司(企业)组织和行业组织的"四位一体"与有机衔接。三是制度体系特征,集中体现为家庭经营制度、合作经营制度、公司经营制度、产业化经营制度和行业协调制度的"五位一体"与优势互补。

产业组织与组织制度的选择和安排是新型农业经营体系建构的关键。这是因为,组织具有多重属性和功能,它的功用发挥,直接关系新型农业经营体系的活力与效率。组织首先是主体,主体状态与行为决定组织效率。作为主体的组织,是新型农业经营体系的灵魂,新型农业经营体系中的组织就是经营主体与主体关系的集合。组织更是制度,制度是主体行为的指南。作为制度的组织,新型农业经营体系中的组织就是决定主体行为的产业组织制度与相关产权制度的集合。在信息化和互联网时代,组织还是网络,网络世界正在从时空的界面对农业资源、产品、要素的流动和组合方式进行革命性的变革。作为网络的组织,新型农业经营体系中的组织就是网络结构中的桥梁、纽带和载体。

综上所述,我们可以概括地把新型农业经营体系看成是现代农业的产业体系、组织(主体)体系、制度体系和网络体系的集合体,毫无疑问,这样一种体系的建构与运行,对我国农业的转型发展和现代化进程,是至关重要的。

二、重视新型农业经营体系建构中的组织制度安排

如前所述,作为主体、制度与网络的组织体系建构是新型农业经营体系建构的关键,为此,特别要重视新型农业经营体系建构中的产业组织形式选择与制度安排问题。

(一)合理运用农业股份合作制和土地股份合作制

1.要合理运用农业的股份合作制

股份合作制是农业特有的制度,其原因在于合作制是农业特有的制度。工业产业没有合作制,工业产业占主导的组织制度是公司制。尽管改革开放初期我们曾出现所谓的股份合作制的乡镇企业,但实际上是戴个红帽子,因为当时股份制还没有被政府完全接受,随着改革开放的深入,这种戴着股份合作制帽子的乡镇企业很快脱下这顶帽子,还其股份制企业的原貌。农业为什么要搞合作制?原因在于家庭经营在农业中的普遍性。人类社会迄今为止,家庭经营制度依然是农业领域最基本、最有效的组织制度,家庭农业不仅能适应传统农业,而且也能适应现代农业,这已为当今世界的农业实践所证实。但是,农业的家庭经营也存在一定的局限性,它的局限性主要体现在两个方面的能力局限。一是对家庭经营规模扩张的能力局限,二是在买方市场竞争中的能力局限。一种既能保持其制度优势,又能克服其局限的与其相匹配的组织制度,就是合作制。这就是合作制在农业领域也这么普遍的原因,如果农业不需要家庭经营了,那么合作制也就失去了其在农业存在的理由。从这一意义上讲,合作制与农业的家庭经营制度是一对孪生体。

然而,为什么又要在农业合作制中引入股份制,进而形成农业的股份合作制?在国外,这一制度被称作新一代的合作制,其主要原因是在市场竞争环境下,为了控制和占领市场以及获得产后增值收益,农业合作社具有向农业产业下游延伸、实现纵向一体化发展的动力和需要。合作社在向农业下游延伸的过程中,必然会进入农业的加工和贸易领域,

这实际是农业合作社进入第二、第三产业,而第二、第三产业,尤其是第二产业的工业领域,适宜的组织制度并不是合作制,而是以股份制为特征的现代企业制度。要既发挥合作制在农业中的独特优势,又发挥股份制的独特优势,股份制与合作制相融合的股份合作制便应运而生了。上述阐述表明,任何农业产业组织如果能处理好股份制与合作制的关系,合理运用好合作制和股份合作制,那就意味着它能够同时发挥家庭经营制度、合作经营制度和股份制制度的优势,使公平、民主和效率在农业经营活动中融为一体。

2. 要重视土地股份合作制的应用价值

土地股份合作制应该是具有中国特色的土地产权制度。换句话说,尽管股份合作制在世界各国的农业中很普遍,但土地股份合作制却在我国较为流行,原因在于我国特有的农村土地制度使然。我国农村土地实行的是农村社区集体所有、社区农户长久承包经营和承包土地经营权可流转、可抵押这样一种独特的土地"三权分置"的制度,而国外的农村土地制度大多要么是私有,要么是国有,通常合作社无须在农业经营中或向农业下游延伸中引入土地股份制,而是引入作为股份的货币资本或技术就可以了。但在我国的农村土地制度框架下,尤其是在农户土地承包权市场化交易受限、土地承包者向非农产业和城镇转移就业的情况下,为了使土地所有者(村集体)和土地长久承包者(农户),能够更好地实现各自的土地权益,土地股份合作制将是一种比较理想的途径和制度安排。

目前,我国农户长久拥有的土地承包经营权,由于仅有其中的经营权被允许进行市场化的流转和交易,因而还不是完全的产权,其利益至少还需要与土地所有权的代表(村集体)共同分享,而土地的股份合作制在现阶段可以成为中国特色土地产权制度有效实现形式的制度安排选项。这一制度的重要性不仅在于农民可以通过长久不变的土地承包权或经营权的入股获得相应的收益,不仅在于通过土地股份合作制的应用,使农业的土地资源得到优化利用,而且还有助于村集体经济通过土地的股份合作制安排,使集体土地的所有权在经济上得到实现,进而增强村集体经济的实力与活力。总之,土地股份合作社如果搞得好,既有助于农民实现其财产权利,又有助于村集体焕发活力,走出一条具有中国特色的集体土地制度的有效实现路子。

(二)防止新型农业主体培育中的组织制度异化

近些年来,我国农业出现了名目繁多的新兴农业主体和组织,如家庭农场、股份合作农场、股份合作社、土地股份合作社、合作社、联合社,等等,其中不少是新型农业主体或组织制度的创新,但也有不少是农业主体和组织制度的异化,值得引起高度关注。为什么有的农业主体和组织会被异化? 政府恐怕有一定的责任。在计划经济时期,我们曾有过农业经营主体和组织制度被异化的历史教训,如把农业生产合作社演变为统一经营、统一分配的村集体经济组织,把农民的信用合作社演变为非合作的商业银行,把农民的供销合作社演变为准国有性质的供销企业,这些组织尽管都挂着合作社的牌子,但其实质内涵早已被异化,异化的原因主要可以归结为当时的意识形态的影响。

然而,现阶段我国农业不少主体和组织被异化则与政府相关政策的导向性有关,并且这种异化过程还往往不为我们的政府部门所觉察。比如,这些年政府在构建新型农业经营体系和培育新型农业经营主体过程中,出台了不少鼓励和支持农民专业合作社、家庭农场或者股份合作社(农场)的政策,不少地方还将其纳入政绩考核目标。为了获得支持或完成上级考核任务,各种类型的合作社、家庭农场以及股份合作社应运而生,但深入考察的话,不少新兴的农业组织都存在异化现象。比如,不少家庭农场并不是家庭的自我经营,而主要是雇工经营。不少股份合作社和合作社实际上并不存在合作制的元素,而是"挂羊头,卖狗肉",可我们的不少政府部门却往往不能予以科学甄别,依然对其进行奖励、补贴与宣传。如果这种现象不引起足够的重视,不能及时予以纠偏,不仅会阻碍我国新型农业经营体系的建构,引发农业产业组织与组织之间的矛盾,而且会加剧农业组织制度的异化,扭曲经营主体的行为,导致政府农业政策的失效。

判断一个农业合作社或股份制合作社是否被异化,关键是看两个方面。一是看合作社社员是否是相对独立的农业经营者,二是看合作社社员是否是合作社的所有者和使用者。如果满足这两个条件,则说明该组织的基本性质没有变,反之,就不能称其为真正意义上的农业合作社或股份合作社。至于家庭农场,家庭自我经营应该是其本质属性,现代家庭农场无非是传统农业家庭经营的升级版,如果家庭农场主要劳动者已不是家庭成员,而是雇佣劳动者,那么其经营基础就已经不是家庭经营,而是雇工经营了,如果是这样的话,这个家庭农场实际上就是被异化的家庭农场。要防止新型农业经营体系建构中的产业组织与制度的异化,关键是提高政府对多种类型农业组织制度的认知度和甄别力,克服政府对农业发展考核的形式主义和官僚主义,增强政府农业支持政策及其导向的科学性和精准性。

(三)合理运用农业的家庭经营制度和企业经营制度

始于 20 世纪 80 年代的我国农业的家庭承包经营制度,虽然赋予了农民比较稳定和长久的土地承包经营权,调动了农民的生产积极性与创造性,促进了农业与农村经济的迅速发展,但也呈现出农业经营主体老化、经营规模偏小、服务体系滞后、组织化程度和产业化经营水平不高、国际竞争力不强等问题。然而,我国农业家庭经营所面临的这些问题,并不意味着建立与现代农业发展和现代市场竞争相适应的新型农业经营体系是要抛弃农业的家庭经营制度,相反,是要在农业家庭经营的基础上,对农业的家庭经营制度进行完善,是要建立既能发挥农业家庭经营制度优势,又能克服其局限的现代农业经营体系。

值得注意的是,这些年来,尽管我国有不少工商企业投资农业和经营农业,推动了农业的规模化、品牌化、市场化,但不少企业却处理不好农业家庭经营与企业经营的关系。比如,不少企业在流转农民土地后,虽然对农业要素进行了整合,采用了规模化的布局、现代化的技术和统一化的营销,但却常常放弃上游农业的家庭经营,而用企业化的雇工经营方式取代农业的家庭经营方式,也即通过一定的专业化分工,雇请农民为其打工,结果不仅用工成本不菲,而且田间劳动控制成本很高,生产效率降低,陷入发展困境。而有的投资或经营农业的工商企业却将企业经营和家庭经营有机结合,将流转整理后的土地以"反租倒包"或"再承包"的形式再让农户承包经营,效果就不错。这表明,单纯按企业的雇佣制管理模式来经营农业,尤其是农业的上游,并非最合理的选择,还是要以家庭经营制度为基础,同时引入合作制、股份合作制或公司制,以实现农业的家庭经营、合作经营、公司经营的优势互补和有机结合。简言之，工商企业应进入其适宜的农业领域，如农产品深加工、现代储运与物流，品牌打造与统一营销等农户家庭或农业合作组织不具优势的领域，尤其应与农民、农民合作社形成共赢关系，而不是取代农业的家庭经营制度和合作经营制度。

三、科学推进农业规模经营与农业服务体系建构

（一）着力构建多类型农业规模经营体系

农业的规模化经营是新型农业经营体系的重要组成，推进农业规模化经营对于农民增收、农业增效具有重要意义，但是，农业规模经营必须讲究规模适度和形式多样，并且不能仅以土地规模经营为唯一途径。比较利益是农业规模经营是否适度的基本参照，所谓比较利益，就是从事一定经营规模的农业主体的机会成本。比较利益是个动态的概念，因此，农业的适度经营规模也是动态的，随着农民收入水平的不断提高，农业的适度经营规模也在不断扩大。

农业规模经营为何应该体现为多种类型？原因在于农产品的多类型特性和农业的多形态特性。就农产品的多类型特性而言，农产品大体上可以分为三大类型：一是偏向于土地密集型的产品，以粮食等大宗农产品为主；二是偏向于资本密集型的产品，以加工农产品和设施农产品为主；三是偏向于劳动密集型的产品，以蔬菜、水果、茶叶和养殖类产品为主。从一定意义上讲，这三种类型农产品中，土地密集型农产品的规模经营主要取决于土地与资本的匹配关系，资本密集型农产品的规模经营主要取决于不变成本和变动成本的匹配关系，而劳动密集型农产品的规模经营主要取决于劳动和资本的匹配关系，因此，除了大宗农产品外，土地经营规模并非农业规模经营的决定因素。从农业的多形态特性看，农业规模经营不仅可以体现为土地的规模经营，而且还可以体现为其他多种形式，比如：可以通过农业专业化服务体系的建立，形成生产小规模、服务规模化的农业规模经营；可以通过农作制度的创新，形成粮经结

合、种养结合等复合型、立体型的农业规模经营;可以通过农业的产业融合和产业化经营,形成纵向一体的农业规模经营。总之,推进农业规模经营,既要从比较利益原则出发,把握规模经营的适度性,又要从农产品特性和农业特性出发,注重农业规模经营的多样性,实现适度性和多样性的统一。

(二)加快建立多元化农业服务体系

新型农业经营体系的一个基本特征是集约化、组织化、专业化的农业经营主体与产业化、规模化、多元化的农业服务体系的互动融合和双重经营。其中,建立多元化的农业服务体系,不仅是稳定和完善农业家庭经营制度的需要,而且是提高农业服务体系效率的需要。现代农业服务体系的效率既取决于农业专业化分工的深度(即分工的种类)与广度(即分工的规模),进而服务主体与受体的相互依赖度,又取决于服务双方交易的方式与制度安排。与工业产业不同,农业具有自然再生产和经济再生产的双重属性,具有经济、生态和社会的三重功能,农业的这些属性、功能决定了不同的农产品和农业的服务品会具有私人品、公共品与俱乐部品(社区公共品)的特性,与此相适应,农业的服务体系和服务品供给就应该呈现多元化的特性。这种多元化服务体系的特性,主要体现在两个层面:一是服务主体与制度导向的多元性,主要包括政府主导型、市场主导型、合作主导型、行业主导型和社会主导型等类型;二是服务形式的多元性,主要体现为服务的外包化(包括公共服务的外包化和私人服务的外包化)、服务的内部化(如合作社为其社员提供的服务)、服务外包化与内部化相结合(如社会组织和行业组织为农民或农业企业提供的服务)这三种类型。

从实践来看,我国多元化的农业服务体系正在逐步形成之中,具体表现为:政府主导的农业服务已从过去的政府统包统揽的单一服务方式,逐步转变为政府直接提供服务、政府购买公共服务、政府退出由市场提供服务等多种方式。市场(也即市场机制)主导的农业服务在服务产品和服务领域方面已不断增加。社会组织(如高校、科研机构和社会公益组织)主导的农业服务在服务体制和方式上取得了积极的进展。尤为突出的是,随着农业合作化与组织化程度的不断提高,农业合作主导和农业行业组织主导的服务正在显示着强劲的发展势头。

当前,我国多元化新型农业服务体系的建构还需要把握三个重点。一是把握新型农业经营主体培育与新型农业服务体系建构的互促共进关系。其目的是建立农业服务需求与服务供给的均衡关系,避免两者的不匹配现象。二是把握农业服务外包化与内部化的关系。这实际上是处理好服务市场化和服务非市场化的关系。为此,一方面要通过政府机构的改革和职能的转换,加快农业行业组织的发展,增强行业的内部化服务功能;另一方面,要通过相关体制改革和制度创新,促进合作社的规范发展、联合发展,并且推进集生产合作、供销合作、信用合作于一体的农民合作社联合社体系和平台的建构,以增强农民自组织的内部化服务功能,拓展农业服务的深度与广度。三是把握政府农业公共性服务的公平与效率的关系。提供公共性的农业服务是政府的重要职能,因此,无论政府的农业公共服务是以直接的方式提供,还是以购买的方式提供,都应体现对服务对象的公平性和普惠性,而不应具有歧视性,但与此同时,也应注重农业公共服务的效率。为此,一方面要清晰界定农业公共服务品的概念和受益对象,另一方面要建立和完善农业公共服务的运行体系与评价体系,高度重视广大农民群众对农业公共服务质量的反映,让农民参与各类农业公共服务的绩效考核,不断提高政府农业公共服务的时效性、针对性和稳定性。

在三次产业融合发展中
增加农民收益①

在农业的转型发展中,推进农业的产业化经营,促进农业的"接二连三",是一个重要方向,这不仅是当今世界现代农业发展的趋势与方向,也是我国农业产业提升市场竞争力、促进农民持续增收的重要源泉。为此,国务院办公厅发布的《关于加快转变农业发展方式的意见》(以下简称《意见》),对大力开展农业产业化经营进行了全面部署,提出要把发展多种形式农业适度规模经营与延伸农业产业链有机结合起来,推进三次产业融合发展,促进产业链增值收益更多留在产地、留给农民。从我国的农业发展现状看,要实现这样的目标并不容易,关键是要选择正确的转型途径和扶持政策,使广大农民在农业转型和三次产业融合中获得应有的收益,为此,应着重把握好三个关键。

一、推进农业的适度规模经营和多类型规模经营

农业的规模经营是提高农业劳动生产率和农民收入的重要途径。但由于我国人多地少,农业类型多样,农业的规模经营必须注重适度性和多样性。农业适度规模经营的本质是农业经营者的比较利益,这种比较利益就是从事一定经营规模农业主体的机会成本。比较利益具有动

---

① 本文作者为黄祖辉。本文内容发表在《农民日报》2015年8月14日头版,8月18日被国务院网站(中央政府门户网站)作为《关于加快转变农业发展方式的意见》解读文章全文刊登,并被各地政府部门网站和网络媒体转载,受到社会各界广泛关注。

态性,因此,随着农业和非农产业经营者收入水平的不断提高,农业的适度经营规模会有不断扩大的趋势。以土地规模经营为例,在20世纪80年代,我国农民的种粮适度规模曾一度被认为是10亩左右,而现在农民粮食生产的适度规模则已大大超过这一水平。农业适度规模经营的重要性在于过小的经营规模不利于农民增收,不利于农民生产积极性的激发,但过大的经营规模也有可能导致农业经营的粗放、资源利用效率的降低和农业经营者之间的收入失衡。

农业的规模经营还应该注重它的类型多样性,不能仅以土地经营规模为唯一标准。多种类型农业规模经营的必要性在于农产品的多类型和农业的多形态特性。就农产品的多类型特性而言,主要可以分为三大类型:一是偏向于土地密集型的产品,主要以粮食等大宗农产品为主;二是偏向于资本密集型的产品,主要以加工农产品和设施农产品为主;三是偏向于劳动密集型的产品,主要以蔬菜、水果、茶叶和养殖类产品为主。在这三种类型农产品中,土地密集型农产品的规模经营主要取决于土地与资本的匹配关系,资本密集型农产品的规模经营主要取决于投入的不变成本和变动成本的匹配关系,而劳动密集型农产品的规模经营主要取决于劳动和资本的匹配关系。

除了粮食等大宗农产品外,土地规模并非农业规模经营的决定因素。农业产品的多类型和多形态的特性决定了农业的规模经营可以有多种类型。

实践中,可以通过农业专业化服务体系的建立,形成生产小规模、服务规模化的农业规模经营;可以通过农作制度的创新,形成粮经结合、种养结合等复合型、立体化的农业规模经营;也可以通过农业的纵向融合和产业化经营,形成纵向一体化的农业规模经营。因此,《意见》明确提出要"总结推广多种形式农业适度规模经营的典型案例,充分发挥其示范带动作用",正是希望能充分调动和发挥各类新型农业经营主体的创新积极性,不轻易否定各地因地制宜的微观创新。为此,《意见》还明确"各地要采取财政奖补等措施,扶持多种形式的农业适度规模经营发展"。简言之,推进农业规模经营,既要从比较利益原则出发,把握规模经营的适度性,又要从农产品和农业的多样化特性出发,注重农业规模经营的多样性,实现农业规模经营的适度性和多样性的统一。

二、建立以农民合作组织为核心的多元化农业服务体系

建立在专业化分工基础上的农业服务体系,既是农业规模经营的重要基础和类型之一,又是农业转型发展和现代农业的重要标志。由于农业具有自然再生产和经济再生产的双重属性,具有经济、生态和社会的三重功能,农业的服务体系必然具有多元化的特点。主要体现在两个层面,一是服务主体与制度导向的多元化,主要包括政府主导型、市场主导型、合作主导型、行业主导型、社会主导型以及不同类型的结合等。二是服务形式的多元化,主要体现为:服务的外包化,如公共服务的外包化和私人服务的外包化;服务的内部化,如合作社等组织为其成员提供的服务;服务外包化与内部化的结合,如社会组织和行业组织为农民或农业企业提供的服务等类型。

我国多元化的农业服务体系正在逐步形成之中,着重表现为:政府主导的农业服务已从过去统包统揽的单一化服务方式,逐步转变为政府直接提供服务、政府购买服务、政府退出由市场提供服务等多种方式的服务;市场(也即通过市场机制运行)主导的农业服务在服务产品和服务领域方面在不断增加;社会组织(如高校、科研机构和公益组织等)主导的农业服务在服务的广度和深度上有了较大的进展;尤为突出的是,随着我国农民合作化与组织化程度的不断提高,农民合作社主导和农业行业组织主导的农业服务正在显示着良好的发展势头。从各国农业服务体系的发展格局及其与农民的利益关系看,以农民合作组织服务内部化为核心的农业服务体系,应该成为现阶段我国多元化农业服务体系的建构重点。为此,《意见》提出要"采取财政扶持、信贷支持等措施,加快培育农业经营性服务组织,开展政府购买农业公益性服务试点,积极推广合作式、托管式、订单式等服务形式"。

而建立以农民合作组织为核心的多元化农业服务体系,当前需要把握三个关系。一是把握新型农业经营主体培育与新型农业服务体系建构的互促共进关系。农民合作组织既是农业服务的需求方,又是农业服务的供给方,因此,现阶段要把农民合作组织的规范发展和质量提升作

为重点,以建立农业服务需求与供给的均衡关系。二是把握农业服务外包化与内部化的关系。也就是要处理好市场化服务和非市场化服务的关系。为此,一方面要通过政府机构的改革和职能的转换,加快农业行业组织的发展,增强行业的内部化服务功能;另一方面要通过相关体制改革和制度创新,促进农民合作社的规范发展、联合发展,探索建立集生产合作、供销合作、信用合作于一体和多层次的农民合作社的联合社,增强农民合作组织的服务功能,拓展农业服务的深度与广度。三是把握政府农业公共性服务的公平与效率的关系。提供农业公共性服务是政府的职能,是政府扶持农业的政策体现,因此,无论政府的农业公共服务是以直接的方式提供,还是以购买的方式提供,都应体现对服务对象的公平性和普惠性,而不应具有歧视性,但与此同时,也应注重农业公共服务的效率,加强公共服务的效率评估。为此,一方面要清晰界定农业公共服务品的概念和受益对象,另一方面要建立和完善农业公共服务的运行体系与评价体系,要高度重视广大农民群众对农业公共服务质量的反映,让农民介入各类农业公共服务的绩效考核,不断提高政府农业公共服务的时效性、针对性、精准性和稳定性。

三、构建农业纵向融合的经营机制与利益机制

农业的纵向融合程度反映农业产业化经营的水平,是农民能否分享整个农业产业链的价值和收益的关键。推进农业的纵向融合,重点是要构建两个机制,一是构建与农业纵向融合相适应的经营机制,二是构建农业纵向融合中相关主体的利益机制。

农业纵向融合的过程实质是农业"接二连三"的过程,或者说是农业纵向一体化的过程。完全的纵向一体化意味着整个农业产业链将内化于一个经营主体,这对于小农而言,几乎是难以实现的,即使是对企业而言,也是极其困难的。因为理想的农业一产、二产和三产的经营机制或治理结构是不尽相同的,一产的农业适合于家庭经营和合作经营,而二、三产的农业更适合于公司经营和企业经营。因此,完全的纵向一体化意味着一个组织将面临非常复杂的治理结构和高昂的治理成本。比较理

想的农业纵向融合方式,应该将相关经营机制及其经营主体有机连接起来,具体而言,有效的农业纵向融合就是要将农业的家庭经营、合作经营、公司经营以及行业协调这些机制有机结合,进而充分发挥这些机制在农业纵向融合的不同环节中的各自优势和集成效率,这种融合方式的重要意义在于能确保农业纵向一体化过程的组织制度和经营机制的效率,而这又是农民能在农业纵向融合过程中获益的前提条件。

找到农业纵向融合或一体化的路径与方法,并不意味着农民就能在农业纵向融合过程中获益,还需在此基础上建立相关经营主体,尤其是农民在农业纵向融合中的获利机制。农业的适度规模经营、农民的组织化以及家庭经营与合作经营的有机结合,是农民参与农业纵向融合,并且在农业纵向融合中获益的必要前提,但还必须有其他制度的安排和创新。

一是在农业合作制基础上引入股份制。比如,农民可以出资入股,建立股份合作社,以股份合作制的形式进入农业的第二、第三产业,直接获得经营农业下游的收益。或者,农民也可以将承包经营的土地以出租或入股的形式,与投资农业的工商企业共同组建股份合作企业或农业公司,从中获得相应的要素收益。《意见》中提出的"鼓励农民通过合作与联合的方式发展规模种养业、农产品加工业和农村服务业,开展农民以土地经营权入股农民合作社、农业产业化龙头企业试点",正是对此精神的具体体现。不过要想落实这一意见内容,还有不少法律与操作层面的问题需要破解,比如土地入股折价是否应该计入合作社或企业的出资总额、入股土地是否仅限定为农户承包地,合作社或企业破产时土地入股农户如何承担责任等,都需要后续通过开展试点示范等解决。《农民专业合作社法》、《农村土地承包法》、《物权法》、《担保法》、《继承法》等相关法律也需要着手修订完善。

二是鼓励工商企业(资本)在农业纵向融合中进入适宜的领域,与农民建立利益共同体和共赢机制。所谓农业中工商企业(资本)适宜的领域,应该是农户家庭或农业合作组织不具优势的领域,如农产品深加工、现代储运与物流、品牌打造与统一营销这些领域。近些年来,我国有不少工商企业投资农业和经营农业,推动了农业的规模化、标准化、品牌化和市场化,但不少企业不熟悉农业上游的经营特点,把握不好农业的家庭经营、合作经营与公司（企业）经营的关系，往往简单地沿用公司（企业）雇工经营的方法来替代农业上游的家庭经营或合作经营，导致农业用工成本和劳动控制成本很高，经营效率低下。可供选择的思路是将企业经营和家庭经营、合作经营有机结合，与农民建立利益共同体和共赢制。《意见》中提出的"充实和完善龙头企业联农带农的财政激励机制，鼓励龙头企业为农户提供技术培训、贷款担保、农业保险资助等服务，大力发展一村一品、村企互动的产销对接模式"正是对此问题的回答。在现阶段财政资金要着力发挥好"四两拨千斤"的撬动作用，通过贷款贴息、信贷担保等方式放大财政奖补资金的杠杆作用。深挖"一村一品"的内涵，因地制宜打造有竞争力的拳头品牌产品，在此过程中，政府部门要加强整体产业规划，避免低水平重复竞争。要通过优化劳动力、土地、技术、资金等要素配置，引导企业（合作社）、村组织、农民之间建立起更为紧密的利益共同体，尤其要考虑创新工作机制，充分调动村级组织的自觉性，为村企互动打造良好平台，也为村集体经济注入发展活力。此外，要通过试点、示范等方式，引导农业龙头企业与基地农户之间的对接从简单的产品收购逐步向育种、种养、加工、营销、物流配送等农业全产业链环节延伸，实现纵向一体化和横向规模化的有机结合。各地要充分利用好开展"互联网＋"现代农业行动、大力实施信息进村入户工程的有利时机，借力各类涉农电商企业，开拓现有产销衔接渠道，提升农业产业化经营的广度和深度，提高产品附加值，并使产业链增值收益更多留在产地、留给农民。

三是在农业转型发展和纵向融合中深化改革和提高政策效率。首先，要通过深化改革，破解现行农村土地制度、农业金融制度和农民组织制度对农业转型发展和纵向融合的制约，比如《意见》中提出的，"在全国范围内引导建立健全由财政支持的农业信贷担保体系，为粮食生产规模经营主体贷款提供信用担保和风险补偿"就是一个很不错的政策创新。还需要明确，要通过改革创新使农民在农业转型发展和纵向融合中对土地、资本、劳动这些基本生产要素具有充分的配置权、获取权和交易权。其次，要在政府加大对农业扶持力度的同时，不断提高农业政策的效率。比如在研究推进改革农业补贴制度，使补贴资金在向种粮农民和家庭农场等新型农业经营主体倾斜的过程中，尤其要准确把握家庭农场、农民合作社等新型农业经营主体的科学内涵、合理边界和相互关系,加强对工商资本租赁农地监管和风险防范,提高财政扶持资金的精准度和使用效率,防止组织异化、经营制度扭曲和农民利益受损。最后,要从不同区域的资源禀赋特点和区域农业发展的实际出发,按照农业规模经营的适度性原则和多类型路径,扶持和推进农业规模经营的有效发展,避免因农业规模经营不适度和形式单一化而降低资源利用与经营效率,以切实维护农民利益。

"十三五"浙江农业发展
形势和七点建议①

党的十八届五中全会对我国"十三五"规划的制定,进行了总体布局和顶层设计,明确了总体思路和重大方针。就农业发展领域而言,五中全会要求在"十三五"期间,我国农业现代化取得明显进展。强调要大力推进农业现代化,加快转变农业发展方式,走产出高效、产品安全、资源节约、环境友好的农业现代化道路。要构建科学合理的农业发展格局,促进新型工业化、信息化、城镇化、农业现代化同步发展。

浙江是个"七山一水两分田"的省份,耕地资源不是很丰裕,但区位优势明显、资源类型多样、气候宜人亦宜农,适合于高效生态农业、休闲旅游农业、特色精品农业和"接二连三"农业的发展。改革开放以来,浙江农业发展亮点纷呈。如农业结构从以粮为纲转变到发展效益农业和发展高效生态农业;农作制度的不断创新,不仅创造了"千斤粮、万元钱"的稳粮增收模式,而且走出了一条多种类型农业适度规模经营的路子;以粮食生产功能区和现代农业园区为特点的"两区"建设,彰显了浙江农业的多样性和现代性;特色农业、多功能农业与美丽乡村、特色小镇建设的相互融合,促进了浙江农业的产业融合、产村融合、产城融合和城乡一体、城乡共赢的进程;依托浙江山区优质生态资源,确立绿色发展、生态富民、科学跨越的转型发展思路,使浙江山区农业步入了发展的快车道。

但同时应该看到,浙江农业发展也面临诸多挑战和不足,主要有:一是受土地资源的约束,农户经营规模普遍偏小,农业主导产业规模化显

---

① 本文作者为黄祖辉。本文内容发表在《咨询研究》(浙江省人民政府咨询委员会主办)2015年第49期,获时任浙江省副省长黄旭明批示。

示度不够,市场占有率不高;二是由于要素市场化改革滞后,农业经营主体相对老化,新型主体依然缺乏;三是相比于兄弟省份,浙江农业土地成本和劳动力成本缺乏比较优势,转型发展面临更高要求和更大压力;四是浙江农业同样面临着资源开发过度、环境污染严重情况下,如何确保农产品质量安全和农业可持续发展的挑战;五是尽管浙江农业劳动力向非农产业转移走在全国前列,但农业比重下降也快,以致农业劳动力比重仍然大大超过农业在 GDP 中的比重,农业现代化仍然滞后于工业化、信息化和城镇化的进程。

根据党的十八届五中全会提出的五大发展理念及农业发展的目标任务与要求,浙江农业应在"十二五"发展的基础上,牢牢把握农业所面临的机遇,科学应对挑战,在"十三五"期间,应突显浙江农业的高效生态、功能多样、"接二连三"和优质安全,形成创新发展、绿色发展、融合发展的浙江农业发展新格局,以实现浙江农业发展方式的转变,浙江农业现代化与工业化、信息化、城镇化的同步协调。基于此,"十三五"期间,浙江农业转型发展应突出以下七个重点。

1. 牢牢把握农业转型发展方向和关键

一要体现绿色健康消费需求导向,实现农产品绿色化、特色化和品牌化的协调与统一。二要体现经济生态化、生态经济化理念,实现农业经济、社会、生态综合效益的协调与统一。三要体现集约化生产方式与生态化循环方式有机结合,实现农业资源集约、精细、高效和可持续开发利用的协调与统一。四要体现高产优质高效科技与绿色安全生态技术的有机结合,实现现代农业科技创新对农业转型发展的有效支撑。五要体现专业化、企业化、规模化经营主体与合作化、网络化、多元化服务主体的有机结合,实现浙江农业的多功能发展和纵向融合发展。六要体现现代家庭经营、合作经营、公司经营和行业协调的有机结合,实现现代农业多种经营主体、多种治理结构的相互融合和共赢发展。

2. 加快构建新型农业经营体系

新型农业经营体系是一种适应现代农业发展和现代市场竞争的农业经营体系。其核心是实现现代农业经营主体与现代农业支撑体系的有机结合与双层经营。构建新型农业经营体系的目的,是要建立支撑新型农业经营主体成长、多元化农业服务体系形成、多类型农业适度规模经营发展、多种农业经营机制与产业组织模式耦合以及产业化经营水平不断提升的现代农业经营体系。这样的农业经营体系,在产业层面是要体现生产集约化、经营规模化、分工专业化、产业组织化、服务多元化和产品市场化的"六位一体"与相互协同。在组织层面是要形成以农民合作组织为核心的农业产业组织体系,是农户组织、合作社组织、公司(企业)组织和行业组织的"四位一体"与有机衔接。在经营制度层面是要实现家庭经营制度、合作经营制度、公司经营制度、产业化经营制度和行业协调制度的"五位一体"与优势互补。

3. 推进多种类型的农业适度规模经营发展

首先要坚持农业规模经营适度性原则。防止农户经营规模过小影响农民经营积极性,经营规模过大导致经营资源粗放利用。其次要推行多种类型规模经营。既要注重土地流转基础上的土地适度规模经营,又要重视其他类型的农业规模经营。要积极探索农业专业化分工基础上的生产小规模、服务规模化的农业规模经营。要进一步总结浙江农作制度创新的经验,不断推进粮经结合、种养结合等复合型、立体式的农业规模经营。还要通过农业的三次产业融合和多功能融合,发展多种融合形式的农业规模经营。总之,推进农业规模经营,既要从比较利益原则出发,把握浙江农业规模经营的适度性,又要从浙江农产品和农业的多样化特性出发,注重农业规模经营的多样性,实现农业规模经营的适度性和多样性的统一。

4. 建立以合作组织为核心的多元化农业服务体系

完善的农业服务体系是现代农业不可或缺的组成部分。"十三五"期间,浙江多元化农业服务体系的建构需要把握好三个关系:一是把握新型农业经营主体培育与新型农业服务体系建构的互促共进关系。二是把握农业服务外包化与内部化的关系,处理好市场化服务和非市场化服务的关系。尤其要通过配套改革,建立集生产、供销、信用、农技等功能于一体的农民合作组织的联合社(农合联)和合作服务体系,充分发挥合作社在农业服务中的作用。三是把握政府农业公共性服务的公平与效率的关系。一方面要清晰界定农业公共服务品的概念和受益对象,另一方面要建立和完善农业公共服务的运行体系和评价体系,高度重视广大农民群众对农业公共服务质量的反映。

5. 提高农业组织化和农业产业经营水平

浙江在农业组织化方面曾有不少经验与教训,农民合作社走在全国前列。"十三五"期间,浙江应着重农民合作组织的质量提升,加快合作社的联合发展、多功能发展,探索以农民合作制占主导的股份合作社发展和治理结构的完善。同时,要同步推进政府职能转换和农业行业组织发展。就农业产业化经营而言,重点是将原来的公司(企业)主导的"公司+农户"的产业化经营模式转变为公司(企业)与合作社共同主导的"公司+合作社+农户"的产业化经营模式,并且积极探索由合作社主导、合作社直接向下游延伸的农业产业化经营模式。同时,要鼓励下游的公司(企业)主动向上游延伸,进入农业的适宜领域,尤其是在扶持农民专业合作社发展(如人员培训、技术服务、品牌打造、质量控制等)以及与合作社建立更为紧密、互利共赢的利益机制(如相互参股、二次分配、价格保护)等方面发挥作用。

6. 推进农村三次产业的融合发展

农村三次产业融合发展的核心是农业三次产业的融合发展,实质是农业的"接二连三"和多功能发展,是农业的产业化经营和纵向一体化的过程,推进农村三次产业融合对于提升浙江农业竞争力和农民持续增收具有重要意义。浙江区位条件好,互联网产业和市场化起步早,具有良好的产业融合发展基础与条件。为此,首先要实现农业的种养业融合和产加销融合。其次要做好"农业+"这篇文章,要通过产业重组、延伸、交叉、渗透等形式,实现农业与互联网、休闲、文化、旅游、养生等业态的融合发展。与此同时,还要在农业产业融合发展的基础上,推进浙江的产村融合、产城(镇)融合,实现城乡一体发展和城乡共赢发展。产业融合发展还需建立产业融合的利益机制。主要的重点:一是在农业合作制基础上引入股份制;二是鼓励合作社联合发展、功能拓展和向下游延伸;三是引导工商企业(资本)在农业纵向融合中进入适宜的领域,与农民建立利益共同体和共赢机制;四是处理好家庭自我经营与雇工经营的关系、农业合作经营与股份经营的关系。

7. 在农业转型中推进城乡联动式改革

"十三五"期间,浙江省农业的转型发展和现代化发展还取决于改革创新的驱动。要通过城乡联动的综合配套改革,推进城乡社保体制的一体化和农村土地、劳动力、资本三大要素的优化配置,使广大农民享有平等的社会保障权益,对土地、资本、劳动这些基本生产要素拥有充分的获取权、配置权、交易权和收益权。要推进农业组织制度的改革创新,加快政府职能的不断转换与优化,建立"三位一体"的农合联组织和农业行业组织。要提高各级政府的农业政策效率,准确把握家庭农场、各种类型合作组织以及工商企业进入农业的科学内涵、合理边界和相互关系,提高对各类新型农业经营主体扶持的精准度,防止农业组织的异化和经营制度的扭曲,避免农民利益受损和农业产业融合受阻。要从浙江不同区域的资源禀赋特点和区域农业发展的实际出发,按照农业规模经营的适度性原则和多类型路径,扶持和推进农业规模经营的有效发展,防止因农业规模经营不适度和形式单一化而导致资源利用效率和经营效率的降低。

浙江人口承载从数量型向
质量型转变的思路与对策①

　　准确把握浙江省人口现状及变化态势,科学分析和预测浙江省人口承载能力,将为浙江省"十三五"规划的制定与实施夯实基础,对浙江省"十三五"时期乃至更长时期的发展意义深远。根据浙江省统计局、省公安厅人口服务管理总队等公布的数据和课题组的实地调研考察,我们对浙江省人口承载力问题进行了研究。本文揭示了浙江省人口总量、结构、分布新动向及流动人口的新特征,运用系统动力学等方法,对不同情境下的 2020 年浙江省常住人口的规模进行了预测,并且结合"十二五"规划中浙江省经济、社会、资源、环境发展目标和 2020 年全面建成小康社会的总体要求,对浙江省的人口综合承载力进行了深入分析,提出了浙江省人口承载从数量型向质量型转变的思路与建议。

　　就浙江省人口与结构状况而言,研究得到以下基本结论:

　　①浙江省 2013 年末常住人口增速呈倒 U 形的状态。目前进入增速放缓期(近三年年均增长 0.31%),并且户籍人口增长逐渐成为浙江省人口增长的主因。

　　②浙江省已进入人口"老龄化社会",并正迈向"老龄社会"。2013年浙江省 60 岁以上、65 岁以上人口占户籍人口比重分别高达 18.68%和 9.20%。

---

　　①　本文作者为黄祖辉、米松华、朋文欢、叶俊焘、王鑫鑫,为本人主持的"浙江省人口承载力研究"课题和"浙江省'十三五'规划前期研究:有序推进农业转移人口市民化——现状、挑战及应对策略研究"课题的决策咨询报告。该报告刊发在《公共政策内参》(浙江大学公共政策研究院、浙江省公共政策研究院主办)2016 年 1 月 14 日。同年1 月 26 日,时任浙江省常务副省长袁家军对其做出重要批示。

③浙江省人力资源积累持续提升。但和江苏、广东、上海等省市相比却略显不足。

④浙江省流动人口总量大,来源地和去向地相对集中。截至 2014 年 6 月,浙江省流动人口总量 2260 万,占全国流动人口总量约 8.40%。流动人口中,省外人口占比高达 86.40%,其中安徽、贵州、江西、河南、四川籍人口累计占比 66.60%,主要分布于宁波、杭州、温州、金华,4 市累计承接流动人口总量占比达 65.20%。

⑤流动人口"举家式"迁移和居住长期化比较明显。2014 年举家迁移占一半,在浙居住时间半年以上者占比 74.23%。

⑥流动人口学历素质偏低,但总体态势趋好。2260 万流动人口中,初中及以下学历者占比高达 74.30%,但 2009 年以来,大专及以上学历者占比逐年提升。

⑦流动人口收入有所增长。2014 年浙江省流动人口平均月薪达 3183 元,这在一定程度上提升了他们的市民化能力。

报告预测了浙江省 2020 年末常住人口的规模。结果显示:从资源禀赋承载力看,浙江省年末常住人口将在 5161.26 万至 5377.00 万之间,小于当前人口规模。但从经济发展承载力看,浙江省人口承载力数量会超过资源禀赋的人口承载力数量,达到 7149.87 万至 7240.32 万之间,这恰恰体现了浙江省"经济大省、资源小省"的基本省情。

进一步的分析研究表明,总体而言,土地资源和水资源是制约浙江省人口承载能力的主要因素。从空间分布看,浙江省人口承载能力在空间分布上并不均衡,不同区域人口承载力短板各异。经济相对发达地区,如环杭州湾经济带、温台地区,经济发展所支撑的人口承载能力普遍较强,但这些地区自然资源对人口承载能力的约束则较强,相反,浙江省一些欠发达地区,如金衢丽等地区,自然资源所能承载的人口数量大大超过了实际数量,但受制于经济发展水平的相对滞后,相应的人口承载能力却不强。此外,研究结果还表明,城市化水平、三次产业结构、科技投入比重和社会发展支出增长率也是影响浙江省人口承载力的关键因素。城市化水平的提高,三次产业结构的优化,科技投入比重和社会发展支出的提高,对浙江省人口承载能力,尤其是承载质量的提高,均具有正向的作用。

研究分析还表明：浙江改革开放以来人口总量与结构状况的变化，是浙江经济社会发展在人口方面的反映。从人口总量变化的角度看，浙江具有超越本省人口规模的人口承载力。从人口结构变化的角度看，浙江经历了工业化的快速发展和城镇化的较快推进。但从经济转型发展要求看，浙江目前的人口总量与结构状况又表明浙江的转型发展步履艰难，浙江的城镇化面临大量外来人口市民化的艰巨任务。

当前，我国经济社会正在进入"新常态"，"新常态"对浙江省而言，意味着"旧常态"下的低端化、高耗化、粗放型的高增长模式已难以为继，经济增长速度在一定区间的下滑或徘徊，有可能成为"常态"。这种"常态"存在两种不同含义的可能，一种呈现为转型发展后的"减速"，另一种呈现为经济未转型下的"减速"，前者值得欣喜，表明浙江省是真正进入了"新常态"，后者则令人担忧，表明浙江省经济可能进入了中等收入的"陷阱"，或者说是陷入"旧常态"的困境。

为此，报告认为，浙江省应转换人口承载思路，处理好人口承载中的三大关系，即人口的资源承载、经济承载和社会承载的关系，既提升承载人口的质量，又提升承载人口的满意度，实现浙江省人口承载从数量型向质量型的转变。基于这一思路，浙江省在"十三五"时期乃至更长一段时期内，应着眼于资源承载人口的效率提高、经济承载人口的质量提高和社会承载人口的水平提高，通过改革创新、转型发展和新型城镇化引领，有序推进农业转移人口市民化，积极应对人口老龄化，不断优化浙江省人口承载结构与分布，提高浙江省人口承载质量与效率。

1. 实现资源高效利用，提高浙江省人口承载效率

浙江省是"七山一水两分田"的资源格局，人均土地资源并不丰裕，提高土地资源对人口承载的效率，必须走新型城镇化之路。就浙江省而言，"十三五"期间应坚持以人为本、环境友好、四化同步、城乡一体的理念，以杭、宁、温、金义四大城市群为人口承载的核心载体，按照大中小城市协调，小县大城、特色城镇与美丽乡村协调，城镇化与市民化协调，城镇改革与农村改革协调的新型城镇化发展思路，积极推进浙江省农村人口向城镇有效集聚，有序推进省外农业转移人口在浙江省的市民化，不断优化浙江省人口空间布局，重点提高浙江省中小城市对人口的承载能力和资源承载效率。

2. 加快经济转型发展，提高浙江省人口承载质量

产业结构与就业结构，经济结构与人口结构是紧密相关的结构关系。要提高浙江省的人口承载质量，必须加快浙江省产业结构和经济结构的转型升级。通过产业结构的转型升级倒逼人口结构的优化，以人口结构的优化支撑浙江省产业结构的转型，以此促成浙江省人口结构与产业结构的良性互动与同步协调。首先，应着眼浙江省当前优势产业和"十三五"重点发展产业，加大相应的高等教育、职业教育与人才引进的力度，以不断夯实浙江省经济转型升级的人力资源基础。其次，通过政策引导、市场准入等手段，促进低端高耗产业"腾笼换鸟"或转型升级。此外，积极引导二产劳动力向三产转移就业，使传统二产劳动力资源转换为三产服务业劳动力的红利，实现浙江省产业结构演进和就业结构转换的协同以及人口承载质量的提升。

3. 推进社会和谐共享，提高浙江省人口承载水平

如果说资源是人口承载的基础条件，经济是人口承载的能力因素，那么社会则是人口承载的支撑系统和水平反映。构建和谐社会，推进包容共享，不仅有助于提高承载人口的满意度，而且有助于提高人口承载的效率与质量。为此，应加快城乡联动和区域联动的改革，破解城乡二元结构和区域行政壁垒，解决好基本公共权益、财产权益平等拥有和人口有序流动问题。其次，要进一步创新人口管理理念，从防范式、管制式的人口管理向服务型、治理型的人口管理转变。建议按照"以业引人，以证定人，以房配人，以策导人"的十六字方针，优化"产业体系"、"积分体系"、"自律体系"、"房价体系"和"管理体系"，实现公共利益共享和城乡社区包容发展。此外，针对浙江省人口老龄化状况，应推进养老保险制度与养老方式的改革，建立城乡、区域一体的基本养老金调节机制，稳步提升养老保险水平，扩大制度覆盖面。同时，鼓励外来年轻劳动力在浙江省三产和家政服务业就业，以既缓解浙江省人口老龄化状况，又推进浙江省"银发产业"的发展。

打赢我国"十三五"
扶贫攻坚战的对策建议①

一、我国"十三五"扶贫攻坚开局良好

消除贫困是人类社会发展的共同使命,是我国全面小康社会的底线要求,是科学发展、包容发展和共享发展的重要标志。对于中国这样一个占世界人口近 20% 的人口大国而言,消除贫困是中国共产党的重要使命和职责,是一场必须打赢、输不起的战役。

改革开放以来,我国先后制定实施《国家八七扶贫攻坚计划(1994—2000 年)》、《中国农村扶贫开发纲要(2001—2010 年)》、《中国农村扶贫开发纲要(2011—2020 年)》等扶贫开发规划,扶贫工作取得了显著成效,按照联合国的评估,中国改革开放以来已经减少农村贫困人口 7.9 亿,对世界减贫的贡献率超过 70%。然而,贫困是一个动态的概念,随着经济社会的发展,我国贫困人口标准有了新的提高,按照新的标准测算,我国目前至少还有 7000 多万的贫困人口。近些年来,以习近平同志为核心的党中央高度重视贫困问题的解决,提出要在"十三五"期间打一场扶贫攻坚战,到 2020 年实现我国 7000 多万贫困人口的脱贫。

在党中央的扶贫攻坚战略的部署下,各级政府,尤其是贫困集中连片地区的政府,已经积极行动,我国扶贫攻坚战呈现良好开局的局面。

---

① 本文作者为黄祖辉,于 2016 年 3 月 16 日报送国务院办公厅,4 月获时任国务院副总理汪洋批示,同时批转时任国务院扶贫办主任刘永富。

从我们最近对不少欠发达地区和贫困县的实地考察来看,主要体现在四个方面。一是主要领导高度重视。各地都把扶贫攻坚作为一把手工程,不仅出台相关政策举措,而且党政一把手亲自挂帅抓点,自上而下签订帮扶脱贫任务责任书。二是精准扶贫获得共识。各地干部群众对精准扶贫和精准脱贫理念高度认同,并付诸行动。不少地方在实践操作中还创新做法,如贵州威宁县迤那镇在扶贫攻坚实践中创造了广大群众积极参与的精准扶贫"四看"法,对贫困户实行动态管理,因地制宜、因户施策,形成了对贫困户动态管理的指标体系,探索出了一条精准扶贫的新路子。三是规划措施积极有力。不少地方都专门制定翔实的"十三五"扶贫攻坚规划,把扶贫攻坚作为地方"十三五"规划的重要内容。发展目标很积极,如云南景东县和贵州威宁县这样的国家级贫困县均提出到2018年消除贫困和同步实现全面小康的目标。四是社会各界纷纷响应。不少高校、企业和社会团体发挥自身优势,着眼精准扶贫,制定规划,开展定点帮扶。如大北农集团计划对贵州省开展重点帮扶;浙江大学发挥学科综合优势,重点开展对云南景东等县的定点扶贫,组建"减贫与发展中心",并专门制定学校"十三五"定点帮扶规划。

二、我国"十三五"扶贫攻坚挑战严峻

首先是贫困人口新特点带来的挑战。根据我们对贫困问题的多年研究和实践帮扶与观察,当前我国贫困人口呈现出一些新的特点。一是贫困人口的分布既集中又分散。总体而言,是集中连片贫困人口与分散贫困人口并存。我国贫困人口主要集中在农村,但由于人口的流动性和城乡社保体制的不均衡,城市中的贫困人口已不容忽视。就区域分布看,主要集中在中西部,大体上是西部占一半,中部占35.67%,东部占14.33%。二是贫困的成因呈现多样性特点。与改革开放初期我国人口贫困的主要成因是过多农村人口被束缚在土地上从事农业,没有非农就业机会,解决不了温饱而致贫所不同,当前我国贫困人口的致贫原因已呈现多元化的特点,包括生存环境恶劣致贫,缺乏就业机会或能力致贫,社保水平低或未覆盖致贫,因病致贫或返贫,因学致贫或返贫,因"三留"

现象致贫或返贫,等等。相关研究表明,在农村贫困人口中,大约 46%
的贫困人口人均拥有土地少于 1 亩,大约 700 万人是居住在生存环境极
其恶劣的边远山区。

我国当前贫困人口的上述特点对"十三五"扶贫攻坚带来了难度和
挑战。一是人口的流动性和部分贫困人口分布的分散性对精准性扶贫,
如扶贫到人到户带来了困难。二是从贫困成因的多样性看,通过产业发
展途径,或者说通过初次分配途径,对减贫的边际贡献率与过去相比,将
明显降低,也就是说,存在难以靠产业发展消化的贫困硬核,大量的贫困
人口需要通过再次分配途径,即通过转移支付或"兜底"式的途径来脱
贫,这样的脱贫人口还存在极高的返贫可能,这不仅对国家的公共财政
带来很大的压力,而且对扶贫的效率和脱贫的长效性来说无疑是个严峻
的挑战。

其次是扶贫机制相对滞后带来的挑战。尽管我国在扶贫开发方面
力度较大,并且积累了不少成功的经验,但是面对"十三五"扶贫攻坚的
任务和精准扶贫的要求,仍存在体制机制不适应所带来的挑战。一是扶
贫资源丰富,名目繁多,但政策口径与扶持力度不一,缺乏有效的整合与
协调机制,导致扶贫效率降低和一些地方出现群众矛盾。二是扶贫绩效
考核存在"鞭打快牛"现象,导致贫困地区干部和群众愿戴"贫困帽"或低
估减贫绩效。三是精准扶贫还缺乏有效的精准识贫办法或识贫机制。
四是社会帮扶存在任务观点和形式主义,缺乏内在动力和激励。五是产
业扶贫对贫困人口脱贫缺乏精准性,存在"最后一公里"的脱节问题。

三、打赢我国扶贫攻坚战的对策建议

1. 确立我国"十三五"扶贫攻坚的基本思路

我们认为,按照中央的有关精神,结合基层的实践探索,应将"改革
推动、规划引领、因地制宜、精准发力、多路并进、创新制胜"作为我国"十
三五"扶贫攻坚的基本思路,以指导各地从自身发展的实际出发,齐心协
力打赢国家"十三五"扶贫攻坚战。具体而言,就是要牢牢把握三个精
准,协同推进四条路径,重点创新五大机制。

2. 牢牢把握三个精准

一是牢牢把握精准识贫，二是牢牢把握精准扶贫，三是牢牢把握精准脱贫。这三个精准是有机关联的逻辑体系，其中精准脱贫是目的，精准扶贫是手段，精准识贫则是精准扶贫和精准脱贫的前提。如果不能做到精准识别贫困，就谈不上精准扶贫和精准脱贫。精准识贫应该包括三个层面，首先是要精准识别真正的贫困区域和贫困村落；其次是在此基础上，精准识别真正的贫困家庭和贫困人口；再次要精准识别这些贫困家庭和贫困人口的贫困成因。

3. 协同推进四条路径

一是初次分配路径脱贫。这条路径应该是我国"十三五"扶贫攻坚中最重要、最积极、最有效、最能持续的脱贫路径，其核心是通过产业发展的途径来解决贫困问题，关键是使扶贫产业的发展能精准惠及和直接带动贫困人口，使有劳动能力的贫困人口具有各种就业的机会，如就地就业与异地就业，自主就业、受雇就业与合作就业。

二是再次分配路径脱贫。这条路径可以说是我国"十三五"扶贫攻坚的底线路径，其核心是通过国家转移支付或"兜底"的途径来解决贫困人口中丧失就业能力的对象脱贫，关键是尽快建立和完善多层次、多类型、可持续、城乡一体的社会保障与救助体系以及"兜底"对象的识别体系。

三是社会帮扶路径脱贫。这条路径是我国"十三五"扶贫攻坚不可或缺、亟须强化的路径，其核心是进一步动员社会各方力量参与精准扶贫，关键是完善社会各方参与精准扶贫的机制，鼓励社会团体自愿帮扶，增强发达地区以及企业和高校的对口支持、定点帮扶的力度，提高社会帮扶脱贫的效率。

四是赋权改革路径脱贫。这条路径是我国"十三五"扶贫攻坚极为重要、亟待加快的路径，其核心是赋权脱贫，关键是通过资源环境制度、农村集体产权制度和人口迁移制度的改革深化，赋予广大农民更多的财产权益与经营权利，以充分调动贫困人口在脱贫过程中的自主性、主动性和能动性，实现绿色生态脱贫、资产收益脱贫和自主创业脱贫。

4.重点创新五大机制

一是创新资源整合机制,形成扶贫攻坚合力。要通过规划引领、体制改革、科学考核,不断理顺和优化扶贫工作的条块关系、上下关系,尤其要赋予贫困地区县市、乡镇在扶贫攻坚中合理配置资源的自主性和自主权,实现各项扶贫政策资源、社会资源和要素资源在基层的有效整合利用,形成扶贫攻坚的合力。

二是创新基层治理机制,激发扶贫攻坚动力。农村基层组织的作用发挥与农民群众的积极参与是打赢扶贫攻坚战的重要因素,我国脱贫实践中不少成功的案例大多与此有关。尤其是在精准识贫和精准扶贫过程中,更要支持和鼓励基层创新乡村治理机制,探索构建适合于当地特点的识贫信息体系、民主参与体系、示贫诚信体系、评定公示体系和扶贫监督体系,以激发广大农民群众扶贫攻坚的动力。

三是创新城乡联动机制,提升扶贫攻坚能力。既要发挥农业产业与农村经济发展对脱贫的核心作用,又要突破仅仅靠农业产业与农村区域脱贫的局限,拓展扶贫攻坚空间,提升扶贫攻坚能力。重点是通过城乡发展一体化体制机制的建立和新型城镇化的发展,将精准扶贫与城镇化发展有机结合,发挥"以城带乡,以城减贫"的功能,有效实现贫困人口的异地脱贫和迁移脱贫。

四是创新教育培训机制,开发扶贫攻坚潜力。人力资本开发是贫困地区贫困人口脱贫的根本途径和潜力所在。为此,要创新贫困地区人力资源开发机制,加快贫困地区教育事业发展,提升贫困地区自我造血能力。要着力提高贫困地区义务教育质量,实行贫困人口职业教育免费,大力开展适合贫困人口的技能培训和创业教育。要特别关注"教育致贫"现象,鼓励更多社会力量精准帮扶类似家庭。

五是创新产业发展机制,增强扶贫攻坚活力。通过产业发展脱贫是打赢扶贫攻坚战最有效的途径。要从贫困地区的资源禀赋和产业基础出发,借鉴先进地区扶贫脱贫的经验,充分利用市场机制和各类扶贫资源,创新贫困地区产业发展机制和利益共享机制,建立相应的产业发展体系、产业组织体系、产业经营体系和科技推广体系。要发挥生态扶贫、科技扶贫、合作扶贫、电商扶贫、品牌扶贫的作用,增强产业扶贫的能力与活力,推进贫困地区三次产业的融合发展、多功能发展和转型发展。

以深化改革解决
我国农业供给侧问题[①]

一、改革开放以来我国农业供给
侧三次重大结构调整与改革

改革开放以来,从国家层面看,我国有过三次重大的农业供给侧结构调整与改革,这些调整和改革有的成效明显,有的却不很明显。

1.20 世纪 70 年代末期农产品供给短缺下的农业经营制度和价格改革

从新中国成立到 1978 年的近三十年,我国走的是一条计划经济和公有制的经济发展道路。在农业领域,则是按统购统销的计划经济体制和集体统一经营与分配的模式运行,这一制度安排始终没能解决好我国农产品的充分供给问题。供给短缺,配额消费,是当时农业和整体国民经济的常态。1978 年 12 月,党中央召开了十一届三中全会,做出了实行改革开放的重大决策。在农业发展方面,针对农产品供给长期不足的状况,提出要"按劳分配","克服平均主义"和"提高农产品收购价格",同时明确"社员自留地、家庭副业和集市贸易是社会主义经济的必要补充部分"。1979 年 9 月的十一届四中全会,进一步通过了《中共中央关于加快农业发展若干问题的决定》,允许农民在国家统一计划指导下,因时

---

① 本文作者为黄祖辉,由浙江大学社会科学研究院以"成果要报"形式,于 2016 年 10 月提交教育部社科司,于 2016 年 11 月 24 日被教育部社科司采纳。

因地制宜,保障他们的经营自主权,发挥他们的生产积极性。1980 年 9 月,中央下发《关于进一步加强和完善农业生产责任制的几个问题》,肯定了包产到户的社会主义性质。到 1983 年初,农村家庭联产承包责任制在全国范围内得到了全面推广。农村家庭联产承包责任制的推行和农产品价格的放开,从农业供给侧的角度看,并不是农业产业结构的调整,而是农业经营制度和价格制度的改革,因而可以说是农业供给侧的制度改革。其本质是改变供给主体非激励的计划供给体制,转变农业的集体经营为农户家庭经营,并对农民引入价格激励和分配激励。改革大大调动了农民生产农产品的积极性,主要农产品粮食供给不足的问题很快得到缓解。粮食产量由 1978 年的 3.04 亿吨增加到 1984 年的 4.07 亿吨,创了当时我国粮食产量的历史新高,年均增长 4.9%,一举扭转了我国粮食长期严重短缺的局面,甚至出现了粮食的相对过剩和卖粮难。

2.20 世纪 80 年代中期农产品供给结构单一下的农业产业结构调整

随着农业改革所带来的粮食供给能力和供给量的持续提高,我国农业供给侧结构出现了新问题,表现为农产品供给结构过于单一,以粮为纲,粮食供给过量,其他农产品却依然供给不足。为此,1985 年的中央一号文件及时做出了"在稳定粮食生产的同时,积极发展多种经营"的农业产业结构调整的决策。主要手段是减少国家对粮食的计划订购,逐步放开其他农副产品价格。这一调整,大大改变了我国农产品的供给格局,据统计,从 1984 年至 1995 年这十一年间,尽管我国粮食产量增速有所下降,年均仅递增 1.2%,但其他农产品在这一时期却得到了迅速发展。1995 年,猪牛羊肉、水产品、禽蛋、牛奶和水果产量分别比 1984 年增长了 1.8 倍、3.1 倍、2.9 倍、1.6 倍和 3.3 倍,基本满足了城乡居民基本小康生活的食物消费需求。

3.20 世纪 90 年代中期农产品供给过剩下的农业战略性结构调整

进入 20 世纪 90 年代后,尤其是邓小平 1992 年南方谈话后,我国改革开放和市场经济发展进一步加快,整体经济明显升温,农业也不例外,增长加快,但与此同时,也使大多数农产品的供给呈现了过剩现象,农民又面临农产品的卖难问题。尽管 90 年代与 80 年代的农产品过剩都是结构性相对过剩,但是却存在本质区别。80 年代的农产品过剩是农业结构过于单一下的粮食相对过剩,而 90 年代的农产品过剩却是在农业产业结构调整后出现的相对过剩,其过剩的波及面广,原因复杂,与农业的纵向结构、组织结构、空间结构以及农产品的品质结构相关联,很难通过单纯的产品数量结构调整而解决。为此,中央在 90 年代中后期提出要大力推进"农业的战略性结构调整",这一思想在 2000 年党的十五届五中全会上得到进一步明确。据当时中央有关文件精神解读,农业的战略性结构调整有不少新意,涉及四种类型的农业结构调整与优化:一是调整与优化农业区域空间结构,进一步发挥区域农业比较优势;二是调整与优化农业品质结构,进一步满足市场多元化消费需求;三是调整与优化农业组织结构,进一步提高农业组织化程度;四是调整和优化农业纵向结构,进一步推进农业产业化经营和纵向一体化水平提升。然而,与改革开放以来前两次农业供给侧的重大调整和改革相比,90 年代中后期围绕农业供给侧问题所提出的农业战略性结构调整,效果并不是很明显,没有达到当时的预期,以至于"农业战略性结构调整"这一农业供给侧的重大结构调整和改革,几年后就逐渐淡出政府和学者的视野。

二、我国现阶段农业供给侧问题的要害与思路建议

我国改革开放以来农业供给侧的三次重大结构调整与改革表明,其成功与否,都与供给侧的体制机制创新与改革力度有关。针对农产品供给全面短缺问题的第一次农业供给侧的变革之所以取得明显成效,起决定性作用的是推进农业经营机制和农产品价格制度的改革。20 世纪 80 年代中期农业产业结构的有效调整,表面上看是政府对农产品计划任务结构的调整,但其背后所伴随的一系列措施,如农产品价格的放开,统派购制度的逐步取消,农业劳动力流动的放宽,均体现我国农业供给侧体制在从计划体制向市场体制转变,具有明显的制度推进效应。而 90 年代中后期提出的农业战略性结构调整之所以没能取得预期效果,原因是对我国农业战略性结构调整的难度和路径缺乏精准的判断,因而在实践中没能坚持以改革为统领来持续推进农业战略性结构调整。

时至今日,我国农业供给侧依然面临供给相对过剩和国际竞争力不足的问题,随着全球化农业竞争和消费选择的加快,这一问题还将不断凸显。当前,从我国粮食产业看,一方面是政府补贴负担越来越重,另一方面却是粮食库存积压和粮价高于国际市场。从其他农业产业看,一方面是各地政府大力招商引资推进发展,另一方面却是产品供给愈发过剩,地区竞争加剧,引致价格下跌和农民利益受损。从产业链角度看,尽管政府强调推进农业三次产业融合发展,但实践中代表农民的组织化依然滞后,农民依然难以与下游有效对接。同时,农产品质量依然难以追溯,消费者对食品质量安全仍然缺乏信心。而从体制层面看,无论是各类新型农业经营主体,还是投资农业的工商企业,越来越多的经营主体从事农业并不着眼于市场需求,而是着眼于政府支持,"只要政府能支持,不愁经营会亏本"的心理已具普遍性。种种现象表明,我国农业供给侧体制不是在进步,而是在倒退,已逐渐偏离市场需求导向和市场机制主导的轨道,变成了政府主导和政绩取向的农业供给侧体制。总之,当前我国农业供给侧问题的要害还是制度滞后,必须通过深化改革来解决。重点应加快以下三个方面的改革。

一是推进农业调控体制改革,优化农业供给侧治理结构。关键是通过政府职能的进一步转换和政绩考核体系的改革,遏制地方政府各自为战、盲目发展和区域过度竞争,纠正政府对农业进行偏离市场需求、扭曲市场价格和经营者行为的干预,以有效发挥市场调节供求关系和主导经营者行为的作用。在政府职能转换的同时,还应通过赋权扩能,加快跨区域农业行业组织的发展,发挥行业组织在产能控制、供给调整、质量监控、品牌打造、信息服务、价格协调、贸易促进等方面的作用,建立政府、市场、行业与产业经营主体"四位一体"、职责分明、功能互补的农业供给侧治理结构。

二是推进农业经营制度改革,提高农业供给侧经营水平。农业全产业链往往环节多、形态多,并且跨域一产、二产和三产,难以用一种经营制度或一种组织模式来驾驭。必须通过农业经营制度的改革和组织制度的优化,充分发挥农户家庭经营、农民合作经营、企业公司经营和行业自我协调的各自制度优势,同时,还应促进这些经营制度的有机结合和集成创新,形成家庭经营、合作经营、公司经营、行业协调"四位一体"的现代农业经营体系,以推进农业的多类型适度规模经营和多元化、专业化服务,提高农业供给侧的产业融合度、产业化经营水平和纵向一体化效率。

三是推进农业要素制度改革,提高农业供给侧配置效率。我国农产品市场的价格扭曲,既与政府过度干预有关,也与农业生产要素市场化滞后有关。表现为:农村土地和生态资源产权制度不完善,进而土地和生态资源的市场交易和市场配置能力不足。农民社保和财产权益不完整,进而农业劳动力流动不充分,劳动力价格扭曲。金融市场化滞后和农民财产权益不完整,导致农民农业信贷难、抵押难和保险难。为此,必须加快农业生产要素的市场化改革,重点是深化农村土地产权制度、农民住房制度、社保制度、农村金融制度的改革,赋予农民更多财产权利和要素经营权,不断提高市场对生产要素的配置能力和配置效率。

践行"绿水青山就是金山银山"理念，创新实现路径[①]

一、把握"绿水青山就是金山银山"理念的科学内涵

习近平总书记的"绿水青山就是金山银山"的论断，是他在浙江工作期间，于 2005 年 8 月考察浙江安吉余村时提出的。习近平总书记的这一理念，不仅是对良好生态环境价值的形象概括，而且为我国经济社会的转型发展和绿色发展指出了方向和道路。这一理念至少包含了三层意义，一是指出了自然生态环境的重要性，人类必须珍惜和保护好生态环境；二是揭示了生态环境与经济发展的关系，两者并不是互为对立的关系，而是相互促进的关系；三是隐含了"绿水青山就是金山银山"的内在逻辑，即两者之间存在着一定的转换机制，也就是既要有"绿水青山"的保护机制，又要有"金山银山"的实现机制。"两山"理念的核心是可持续发展、绿色发展和高效生态的现代化发展，这一理念对当今中国具有普遍的现实意义和实践价值，是习近平总书记经济社会发展观和生态文明观的生动体现。在浙江工作期间，他除了提出"绿水青山就是金山银

---

① 本文作者为黄祖辉，于 2016 年 12 月 30 日报送中办。

山"理念外,还提出浙江农业要从"效益农业"①转向"高效生态农业"②。2016 年上半年,他在黑龙江考察时还指出,"冰天雪地也是金山银山"。

广义地讲,"绿水青山"就是人类赖以生存的良好的自然生态环境。狭义地讲,"绿水青山"是良好山林水资源和气候等生态资源的集合。从经济学的角度讲,"绿水青山"具有公共品和私人品(市场品)的双重属性,前者是非排他性或难排他性消费的"绿水青山",并且这种非排他性的消费不存在互竞性;后者是指如果把"绿水青山"作为公共品,存在消费的互竞性,但通过一定的制度设计与安排,可以使其成为可交易、可排他的消费品和私人品(市场品)。

人类社会在自身发展的一定阶段中,并不是总能处理好生态环境与经济发展的关系,常常会出现两种行为偏差,一种是为了获得短期或局部利益而损害生态环境,另一种是守着良好生态环境却处于贫穷的状态。但人类社会的发展实践也证明,制度创新、技术进步和需求变化会改变上述行为偏差,不仅可以使"污水荒山"变成"绿水青山",而且可以使"绿水青山"成为"金山银山"。应该说,我国总体上已经到了这样的发展阶段。目前,我国除了西北一些地区因水资源缺乏,生态环境较差外,大多数温饱问题已解决的地区,山水自然生态环境有的本来就不错,有的通过治理也恢复得不错,呈现着"绿水青山"处处可见的景象,但这些"绿水青山"大多还没有成为致富当地百姓、取之不竭的"金山银山"。这表明,要使"绿水青山就是金山银山",不仅要建立"绿水青山"的保护机制,发挥其自然生态的公共效应,还要建立"绿水青山就是金山银山"的转换机制,创新"绿水青山就是金山银山"的高效、可持续的实现路径,充分发挥其造福百姓、促进区域经济协调发展的财富效应。

---

① "效益农业"是张德江同志在 1998—2002 年在浙江工作期间针对浙江农业结构调整与发展方向所提出的概念,对浙江农业的结构转变和效率提高产生了非常重要的影响。

② "高效生态农业"是习近平同志在 2002—2007 年在浙江工作期间对浙江农业进一步转型发展所提出的概念,多次强调农业发展要追求生态优质高效下的经济高效。

二、创新"绿水青山就是金山银山"理念的实现路径

首先,不断完善"绿水青山"的保护机制。包括鼓励民众积极参与对"绿水青山"的保护,同时不断提高政府对"绿水青山"保护的补偿水平,这是"绿水青山"作为公共生态品供给和绿色发展的基本前提。近年来,我国对生态保护的力度在不断加强,但补偿水平就众多的被补偿者而言,仍然不很高,还不足以对生态保护者提供足够的激励。如果单纯依靠这一机制和路径,不仅难以使"绿水青山"成为"金山银山",而且难以确保"绿水青山"和绿色发展的可持续性。因此,必须在不断完善生态保护机制,提高政府对生态保护补偿水平的同时,处理好政府与市场的关系,重视和善于用好市场机制。

其次,大胆创新"绿水青山就是金山银山"的实现路径。从这一思路出发,一是优先发展"绿水青山"内生性产业。所谓"绿水青山"的内生性产业,就是与"绿水青山"共生共存的产业,或者说是以"绿水青山"为核心元素的产业形态和经济活动,诸如林下经济、休闲旅游、生态养生等产业的形成与发展,都可以归属于"绿水青山"的内生性产业。这些内生于"绿水青山"的产业,只要规划合理、规模适度、技术得当、营运得法,就是"绿水青山"成为"金山银山"的核心源泉。

二是积极发展"绿水青山"外生性产业。所谓"绿水青山"的外生性产业,就是与"绿水青山"密切关联的产业和支撑体系,或者说是"绿水青山"派生、延伸和配套的产业,如相关的餐饮业、物流业、地产业、金融业、宾馆、民宿、商业网点以及信息、道路交通、水电通信等基础设施。这些外生性产业与支撑体系的合理布局与发展,不仅会促进"绿水青山"内生性产业的发展,而且能实现"绿水青山"对相关区域的带动效应和范围经济。换言之,要使"绿水青山"变成"金山银山",不能仅局限于"绿水青山"本身,而应该拓宽视野,既要立足"绿水青山",又要跳出"绿水青山",注重辐射带动、关联匹配和协同发展,使"绿水青山"产生更广泛的"金山银山"效应。

三是建立"绿水青山就是金山银山"的体制机制。体制机制创新是

"绿水青山就是金山银山"的关键,它不仅与"绿水青山"能否得到有效保护,能否成为可交易的私人品有关,而且关系到"金山银山"的产权归属和利益分享问题。主要涉及"绿水青山"的产权制度、维护制度、交易制度和规章制度等的建构。就"绿水青山"的产权制度而言,确权颁证是产权的前提,市场交易是产权的实现途径,这方面的制度安排已在林权和土地方面展开。值得关注的是,许多自然生态资源,如流域性或区域性水资源、森林与山地资源、森林碳汇资源、区域性气候资源等,大多具有公共性或区域公共性的特点,对于这样的自然生态资源,往往难以确权到个人或户,但可以考虑确权到相应的社区,或者相应的地方组织或组织联盟。由于产权制度是关于谁拥有和如何拥有的制度安排,因而产权制度的合理安排对于"绿水青山"的有效利用、"金山银山"的利益共享是至关重要的。事实上,无论是"绿水青山"的保护,还是"绿水青山"内生性产业和外生性产业的发展,都离不开相应的产权制度安排,否则,"绿水青山"不仅难以成为"金山银山",而且更难以成为开放、协调和共享的"金山银山"。目前,我国生态资源的确权仍不充分、不完善,而确权后的生态资源的交易制度安排更是滞后,在这样的情况下,即使"绿水青山"已有产权主体,恐怕仍难以成为所有者和营运者的"金山银山"。因此,必须建立与"绿水青山"相关产权相匹配的交易制度与市场,推进林权交易、水权交易、碳汇权交易以及森林覆盖配额权、生态标签和原产地使用权等的赋权和交易。此外,还应建立政府主导、社会参与的"绿水青山"产权保护与产权主体行为的规章制度,以避免"绿水青山"产权主体被侵害或者产权被滥用。

四是创新"绿水青山就是金山银山"的营运理念。首先是牢牢依托"绿水青山"这一生态资源本底,从"绿水青山"的市场需求出发,按照产业融合、产村融合和产城融合及功能多样的发展理念,做好"绿水青山"内生性产业和外生性产业两篇文章,做大、做强、做优"绿水青山"经济,实现"绿水青山"的规模效应和辐射效应。其次是转换"绿水青山"营运思路,着力打造"绿水青山"产地市场,变产地为销地,提高"绿水青山"原产地附加值。按照传统的产品营销理念,把产地产品销到城市是大多数厂商和供应商的营销逻辑,这对于大宗产品和无差异产品也许是正确的选择,但对于小宗类产品,尤其是具有区域特色的生态类产品或具有产地关联性、消费特性的产品而言,打造产地消费市场更为重要,与"绿水青山"密切相关的休闲、体验、旅游、养生、餐饮以及当地特色产品的营销,往往适用于这样的营销理念。其原因不外乎两个方面,一是产品相对稀缺。二是存在产地效应。也就是说,这样的产业、产品、服务及其关联性,只有在产地才能获得消费者更高的认知度和认可度,进而有更强的支付意愿。

　　总之,只有按照"创新、协调、绿色、开放、共享"的五大发展理念,科学把握和践行习近平总书记的"绿水青山就是金山银山"理念,充分发挥政府"有形手"、市场"无形手"和社会参与的协同作用,大胆创新"绿水青山就是金山银山"的转换机制与实现路径,实现自然生态保护与开发的高效协调,才能不仅使更多的自然生态成为"绿水青山",而且使更多的"绿水青山"成为取之不竭、开放共享的"金山银山"。

现阶段我国农业农村转型
发展的思考与建议①

一、在农业农村转型发展中认识农业新内涵新特点

推进农业转型发展和现代农业发展,首先要对现代农业有新认识。第一产业的农业和"接二连三"的农业是完全不同的。第一产业的农业比重在不断下降,而"接二连三"的农业绝不是这个概念。比如,在最发达的美国,从第一产业的农业来讲,在国民生产总值当中大约仅占1%,我们国家的第一产业的农业比重也已降到了10%以内,农业比重的不断下降是指第一产业农业比重的下降,这是国家现代化的一个特点和趋势,但如果从"接二连三"的农业来看,农业就不是越来越小,而是有很大的占比和发展空间。在美国,这样的农业占比,要接近国民生产总值的20%。所以,农业是个既小又大的产业,是个既弱势又强势的产业,关键是我们怎么看待农业,用什么思路与理念来发展农业。如果从"接二连三"和多功能这个角度来说,我国完全有可能将这样的农业打造成一定区域的主导性产业或支柱性产业,这在实践中已有不少成功的探索。这说明,从现代农业的内涵来讲,我们不能只看第一产业,当然第一产业是基础,但它的后续延伸功能和拓展空间是非常大的,就业潜力也很大,第

---

① 本文作者为黄祖辉。本文内容发表在农业农村部发展规划司《形势与战略》(内参)2017年第1期。

二和第三产业都有农业的份额。此外,现代农业还有不少新的特点。

一是经济生态化和生态经济化的特点。从现代社会看,任何经济产品一旦被赋予生态的内涵,在市场上往往具有很强的溢价效应,原因就是它体现了经济生态化的价值。至于生态经济化,在过去,尤其是在温饱时代,就是生态破坏的代名词,是不可持续的经济发展。而现代社会或现代农业讲的生态经济化则是可持续的经济发展,就是持续依托生态的发展模式,就是习近平总书记"绿水青山就是金山银山"思想的体现,换句话说,要使"绿水青山"变成"金山银山",基本路径就是生态经济化。

二是组织化、电商化、品牌化协同的特点。从全世界的现代农业来看,不论是北美的大规模现代农业、欧洲的中等规模现代农业,还是亚洲的小规模现代农业,都呈现较高水平的纵向一体产业化经营特点,而支撑这种高水平的产业化经营都离不开农业的组织化、电商化和品牌化。多种形式与多层次的农民合作社是农业组织化的标志,农业的电商化则是互联网发展的产物,其发展势头极为强劲,品牌化则为农业提供了增值空间。值得注意的是,由于农业的自然属性和地域特性,农产品的品牌往往具有区域公用特性,在行业组织没有得到充分发展的情况下,地方政府应该成为区域农业品牌的主导力量。在农业组织化、电商化和品牌化这"三化"中,组织化是基础,电商化是渠道,品牌化是龙头,三者互为一体,相互促进,对农业产业化经营的水平与效率起着决定性的作用。

三是农业生产主体和服务体系有机结合的特点。这一特点在现代农业中具有普遍性。现代农业的生产主体主要以专业化分工基础上的家庭农场为主,而服务体系主要以合作社为核心体系。农业生产主体与服务体系的有机结合并不是偶然的,其根源在于农业的种养业特性决定了家庭经营是最适合的选择,然而家庭经营存在规模扩张和市场竞争的局限,解决这一问题的思路,不是抛弃农业的家庭经营制度,而是建立与之相匹配的、高效率的服务支撑体系,以既保留农业家庭经营制度的独特效率,又克服它的局限性。由于现代农业生产主体和服务体系是相互依存的,我们在实践中就不能只抓一头,忽视另一头。现在很多地方对搞规模经营和家庭农场积极性很高,政府出台不少政策予以支持,但往往忽视了服务支撑体系的跟进,结果不少规模经营和家庭农场效率不高,甚至出现组织异化和行为扭曲;也有些地方政府对建立服务体系很重视,出台政策打造各种服务中心和平台,但却忽视农业经营主体的发展状态,以致服务体系效率不高,只能产生盆景效应。究其原因是两者不协同,不是农户经营规模太小,缺乏服务需求,就是服务体系不完善,家庭经营难以高效运行。

处理好现代农业生产主体与服务体系的关系还要重视农业的多类型适度规模经营和多元化服务体系的建构。农业规模经营的适度性是经营者的比较利益获得,具有动态性,是经营者从事农业的基本激励。由于农产品的多类型和多形态,农业规模经营不能单纯追求土地的规模经营。土地规模经营主要适合于土地密集型的大宗农产品,在中国,由于人地禀赋不充裕,农业规模经营更要重视"生产小规模,服务规模化"以及通过农作制度创新的农业立体规模经营和多功能一体的综合规模经营。很显然,多类型农业适度规模经营离不开多元化服务体系的支撑和匹配。这种多元化的农业服务体系既包括多种主体的主导,如政府主导型(包括政府直接提供和政府购买提供)、企业主导型、合作社主导型、科研部门主导型以及行业与民间组织主导型等,又包括多种机制的运行,如服务的外包、内化及两者的结合。从现代农业的发展趋势看,应重视合作社的服务功能和效率发挥,由于合作社与农户(社员)是利益共同体,因此既可以通过自身内部分工提供服务,又可以承接政府服务购买和科研部门服务推广,实现"生产在户、服务在社"的服务内部化、低利化和规模化。

四是农业多功能和多业态发展的特点。我们要强调"现代农业+",而不仅仅是"互联网+","互联网+"是以互联网为主导的,农业还是从属的。农业的多功能应该体现在"农业+"中,农业的多功能必然带来农业的多业态和多空间化。农业的多业态就是农业形态的多样化和跨界发展,如农业和旅游结合的休闲农业,农业和电商结合的网上农业,农业与创意结合的创意农业,等等。农业的多空间化意味着农业发展的空间并不局限于农业产区和农村本身,而是可以不受自身区域空间的限制,实现跨区域、跨城乡的发展。

二、在农业农村转型发展中探索
"绿水青山就是金山银山"理念践行之路

习近平总书记的"绿水青山就是金山银山"理念,不仅是对良好生态环境价值的形象概括,而且至少包含了两层含义,一是揭示了生态环境与经济发展的相互促进关系,二是隐含了"绿水青山就是金山银山"的内在逻辑,也即既要有"绿水青山"的保护机制,又要有"金山银山"的实现机制。这一理念的核心是可持续发展、绿色发展和高效生态的现代化发展,对当今中国具有普遍的现实意义和实践价值。

我国目前大多数温饱问题已解决的地区,山水自然生态环境有的本来就不错,有的通过治理也恢复得不错,呈现"绿水青山"处处可见的景象,但这些"绿水青山"大多还没有成为致富当地百姓和取之不竭的"金山银山"。这表明,要实现"绿水青山就是金山银山",不仅要建立"绿水青山"的保护机制,而且要建立"绿水青山就是金山银山"的实现机制。

首先,要完善"绿水青山"保护机制。要不断提高政府对"绿水青山"保护的补偿水平,同时要鼓励民众参与"绿水青山"的保护,这是"绿水青山"成为公共生态品和"金山银山"的基本前提。近年来,我国对生态保护的力度在不断加强,但补偿水平就众多的被补偿者而言,仍然不很高,不足以对生态保护者提供足够的激励。单纯依靠这一机制和路径,不仅难以使"绿水青山"成为"金山银山",而且难以确保"绿水青山"的可持续性,必须建立政府、市场、社会三位一体、多元化的生态补偿机制。

其次,在现代农业发展进程中要拓宽"绿水青山就是金山银山"实现路径。一是优先发展"绿水青山"内生性产业。就是要发展与"绿水青山"共生共存的产业,如林下经济、休闲旅游、生态养生等产业的发展,这些内生于"绿水青山"的农业产业或多功能农业,只要规划合理、规模适度、技术得当、营运得法,就是"绿水青山"成为"金山银山"的核心源泉。二是积极发展"绿水青山"外生性产业。就是要发展"绿水青山"派生、延伸和配套的产业,如相关的基础设施、服务业、物流业、地产业、金融业和绿色产业等。这些产业与支撑体系的合理布局与发展,既能促进"绿水青山"内生性产业的发展,又能产生"绿水青山"对相关区域的辐射效应。换言之,要使"绿水青山"成为"金山银山",既要立足"绿水青山",又要跳出"绿水青山",使"绿水青山"产生更广泛的"金山银山"效应。三是创新"绿水青山就是金山银山"体制机制。这涉及"绿水青山"的产权制度、维护制度、交易制度和规章制度的建构。就"绿水青山"的产权制度而言,确权颁证是前提,市场可交易是关键,这方面的制度安排已在林权和地权方面展开。但许多自然生态资源,如流域性或区域性水资源、森林与山地资源、碳汇资源、区域性气候资源等,大多具有公共性或区域公共性特点,难以确权到个人或户,而确权到社区或者相应的地方组织和组织联盟是一条思路。事实上,无论是保护"绿水青山",还是发展"绿水青山"内生性产业和外生性产业,都离不开相应的产权制度安排,不然,不仅"绿水青山"难以成为"金山银山",而且更难以成为开放、协调和共享的"金山银山"。因此,必须在确权的基础上,建立与"绿水青山"各类产权相匹配的交易制度,推进林权、水权、碳汇权以及森林覆盖配额权、生态标签和原产地使用权等的市场交易。

最后,还应建立规制产权主体行为的制度,避免"绿水青山"产权主体被侵害或者产权被滥用。四是创新"绿水青山就是金山银山"的营运理念。要用产业融合、产村融合、产城融合和功能多样的营运理念,依托"绿水青山"资源本底,做大、做强、做优"绿水青山"经济。此外,要转换"绿水青山"营运思路,打造"绿水青山"产地市场,变产地为销地,提高"绿水青山"原产地附加值。实践证明,与"绿水青山"密切相关的休闲、体验、旅游、养生、餐饮以及特色农产品等,只有在产地才能获得消费者更高的认知度和认可度,因而产地价值一定比非产地价值高。

三、在农业农村转型发展中推进体制机制创新

（一）深化农村土地制度"三挂钩"改革

"三挂钩"即土地的增减挂钩、人地挂钩、城乡挂钩。这项改革在一些地区已取得一定的成效，还需进一步深化与完善。土地"三挂钩"改革中的"增减挂钩"关系农地生产能力不减，是个总量问题；"人地挂钩"关系农民土地基本权益不变，是个公平问题；而"城乡挂钩"关系土地用途结构改变，是个效率问题。在"三挂钩"中，做好"增减挂钩"与"人地挂钩"是基础和前提，如果处理不好这两个"挂钩"，"城乡挂钩"就会出问题，而没有土地的"城乡挂钩"，农村土地的利用效率和价值就难以提高。土地"城乡挂钩"还需要解决好两个关键性问题，一是土地"城乡挂钩"与新型城镇化有机结合，着重解决好新型城镇科学规划和农村转移人口的就业转换与市民化问题；二是处理好"城乡挂钩"土地增值收益的合理分配问题，使失地农民得到合理的补偿。最近的中央文件多次强调要推行新的"三挂钩"政策，即财政转移支付与农业转移人口市民化相挂钩，城镇建设用地增加规模与吸纳农业转移人口数量挂钩，城镇基础设施建设投资安排与农业转移人口市民化挂钩。这个从政府财政支出角度提出的农业劳动力转移数量与转移人口市民化的"三挂钩"政策，如果能真正落地和有效推进，不仅对农村土地的"三挂钩"会产生积极的推进作用，而且对我国现代农业发展和新型城镇化发展意义重大。

（二）深化农村集体经济与集体产权制度改革

当前，我国农村集体产权制度改革还有不少难点。

1. 农村土地"三权分置"后集体土地所有权和农民土地承包权的关系处理问题

这里涉及土地承包权的权属问题，在笔者看来，这种为农民长久拥有的土地权利，已具有所有权的性质，但它不是完整的所有权，而是集体

土地所有权在集体和农民之间的分割,是中国农村土地产权混合所有的表现,混合所有应该成为我国农村土地集体所有制的有效实现形式,不确认这一点,不仅农民土地权益得不到充分的保障,而且对农村土地流转、抵押、继承以及优化配置都会带来不同程度的制约和不确定性。处理好集体土地所有权和农民土地承包权的关系问题,还涉及农民能否有偿退出土地承包权的问题,这对于农民土地权益的进一步实现、现代农业的发展、农业转移人口城市化与市民化的意义十分重大,不然的话,"两栖人口"、"三留人口"现象在我国将长期存在。从近几年的中央一号文件和国家相关部委的文件精神看,探索农民土地承包权有偿退出问题已提上议事日程,允许"有条件的地区探索农民土地承包权的有偿退出"。所谓"有条件",首先是已被城镇化覆盖的农村区域,这些地区的农村土地,有的已经被征用,有的已经"农转非",劳动力也基本上"非农化",因而已不存在农业的承包经营问题,有偿退出土地承包权实质上是个权益置换问题,具有可行性和必要性。其次是农业劳动力已充分转移和农村社会保障已经城乡接轨、一体化运行的地区。这些地区应积极推进,不具备这些条件的地区,则应谨慎推进。

2.农村集体产权制度改革与农村集体经济发展的关系问题

这实质也是农民土地承包权有偿退出的又一个难点。由于我国农村集体经济制度是一个建立在"三块牌子一套班子"、功能多样、成员锁定、利益捆绑、运行封闭特点上的社区集体经济组织制度,在这样的制度框架下,农民土地承包权的有偿退出势必关系到农村集体经济组织能否有效存在的问题。我国有60万个村庄,发展水平和特点差异很大,总体上可以分成三大类,第一类是传统农区的村社区。这类社区仍占农村的大部分,其特点是农民的生产与生活仍没有分离,村内年轻人大多在外就业,集体经济不是很强。第二类是已经转型发展的农村新社区。如若干村庄合并的中心村就属于这样的类型,这样的社区已基本实现生产和生活相分离,并且人口也相对集聚,社区公共服务体系已基本形成。第三类是城郊村、城中村或者镇中村。在这些城镇化已经覆盖或者即将覆盖的农村社区,不仅农民的生产和生活已经分离,而且村集体的社区功能和经济功能也已经分离,并且不少农民已经转变为城镇居民。对这三种不同类型的农村社区集体经济的改革,既要解放思想、创新思维,又要分类指导、因村制宜、循序推进。对于第一种类型的农村社区,改革要慎重,对于第二种类型的农村社区,改革要积极,对于第三种类型的农村社区,改革要大胆。从长远看,我国农村集体经济的改革思路与方向应该是:集体经济从政社不分转向政社分离;集体产权从单一所有转向混合所有;农民权益从拥有使用权、经营权转向财产权拥有;农民对集体土地等资源的占有从实物性占有转向资产化、股权化占有;集体成员的权益从身份依附转向契约依附;集体经济的运行从封闭性转向开放性;集体经济的经营从名义上的合作经营转向产权明晰的股份合作经营。

(三)深化农业产业组织与经营制度改革

这项制度改革是农业供给侧结构性改革的重要组成,目的是通过改革,提高农业供给侧的组织化水平和经营效率。其中农业产业组织制度的改革与创新是关键,因为组织具有多重属性,组织既是主体,又是制度,还是网络。作为主体的农业组织,组织就是农业主体,而主体的状态与行为决定着组织的行为与效率。作为制度的农业组织,是一种可以选择和安排的治理结构或者经营制度,它决定着农业主体的行为和农业的效率。在信息化和互联网时代,组织还是网络。网络世界正在从时间和空间界面,对农业资源、产品、要素的流动、交互以及组合方式产生着革命性的变革,而作为网络的农业组织,在现代农业或农业供给侧体系中可以发挥桥梁、纽带和载体的作用。深化农业组织体制与经营制度的改革,就是要建立农业的家庭组织、合作组织、企业(公司)组织、行业组织及其相应的家庭经营、合作经营、公司经营、行业协调这四种组织与经营机制的"四位一体"、集成融合、优势互补的产业组织制度体系。

从当今世界农业产业组织和经营制度的现状和发展趋势看,农民合作组织应该是农业产业组织和经营制度的核心,我国尽管农民合作组织数量已超过 160 万家,但其在农业产业组织与供给侧体系中依然没能成为核心。这既与我国合作组织发展历史的曲折性有关,又与当前合作组织发展的制度环境滞后有关,因此,必须高度重视我国农民合作组织的进一步发展问题,要从合作社的法律和政策完善,合作社的组织制度创新,合作社在组织农民、纵向延伸的作用发挥,合作社与农业企业的协同,合作社的功能拓展、人才培养等方面入手,推进我国农民合作组织的健康发展和核心作用的发挥。

要把农业行业组织的发展和作用发挥作为农业产业组织与经营制度改革的重要内容。行业组织的重要性,在于它能够弥补经济活动中政府和市场同时失灵的不足,使政府和市场的作用得以正常有效地发挥。行业组织对经营者的行为自律、行业规则的制定以及对业内竞争关系的协调等,均是现代农业产业组织和经营体系不可或缺的部分。当前我国行业组织的发展和功能发挥,无论是工业部门还是农业部门,都极其不够,大多有名无实,形同虚设,导致政府调控和市场调控同时失灵时,行业调控跟不上,进而经营主体行为扭曲或失控。我国农业行业组织发展滞后的基本原因是政府对行业组织发展及其功能的重要性认识不足、估计不够,对自身的职能转换和对行业组织的赋权缺乏紧迫感和动力,这些问题的解决,必须纳入深化农业农村改革的任务清单,不然,适应市场化竞争的农业供给侧体系、国家的现代治理体系,都将难以形成。

推进县域科学发展

——浙江嘉善示范点的启示^①

当前,浙江省正处在大有可为的战略机遇期、干事创业的发展黄金期、不进则退的转型关键期。浙江省第十四次党代会提出了未来五年的奋斗目标:确保到 2020 年高水平全面建成小康社会,并在此基础上,高水平推进社会主义现代化建设,以"两个高水平"的优异成绩,谱写实现"两个一百年"奋斗目标在浙江的崭新篇章。要实现这一目标,还需深入贯彻习近平总书记系列重要讲话精神和治国理政新理念新思想新战略,尤其是坚定不移实施适合浙江实际的"八八战略",高度重视作为全局基础和基石的县域科学发展。近年来,我们对嘉善这一全国唯一由国家命名的县域科学发展示范点的建设与城乡一体化发展进行了比较系统的观察和研究,认为该县目前总体上已进入城乡全面融合发展新阶段,已基本形成了体制全面接轨、产业相融配套、社会协调发展、差距显著缩小的城乡一体化发展新格局。嘉善县域科学发展的实践,给我们四点启示。

1. 以联动性改革推动,加快城乡发展一体化

党的十八大提出城乡发展一体化是解决"三农"问题的根本途径,十八届三中全会又进一步指出城乡二元结构是制约城乡发展一体化的主要障碍。由于我国的城乡二元结构不仅具有城乡社保制度二元和地方

---

① 本文作者为黄祖辉,本文研究得到浙江省哲学社会科学规划重大课题"推进嘉善四化同步与协调发展研究"资助。朋文欢博士等参加了课题研究与调研。研究报告核心内容发表在在浙江省社科联《浙江社科要报》2017 年第 47 期。时任浙江省委书记车俊于 7 月 23 日对报告做出了重要批示。

化供给的特征,还存在城乡财产制度二元的特征,因此,作为城乡关系枢纽和"三农"问题核心区的县域,通过城乡联动改革,率先破解县域城乡二元结构,不仅具有紧迫性和可行性,而且对于其他县域乃至全局层面的城乡二元结构破解、城乡发展一体化的实现和"三农"问题的解决,都具有突破性和标志性的意义。

城乡联动改革需要把握三个要点。一是县域教育、医疗、养老等社保制度实现城乡并轨。二是城镇侧重于户籍制度改革,以实现基本公共服务常住人口全覆盖。对其中的非本地农业转移人口的社保问题,则可以通过区域的联动改革或中央主导下的地方化社保全国通兑的改革来协同解决。三是农村侧重于产权制度改革,目的是赋予农民更多财产权利,破解城乡二元财产制度。为此,要在现行农村集体经济产权制度改革的基础上,深化对农村土地承包经营权制度、农民宅基地及其住房制度、农村集体经济资产和收益分配制度的改革。要试点探索将集体与农民的混合所有作为农村集体经济的有效实现形式,以有效实现土地三权分置下农民土地承包权和农民住房产权的有偿退出、抵押、转让、继承和市场化交易以及村集体经济资产的确权、收益分配与股权市场化交易等。与此同时,应同步推进农村社区集体经济制度的改革,按照分类指导、村民自主、因村制宜的思路,处理好集体产权制度改革与集体经济发展壮大的关系,集体产权制度改革与乡村治理以及社区管理的关系。

2. 以城镇化引领发展,加快县域"四化"同步协调

以新型城镇化引领发展,不仅是我国经济社会发展阶段的必然要求,也是提高城乡发展一体化水平和实现县域"四化"协调发展的基本路径与抓手。类似于嘉善这样发达地区的县域,尽管城乡协调程度和"四化"协同程度要高于国内大多数地区,但相对于现代的经济社会发展水平,并且与国际比较,仍存在差距,仍然存在与工业转型升级要求和第三产业加快发展要求不符的城镇化和信息化滞后问题,仍然存在农业产业结构和就业结构不相匹配所引致的现代农业发展瓶颈问题。因此,除了联动改革破解城乡二元结构,还必须加快推进作为第二、第三产业基本载体和农业剩余劳动力主要转移去向的城镇化的发展,还必须提升产业发展和城镇发展的信息化水平。因为很显然,只有加快新型城镇化和信息化的发展,才能有助于第二产业的转型升级,才能有助于三次产业结

构的顺序演进和空间结构的优化,才能有助于农业就业结构和产业结构的协调,进而实现县域的"四化"协同发展和城乡融合发展。

一般而言,县域的城镇化应做强中心城区,提高其要素集聚能力和城市品位,提升其商务、科技、文化、金融和信息等综合服务功能。要做实、做优、做特中心镇,加快城镇城乡一体新社区建设,有序引导农村人口集聚,提升公共服务能力。要推进县域新型城镇化与美丽乡村建设的互促共进和双轮驱动,着力打造产业融合、产村融合、产城(镇)融合和宜居、宜业、宜游的美丽乡村和田园生态小城镇。

3. 以新动能培育强农,加快高效生态农业发展

2017 年中央一号文件提出要培育农业农村发展新动能,就农业而言,改革发展、绿色发展、融合发展无疑是当前农业转型和现代化发展的新动能。从改革发展角度看,应围绕农业供给侧结构性改革,突出三个激活,一是激活市场,二是激活主体,三是激活要素。激活市场,就是要处理好政府和市场的关系,发挥市场在农业资源与要素配置中的基础性作用;激活主体,就是要培育新型农业市场经营主体,提高农业组织化程度,充分发挥家庭经营、合作经营、公司经营和行业协调在整个农业产业链中不同环节上的各自优势与集成优势;激活要素,就是要通过土地、劳动、资本等生产要素的产权制度改革和市场化改革,实现要素在农业产业中的优化配置和高效投入。从绿色发展角度看,就是要树立现代生态文明观,践行好习近平总书记的"绿水青山就是金山银山"理念,培育绿色发展新动能,创新绿色发展新机制,加快绿色发展新进程,实现高效生态现代农业的可持续发展。从融合发展角度看,就是要充分发挥集成创新和融合发展的效能,做优第一产业农业,做强"接二连三"农业,实现农业横向融合和纵向融合基础上的全产业产业化经营和多功能发展,并且处理好农业三次产业融合发展和多功能发展中不同主体的利益关系,尤其要关注普通农民的利益获得和扶农政策的惠及。

4. 以多路径协同驱动,加快县域工业转型发展

我国改革开放以来走了一条以县域层面为主要载体,块状化、低门槛、起动快、增长快但相对粗放和低端化的农村工业化发展道路,农村工业不仅对县域经济发展,而且对我国经济的高增长、大量农村劳动力的

非农就业和减贫增收,都有不可磨灭的贡献,但随着国内外市场竞争的加剧和国内资源环境压力的加大,农村工业普遍面临着转型发展的挑战。县域农村工业的转型发展,既应抓住机遇发展新经济,又要从县域经济社会实际出发,对传统的劳动密集型产业,其转型应多路径协同驱动。一是通过县域新型城镇化的发展,弥补相对于农村工业化发展的县域城镇化滞后,进而补足产城脱节、人力资本短缺的短板,实现产城融合、功能融合的城镇化发展对传统工业转型升级的驱动。二是通过企业技术进步、工艺改进、产业链延伸和品牌打造,实现企业内生性提质和延伸性发展对传统工业转型升级的驱动。三是通过政府对传统产业政策的优化,着力打造具有集群效应、规模效应、辐射效应的农村工业公共支撑平台与服务网络,实现产业集群功能提升对传统工业转型升级的驱动。

深化产业精准扶贫
打赢脱贫攻坚战①

　　贫困是与人类发展相生相伴的经济社会现象,减贫是任何政府和社会必须承担的责任。改革开放以来,我国经济社会快速发展,反贫困事业也取得了举世瞩目的成就。据统计,从 1978 年至 2016 年,我国农村贫困人口减少 7.27 亿,贫困发生率由 97.5％降至 4.5％,但贫困问题依然是我国经济社会发展中极为严峻的现实问题之一。十八大以来,以习近平同志为核心的党中央将扶贫工作放到前所未有的战略高度,做出了全面打赢扶贫攻坚战的战略部署,提出确保 2020 年前实现 7000 多万贫困人口全部脱贫的宏伟目标。要想打赢这一脱贫攻坚战,必须要以习近平总书记扶贫开发战略思想和中央扶贫开发工作会议精神为指导,并在各地扶贫开发的实践中及时总结经验和发现问题。产业精准扶贫作为当前打赢脱贫攻坚战中重要的造血式、开发式扶贫方略,是中央提出精准扶贫"五个一批"的重头戏,也是实现脱贫致富的根本途径。这是因为,如果贫困地区和贫困人口的产业不能得到有效发展,贫困地区的脱贫问题难以从根本上得到解决。

　　①　本文作者为黄祖辉、胡伟斌、朋文欢。本文为国务院扶贫办征文(2017 年 8 月 24 日提交),经评审,获得 2017 年扶贫攻坚百篇优秀论文的荣誉。

一、产业精准扶贫的内涵、作用机理和实现路径

（一）产业精准扶贫的内涵

习近平总书记在几十年从政生涯中对产业扶贫有着丰富实践,学习习近平总书记产业扶贫实践经验和重要讲话精神,有利于把握中国特色的产业扶贫内涵。1988 年,习近平同志初任福建宁德地委书记时就提出:"要有比较明确的脱贫手段,无论是种植、养殖还是加工业,都要推广'一村一品'。""一村一品"就是要培育和发展当地主导产业,通过特色经营和规模经营来实现农户脱贫。习近平总书记在浙江工作期间也提出要"授人以渔",实现产业扶贫。指出要通过发展高效生态农业、休闲观光农业、农副产品加工、绿色养殖等依托当地资源禀赋的产业化来实现浙江欠发达地区快速发展和贫困人口脱贫致富。产业扶贫的成功实践,使浙江成为全国第一个全面脱贫的省份。调任中央后,习近平总书记也多次强调产业扶贫在扶贫工作中的重要性,更是将其摆在脱贫攻坚"五个一批"的首要位置,并特别指出:"要扶持生产和就业发展一批,带动一批人群脱贫致富。特别是对有劳动能力、可通过生产和务工实现脱贫的贫困人口,要加大产业培育扶持和就业帮助力度,因地制宜多发展一些贫困人口参与度高的区域特色产业,扩大转移就业培训和就业对接服务,使这部分人通过发展生产和外出务工实现稳定脱贫。"[①]结合习近平总书记有关产业扶贫的重要讲话精神和各地丰富实践,可以归纳出产业精准扶贫的内涵:产业精准扶贫是指以贫困地区的资源禀赋为前提,外部扶贫力量为依托,市场需求为导向,科学确立产业扶贫项目,有效投入技术、信息、资本、土地、劳动等要素,进行产业培育和发展,从而促进贫困地区经济发展和贫困人口收入增加,实现脱贫致富的过程。其中技术、信息和资本等要素大部分为外部投入,土地和劳动等要素在同等条

---

① 参见习近平:《在部分省区市扶贫攻坚与"十三五"时期经济社会发展座谈会上的讲话》(2015 年 6 月 18 日)。

件下则必须满足贫困户优先投入,这是保障贫困户获得经营性和工资性收入的重要前提。

(二)产业精准扶贫的作用机理

实践中,产业扶贫能否真正发挥作用,社会上仍存有一定的疑虑。主要有两点:一是脱贫攻坚越到后期,剩下的对象往往是资源极其贫乏的地区,届时还能否培育出可持续的扶贫产业?二是产业扶贫的政策效用会不会仅仅是推动地区的发展,而并非为贫困人口所真正受益?前一点疑虑的释惑,取决于能否在更大范围内优化整合和配置贫困地区的要素资源,能否在产业发展项目上更加"精准"、更加符合贫困地区的特点。正如习近平总书记强调的"贫困地区要从实际出发,因地制宜,把种什么、养什么、从哪里增收想明白,帮助乡亲们寻找脱贫致富的好路子"[1]。第二点疑虑的释惑,取决于产业扶贫政策能否精准化,能否真正有效惠及广大贫困人口,而不是少数人获益。中国过去很长一段时期的发展情况说明,以往唯 GDP 的政绩考核,会使地方政府更注重于地区整体的发展,相应政策措施都是围绕提高地区经济发展水平所进行的,对特定贫困人群的精准带动则关注不够。

因此,要通过产业精准扶贫实现精准脱贫,必须纠正以往地区整体发展战略的偏差,不仅要推进贫困区域产业发展,而且要高度关注产业发展对贫困人口的辐射和精准带动。正如习近平总书记所强调的:"要以更加明确的目标、更加有力的举措、更加有效的行动,深入实施精准扶贫、精准脱贫,项目安排和资金使用都要提高精准度,扶到点上、根上,让贫困群众真正得到实惠。"[2]

具体而言,产业精准扶贫的作用机理是:政府将党政部门、企业、高校等组织机构面向贫困人口的扶贫资源进行有机整合,经过充分论证和科学规划,分别投入技术、信息、资本、土地、劳动等要素来共同发展扶贫产业,并充分发挥各自优势来促进产业健康发展,同时通过利益联结机制,强化扶贫主体与贫困户的合作关系,保障各方都能达到各自利益目

---

① 2013 年 11 月 3 日,习近平在湖南湘西调研时的讲话。
② 2015 年 1 月 19—21 日,习近平在云南调研时的讲话。

标。贫困人口可以通过相关要素投入和政策利好,最大限度地参与并分享产业发展成果,实现精准脱贫;扶贫主体同样也能在产业发展中获得自身收益,最终实现多方共赢。需要强调的是,政府在产业发展扶贫中的角色和作用非常重要,上级政府负责调资源、出政策,基层政府负责抓落实、出效果。企业则利用自身的技术优势、资本优势、市场优势和管理优势,在产业扶贫中发挥重要作用。但企业扶贫需准确定位,扶贫是企业的社会责任,赢利是企业长久生存和发展的法宝,以"扶贫的心"加上"商业的手段"来参与产业发展扶贫未尝不可,符合法规和市场的"商业手段"不仅对企业健康发展有益,也对扶贫产业的持续发展有益。扶贫产业的发展最终还是要脱离外力扶持,还是要依靠自身在市场生存和持续发展。

(三)产业精准扶贫的实现路径

产业精准扶贫的实现路径大致分为产业立项、产业培育、产业发展带动脱贫致富三个阶段。产业选择时要按照习近平总书记所强调的"因地制宜、做好特色文章",实现精准择业;而后要"因势利导"精心培育产业,提高产业适应性。产业扶贫同样要走区域产业融合发展的路子,并通过提高组织化、品牌化和电商化水平来实现产业精准扶贫的目标(见图1)。

1. 因地制宜,精准择业

长期以来,资源优势不能有效转化为产业优势和经济优势是贫困地区发展的最大痛点,这也成了产业扶贫的首要着力点。消除这个痛点,首先要做到"精准择业",即确立符合当地资源禀赋和市场需求,又为贫困人群能力或潜能所适应的产业。产业立项是一项涵盖科技、经济、生态等学科的系统工程,单靠基层政府和贫困户的力量是难以实现的,习近平总书记指出:扶贫开发是全党全社会的共同责任,要动员和凝聚全社会力量广泛参与。要坚持专项扶贫、行业扶贫、社会扶贫等多方力量、多种举措有机结合和互为支撑的"三位一体"大扶贫格局。[①] 这就要求

---

① 2015 年 6 月 18 日,习近平在部分省区市党委主要负责同志座谈会上的讲话。

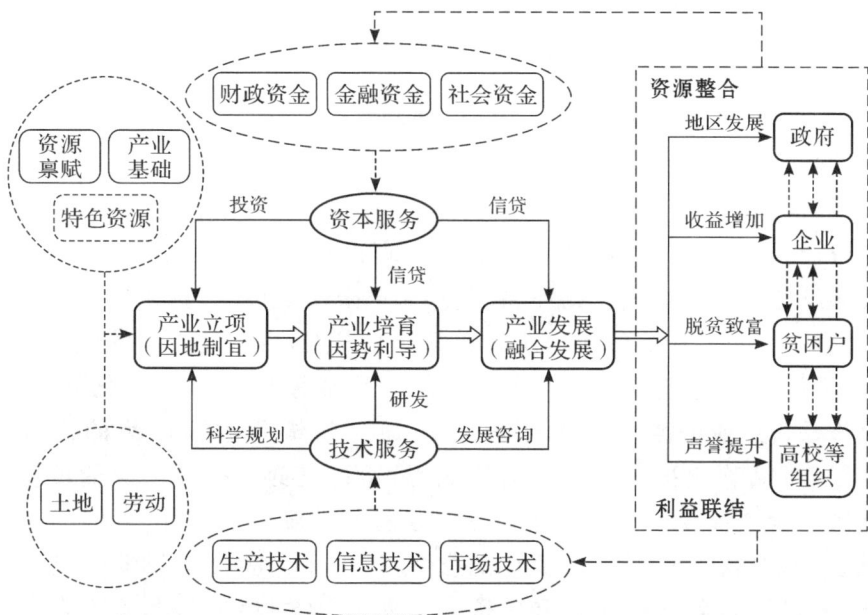

图 1　产业精准扶贫的机制与实现路径

高校、企事业等科研部门积极施以援手,发挥学科和专业技术优势进行项目可行性论证和科学规划,才能真正"选得准"。

2.因势利导,精心育业

产业立项后面临如何培育的问题,即要解决"立得牢"问题,可行路径有三条:一是有产业基础的地区,要依靠产业成熟和发达地区的经验及其科技和资金的支撑进行产业嫁接,使产业能尽快适应新载体,而贫困户要通过培训等尽快掌握新技术,加快实践应用。二是没有产业基础但具有潜在资源禀赋的贫困区域,在专家团队可行性充分认证的基础上进行产业导入,而潜在资源的挖掘,同样需要外部的技术和资金支持。三是对于具有自然风光、人文历史和民族文化等特色资源禀赋的地区,要深度挖掘其经济价值,形成特色产业的差异发展和错位发展的优势。习近平总书记早在 2013 年考察甘肃时就曾指出,"一个地方的发展,关键在于找准路子、突出特色。欠发达地区抓发展,更要立足资源禀赋和产业基础,做好特色文章,实现差异竞争、错位发展"①。

3. 融合发展,精准脱贫

扶贫产业培育的目的在于既要使其尽快适应并扎根于贫困地区的发展环境,又要使其逐步产生转变贫困地区发展环境的作用。扶贫产业要"立得住"、"长得好",就要发挥扶贫主体优势,协同开发贫困地区的特色资源,走区域产业融合发展的路子。可以采取种养加结合、农旅结合、文旅结合等开发模式。此外,农业作为一个弱质性产业,易受自然和市场的双重冲击,作为贫困地区的农业产业发展,更有这方面的风险。因此,更需要通过产业组织化、产品品牌化和流通电商化的"三化"协同来助推扶贫产业的发展。也就是说,要通过组织化增强产品的议价能力,通过品牌化提升产品的溢价能力,通过电商化拓宽产品的市场空间和减少产品供销信息的不对称。政府要鼓励和引导龙头企业、合作社、家庭农场等新型经营主体与贫困户进行要素合作和生产经营合作,同时强化各扶贫主体和贫困户之间的利益联结机制,实现多方共赢,即贫困户顺利脱贫致富,企业收益增加,地区经济社会发展水平得以提升,高校等组织也实现社会价值和获得社会声誉。

按照产业生命周期理论,产业在经历初创、成长、成熟阶段后会面临衰退,扶贫产业发展到一定程度后也会受到资源衰竭、需求变化、优势降低等冲击而出现衰退。因此,扶贫产业一定要谋求产业融合和集聚发展,完善产业配套和延伸产业链,形成良好产业生态,并通过技术和经营手段的不断创新来完成产业升级,保持产业比较优势,延长产业生命周期,实现产业健康发展和贫困地区百姓持续增收。

二、当前我国产业精准扶贫存在的主要问题

1. 产业精准扶贫的基础设施与配套仍滞后

我国贫困地区多处于中西部、山区和边陲地带,自然条件复杂,地方

---

① 2013年11月26日,习近平在山东菏泽调研时的讲话。

财力有限,基础设施薄弱。基础设施,尤其是道路交通、信息网络的通达程度决定了贫困地区与外界关联的广度和深度,关系到贫困地区产品和要素的市场价值实现。数据显示,2014 年全国贫困地区通客运班车、主干道路经硬化处理、通有线电视信号以及通宽带的自然村比重分别为42.7%、64.7%、75.0%和48.0%。而在云南、贵州、四川等西部地区,这一比重更低。近年来,随着电商兴起并逐渐向农村蔓延,电商扶贫作为产业精准扶贫的有效载体为中央和地方所关注。国务院下发的《"十三五"脱贫攻坚规划》对电商扶贫做了详细部署,地方政府也期望借助互联网实现当地农产品上行。在人员培训、农村电商宣传、发展规划、园区建设等方面投入力度较大。尽管如此,作为产品、网络、物流的集成,县域电商的发展仍然要以坚实的基础设施为前提。

2. 产业精准扶贫的认识和经营方式不到位

在对中西部贫困地区的多次调研中发现,为完成减贫任务,不少地方政府向建档立卡户发放几只羊、几对种兔等,帮助贫困户发展养殖业,认为这就是产业扶贫。事实上,这种家庭经营式的扶贫路径是对产业扶贫实质的片面性理解。国家《"十三五"脱贫攻坚规划》明确指出,每个贫困县建成一批脱贫带动能力强的特色产业,形成特色拳头产品,使贫困人口劳动技能得以提升,贫困户经营性、财产性收入稳定增加。现行传统的家庭经营式产业扶贫模式有其天然的缺陷,如缺乏规模化经营、农户应对风险能力弱、单家独户闯市场议价能力不强等。当然,由于贫困户组织化程度低,培育本土或外部引进农业企业的条件有限,这种家庭经营式的产业扶贫也是地方政府为实现减贫目标的无奈之举。另一种产业扶贫模式是龙头企业带动型。主要是通过培育本土企业、引进外部企业来带动贫困农户。龙头企业带动模式的优势在于获得规模经济,同时凭借龙头企业的市场营销能力,可以较好地解决农产品销售问题。但从实际调研的情况来看,这一模式的隐忧是企业经营农业,尤其是经营一产农业的方式,往往脱离农业产业特性,不能把企业经营和家庭经营、合作经营有效结合,常常是简单照搬企业经营方式,导致经营成本很高,生产管理粗放,经营效率降低。

3. 产业精准扶贫的利益联结机制不紧密

家庭经营式产业扶贫模式与贫困农户的利益直接相关,但由于缺乏规模经济、贫困农户市场拓展能力弱,而存在内在的局限性。龙头企业带动型产业扶贫对贫困地区农业产业的发展有立竿见影的效果。然而,从已有的实践看,龙头企业和贫困户之间的利益联结机制并不紧密,贫困人口参与度不高,增收效果不明显。现有的联结主要是要素联结,如增加贫困地区的就业岗位、流转农户闲置的土地等,实现农户的要素市场价值。需要指出的是,龙头企业主要是在追逐经济绩效过程中,通过"涓滴"的形式惠顾农户,在没有任何制度安排的情况下,并没有专门针对贫困群体的帮扶措施。且出于经济理性,龙头企业往往会排斥贫困农户,从而造成贫困地区内部的收入差距扩大化。

4.产业精准扶贫的区域资源优势没发挥

产业精准扶贫必须充分挖掘当地资源,形成贫困地区的特色产业。但从调研情况来看,很多地区在产业精准扶贫过程中对当地资源挖掘不够,资源并没有得到有效开发和利用,资源优势不能转变成经济和产业优势,这主要是认识和理念上的问题。习近平总书记"绿水青山就是金山银山"的论断早就阐明:良好的自然生态环境和气候资源也是大自然赋予贫困地区人民的宝贵财富,通过科学开发利用和一定的制度安排就能将其转变成经济产品。之前笔者在山西长治等地调研时发现,地处太行山腹地的很多村落自然风光秀美、气候宜人,且不远就是太行山风景区,但这些宝贵资源并未受到重视和有效开发,村民仍靠传统生产养家糊口。有些地区,虽然有对特色资源进行开发利用的想法,但往往缺乏科学规划,并没有"做好特色文章",产业融合不够,经营能力欠缺,资源转化成经济价值受限,收益增加不明显。

三、进一步深化我国产业精准扶贫的对策建议

1.以基础设施为先导,消除产业精准扶贫硬件障碍

要将基础设施建设作为加快贫困地区扶贫开发的基础性措施来抓,打通"毛细血管"和解决"最后一公里"问题。应以"愚公移山"的精神,加大对贫困地区乡村交通、通信、能源、水利等基础设施方面建设的投入,

特别是要加快发展高速公路、等级公路、通村公路、光缆通信等工程建设，从根本上解决贫困地区交通不便、信息闭塞的问题，拉近贫困人口与城市和发达地区的距离，从根本上改变群众的生产生活条件，消除产业发展的基础性障碍。

2. 以"绿水青山就是金山银山"理念为指导，发挥产业精准扶贫资源优势

习近平总书记的这一理念意蕴深远，是产业精准扶贫的重要路径。"绿水青山"不仅是指优质的山、林、水等自然资源和气候等生态资源，还包括由此衍生的产品资源。很多贫困地区的自然资源和生态资源非常充沛，但并没能转化成当地人民实实在在的收益。要让"绿水青山"真正变成"金山银山"，实现贫困地区人民脱贫致富，就要在建立生态环境的保护机制的前提下，积极发展与"绿水青山"共生相融的扶贫产业，包括如林下种养殖、农业休闲观光、乡村旅游和民宿、生态养生和功能农业等多种产业模式。要整合好内外部资源，走产业融合、产村融合、产城融合等功能多样的发展路子，实现"绿水青山"的规模经济和范围经济，特别是要将"绿水青山"与历史、民族风情等人文资源进行融合，实现"绿水青山"转换价值最大化。

3. 以"三化"协同为重点，提高产业精准扶贫效率

为了提高产业精准扶贫的效率，要以组织化、品牌化和电商化的"三化"协同来推进农业产业的发展。由于贫困地区的农业生产和经营方式相对传统，加大农民合作组织的发展力度极为重要。在贫困地区农民合作组织的发展过程中，尤其要关注合作组织对贫困农户的吸纳和帮扶，要通过发挥合作组织的社会化服务功能，帮助解决贫困农户单家独户解决不了或者解决不划算的生产经营问题，使贫困农户尽快融入农业产业发展的轨道。在产业组织化的基础上，政府还应重视贫困地区农产品区域公共品牌的建设，将产业特色化和产品品牌化相结合，提升贫困地区特色农产品的市场影响力和溢价能力。此外，要在产业组织化和产品品牌化的同时，紧紧抓住互联网进农村的契机，加快农业电商化的进程，使贫困地区农户生产或者合作社生产的农产品以及形成的新型业态更快进入市场。

4. 以利益联结为纽带,确保产业精准扶贫利益到农户

要通过利益联结机制的建构与创新,处理好扶贫主体和贫困农户的利益关系,以确保产业精准扶贫政策真正惠及贫困农户,确保产业发展利益能为广大贫困农户所分享。为此,应针对不同的农户、不同类型的扶贫主体,建立多样化的利益联结机制,如通过土地托管、土地流转、订单农业、牲畜托养、土地经营权股份合作、资金股份合作、生态资源股份合作以及扶贫资产股份合作等方式,调和产业扶贫对规模经济的追求与精准扶贫、因地制宜之间的矛盾。此外,地方政府在鼓励工商资本、企业进入贫困地区发展产业,提供优惠政策的同时,必须将进入资本、企业对贫困农户的带动纳入相关政策体系,并实施考核,以使贫困农户真正融入产业精准扶贫,并确保其利益不受损。

浙江践行"绿水青山就是金山银山"理念与绿色发展建议^①

一、习近平总书记"绿水青山就是金山银山"理念精髓与丰富内涵

"绿水青山就是金山银山"的理念是习近平总书记当年在浙江工作时,从安吉余村和丽水、衢州等地推动经济转型和绿色可持续发展的创造性实践中思考、提炼、总结出来的新理念、新思想。这一萌发于浙江大地、升华于美丽中国建设、生态文明建设新时期的理念,已成为中国开创生态文明建设新时代和推动中国生产方式、生活方式和消费方式绿色化的发展新理念和新思想。这一理念是对马克思主义生态文明观的继承和创新发展,也成为构建人类命运共同体,促进世界可持续发展的中国智慧。这一理念已成为习近平新时代中国特色社会主义思想的重要组成部分。2016 年,联合国环境规划署发布《绿水青山就是金山银山:中国生态文明战略与行动》报告,向国际社会展示了中国建设生态文明、推动绿色发展的决心和成效,为世界可持续发展提供了重要借鉴。

习近平总书记所指的"绿水青山"是对优良自然生态资源的形象概括。从这一概念出发,冰天雪地、海浪沙滩、蓝天白云、清新空气、适宜气

① 本文作者为黄祖辉,是在本人主持的浙江省人民政府咨询委员会智库项目"浙江践行'两山'理念与绿色发展对策研究"总报告基础上形成的,课题组成员有顾益康、米松华、胡剑锋、王磊、姜霞、傅琳琳。本研究报告分别获得时任中农办主任韩俊,时任浙江省委书记车俊、省长袁家军等的批示。

候,都是"绿水青山"的范畴。"金山银山"则是对经济发展、产业兴旺和人民生活幸福水平的形象表达。"绿水青山就是金山银山"理念追求的是人与自然和谐的生产方式和生活方式,其发展的指向是绿色发展和永续发展,是对中国特色社会主义新时代的中国经济社会转型发展和现代化发展方向的正确指向。

"绿水青山就是金山银山"理念内涵丰富。一是深刻阐明了留住和保护"绿水青山"的优良生态环境对经济社会发展的极端重要性,二是揭示了经济发展与环境保护的统一性,三是指出了生态优势向经济优势转化的可行性。此外,习近平总书记的这一理念还蕴含了人们对"绿水青山"与"金山银山"关系的三阶段递进认识:第一阶段是用"绿水青山"去换"金山银山",第二阶段是既要"金山银山",但是也要保住"绿水青山";第三阶段是自觉地走"绿水青山就是金山银山"的绿色发展之路。这一理念指出,不能再迷恋过去那种以牺牲环境为代价的发展模式和发展老路,必须走人与自然和谐相处的绿色发展和永续发展之路。

二、浙江践行"绿水青山就是金山银山" 理念的实践与三种模式

"绿水青山就是金山银山"理念为浙江走什么样的发展路子、追求怎么样的发展指明了方向。十多年来,浙江从"千村示范、万村整治"为引领的"美丽乡村"建设到"高效生态农业的绿色发展",从"绿色浙江"到"生态省建设",从"美丽浙江"到"两美浙江",从实施"811"环境整治行动和循环经济"991"行动计划到实施"五水共治"、"四边三化"、"三改一拆"等转型升级"组合拳",从湖州成为"全国首个地市级生态文明先行示范区"到杭州、湖州、丽水入选"第一批国家生态文明先行示范区"等,均体现了浙江对走绿色发展之路的坚定践行,体现了浙江广大干部群众对走绿色发展之路的积极探索。

浙江在"绿水青山就是金山银山"理念的践行过程中,逐渐形成了三种特色鲜明的绿色发展模式:一是城乡融合的绿色提升模式;二是优势后发的绿色跨越模式;三是治理倒逼的绿色重振模式。城乡融合的绿色

提升模式的基本路径和特点是"创新领动、城乡联动和提升发展",就是比较好地处理了生态保护与开发、产业发展与生态环境、产村(镇)融合以及多功能的发展关系,实现了理念与制度契合、城市与农村协调、多元融合的绿色发展,具有代表性的地区是杭州、嘉兴、湖州、绍兴等。优势后发的绿色跨越模式的基本路径和特点是"绿色领动、优势转化和跨越发展",就是立足于"绿水青山"本底这一后发优势,坚持走绿色发展、生态富民和科学跨越之路,具有代表性的地区是丽水、衢州等。治理倒逼的绿色重振模式的基本路径和特点是"整治领动、结构调整和重振发展",就是以治水治气等生态环境整治为突破点,倒逼产业转型发展,以生态共治为发力点,建立生态治理新体系,以发展方式的转换为着力点,重构经济社会发展新格局,具有代表性的地区是金华、温州、台州等。

三、浙江加快绿色发展的思路与对策建议

1. 深化"绿水青山就是金山银山"理念认识,推进浙江绿色发展新征程

在工业化和城市化发展时期,必须把握好"绿水青山就是金山银山"理念的内在逻辑和辩证关系(见图1)。

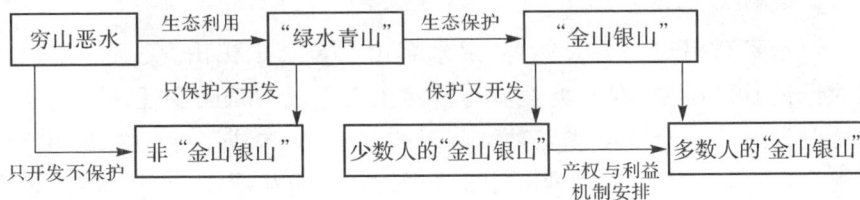

图1 "绿水青山就是金山银山"理念内在逻辑

图1表明,在工业化和城市化发展时期,"绿水青山就是金山银山"理念具有内在的逻辑和辩证关系。首先,"绿水青山"如果只开发不保护,就有可能成为"穷山恶水",不可能成为"金山银山";其次,生态保护和补偿是"绿水青山"赖以存在,并且避免其成为"穷山恶水"的前提条件,但如果"绿水青山"只保护,不合理开发和利用,"绿水青山"同样也成

不了"金山银山";最后,只有对"绿水青山"既保护又合理开发利用,"绿水青山"才有可能成为"金山银山"。同时,制度安排,尤其是生态环境资源的保护制度、产权制度与交易制度的安排,对可持续、可共享的绿色发展极为重要,这种制度安排不仅适用于"绿水青山"的保护问题,而且适用于"绿水青山"的合理开发和开发效益的分享问题,这是"绿水青山"能否成为"金山银山"、能否成为利益相关者共享和可持续的"金山银山"的关键。

因此,要进一步深化对"绿水青山就是金山银山"理念的认识,把习近平总书记在十九大报告中所强调的"坚持人与自然和谐共生","建设生态文明是中华民族永续发展的千年大计","必须树立和践行绿水青山就是金山银山的理念"等思想,作为浙江深化"绿水青山就是金山银山"理念践行、加快绿色发展的行动指南。要从我国已开始迈入生态文明建设新时代和浙江是"绿水青山就是金山银山"理念萌发地的实际出发,更加自觉和准确地把握这一理念的深刻内涵和绿色发展的规律性,在生态文明建设和绿色发展上率先垂范,争当践行这一理念的排头兵。要从绿色生产方式、绿色生活方式、绿色消费方式和生态文明体制改革等方面着力,率先开启生态文明新时代的绿色发展新征程,着力打造全国生态文明建设示范省,为全国的生态文明建设和绿色发展提供浙江经验、浙江方案和浙江智慧。

2. 遵循绿色发展规律,构建浙江绿色发展新格局

习近平总书记有关人们对"绿水青山就是金山银山"关系三阶段认识的论述,可以上升到人类发展与自然生态环境关系的变迁规律。从人类社会发展的三个阶段或三种文明时代观察,它构成了绿色发展的三阶段规律。一是传统农耕文明时代,或者称作传统生态文明时代的绿色发展阶段。这一阶段人类和自然生态环境和谐相处,但"绿水青山"没能成为"金山银山",而是满足人类自给自足、低水平生存的自然资源环境。二是工业文明时代的绿色发展阶段。这一阶段人类和自然生态环境开始产生冲突,"绿水青山"时而成为工业化和城市化的代价,同时,随着工业化和城市化的发展,人类开始重视环境价值,致力于处理好经济发展和环境保护的关系,探索既要"绿水青山",又要"金山银山"的绿色发展路径。三是后工业化文明与后城市化时代,或者称作现代生态文明时代

的绿色发展阶段。这一阶段人类和自然生态环境又和谐相处,"绿水青山"成为满足人类高水平生存与发展的"金山银山"。

浙江从整体上已处在绿色发展第二阶段向第三阶段的转变之中,即处在工业文明向现代生态文明的转变阶段。但由于区域工业化、城市化发展水平的差异以及区域自然生态资源禀赋的差异,需要在遵循绿色发展一般规律的同时,结合区域工业化、城市化发展的阶段性特征和区域自然生态资源禀赋的特点,发挥区域绿色发展的各自优势,努力实现区域发展从工业文明向生态文明,从传统生态文明向现代生态文明的转变。

为此,要建构浙江绿色发展新格局,打造浙江绿色发展"大花园"。以杭州为核心的省域中心城市,充分发挥长三角中心城市和丰富旅游资源的独特优势,着力打造世界级绿色经济发展高地和浙江绿色发展龙头。以丽水、衢州、金华为核心的浙西南丘陵山区,充分发挥自然生态资源禀赋丰裕的独特优势,着力打造集高效生态农业、休闲旅游养生、田园生态城镇为一体的长三角丘陵山区绿色发展胜地和国内同类地区的示范区。以宁波、舟山、温州、台州为代表的东部沿海地区,充分发挥陆海相连的资源环境优势和中小企业、民营经济的发展活力,着力打造具有"陆海发展联动、一二三产联动、转型升级联动"特色的我国东部沿海"绿水青山就是金山银山"发展长廊。以嘉兴、湖州、绍兴为代表的水网平原地区,充分发挥江南山水相依、鱼米之乡、城乡融洽的特色优势,着力打造具有典型江南景观与文化传统特点,城乡高度融合的我国江南水网平原地带"绿水青山就是金山银山"发展区块和美丽乡村升级版。

3. 拓宽绿色发展视野,做大浙江绿色发展新经济

拓宽绿色发展视野,就是既要立足"绿水青山"这一资源本底,又要跳出"绿水青山"的空间局限,充分发挥市场机制的作用,形成"绿水青山"的辐射与带动效应,做大做优做强绿色经济,使"绿水青山"产生更大更好的"金山银山"效应。浙江是最有条件,也是最有可能做大绿色发展新经济,使"绿水青山"产生更大更好"金山银山"效应的省份。

首先,加快发展"绿水青山"内生性产业和外生性产业。一是优先发展与"绿水青山"共生相融,以自然生态资源为本底的内生性产业或经济活动,如林下经济、休闲旅游、生态养生等产业的发展。二是加快发展以

"绿水青山"为依托,与"绿水青山"相关联的外生性产业和产业配套,如相关的绿色服务业、绿色物流业、绿色地产业、绿色金融业和宜居、宜业、宜游田园生态城镇的发展和基础设施的配套。还要以信息经济和绿色智能制造为引领,以低碳绿色的现代服务业和生产性服务业来助推浙江的工业发展率先迈向新型工业化发展道路。

其次,做大浙江绿色发展新经济,还需创新"绿水青山"经营理念和鼓励绿色消费方式。在打造城市绿色消费市场的同时,要高度重视"绿水青山"产地绿色消费市场的打造。这对于具有区域"绿水青山"特色的生态类产品或具有产地关联性消费特性的产品和服务价值的提升尤为重要。其原因不外乎两个方面:一是产品相对稀缺,二是存在产地效应。也就是说,这样的产业、产品、服务及其关联性市场,只有在产地才能获得消费者更高的认知度和认可度,进而获得更强的支付意愿。此外,要将绿色化、生态化、特色化与品牌化、电商化、组织化有机结合,推行生态认证、地理标志认证等制度,延伸"绿水青山"产品和服务的价值链,提升其附加值。

4.创新绿色发展制度,激活浙江绿色发展新动能

一是创新绿色发展保护制度。建立着眼于提高补偿水平、多元化补偿、多渠道筹集、差异化补偿的生态保护体系与补偿机制。创新政府生态补偿的转移支付方式,增强产业扶持型、技术支持型和人才培训型的转移支付,同时高度重视和发挥市场、社会组织和个人在生态保护和补偿体系中的作用。建立政府、市场和社会相结合的"三位一体"的生态保护与补偿体系和机制。利用浙江民间资本活跃、公众环保意识较强的优势,借鉴中国绿色碳汇基金会的运作经验和把握中国绿色碳汇基金会"碳汇研究院"落户温州的契机,创新设立浙江省碳基金制度和绿色消费支付基金,吸引企业和公众参与生态补偿,积极利用国内外生态基金,形成"政府管理、市场调节、社会参与"的生态保护与补偿新格局。要利用浙江省作为全国六大省域生态补偿试点之一的契机,总结积累各地的实践经验和政策意见,在修改完善《浙江省人民政府关于进一步完善生态补偿机制的若干意见》的基础上,尽快出台《浙江省生态补偿条例》。

二是创新绿色发展产权制度。进一步深化土地、林权和相关自然资源产权与环境管理制度的改革。对于难以或不宜确权到人或户的"绿水

青山"资源,可采用分权化或者混合所有的思路,将产权确权到相应的主体或共同体,同时建立和完善相关规章制度,以既防止对产权主体的侵权行为,又避免产权拥有者和使用者对产权滥用所导致的负外部性。应建立政府、市场和社会共同参与的"绿水青山"产权保护与规划制度。同时,在产权明晰和确权颁证的基础上,亟须建立自然资源产权和生态配额的市场交易体系与制度。可以考虑和实施的项目有:建立和完善浙江水权交易体系和市场,在杭州建立中国碳汇交易所,在全省范围内建立森林覆盖率配额交易体系和市场,建立生态标志认证体系和标志产品溢价交易体系。

三是创新绿色发展引导机制。要建立与完善多维度的绿色发展激励约束机制,将生态环境治理约束、企业进入门槛约束、产业转型升级约束、社会消费行为约束以及绿色发展评价约束有机结合,形成多方约束合力与激励相融的体制机制,营造绿色发展法治环境,促成企业动能转换、追求绿色发展,政府评价转换、致力绿色导向,民众行为转换、崇尚绿色消费。建立科学合理、易于操作的绿色发展考评体系,建议由省发改委、省环保厅、省统计局和高校等部门共同参与,研究制定绿色发展考核与评价体系,同时完善地方政府和领导的考核体系,突出绿色发展的绩效考核,提高相关指标的权重。

四是创新绿色发展共享机制。不仅要引导、鼓励和支持企业、社会团体和广大民众积极参与、融入绿色发展的进程,而且要建立绿色发展"共创、共享、共富"机制,使绿色发展成果惠及普通民众,尤其是惠及"绿水青山"所在地的普通民众。为此,在绿色发展中要充分关注生态资源产权与管理制度以及相关政策安排的益贫性和公平性;要运用好产业政策和公共政策的杠杆,促进产业组织、社会团体对普通民众的包容性发展,发挥农民合作组织对小农的带动作用和益贫功能,实现小农、贫困群体与绿色发展的有机衔接和共富发展。

乡村振兴战略中的"治理有效"①

　　党的十九大报告提出了"实施乡村振兴战略",对于"三农"领域的改革方向进行了全面系统的部署。其中对三农发展目标提出了"产业兴旺、生态宜居、乡风文明、治理有效、生活富裕"的二十字总要求,相比较原来的社会主义新农村建设要求中的"管理民主"、"治理有效"涵括的内容更为广泛,立意更加深远:一方面,治理有效是整个乡村振兴战略的重要目标与内在保障;另一方面,治理有效直接与第二个百年目标的社会主义现代化强国建设中的国家治理体系与治理能力现代化相对接,关乎整个发展大局。对"治理有效"问题,我们要从如下三个方面进行把握:

　　1. 以"新时代"思想深刻把握"治理有效"的中国特色

　　十九大的重要理论贡献在于新时代中国特色社会主义思想的提出。"新时代"思想的提出是基于中国发展跃入"强起来"阶段的基本判断。"强起来"是以改革开放近 40 年的巨大成就为其内在的支撑。中国农村近 40 年的改革发展历程,积累了中国乡村治理的丰富经验,其中蕴含着深刻的中国智慧。从"家庭联产承包责任制"到"三权分置"的中国农村改革,都体现了这种基于中国情境的改革智慧。在西方强大的"现代性"语境中,全球的乡村现代化都按照西方标准而设定,中国也受到了相应的影响。新时代,中国需要建构平等的发展语境,更好地回应中国自身的发展情境:一是历史性维度,作为具有深厚农耕文化的文明古国,乡村文化依然以一种特殊的方式影响着乡村治理格局,要取其精华去其糟粕,使精华部分成为乡村治理的文化资源;二是现实性维度,中国所选择

---

　　① 本文作者为黄祖辉。本文内容发表于《人民日报》2018 年 1 月 9 日。

的社会主义道路,决定中国乡村治理的特殊性,有许多根本性的制度是不能够被突破的,同时,社会主义的优越性也体现在这些根本性的制度中。中国在"强起来"的发展语境中,有必要在前期乡村治理经验的基础上,立足中国情境来进行全面、系统的"中国化"理论建构,对新时代的乡村治理进行再思考、再提升、再突破。

2.以"嵌入结构"深刻把握"治理有效"的逻辑基点

回到乡村的现实情境中,我们会发现,乡村是一个复杂的"嵌入结构",政治、经济、社会、文化等诸多方面互相影响、互相制约,单一领域、单一向度的治理改革,难以达到预期的改革目标。还有在前改革时期以县域为单位的行政自主权,形成了区域分割的政策环境、制度环境,加剧了这一"嵌入结构"的复杂性。从当前乡村治理的问题来看,政府主导的治理模式推动了乡村的发展,改善了农民的福利,但是由外而内的治理绩效值得进一步的商榷,如存在公共品供给与农村实际需求不匹配,民主形式的创新与基层民主的文化不匹配,产业政策激励与农民经营能力不匹配,某些乡村治理中预设效果较好的创新,在现实的情境中,其效用往往是被稀释的,有时还会削弱、异化乡村的内部结构。一些显性的、短期出效益的治理举措大面积"植入",时效性短,到处是政策碎片、政策补丁,而需要深耕、培育的领域往往被忽视,因此,从逻辑上说,农民主体性的培育,从"嵌入结构"的内部进行突破,要比从外部持续不断地输入行政资源显得更为重要,给微观主体的农民赋权,然后建立一套平等的民主协商、市场议价机制,逐渐从内部厘清治理结构。

3.以"三治结合"深刻把握"治理有效"的途径匹配

十九大提出"健全自治、法治、德治相结合的乡村治理体系"。这一"三治结合"判断无疑是契合乡村治理的客观实际的。深入基层,会发现在现实问题的解决中,乡村自治中的惯例有些会与法律之间存在一定的张力,如早期的外嫁女入社问题争议等。自治要解决的问题、法治要解决的问题,其边界如何,这个是需要进一步梳理与解决的。在乡村社会转向中,从熟人社会转向半熟人、陌生人社会,维系乡村社群治理的社会逻辑被打破,有些乡村非正式制度的约束力减弱,德治的价值共识弱化导致自治的决策效率降低。这些问题的具体解答,需要在具体的路径、方法、机制上进行相应的系统性探索。乡村治理的复杂性,要求在治理途径上的多元,在具体的情境中,应用不同的方法及方法组合。

浙江农业高质量发展的内涵、评价及关键问题①

一、浙江省农业高质量发展的基本内涵

中央经济工作会议指出，新时代，我国经济已由高速增长阶段转向高质量发展阶段；推动高质量发展是当前和今后一个时期确定发展思路、制定经济政策、实施宏观调控的根本要求。农业部已把 2018 年确定为"农业质量年"，浙江省政府工作报告提出聚焦聚力高质量。对于浙江农业农村经济发展也是如此。一方面，随着经济社会的不断发展，人民群众的温饱问题已经基本解决，以"质"为特征的对美好生活的需要取代了以"量"为特征的物质文化需要，必然要求推进经济发展由增产导向转向提质导向。浙江省作为沿海发达地区，势必比全国更快一步进入高质量发展阶段，农业作为国民经济的重要组成部分，也要加快由追求量的增长转向更加追求质的提高。另一方面，新时代人民群众对农业的要求更高，不仅要我们提供优质安全的农产品，还要提供清新美丽的田园风光、洁净良好的生态环境，这些都是农业绿色发展的范畴，是对农业高质量发展更高层次的要求。浙江省在农业绿色发展上一直走在全国前列，可以说，绿色已成为浙江农业产业、农产品、农业生产方式的普遍形态。

① 本文作者为黄祖辉、米松华。本文内容发表在《咨询研究》（浙江省人民政府咨询委员会主办）2018 年第 20 期，参考了省农业农林厅的相关指标体系。时任浙江省省长袁家军给予了批示。

高质量推进农业绿色发展,是浙江省落实乡村振兴战略的题中之意,是为全国农业发展贡献浙江智慧的底气所在。结合浙江省在高效生态农业和绿色农业发展方面的已有基础,浙江省"农业高质量发展"应突出"五高"。

1.高水平推进绿色创建

深入践行"绿水青山就是金山银山"理念,统筹抓好农业绿色发展试点先行区、国家农业可持续发展试验示范区、省部共建乡村振兴示范省、国家农产品质量安全示范省、畜牧业绿色发展示范省等"国字号"试点示范创建。

2.高水平构建农业体系

加快构建粮食战略产业稳、特色优势产业强、新兴产业旺的现代产业体系,促进一、二、三产深度融合。加快构建绿色低碳循环的现代生产体系,大力推进农业清洁化、工厂化、数字化、智慧化发展。加快构建现代经营体系,打造一大批规范化水平高、带动能力强、经营效益好、综合素质高的新型经营主体。

3.高水平打造产业平台

坚持保量为基、提标为要、增效为本,深化农业"两区"建设,在浙江全省布局建设国家级现代农业产业园,国家级特色农产品优势区,农村一、二、三产深度融合的省级现代农业园区,特色农业强镇和农业全产业链。

4.高水平培育品牌农业

顺应人民消费需求升级趋势,大力发展绿色、精品、高端、优质农产品,促进更高层次的供求平衡。深入推进农业品牌振兴,倡导"品牌担保品质、优价激励优质"的正向机制,形成优质农产品生产者不吃亏、有回报的氛围,推动浙江农产品品牌建设继续走在全国前列。

5.高水平深化农村改革

全面完成农村承包地确权登记颁证,研究探索承包到期后再延长30年的政策,积极探索农村土地"三权分置"实现路径,发展多种形式的适度规模经营。深化农村集体产权制度改革,最大限度增加农民的集体财产性收入。

二、浙江省农业高质量发展的评价体系构建

基于习近平总书记提出的要以构建现代农业产业体系、生产体系、经营体系（现代农业"三大体系"）为抓手，加快推进农业现代化的重要讲话精神，把构建"三大体系"作为"十三五"和今后一段时期推进农业现代化的主要抓手，加快建成支撑现代农业发展的"三大支柱"的趋势导向；基于浙江省委、省政府"建设美丽浙江、创造美好生活"的决策部署和"推进高质量高水平现代农业强省，打造农业现代化标杆省份"的总体要求，对照"十三五"规划积极推进农业现代化的"绿色发展、集聚发展、全产业链建设、产业融合发展"等重点任务的目标导向；基于上述浙江省高质量推进农业绿色发展"五高"内涵阐释——研究构建了浙江省农业高质量发展指标体系。

通过构建农业高质量发展评价指标体系，利用准确、翔实、可靠的数据进行综合分析，可定期对浙江省 11 个设区市和 82 个县（市、区）农业高质量发展的实施情况进行追踪并做出客观评价，从而为科学制定相关政策、及时调整策略措施、顺利推进农业高质量发展和高水平建设农业现代化提供依据。

农业高质量发展指标体系，由现代农业"产业系统、生产系统、经营系统、支撑系统"四大系统，以及"产出高效化、产业融合化、产品优质化、装备精准化、手段科技化、生产集约化、经营组织化、服务社会化、生产基础、资金保障、绿色理念"11 个子系统和 20 个评价指标构成。

三、浙江省农业高质量发展的关键问题

1. 要坚持以人为本推进农业高质量发展

一是要围绕"美好生活"要求,增强绿色优质农产品供给能力。以"吃得安全、吃得放心、吃得满意"为目标,努力做到品种、品质、品牌"三品"联动,满足消费者以"质"为特征的对美好生活的需求。二是围绕"生活富裕"要求,推进农民持续均衡增收。首先,农民收入增长要"快"。不断拓宽农民增收渠道,力争农民收入增长快于经济增长。预计到2022年,浙江省农村人均可支配收入达到3.5万元,持续保持在全国的领先地位。其次,村级集体经济要"壮"。深入实施消除集体经济薄弱村三年行动计划,多路径多渠道发展壮大集体经济,着力增强集体经济自身造血功能。最后,小农户和现代农业要"联"。加快健全完善农业社会化服务体系,鼓励为小农户开展全程托管式服务,把小农户带入农业现代化轨道。积极推进土地股份合作,推行"保底＋分红"收益分配机制,做到老板乐、老乡同步乐,老板富、不剥夺老乡富。

2. 要以产业兴旺为核心推进农业高质量发展

一是特色产业突出一个"优"字。发展"一域一品",加快建设一大批生态茶园、放心菜园、精品果园、特色菌园、道地药园,打造特色农产品优势产业带。尤其要积极推广稻菜轮作、稻渔共生、立体种养等生态循环新型农作模式。二是新兴产业突出一个"亮"字。拓展农业多种功能,加快发展休闲农业、创意农业、体验式农业、定制农业、养生农业等新产业、新业态。大力发展农产品加工、物流、营销和配套产业,促进农村一、二、三产深度融合。三是智慧农业突出一个"高"字。积极运用"互联网＋"方式提升农业、发展农村、富裕农民,新建成一批数字植物工厂、数字养殖工厂、数字育种工厂。加快推进农业"机器换人",推广各类先进农机和设施装备,深化农机农艺融合,不断提高农业劳动生产率。

3. 要以制度创新为保障推进农业高质量发展

浙江省作为"绿水青山就是金山银山"理论的发源地,秉承高效生态农业发展战略,浙江省农业厅也将高质量推进农业绿色发展作为浙江省落实乡村振兴战略的题中之意,应进一步在环境制度创新和政策体系上取得创新突破。一是创新绿色发展保护制度。建立着眼于提高补偿水平、多元化补偿、多渠道筹集、差异化补偿的生态保护体系与补偿机制。重视和发挥市场、社会组织和个人在生态保护和补偿体系中的作用。如建立浙江碳基金制度和绿色消费支付基金,将筹集的资金用于各类生态补偿和支持绿色产业与技术的发展。二是创新绿色发展产权制度。深化土地、林权和相关自然资源产权与环境管理制度的改革。对于难以或不宜确权到人或户的"绿水青山"资源,采用分权化或者混合所有的思路,将产权确权到相应的主体或共同体,同时建立和完善相关规章制度。三是创新绿色发展交易制度。在确权基础上,亟须建立自然资源产权和生态配额的市场交易体系与制度。首先可以考虑和实施的项目有:建立和完善浙江水权交易体系和市场;在杭州建立中国碳汇交易所;在全省范围内建立森林覆盖率配额交易体系和市场;建立生态标志认证体系和标志产品溢价交易体系。

4. 要以治理有效为依托推进农业高质量发展

一是扎实推进"最多跑一次"改革。加快推进信息进村入户工程,实现信息益农社全覆盖,扎实推进数据共享、网上办理、快递送达,实现"一次不跑"的目标。二是扎实推进法治农业建设。树立宪法法律至上观念,推动农业地方性法规规章和配套制度修订完善,大力推进农业依法行政,深化农业普法宣传,加强新型农业经营主体法律帮扶服务,不断提升依法治农、依法护农、依法兴农水平。三是扎实推进村集体经济组织建设。开展村股份经济合作社自治、法治和德治相结合的治理体系研究,切实提高村级集体经济组织班子依法履职能力和水平。

谨防乡村振兴战略走偏①

一、厘清政府与市场的关系

2018 年以来,许多地方出台有关乡村振兴战略规划,重点围绕产业兴旺和生态宜居,投入了大量的财政资金。但乡村振兴不仅要投入资金,还必须清醒认识的是:产业要兴旺,不光是上项目、盖园区这么简单,而更多应该思考市场在哪里。一定要以市场来认定"产业兴旺"。2017年,中央一号文件提出了"深入推进农业供给侧结构性改革"的命题,实际上就是要从市场来解决产业发展的问题。但就目前而言,许多农产品仍严重滞销,一些地区的苹果价格仅为 8 毛 1 公斤,几乎入不敷出;一些地方的蒜薹价格暴跌,不少只能烂在地里;橘子长在树上没人摘,因为市场价格还抵不上橘子采摘的工钱……令人担心的是,不少地方政府在政绩驱动下,一味地上项目,大有把乡村振兴战略作为乡村建设工程战略之势。在推进乡村振兴战略过程中,政府固然要起到主导作用,但如果单纯推项目、扩大规模,没有足够的市场需求,是会出大问题的。

问题的核心还是市场在哪里? 政府的边界在哪里? 许多地方政府忽视了这个问题,各自为战,导致了区域之间同类型产业的恶性竞争。尽管地方政府的出发点是好的,发展地方经济的积极性很高,但市场价格是要按照供需关系来决定的,并不会因为地方政府很努力、很辛苦,就

① 本文作者为黄祖辉。本文内容发表在《"卡特"决策参考》2018 年第 3 期,于 2018 年 9 月 15 日获时任农业农村部副部长、中农办原主任韩俊重要批示。

会有一个好价格。因此,还是要处理好政府与市场的关系。实践中,大多数从事农业的经营主体,搞农业似乎都不是看市场,而是看政府。原因是政府有补贴,有支持政策,如此一来,经营主体的行为就被扭曲,就不以市场的导向来行事,而是依附于政府。即使不赚钱,也亏不了,最终受损和买单的往往是广大小农! 因为一般的小农得不到相对丰厚的政府支持和补贴。

党的十九大报告提出,要实现小农户与现代农业发展有机衔接。小农是中国农业长期存在的现象,不能忽视和排除他们。如果地方政府对此缺乏足够的认识,在农业政策上过于偏向新型主体,既会使惠农政策出现偏差,又会导致干预市场过度,不仅不利于小农与现代农业的有机衔接,也不利于现代农业的有效发展,因为现代农业绝不是普遍过剩的农业,而是有市场竞争力的农业。当前,我国农业供给的矛盾主要不是短缺,而是过剩,需要创造"有效供给"。然而,每个地方政府都有行政边界,有本位主义,倘若继续盲目地上项目,花那么多精力招商、培训、落地,而不考虑市场的问题,将会大大降低产业发展效率,降低扶贫效率,甚至会导致产业致贫,最终农民减收、资源浪费,国家还浪费钱。

让政府和市场的关系保持良性互动,除了要充分发挥市场在配置资源、主导主体经济行为中的作用,还必须发挥行业组织的作用。在国际上,尤其发达国家的农业,除非遇到极端性的自然灾害,正常年份很少会发生农产品价格的大起大落。一个重要的原因是行业组织在发挥作用。因为行业组织能够突破地方政府的区域行政壁垒,并且比地方政府更清楚产品市场的供求状况,能够克服地方政府在这方面的失灵,也能够避免市场价格过度波动对经营者的伤害和资源的低效配置。要发挥市场的作用,一方面要完善产权制度,另一方面要求政府干预适度。要发挥行业组织作用,则要求政府转变职能,同时鼓励行业组织发展,并赋权行业组织。理想的架构是形成政府、市场、行业组织"三位一体"的供给侧治理结构,只有这样,才能实现有效市场和有为政府的共存。

二、坚持新型城市化引领乡村振兴

通过乡村振兴战略解决我国城乡发展不平衡问题,并非意味着城市化战略将放缓,或者是要用乡村振兴战略替代城市化战略。恰恰相反,乡村振兴战略必须置于城乡融合、城乡一体的架构中推进,并且应以新型城市化战略来引领,以实现"以城带乡"、"以城兴乡"、"以工哺农"、"以智助农"、"城乡互促共进"、"城乡融合发展"的美丽乡村发展和乡村振兴。

因此,还是要把握好乡村振兴和城市化发展的关系。十九大报告明确提出,要加快农业转移人口市民化,也就是不仅要鼓励农民进城就业,而且要让进城农民与城市居民一样享受公共保障待遇。但近些年,一些地方政府和舆论媒体中,却出现了"城市化解决不了农民进城"的观点和声音;还有人认为,乡村振兴的标志就是城里人回归乡村和返乡创业,这是认识上的误区和误导。从当前我国城市化水平和城乡人口的分布状况看,乡村振兴并不是要增加乡村人口,而是要优化乡村人口与减少乡村人口同步,鼓励返乡创业与加快农业转移人口市民化并不矛盾,两者均取决于城乡产业的协调发展和城乡人口在城乡之间的优化分布。从产业结构演进规律和我国目前的经济社会发展格局看,城镇化进程依然是滞后的,要进一步把农民吸收进城,再通过完善社保体系、农村产权制度改革等,让农村进城人口定居城市。

城市化是现代化的必经之路,城市化也意味着乡村本土人口的减少。从人口流动和空间集聚的角度讲,乡村振兴的过程,一定是城市化充分发展的过程,是人口在城乡优化配置、城乡互动和融合发展的过程。原因是城市化离不开乡村人口的融入,乡村振兴也离不开城市人口对乡村的向往。换言之,乡村振兴本身就蕴含着城市化的元素,乡村振兴战略本质上是城市化战略的有机组成,两者是"你中有我,我中有你"的关系。在乡村振兴的过程中,乡村应成为"农业转移人口市民化"的助推器,田园生态城镇的新空间,城市居民美好生活追求的向往地。乡村振兴战略与城镇化战略的逻辑关系进一步表明,乡村振兴的重点与任务既在乡村，又在乡村以外，因此，要拓宽乡村振兴战略的视野，注重乡村振兴外部环境的优化。从体制机制的角度看，以城乡公共社保体制和农村集体产权制度为重点的城乡联动改革，应成为乡村振兴的基本驱动力。破解城乡二元结构，建立城乡一体、城乡融合、互促共进的体制机制，应成为乡村振兴的必要条件。

我国目前有近 50 多万个行政村，经过改革开放以来工业化、城市化和市场化的洗礼，已经形态各异，大体可以分成三大类型：一类是已被城镇化覆盖或即将覆盖的村庄，如城中村、镇中村以及城郊村；另一类是新农村建设中逐步形成的由若干村庄合并、人口相对集聚、生产与生活分离、社区服务功能较强的中心村；还有一类是生产生活依然分离不明显的传统村落。很显然，这些不同类型的乡村，在乡村振兴中将会有不同的走向，有的会与城镇融合，成为城市的组成部分；有的可能成为乡村社区的服务中心或新型的田园生态小城；有的村落随着人口的迁移可能会逐渐消亡；而大量的村落会成为产业兴旺、生态宜居、乡愁依旧的美丽家园。还要重视乡村发展的"差异化"和"多功能"，我国乡村涉及水网平原、丘陵山区、海岛等，各有自身特色，既要根据自己的资源禀赋特点营造差异化特色，又要营造公共性需求空间，有效植入服务业、城镇化功能，实现产村、产镇、产城的融合发展。简言之，在乡村振兴战略推进中，必须先对各地区的各类形态乡村进行合理定位和科学规划，避免走弯路。

三、将"生态宜居"融入"产业兴旺"

毫无疑问，"产业兴旺"是乡村振兴的经济基础，但"产业兴旺"首先要以市场兴旺为前提，同时，"产业兴旺"中的农业不能局限于一产农业的发展，而应着眼于"接二连三"、三次产业融合、功能多样的现代农业产业的发展与兴旺，要充分体现现代农业三大体系，即产业体系、生产体系、经营体系有机结合的产业发展与兴旺。此外，"产业兴旺"要与"生态宜居"有机结合。"生态宜居"是乡村振兴的环境基础。但这种宜居的生态环境不应仅仅是乡村百姓的宜居，也应该是对城市居民开放、城乡互通的"生态宜居"。

"生态宜居"与"产业兴旺"相融合的关键是使"生态宜居"既成为百姓"生活富裕"的重要特征,又成为"产业兴旺"的重要标志。这是因为,乡村的"产业兴旺"是体现三次产业融合和功能多样的"产业兴旺",其中乡村的休闲旅游和康养产业发展,无疑要以"生态宜居"为基础和前提。最近,习近平总书记对浙江十五年来持续抓"千万工程"予以充分肯定。这一经验也由此在全国进行推广,但很多人到浙江学习考察后认为难以复制,原因是大多数人把关注点放在了资金上,觉得浙江主要是经济发达,政府有钱。实际上,"千万工程"是一个社区环境改善的过程,学习浙江经验,关键学什么?浙江经验的核心在于:在社区公共环境改善过程中植入产业与市场机制,把社区的公共品转变为市场品。也就是说,乡村的"生态宜居",如果光是针对本地村民,那就是个社区公共品的供给问题,就难以实现可持续的供给,就难以成为一年接着一年干的事,但如果将乡村的"生态宜居"同时面向乡村以外,能够吸引城市居民来宜居,就会转变为服务性产业,就会变为可交易的市场品,社区垃圾污水、厕所运维等问题就可以通过市场机制来解决,就具有可持续供给的可能。一言以蔽之,不能把乡村的"生态宜居"单纯作为公共环境的改造工程,而是要引入产业发展功能和市场机制。

四、将"乡风文明"融入"治理有效"

许多地方对乡村振兴的发力点是在产业兴旺和生态宜居上,但乡村的振兴必定是全方位的。浙江等地的实践表明,与"乡风文明"密切相关的文化振兴,可以成为乡村振兴的内在驱动力。乡村振兴中的"乡风文明"是乡村文化振兴的重要体现,它应该既体现具有五千年中国历史传承的乡村农耕文明,又应该体现现代工业化、城市化发展和特征的现代文明,即彰显我国传统文明和现代文明相互融合与发展的"乡风文明"。而"治理有效"是乡村振兴的社会基础,乡村的"治理有效"是国家治理体系现代化和"善治"的必然要求,它应该既体现治理手段的多元化和刚柔相济,即法治、德治、自治的"三治合一",又体现治理效果能为广大群众所接受、所满意,并且具有可持续性和低成本性。

需注意的是,许多地方在抓"乡风文明"时,总感觉找不到抓手和有效载体,认为这块工作比较虚,短期内很难抓出实效来。但是,如果把"乡风文明"上升到乡村治理的高度,与乡村"德治"相互融合、互为支撑,就既能抓出实效,又能使乡村治理产生实实在在的效果。

在乡村治理过程中,仅靠"法治"是不够的,因为现实中人的行为不仅会受制于"法治"这一正规制度的约束,在许多场合还受制于非正规制度的约束。在形态多样、文化多元的我国乡村,很多事情的治理可能上升不到法律层面,或者说,即使采用"法治"的手段,也可能是不经济的,需要依靠"德治"这一非正规制度的安排。这些制度在乡村主要体现为乡规民约、文化传统、宗教信仰、风俗习惯、伦理道德等,这些非正规制度在农村这个熟人社会不仅很普遍,而且是很有效的治理手段。

将"乡风文明"融入乡村治理的过程中,发挥乡贤的作用极为重要。农村乡贤一般都是社会精英,他们来自乡村,但都有阅历,见过世面,既有较强的现代意识,同时也有比较浓重的乡土情结和乡土意识。这种集现代意识和乡土意识于一身的乡贤力量,在吸引外部资源、协调人际关系和形成发展合力等方面可以起到重要作用。比如在浙江,不少企业家、成功人士等,到村里担任村干部和顾问,参与乡村经济发展和乡村治理,或者返乡创业,这些都是较为普遍的现象。他们不仅把新理念、新思路、新资源带入乡村,而且把许多社会资本、人力资源导入乡村,形成了乡村振兴中不可或缺的中坚力量。政府应打造平台和通道,充分发挥他们在"乡风文明"和"治理有效"中的作用。

五、防止过急推进乡村振兴战略

乡村振兴战略是个分三步走的战略,关键是第一步要走好。目前不少地方制定了乡村振兴战略的三年行动计划,大多希望到 2020 年乡村振兴战略取得重要、重大或实质性进展,尽管积极性很高,但有些操之过急,还是应该与中央政治局审议的乡村振兴战略的五年(2018—2022)规划保持一致,五年开局比较从容。

　　政府部门在一些重大工作任务上操之过急,与政府政绩考核、干部晋级制度也有一定的关系。实践中,由于干部晋级和多岗位历练,干部的流动性很大,这在一定程度上不利于干部队伍的稳定和专项工作的持续性。对于乡村振兴这样的重大战略实施和市县这样的综合性管理岗位,称职的领导干部应能在一个地方或某一重要岗位上相对长期地履职,他们的晋级可以采取"就地提拔"的办法来解决,这既有利于对重要岗位的干部队伍提供保障和激励,又有助于克服乡村振兴战略实施中的操之过急。

推进浙江乡村振兴，
提供全国示范样本①

近期，全国各地正在贯彻中央文件精神，积极推进和具体实施乡村振兴战略。浙江作为全国农业农村发展的发达地区，美丽乡村建设为乡村振兴打下了坚实基础，各地到浙江来学习和考察的人非常之多，这对浙江科学推进乡村振兴战略既是动力，又是压力，浙江必须举全省之力，在积极推进乡村振兴战略、实现乡村振兴的同时，为全国提供示范样本。为此，浙江有以下五个方面需要进一步探索实践和为全国提供经验。

1. 在乡村振兴战略实施中充分发挥市场和行业在产业发展中的作用

乡村振兴战略总体上应以政府主导来推进，但并非任何领域都应如此。在产业发展方面就应是政府引导、市场主导、行业协调。事实上，有为的政府应是能充分发挥市场和行业组织作用的政府，而不是替代市场和行业组织功能的政府。目前，全国许多地方出台乡村振兴战略规划和行动方案，在产业兴旺和生态宜居等领域安排了大量的工程项目，拟投入大量的资金，乡村振兴战略似乎成了乡村建设工程战略。但是，产业兴旺和发展不宜单纯靠政府推动上项目，而应以市场为主导，首先应解决市场在哪里和市场容量的问题，要以市场来认定"产业兴旺"。2017年中央一号文件提出了"深入推进农业供给侧结构性改革"的任务，实质上就是要通过市场来解决生产过剩和产业发展盲目的问题。因此，对于乡村产业的兴旺和振兴，还是要通过供给侧的结构性改革，激活市场、激

---

① 本文作者为黄祖辉。本文内容发表在《决策咨询》（浙江省人民政府咨询委员会主办）2018 年第 39 期（11 月 6 日），获时任浙江省委书记车俊重要批示。

活主体、激活要素,不然就会导致经营主体不看市场,只看政府,致使项目上去了,供给却进一步过剩,并且价格下跌,农民利益受损的后果。与此同时,在产业发展中还需充分发挥行业组织的作用,要建立政府、市场、行业组织"三位一体"的供给侧治理体系。行业组织的基本作用,在于能突破地方政府的区域行政壁垒,既能克服地方政府调控市场的局限性,又能避免市场价格过度波动对经营者和消费者的伤害和资源的低效配置。要发挥行业组织的作用,政府就必须转变职能,并且赋权行业组织,鼓励行业组织的发展。浙江的市场经济和行业组织有较好的发展基础,应在乡村振兴战略实施中进一步探索实践,为全国提供经验。

2. 在乡村振兴战略实施中高度重视小农户与现代农业有机衔接的问题

习近平总书记曾经指出,小农在中国是长期存在的现象,我们不能排除他们。要研究如何将小农引入和融入现代农业的发展轨道,实现小农户和现代农业发展有机衔接。因此,如地方政府在这一问题上缺乏足够认识,在农业政策上过于偏向新型农业经营主体,甚至充当经营者的"保姆",就既会使政府干预市场过度,又会使惠农政策出现偏差,导致农民分化和小农发展与现代农业的脱节,也不利于现代农业的持续有效发展。现代农业应是有市场竞争力的农业,而不是形态现代化却缺乏竞争力的农业。浙江属于人均耕地资源较少的省份,在乡村振兴过程中探索小农融入现代农业的路径和适应小农融入的现代农业发展,对全国具有普遍意义。为此,一是重视小农培育和小农素质提升。着重在理念、技术和经营能力方面的培育,使一部分小农成为新型农业主体,一部分小农在适宜领域从事现代农业。二是拓宽现代农业发展视野。现代农业不仅局限于第一产业,而是可以"接二连三"、向功能多样延伸。存有不少适宜小农经营的领域与环节,即使从第一产业角度看,诸如精耕细作的现代"小美"农业,不仅适合小农,还具有很强的市场竞争力和很大的需求。三是建立小农与现代农业有机衔接通道。基本路径是小农组织化和建立多元化农业服务体系,这是小农融入现代农业,与现代农业有机衔接的根本途径。四是增强政府政策对小农的惠及。核心是处理好新型农业主体培育与小农发展的关系,尤其要重视政府培育新型农业主体过程中政策对小农带动的杠杆作用。

3. 在乡村振兴战略实施中高度重视城乡融合和新型城镇化的引领作用

通过乡村振兴战略加快乡村现代化发展,实现城乡均衡发展,并非意味着城市化战略将放缓,相反,乡村振兴战略必须置于城乡融合、城乡一体的架构中来推进。乡村振兴战略的重点与任务,既在乡村,又在乡村以外。因此,一定要拓宽乡村振兴战略的视野,注重乡村振兴外部环境的优化和乡村形态的多样化,以新型城市化战略来引领乡村振兴战略。这种引领从城市角度看,一是加快农业转移人口市民化。也就是不仅要支持农民进城创业就业,而且要让进城农民能够举家迁移至城市,与城市居民平等享受基本公共服务和社会保障。二是鼓励城市工商资本和人才"上山下乡"。也就是要通过城市优质要素进入乡村,与乡村要素相互融合,实现以城带乡、以工支农和城乡融合发展。从乡村本身看,一是通过农村产权制度深化改革,建立城乡居民产权交易市场,让权利跟人走,增强农业转移人口市民化能力。二是通过"多规合一"和"千万工程"的联动,优化美化乡村空间布局,打造"产业兴旺"与"生态宜居"相融合、"乡风文明"与"治理有效"相融合、乡村与乡镇相融合、类型多样和功能多样的美丽乡村群,使乡村成为田园生态城市新空间和城市群发展新组合。三是通过城乡融合、城乡一体体制机制建构,促进城乡经济社会进一步融合,使乡村成为城市居民对美好生活向往的所在地。浙江在这方面已积累了不少经验,可在深化发展基础上为全国提供示范。

4. 在乡村振兴战略实施中推进"生态宜居"与"产业兴旺"有机结合

"产业兴旺"是乡村振兴的经济基础,实现"产业兴旺"必须以市场为导向,把市场兴旺与否作为评判"产业兴旺"的依据。"产业兴旺"中的农业应充分体现现代农业三大体系,即产业体系、生产体系、经营体系的有机结合和兴旺发展,不能局限于第一产业农业的发展,而应着眼于"接二连三"、功能多样农业的兴旺与发展。同时,要重视将"生态宜居"与"产业兴旺"有机结合起来。"生态宜居"既是乡村振兴的环境基础,又是"产业兴旺"的重要特征。实现"生态宜居"与"产业兴旺"的有机结合和相互融合,使"生态宜居"具有可持续性,不仅需强化环境保护与投入,增强城乡居民的环保意识,而且要深化"绿水青山就是金山银山"理念践行,创新体制机制,将公共性生态环境转变为可交易生态环境,将"生态宜居"融入"产业兴旺"。最近,习近平总书记对浙江十五年来持续抓"千万工程"予以充分肯定,要求在全国推广这一经验。浙江"千万工程"的经验除了政府高度重视、百姓参与以外,还将村庄环境这一社区公共品转变为市场品,在农村社区公共环境改善过程中融入产业形态与市场机制,不仅使村庄成为当地村民的宜居地,而且成为外来人口休闲旅游与养生的目的地。换言之,乡村"生态宜居"如仅仅对本地村民宜居,那只是社区公共品的供给,就有可能难以持续供给,如果乡村"生态宜居"也包含对外来人口宜居,则宜居生态就会变为产业基础和环境,成为可交易的市场品,就会通过市场机制激活包括村民在内的经营者对生态环境的保护与投入,就能使公共环境的改善具有可持续性。

5. 在乡村振兴战略实施中推进"乡风文明"与"治理有效"有机结合

"乡风文明"与"治理有效"是乡村振兴的社会基础和重要标志。浙江等不少地区的实践表明,与"乡风文明"密切相关的文化振兴是乡村振兴的内在驱动力。新时期我国"乡风文明"既应体现具有五千年中国历史传承的乡村农耕文明,又应体现现代工业化、城市化发展和特征的现代文明,是我国传统文明和现代文明相互融合与发展的"乡风文明"。乡村"治理有效"是国家治理体系现代化和"善治"的必然要求,不仅应体现治理手段的多元化和刚柔相济,即法治、德治与自治的"三治合一",还应体现治理效果能为广大群众所接受、所满意,具有可持续性和低成本性。"乡风文明"与"治理有效"的有机结合在于两者存在内在联系性,因为文明乡风本质上属于治理范畴,尤其与"德治"密切相关。因此,只有把"乡风文明"上升到乡村治理的高度,与乡村"德治"融为一体、相互补充,才能既使"乡风文明"产生实效,又使乡村治理更为有效。实际上,在整个治理体系中,存在着两大治理制度:一种被称为正规性制度,它对人的行为具有强制性约束作用,"法治"属于这一范畴;另一种则被称为非正规性制度,它对人的行为尽管不具有强制性约束,但同样具有约束效用,"德治"属于这一范畴,主要涉及文化、伦理、传统、习俗、宗教、信誉、威信等要素。在形态多样、文化多元的我国乡村,乡村治理既要依靠法治,还要充分发挥"德治"的作用,为此,将"乡风文明"建设融入乡村治理过程极有必要。要充分发挥乡村基层组织和能人贤达的作用,建立与法治相匹配的完善的乡村"德治"体系,发挥乡村优良文化、传统、习俗和宗教文明对乡村干部群众的行为规范与正向引导作用,实现"乡风文明"与"治理有效"互促共进、同步提升。

实现美丽乡村建设
与高质量发展相得益彰①

美丽乡村建设不是单纯搞好乡村环境,而是要在乡村经济发展基础上建设和谐宜居美丽乡村;推动乡村经济发展,绝不能以牺牲乡村生态环境为代价,而要实现经济发展与环境保护相互促进。这就要求牢固树立和贯彻落实"绿水青山就是金山银山"理念,科学认识和把握美丽乡村建设与经济发展之间的辩证关系,将经济发展与生态文明建设有机融合起来,努力实现美丽乡村建设与经济高质量发展相得益彰。浙江省推进"千村示范、万村整治"工程的实践充分证明了这一点,其他地方在推进乡村振兴的实践中也提供了不少生动例证。

一、实现发展理念和发展方式变革

实现美丽乡村建设与经济高质量发展相得益彰,要从发展理念和发展方式变革入手,坚持以绿色发展理念为引领,走融合发展之路。

以绿色发展理念为引领。绿色发展理念强调,既要"金山银山",又要"绿水青山";既要坚守生态环境底线,不以牺牲生态环境为代价实现发展,又要充分利用生态环境,让生态环境优势充分转化为经济发展优势。当前,在绿色发展理念引领下,全国各地探索形成了多种"自然—经济—社会—文化"复合型生态经济。比如,生态经济＋城乡生活场景——以四川省成都市的田园城市、公园城市建设为主要代表,彰显"绿

---

① 本文作者为黄祖辉。本文内容发表在《人民日报》2018 年 11 月 18 日。

水青山"的生态价值,让美丽山川和美丽人居交相辉映。又如,生态经济
＋乡村旅游经济——以浙江省湖州市等地乡村的山水民宿为典型,形成
较好的品牌和集群效应。再如,生态经济＋健康养生产业——以福建省
建设颐养福地为主要代表,发展健康养老养生产业,呈现生态农业资源、
旅游资源、区位交通和客源等叠加优势。

走融合发展之路。融合发展要求突破传统产业边界、区域空间边界
和要素功能边界。就农业产业而言,应推动三次产业融合发展和多功能
发展。就区域空间而言,应实现产村融合、产城融合和区域融合、城乡融
合。就要素功能而言,应追求生产要素、生态要素、文化要素相互融合。
实践证明,融合发展是现代产业的重要特征,是满足消费者多元化需求
的必然趋势,也是实现美丽乡村建设与经济高质量发展相得益彰的基本
路径。比如,江西省全南县大力发展芳香产业,建立赣江源多功能生态
经济示范园,带动 1.3 万农户从事育苗生产、花木种植、精油深加工等,
生产的精油等产品远销东南亚,人均年收入达 2 万余元。又如,浙江省
平湖市广陈镇和上海市金山区廊下镇仅一条山塘河之隔,两地语言相
通、习俗相近、文脉相似,经济、社会、文化、生态高度关联。近几年,两地
进行跨区域"联姻",突破行政区域藩篱,实现公共设施共享,通过协同规
划和市场运作,产业发展从"竞争"转向"竞合",着力打造跨区域发展、一
体化发展的新乡村群与乡村振兴共同体。

二、发挥市场机制的激励和驱动作用

整体来看,美丽乡村建设应由政府主导,但政府主导并不意味着政
府包办一切,还必须充分发挥市场在资源配置、行为激励等方面不可或
缺的作用。

乡村产业兴旺与经济振兴需要发挥市场配置资源的决定性作用,政
府主要发挥引导作用,重点在顶层设计和政策引导、投入引导、示范引导
等方面发挥作用。即使是一些具有公共性的项目建设与持续供给问题,
也要处理好政府和市场的关系,发挥好市场机制的作用。以浙江"千村
示范、万村整治"工程实践为例,许多乡村之所以能实现可持续的村容整

洁和生态宜居,除了政府重视、增加投入、强化考核和发挥村规民约的作用,也离不开充分发挥市场机制的作用,特别是将村容整洁、生态宜居建设与产业发展有机结合起来,从而形成了持续推进的动力。

实践中,一些乡村环境整治,如垃圾集中处理、污水治理、道路硬化等建设项目,往往存在村民投入积极性不高、村集体缺乏经济实力、政府长期投入有限等问题,因而一些地方村容整洁和生态宜居建设可持续性较差。浙江省的经验表明,在政府重视与投入的同时,还应发挥好市场机制的作用,将符合条件的乡村社区环境这种"公共品"转化为可交易的"市场品"。具体思路和做法是:乡村的村容整洁和生态宜居不仅要为本地村民所享用,而且要让城市居民来享用。城市居民享用美丽乡村资源,实际上是来乡村休闲、养生和旅游,是付费的市场行为。在这种情况下,乡村环境效益就会产生经济效益,当地的村民就可以转变为第三产业从业者,进而产生改善与维护乡村环境的内在激励和动力,实现推进美丽乡村建设与推动乡村经济发展的有机统一、良性互动。

三、发挥体制机制的引领和保障作用

实现美丽乡村建设与经济高质量发展相得益彰,创新体制机制是关键。要以创新生态补偿机制、产权制度、治理体系为重点,发挥体制机制对治理环境、发展经济的引领和保障作用。在这方面,目前一些地方已形成不少有益经验和做法。

创新生态补偿机制。北京市出台《关于推动生态涵养区生态保护和绿色发展的实施意见》,加大对生态涵养区的政策和资金支持力度,确保"不以牺牲生态环境为代价换取一时一地经济增长"。福建省强化排污权有偿使用和交易工作,出台 8 个配套管理办法和 13 个指导文件,统一制度、统一规则、统一市场、统一平台,避免"政策孤岛",形成成体系、全覆盖、多层次、常更新的排污权政策体系,营造公开透明的排污权交易环境。安徽省推出《安徽省生态环境损害赔偿制度改革实施方案》,在全省范围试行生态环境损害赔偿制度,形成相应的鉴定评估管理和技术体系、资金保障和运行机制,建立和完善针对生态环境损害的修复和赔偿制度。

创新产权制度。山东省东平县推进乡村集体产权制度改革,实现资源变资产、资金变股金,有效提高乡村资源利用率和农民收入,增强集体经济发展活力,解决困扰农村集体多年的"四荒"(荒山、荒沟、荒丘、荒滩)资源管理无序和闲置问题。全县对清理出的"四荒"资源,采取股份合作等形式,与相关市场主体合作开发苗木种植等经营项目,形成农村集体"边角经济"增收模式。为破解各类扶持资金分散使用效益低、平均到户发力弱的困局,该县整合政策性扶持资金,形成经营性资产,将资产量化到人、确权到户,并依靠市场经营壮大体量,形成资产收益共享新局面。浙江省德清县着眼"三权到人(户)、权跟人(户)走",全面推进土地(林地)承包经营权、宅基地用益物权、集体资产股权确权颁证,并建立农村产权交易中心,全县 76% 的土地高效流转,带动现代生态循环农业发展,实现亩产"千斤粮、万元钱"。同时,推出 17 类农村产权抵押贷款金融产品,共计发放贷款 7.75 亿元,实现"死产变活权,活权生活钱"的良性发展。

创新治理体系。江西省横峰县在美丽乡村建设和乡村振兴战略实施中创新乡村治理体系,发挥乡贤作用和乡村优良民俗功能,在村庄普遍建立互助会、理事会和促进会,将"乡风文明"与"治理有效"紧密结合起来,有力促进了乡村特色休闲旅游业等的发展。

这些体制机制的探索和创新,对于实现美丽乡村建设与经济高质量发展相得益彰发挥了重要的引领和保障作用。

关于规范浙江省农村集体资金存放制度的建议①

　　规范农村集体资金的存放管理是推进农村集体"三资"管理的重要工作,也是乡村治理的重要内容。资金竞争性存放制度最先被应用于财政资金管理工作中,浙江省财政厅于 2015 年 2 月下发了《浙江省财政厅关于做好财政性资金竞争性存放管理工作的通知》,未将农村集体资金纳入存放监管范围,但随着浙江省城市化进程的不断加快和农村集体经济的不断壮大,农村集体资金规模日益扩大,实行农村集体资金竞争性存放制度的条件也趋于成熟,需要适时出台指导性文件以规范浙江省农村集体资金的存放问题。

一、浙江省农村集体资金管理面临的挑战

1. 发达地区农村集体资金累积迅速

　　近年来,随着农村集体经济改革的深入和乡村振兴战略的推进,浙江省农村集体经济不断壮大发展,农村集体资金也得到了迅速累积和壮大,尤其是相对发达地区的集体资金规模更是惊人地扩大。如杭州市江干区,2017 年全区村集体经济组织总收入为 36.33 亿元,村级集体资产总额达到了 260.82 亿元,其中货币资金有 78.56 亿元。规模巨大的村集体资金俨然是储蓄市场上的一块大蛋糕,成为银行等金融机构争相揽

　　①　本文作者为黄祖辉、胡伟斌、梁巧。本文内容发表在《咨询研究》(浙江省人民政府咨询委员会主办)2018 年第 44 期。

储的对象。村干部作为村集体资金的实际管理者,自然成为集体资金储蓄市场上的关键人物,于是在多种博弈下,集体资金存放多种多样,银行存款多头开户、异地开户和利益冲突,甚至出现资金安全等严重问题。

2.农村基层干部金融知识普遍不足

农村集体经济发展势头好了,资金在银行户头上数额也越来越大。在管理规模日益庞大的农村集体资金时,对农村基层干部的金融知识水平和科学理财能力提出了更高的要求。由于集体经济组织管理人员和村民理财小组成员金融知识普遍不足,加上对金融政策了解不够,在资金管理上存在一定的局限性。农村基层干部队伍金融知识的匮乏,一方面使集体资金的保值增值受到影响,另一方面还会因管理人员的风险偏好使集体资金出现安全问题。

3.集体资金存放成为监管的灰色地带

作为具体管理集体资金代理人角色的村干部,已成为金融机构揽储的重要对象,有的村干部会与银行等机构私下达成“共谋”,将资金存入指定银行并换取一定的经济回报。有些村干部把集体资金存放到银行,某些银行会主动投桃报李,以为其亲属安位子、拿高薪或付回扣等作为利益回报。还有些村干部甚至将集体资金进行比例分割,按份将资金存放的决定权交由村干部个人,实际上是默许将由此产生的灰色收入作为某些干部的福利。有别于集体资金的贪污、挪用等违法违纪行为,集体资金的存放形成了某些村干部新的谋利空间,加上现实中对村干部的监督管理难度较大,使集体资金存放游离于监管之外。

因此,加强村级集体资金的管理和监督,引导资金规范运作和实现资金的保值增值,对切实维护集体经济组织及其成员的合法权益,促进农村社区的和谐稳定具有重要意义。

二、农村集体资金竞争性存放的制度解析

农村集体资金竞争性存放作为规范资金存放的重要制度安排,是在确保资金存放安全前提下,按照“公开、竞争、效益、安全”的原则,建

立以招投标为主要方式的农村集体资金竞争性存放机制。竞争性存放涉及的利益主体主要有政府、村"两委"、村干部、村民和银行等金融机构。对政府而言,引入农村集体资金竞争性存放制度后,通过公平、公正、公开的招投标程序,可以实现对农村集体资金的有效监管;对村"两委"而言,新制度的实施能抑制以往资金存储失规、失范的混乱局面以及潜在的资金安全风险;对村干部而言,新制度的实施能制约其寻租行为;对于普通村民而言,新制度的实施能彻底斩断令他们深恶痛绝的灰色利益链,同时还能保障其对村集体资金的收益;对于银行等金融机构而言,竞争性存放制度释放了一种明确信号,他们通过关系和人情来撇开竞争对手,并和村干部达成"共谋"的机会将难以存在,只能通过公平、公正地参与投标来实现对村集体资金存放市场的竞争和占有。

三、杭州市江干区农村集体资金
竞争性存放的实践及成效

江干区地处杭州大都市中心位置,作为杭州"钱塘江时代"和"拥江发展战略"的主战场,快速的城市化使村集体资金积累日趋庞大,为加强农村集体资金管理,江干区于 2016 年 5 月 1 日在全省率先出台了《村级集体经济组织资金管理办法》,规定区内村社集体资金必须实行竞争性存放,并做出了明确规定。

一是集体资金按照公开、竞争、效益、安全的原则实行竞争性存放,以定期存款为主要方式;二是招投标工作允许各集体经济组织在街道监督下自行组织实施,也可以由街道统一组织实施,通过江干区公共资源交易平台公开招投标;三是集体资金竞争性存放招投标方案,包括招标规模、期限、方式、最低利率等,须经村集体经济组织成员(代表)大会表决通过,并报街道审核;四是以资金收益率为标的,采用多重价格招投标,若出现标的相同的情况,应根据投标银行的经营状况、服务水平、经济发展贡献、综合收益水平等指标进行综合评分,择优确定中标银行,中标银行数量不超过 2 家;五是集体资金竞争性存放协议周期一般不超过

3 年(含 3 年),到期后,集体经济组织按照约定及时将存款本金、利息分别足额划回;六是新增集体资金必须存放到中标银行,原来已开设的存单到期后不再续存,须收回并转存到中标银行。

为督促区内各街道和村股份经济合作社加快落实农村集体资金竞争性存放工作,作为业务主管部门的江干区农业局也专门下发了《关于加快做好村级集体资金竞争性存放工作的通知》,下属街道办事处遵照通知要求,积极落实所管辖村股份经济合作社的资金竞争性存放的招投标工作。全区实施集体资金竞争性存放制度后,取得了很好的经济效益和社会效益。

一是实现了村级集体资金的保值增值。从招标情况来看,该区所有村股份经济合作社都将最高中标利率的银行作为主存放银行,并将大部分资金存放于该银行账户上,7 天通知存款利率上浮 25%,一年期、两年期、三年期存款利率普遍上浮 35%～40%。截至 2018 年 6 月底,江干区村级集体资金招标总额达到 73.49 亿元,占全区村社总资金的 73%,预计增加年利息收入 4400 多万元,这一数字还将随着将部分银行存款到期后转存入中标银行而增加。竞争性存放制度切实增加了村集体经济组织的资金收益,提高了村集体经济组织成员的财产性收入。

二是强化了村级集体资金的规范管理。竞争性存放制度的实施,优化了集体资金的存放制度和程序,使银行账户数控制在"1 个基本账户＋1 个土地款专户＋2 个存款户",此举规范了集体经济组织的银行账户设置,使全区银行存款账户数大幅减少,有效保障了村集体资金的合理和安全存放。此外,竞争性存放制度还促进了农村集体资金的民主管理,抑制了村干部在集体资金管理问题上的"一言堂"作风,避免集体资金因村干部个人风险偏好而投入高风险的理财市场。

三是切断了农村基层干部的权力寻租渠道。实行村集体资金竞争性存放制度,有效防范了集体资金存放中的利益冲突和利益输送,推动了农村集体经济民主管理,改善了村社干群关系。不少股份经济合作社董事长感慨,以往应付各个银行经理上门游说以及亲朋好友"请托拉储"的压力着实不小,实施新制度后,将集体资金进行公开、规范的处置,利益纠葛少了,集体收益明显增加了,村民也更加放心了。

四、规范浙江省农村集体资金存放制度的建议

第一,加快农村集体资金竞争性存放制度的建构。要通过制度建构来消除资金存放形成的灰色地带。在认真总结江干等地集体资金竞争性存放的做法和经验基础上,进一步完善资金存放的制度和操作程序,并根据浙江省地区集体经济发展的实际,指导各地市有条件、有步骤地推进农村集体资金竞争性存放工作。一是划定实行集体资金存量的标准,可以暂时参考行政事业单位的存放标准,规定年日均所有账户存款累加余额超过 100 万元的村集体必须实行竞争性存放制度。二是具体招投标方案和程序可由各地自行议定,但必须确保公平、公正和公开。三是加强对村集体资金竞争性存放的监督和定期巡查,杜绝私设账户或部分集体资金游离于规定账户之外。

第二,提高农村集体经济组织管理人员的金融知识。要加大对农村金融知识的普及力度,在农村营造常态化的金融知识普及和宣传氛围,经常性地组织农村集体经济组织管理人员参加相关金融知识和技能的培训学习,提高其现代金融知识水平,增强他们对村集体资金管理和风险控制的能力。要加强政策引导,着力建立集体经济组织职业经理人的培育体系,鼓励有条件的股份经济合作社积极选聘优秀人才参与经营,并配套相关激励机制,保障合作社职业经理人的权益。

第三,改善农村基层干部的工资待遇。目前我国农村基层大部分仍是集政治、经济、社会于一体的治理格局,农村集体经济组织管理干部大多是由村"两委"干部兼任,他们承担着上级"千线穿一针"的任务和基层错综复杂的事务,但他们的收入报酬往往与经济社会发展不很相符,其中不乏少数干部心理失衡,守不住底线。因此,除了建立健全基层防腐制度外,还应建立合理的薪金保障和绩效考核制度,切实改善他们的薪酬待遇,使他们能全身心地投入村社的管理工作。

关于推进我国农村集体土地
混合所有制改革的建议[①]

　　我国农村土地产权"三权分置"和土地承包关系"长久不变"是中国特色社会主义制度在农村的重要体现,巩固和完善我国农村土地产权"三权分置"和土地承包关系"长久不变"的制度安排,不仅需要理论创新,而且需要改革深化,重点是优化土地"三权分置"中集体所有权与农户承包权的利益关系,以实现土地集体公有制下的有效的农户市场经营。

　　党在十八大的报告中曾提出经济体制改革的混合所有制思路,这一思路不仅适应于国有企业的改革,也适应于我国农村集体经济和土地制度的改革。当前,在我国农村土地产权"三权分置"和土地承包关系"长久不变"的制度架构下,亟须通过改革深化,进一步完善土地承包关系"长久不变"下的土地产权"三权分置"关系。处理好土地"三权分置"的关系,不仅应明确土地集体所有权,稳定土地农户长久承包权,搞活土地经营使用权,需要进一步处理好土地集体所有权和农户承包权的权益关系。为此,为了既充分体现农户对土地的承包经营权权益,同时又体现集体对土地的所有权权益,可以考虑和探索引入集体土地混合所有制的思路,即农村集体和农户共同拥有集体土地,集体通过所有权体现这种拥有权,农户通过承包权体现这种拥有权,农户不仅可以有偿转让自己承包土地的经营权,而且也可以有偿转让自己的土地承包权,即有偿转让自己的土地部分拥有权,但这种转让的收益必须与集体做一定的利益切割,以体现集体对土地的所有权权益。

---

　　①　本文作者为黄祖辉,于 2018 年 12 月 25 日提交至中办。

　　这种制度安排是基于我国农村集体经济组织不仅仅是农村社区的经济组织和社会组织,而且也是农村土地集体公有制的制度现实,是基于我国农村土地"三权分置"中集体拥有所有权和农民长久拥有承包权的基本现实,而且也是基于农村土地集体所有,但权益却不充分,而农民土地承包权长久拥有,但权能也不充分,进而难以真正成为市场主体的现实,它是对土地集体公有制下的中国特色社会主义市场经济体制建构的重要探索。事实上,我国的农村集体不应仅仅是形式上的土地所有者,而且也应通过组织形式与相应制度的创新,在农户承包土地的有效利用、用途管制、托管经营、流转交易、有偿退出、风险管理、抵押融资、股份化经营等方面发挥所有者的作用,如建立相关规制与平台、提供相关代理与中介、开展相关咨询与服务等,同时在农村集体土地的市场化交易中获得一定的收益,比如获得20%的收益。但与此同时,还必须赋予农民对集体土地等要素,如承包土地、宅基地及其房屋、集体建设用地股权等产权完整的权能,只有这样,才能使我国农村土地等资源得到充分利用,价值得到充分实现,并且使不同主体的权益与要素配置能得到进一步优化。

　　推进我国农村集体土地混合所有制的改革与探索,应从我国农村发展差异化的实际出发,因地制宜,分类推进。对于具备相关条件的农村区域,如城乡一体社保体系已经基本建立,农业劳动力转移已经比较充分,农村社区公共服务能力已基本具备,村集体股份合作经济改革已经到位的地区,可以率先进行农村集体土地混合所有制的改革与探索;同时进一步推进有助于乡村治理体系完善的"股社分离"改革,推进有助于土地产权市场化的农民"身份权"向"契约权"转变的改革和"确权确地"向"确权确股"的改革,以进一步完善农户土地承包经营权的权益结构和流转体系,激活农村土地的市场化配置与交易;同时,建立和完善土地混合所有者(集体与土地承包者)与经营者在土地使用与权益交易过程中的权责利配置机制,探索农户土地承包权有偿退出和转让的政策机制、制度安排和实现路径。

推进浙江省高水平
农业现代化建设若干建议①

一、浙江省农业现代化进程总体评价与经验总结

（一）总体评价

自 2013 年浙江开展农业现代化监测评价以来,浙江省农业现代化建设水平连续五年实现稳步提升,综合得分由 2013 年的 73.22 分提高到 2017 年的 85.09 分,已迈入转型跨越阶段向基本实现阶段跨越的临界点,为高质量实施浙江省乡村振兴战略奠定了基础。

从农业现代化关键指标评价体系纵向分析结果来看,2013 年到 2017 年,浙江农业现代化发展总体较为顺利且比较均衡,除养殖业产值占农林牧渔业总产值的比重有所降低外,其他 21 项指标均呈现良好发展的态势。其中,口粮生产稳定度、农林牧渔业增加值总额、农林牧渔服务业增加值占比等 10 项正向指标出现稳步持续增长的趋势,城乡居民收入差距、万元农业 GDP 耗水、万元农业 GDP 耗能这 3 项反向指标呈现稳步降低的趋势,森林覆盖率呈现出先升后稳的趋势,这些都表明浙

① 本文作者为黄祖辉、傅琳琳。本文内容发表于《咨询研究》(浙江省人民政府咨询委员会主办)2019 年第 3 期,获得时任浙江省省长袁家军和副省长郑栅洁的重要批示。本课题承担单位:浙江大学中国农村发展研究院、浙江省农业科学院农村发展研究所。课题组成员:黄祖辉、傅琳琳、毛小报、毛晓红、徐红玳、王瑾。

江农业现代化发展状况良好。

(二)经验总结

回顾近五年来浙江省农业现代化建设实践,主要的经验有以下几点。

1.凸显农业集聚化、集约化

一是大力推进农业"两区"建设提档升级,2017 年浙江省累计建成粮食生产功能区 10172 个,面积 818.90 万亩,现代农业园区 818 个,面积 516.50 万亩。二是大力开展高标准农田建设,2017 年,浙江省标准农田中一等田占比达 49.64%。积极培育 30 个左右农业产业集聚区和 100 个左右特色农业强镇。三是大力推进农业机械化、设施化、智能化应用,2017 年浙江省设施大棚面积 508.48 万亩,设施农业物联网应用基地 502 个。

2.注重农业绿色化、生态化

浙江省坚持"绿水青山就是金山银山"发展理念,围绕大花园建设,部署推进"整洁田园、美丽农业"行动计划。大力推行绿色生态高效可持续的生产方式,总结提炼和集成推广"千斤粮万元钱"和"一亩山万元钱"等新型高效农作模式。深入推进"五水共治""三改一拆""四边三化"行动,浙江省农业农村生态环境得到了全面改善和优化。

3.重视农业新业态、新功能

推动农业全产业链建设,浙江省累计建成畜牧、水产、竹木等单个产值 10 亿元以上的示范性农业全产业链 55 个。拓展多功能农业新业态,2017 年浙江省休闲观光农业总产值达 353 亿元。用"互联网+"培育发展新动能,目前浙江省拥有淘宝镇和淘宝村数量分别占全国总数的 1/5 和 1/4,农产品电商销售额突破 500 亿元,均稳居全国首位。

4.强调产品优质化、特色化

着力推进农产品优质化建设,2017 年,浙江省 4.5 万家规模主体纳入质量追溯平台管理。加快推进农产品特色化发展,完善特色农产品优势区产业空间布局和功能定位。大力推进农业品牌建设,开展农业品牌百强推荐、十大品牌农产品推选、农博会等农业品牌推进年活动。积极参与国家"一带一路"建设,农产品出口额多年稳居全国前四。

5. 注重主体多元化、组织化

把培育多类型适度规模经营的家庭农场作为培育新型主体的基础性工作,2017 年,浙江省省级示范性家庭农场达到 993 家,新型职业农民达到 10.9 万名。创新增强农民合作组织的经营实力和社会化服务能力,率先推进"三位一体"新型农民合作服务体系建设。积极推进农业企业化经营和农业产业化合作经营,构建农民合作经营利益共同体。

二、高质量发展背景下浙江省农业发展短板分析

浙江省农业现代化进程存在五个需要补足的短板。

1. 稳粮增效任务依然艰巨

尽管浙江省粮食生产呈现稳定发展的良好态势,实现了面积、单产、总产"三增",但受到种植业结构调整和人多地少的影响,稳粮增效任务依然艰巨。其中,从口粮生产稳定度看,虽然五年间浙江省的口粮稳定度从 -0.094 上升到 0.030,并在 2017 年首次实现了正增长,但在 2013—2016 年四年间,浙江省该项指标均低于全国平均水平,并在 2016 年在 9 省中排名第 6 位;同时,2013—2017 年浙江省单位耕地面积粮食产量均低于全国平均水平,且在 2016 年位于 9 省末位。

2. 农业社会化服务水平有待提高

构建新型农业社会化服务体系是现代农业建设的题中之意,是小农户衔接现代农业的重要通道。浙江省农林牧渔服务业增加值占比虽从 2013 年的 1.50% 上涨到 2017 年的 1.76%,但各年份的数值仍低于全国均值,且 2016 年在 9 省中位于第 8 位;此外,受到浙江省合作社规范化整治的影响,浙江省农民参合比重在五年间出现波动性增长且增幅不大,远低于苏鲁皖津四省。

3. 农业机械化水平有待提升

近年来,浙江省深入实施农业领域"机器换人",进一步提高农业装

备覆盖率、渗透率,但农作物生产耕种收综合机械化水平仍需进一步提高。五年间,浙江省该项指标从 70.35％提高到 74.94％,增长 4.59 个百分点,而全国该项指标由 2013 年的 59.50％上升到 2016 年的 65.20％,四年间增长 5.70 个百分点,且提出到 2020 年,全国该项指标将达 70％。同时,浙江该项指标在 9 省中排名第 4 位,远落后于上海的 87.10％。

4.农业科技进步贡献率亟须提高

农业科技进步贡献率是衡量农业科技水平的关键性指标。浙江省该项指标 2012—2016 年五年间从 60.8％上升到 63.2％,仅上升了 2.4 个百分点,而全国该项指标从 2012 年的 53.5％上涨到 2016 年的 57.5％,增加 4.0 个百分点,江苏省提出该项指标每年增长 1.0 个百分点,其速度远快于浙江省。此外,2016 年浙江省该项指标在 9 省中位列第 5,落后于沪苏粤津。

5.农业支持保护体系仍需完善

中央一号文件多次强调把农业农村作为财政支出的优先保障领域,但浙江地方财政支农资金和农林水事务支出占农林牧渔业增加值的比重在 2016 年和 2017 年均出现下降。同时,政策性农业保险的广度和深度有待拓展,农业保险定损难、赔付难、赔付水平低等问题也影响农户参保积极性。

三、高水平推进浙江省农业现代化的建议

1.深化稳粮增效,树立大粮食安全观

以稳定粮食产能为重点,严格粮食生产功能区建设保护,提高一等田比重,提升耕地地力,稳定水稻面积,提高旱粮单产,稳定口粮自给率。深入开展粮食绿色高产高效创建,不断推广粮经轮作、水旱轮作、农牧结合等模式,推进"藏粮于地""藏粮于技"。稳定粮食最低收购价,加大补贴力度,建议健全稻田生态补偿机制,提高补偿标准,由原来 10 元/亩提高到 200 元/亩以上(江苏省苏州市 200～400 元/亩)。

2. 强化科技支撑，提高科技进步贡献率

围绕解决制约农业现代化的重大技术瓶颈问题，着力创新关键核心技术，集成应用先进实用科技成果，示范推广农业可持续发展模式。此外，针对国内学术界对浙江省农业科技进步贡献率测算值远高于官方数据的疑问，要加快构建科学、合理的农业科技进步贡献率测评体系，将测评作为长期工作进行落实。

3. 完善设施装备，提高农业机械化水平

高度重视高能效、高效率、低污染的智能化、中高端农机装备的研发，尤其重视适合浙江省地形特色的山地型机械的推广与应用，推进设施种养业和农业物联网发展，不断强化农业物质技术支撑，提高农业机械化率和设施化水平。此外，积极引导农业机械设备有效运用、设备故障排查和精准维修，以保障农业机械装备高效运用。

4. 增强要素支撑，确保支农资金稳步增长

完善农业投入保障体系、绩效评价机制，建立和完善财政支农资金稳定投入增长机制，确保财政每年对农业总投入的增长幅度高于其财政经常性收入的增长幅度。强化财政支农资金监管问责和考核机制，全面建立绩效评价制度，体现权责对等，放权和问责相结合，确保财政支农投入规模不断扩大、使用效益不断提高。

5. 加快农业服务业发展，推进小农衔接现代农业

大力发展农业服务业，加快建立与农业高质量发展相适应的多元化、多层次、多形式的新型农业社会化服务体系。加快培育新型农业经营主体和社会化服务主体，完善农业社会化服务机制，探索新型农业社会化服务方式，推动农业服务业态和服务模式创新，把小农户联合起来，以较高的组织化程度、适度的组织规模，将小农引入和融入现代农业发展轨道。

推进长三角乡村区域一体化
振兴发展与建议①

长三角地区是中国经济最具活力、开放程度最高、创新能力最强、产业体系最完善的区域,以占全国1/26的地域面积创造了全国近1/4的经济总量,区域内三省一市壤地相连、文史相通、资源条件相似,经济社会发展水平也相当,有着一体化发展的良好基础。在2018年11月5日的首届中国国际进口博览会开幕式上,习近平总书记发表主旨演讲并宣布,支持长江三角洲区域一体化发展并上升为国家战略。2019年两会的政府工作报告中,正式提出了"将长三角区域一体化发展上升为国家战略,编制实施发展规划纲要"。这对于重构长三角区域开放的新高地和国际竞争的新优势有着极其重要的意义。同时,长三角乡村也迎来了乡村区域一体化建设和振兴发展的新契机。

一、充分把握"两大机遇"

长三角乡村区域一体化振兴与发展,要充分发挥区域竞合、区域协同、区域辐射和区域龙头引领的作用,实现区域内部资源优化和优势互补。一体化战略的提出,将促使长三角乡村振兴的站位更高、动能更足、行动更实和利益更紧。长三角乡村作为国内农业产业体系最全、农业创

---

① 本文作者为黄祖辉、胡伟斌。本文分别获得中共中央政治局委员、上海市委书记李强和时任浙江省委副书记郑栅洁的重要批示,并获得2021年上海决策咨询研究成果奖三等奖。

新能力最强和乡村业态最为丰富的地区之一,发展定位要精准,要抓住长三角一体化战略契机,加快农业农村的现代化、信息化、数字化和智能化建设,将长三角打造成为国际农业新品种的培育基地、农业新技术的研发高地、农业新经营模式的创新高地、农业新产业新业态的重要集聚地,并为提升中国农业国际竞争力和实现乡村高质量振兴发展提供经验。

一是把握乡村价值再造和提升的机遇。乡村是国家地理空间不可或缺的组成部分,现代乡村发展不仅是乡村内生发展的需要,也是乡村外部群体对美好生活向往和追求的需要。长三角一体化发展和乡村振兴两大战略的叠加效应将进一步有利于城乡现有资源的整合优化,有利于消除发展壁垒和制度障碍,有利于重新认识和再造新时代乡村所具有的新价值,包括生产价值、生态价值、生活价值、休闲价值、传统历史文化传承以及基层社会治理和稳定等多种价值的再造与提升。

二是把握农村改革推进和深化的机遇。所谓一体化就是将原本属于外部、相互独立的个体通过一定的制度安排使其共同属于同一系统,以既实现区域发展规模效应与范围效应,又实现个体负外部行为的内部化和个体间交易成本的降低。长三角地区作为改革开放的前沿,也承担着国家全面深化农村改革的试点任务。但随着农村改革进入深水区以后,改革难度也在加大,尤其是那些涉及行政体制壁垒和利益格局重组的领域,需要进一步突破。长三角一体化战略为这些改革提供了前所未有的机遇,应该牢牢把握,实现创新突破。

二、着力缓解"两大效应"

改革开放以来,长三角成为我国工业化和城市化进程最快的地区,但快速发展的背后也出现了制约高质量发展的两大负效应,亟须予以有效缓解。

一是抑制"虹吸效应"。长期来,长三角地区的发展是以大城市和中心城市的建设为重心,对其他中小城市和周边乡村的资源要素流动产生了极大的"虹吸效应",使长三角区域内的城市之间、城乡之间呈现了"强核心弱周边、强城市弱乡村"的不均衡发展现象。要想弱化这种"虹吸效应",亟须通过区域一体化战略的实施来解决。

二是消除"边界效应"。在现行政府行政体制下,长三角区域内各地的发展往往是以地方利益最大化为导向,区域协同发展存在以行政壁垒为特征的"边界效应",这种"边界效应"既不利于要素的跨区域流动和优化组合,也不利于公共资源的跨区域共享,亟须通过区域一体化战略的实施来破解。

三、关键实现"四个转变"

在长三角一体化过程中推进高水平乡村振兴,除了要有效缓解上述两大负向性效应,关键还要实现四个转变。

第一,区域发展观念从差值化向等值化转变,实现从差距合作转向差异合作。由于经济发展的水平不一,区域间在合作协商中的谈判能力是不一样的,这会导致区域间的不等值现象,处于"增长极"的区域往往占据主导地位,拥有更高的合作话语权,进而传统的长三角区域间的合作常常呈现差距化的合作。但实际上,不同区域发展尽管存在差异,但都存在比较优势,这种比较优势具有等值性。长三角一体化战略亟须树立等值化的合作理念,从差值化的差距合作转向等值化的差异合作。

第二,乡村功能定位从边缘化向中心化转变,实现由从属地位转向主体地位。在以往"重工轻农、重城轻乡"的发展观念下,乡村一直处于从属和边缘地位,扮演着工业化和城市化发展的助攻手。相较于长三角城市群跻身于世界级行列,该区域乡村的现代化水平仍比较落后,其功能和价值还没有得到充分开发。要扭转这种城乡不平衡发展的格局,需要重新审视乡村的功能定位,使乡村从边缘化、从属化向中心化和主体化转变;要重视乡村价值的挖掘和再造,运用新理念、新技术、新市场加快培育乡村的新业态和新动能,使乡村发展成为长三角一体化发展不可或缺的原动力和重要组成。

第三,乡村区域关系从竞争性向竞合性转变,实现从竞争发展转向协同发展。以地方政府主导的区域发展,常常会出现区域间的过度竞争及其区域之间的负外部性问题,通过乡村区域一体化战略引导区域关系从竞争走向竞合极为必要。竞合是竞争的高级阶段,是追求区域各方的利益最大化,同时消除区域之间的负外部性。笔者团队在上海金山区廊下镇和浙江平湖市广陈镇的调研中,欣喜地发现两地在发展实践中已经融入竞合理念。从河道的协同整治、项目的差异实施、资源的互利共享、党建的跨界联合等做法中可以窥见一体化协同发展所带来的巨大红利,"南北山塘"的协同发展模式可以看作是长三角乡村区域一体化发展的一个缩影。

第四,乡村产业发展从同质化向互补性转变,实现由同构经济转向分工经济。邻近区域的产业同质化和同构化是我国乡村产业发展的一大问题,这种产业格局不利于区域分工优势的发挥。解决这一问题仍然需要以乡村区域的一体化发展为突破口。重点有三个方面:一是在产业链上实现区域分工与互补;二是在业态上实现区域分工与互补;三是在公共体系上实现区域分工与互补。

四、发展理念"五位一体"

推进长三角乡村区域一体化发展与乡村振兴,重点是坚定"五位一体"的发展理念,即坚定"一体、两山、三创、四融、五共"的发展理念。

一是崇尚"共同体"发展理念。也就是要摒弃各区域发展排他性和各自为战的理念,建立开放、包容、共享的发展理念,"共同体"发展理念应该成为长三角乡村区域一体化发展的核心理念。

二是要深入践行习近平总书记的"绿水青山就是金山银山"的发展理念,致力于乡村区域整体生态优先、资源转化和区域绿色与高质量协同发展。

三是坚定"改革创新、科技创新、集成创新"发展理念。也就是要以三大创新为长三角乡村区域一体化发展与振兴的驱动力,突破乡村改革瓶颈,突破关键核心技术,突破要素整合障碍。

四是坚持"要素融合、项目融合、产业融合、村镇融合"发展理念。也就是要通过政府引导、市场运行、民众参与的思路,将长三角乡村区域的一体化发展落实到四个方面的跨区域融合上，包括生产要素的跨区域融合、建设项目的跨区域融合、产业发展的跨区域融合和村镇发展的跨区域融合。

五是树立"共谋、共建、共享、共治、共赢"发展理念。也就是要将长三角乡村区域一体化发展的"共同体"的理念进一步深化，在机制上进一步创新，以实现区域重大事项决策过程中的"共谋"，区域公共设施与服务体系的"共建"与"共享"，区域村镇社区公共事务的协同"共治"和区域一体化融合发展的利益"共赢"。

五、推进落实"六大举措"

一是加快全域化乡村基础设施和制度环境建设。发达的交通、水利、电力、信息等基础设施和优质的制度环境是长三角乡村区域一体化发展的重要基础和关键支撑。当前长三角乡村基础设施和制度环境仍存在区域间差距较大的问题，难以满足高质量乡村区域一体化发展的需要。为此，①要拓宽投入资金来源渠道，发挥财政资金"四两拨千斤"的作用，吸引社会资金对长三角乡村全域基础设施建设的投入，特别是水利电力和网络设施、土地整理和耕地改良、农业面源污染治理和生态环境修复，不断改善农业生产条件和乡村生活环境。②要加快构建基础设施智慧网络，在乡村规划衔接、交通接轨、水电并网、信息联通、道路交通上要充分利用信息技术建立全域公路、铁路、水路的智慧网络，彻底打通"断头河"和"断头路"。要加快5G技术在乡村的覆盖和应用，为基于物联网的智慧农业和数字乡村建设提供强有力的支撑。③要加快构建一体化制度环境，三省一市各部门要认真梳理具有地方分割色彩的政策、程序、制度等，加强行政沟通、政策协调和体制并轨，为乡村区域一体化发展提供制度保障。

二是加快多样化乡村群建设。乡村群的概念与城市群概念相对应，长三角在打造世界级城市群的同时，应补上乡村群建设的短板。目前长三角大多数区域都还是农村，就上海而言，郊区仍有上千个村庄，呈现出传统村落、整合村落和融入城镇的新社区并存的格局。要通过科学规划和乡村要素优化配置,加快建立空间合理,生产、生活、生态相融合,公共服务有效覆盖的乡村群落。重点要把握以下几个方面:①科学定位乡村群。突出乡村群的经济性、社会性和生态性。要考虑人口在空间上的集聚效应,有利于区域性公共品投入和公共服务效率;乡村群建设要有利于改善村庄精神面貌和"三治"融合;要有利于乡风文明和生态文明建设,将乡村群打造成生产、生活、生态"三生相融"的空间载体。②科学划分乡村群。要以集聚村和中心村为重点,同时也可突破乡村行政边界,采取灵活划分方法,既可以按地缘关系来划分,又可以按宗族关系、治理体系来划分,也可以按产业或业态来划分。③科学规划乡村群,乡村群规划要由过去的"单村独干"转向"多村联动"。模式要多元化,既有小桥流水人家的传统村落群,也有规划有序、功能多样的现代村落群。要通过支持政策为乡村群发展赋能,凝聚特色和打造品牌,努力将长三角乡村群建设成为中国美丽乡村群落的样板和国际高水平的乡村群落。

三是加快高端化数字乡村建设。①加快推进乡村数字技术普及工程,要让数字产业化和产业数字化在乡村扎根,实现信息技术助农益农全覆盖,促进数字产业与乡村生产生活深度融合,使数字技术成为农民创新创业、生产生活的重要工具。②加快数字技术对农业的数字化改造,以提升农业生产经营的可控能力,降低市场信息不对称程度,提高农业标准化水平。③加强数据治理和数据服务,要实现乡村区域相关数据共享,乡村事务办理"一网通办"、"最多跑一次"和"不见面审批",要通过数据技术及其应用来弥补乡村教育、人才、医疗等资源的不足。

四是推进多元化乡村价值再造和提升。①正确认识乡村价值再造。随着经济社会的发展和消费需求的提档升级,乡村功能的拓展也在不断提升乡村的现代价值。现代乡村价值体系的建构是满足城乡居民追求美好生活、城乡经济社会融合发展和乡村绿色高质量发展的内在要求。②重构乡村多元价值体系。要从以往较为单纯的生存价值、生产价值、社会稳定价值所构成的乡村价值体系向融经济价值、社会价值、文化价值、生态价值和休闲价值等为一体的多元价值体系转变。③在乡村价值再造中提升乡村价值。要通过跨区域资源聚合、要素融合、功能整合和一、二、三产深度融合来加快培育乡村新产业和新业态,让乡村田园变公园、乡村劳作变体验、乡村农房变客房、乡村农民变股民,实现乡村价值不断提升。

五是创新等值化区域协同发展模式。①打造长三角乡村振兴区域创新共同体,以实现乡村区域创新联动与政策协同。②创新长三角乡村区域资源要素合作模式,推广区域间"抱团飞地"等发展模式。③创新长三角乡村区域利益机制,确保不同主体履行契约并获得公平合理的区域协同发展利益。

六是创立乡村区域一体化振兴发展示范区。长三角乡村区域一体化发展首先可从区域毗邻乡村突破,如上海金山区廊下镇和浙江平湖市广陈镇仅一河相隔,两地历史、文化相近,社会与经济往来密切,探索跨区域一体化的乡村振兴道路和模式,无论对长三角一体化战略实施,还是对现代乡村价值再造和提升,都具有十分重大的理论意义和实践价值。类似于有这样合作基础的边界区域在长三角不乏少数,可选择性地将某些区域划定为示范区,并通过制度设计和赋权,鼓励进行大胆尝试。重心放在一体化体制机制的改革联动和难点突破上,重点是消除边界负效应,推进资源要素市场化配置,创新乡村区域协同发展方式。要坚持顶层设计和基层突破,允许示范区重大改革先行先试,高层给予强有力的改革保障。

高质量推进江西乡村振兴 与转型发展建议①

"三农"工作始终是全党工作重中之重。十九大提出乡村振兴国家战略,坚持"农业农村"优先发展。江西作为国家举足轻重的农业大省、生态大省,立足自身发展优势,探索江西特色道路,实现高质量乡村振兴与转型发展,引领中部、示范全国,具有重大意义。

一、新时期江西农业农村发展的情势研判

1. 实施乡村振兴战略的基础优越

一是区位重要。江西既是中、东部地区的联结要地,又紧邻长、珠、闽三角洲等经济最发达区域,更是长三角一体化发展和粤港澳大湾区"两大战略"的交汇枢纽,区位交通十分便利。二是生态优质。"绿色生态"是江西的最大财富、最大优势和最大品牌。空气、水质、森林覆盖等指标均明显优于全国水平,首批省域全境列入国家生态文明先行示范区。三是产业盛美。江西水土阳光丰润,已形成大米、生猪、蔬菜、水果、

① 本文作者为黄祖辉、钱振澜。本文为 2018 年启动的浙江大学与江西省共同推进江西乡村振兴的战略研究报告的精简版。该报告先后获得时任江西省委书记刘奇、省长易炼红、副省长胡强的重要批示。课题总负责:吴朝晖、黄路生。课题首席专家:黄祖辉。课题总协调:赖金生、傅方正、朱述斌。课题联系人:庞晓涛、方逊。总报告、总方案课题成员:黄祖辉、钱振澜、胡伟斌。子课题一(产业振兴)成员:郭红东。子课题二(技术振兴)成员:王珂、梁建设。子课题三(人才振兴)成员:陈随军。子课题四(生态振兴)成员:朱述斌、唐茂林、吴春雅。子课题五(治理振兴)成员:朱述斌、黎敏、周连伟。

水产、茶叶等多个主导产业,农产品质量不断提升,品牌价值逐渐显现,绿色有机农产品数量位于全国前列,是农业部全国唯一的"绿色有机农产品示范基地试点省"。

2. 推动产业转型发展的制约明显

一是生产与经营不够强劲。丰沛农产品在国内国际竞争力有限,出口占比和利润率不高;产业标准的系统性、可操作性、时效性不佳,产品竞争力提升受制;大企业、大品牌运作欠缺,区域品牌打造力度不够,品牌格局偏散弱。二是主体与服务不够有力。小农户多而分散,组织化比例仅约 10%;村集体经济羸弱,空壳村仍占 70%;经费不足、手段滞后、管理欠佳,导致农业社会化服务力有不逮。三是人员与科技不够充裕。城镇户籍人口比例偏低,以城带乡动力偏弱;农民群体老龄化明显、文化程度不高,专业人才比例低,职业培训体系亟待加强;研发经费投入明显偏低,涉农技术力量不足、活力有限,涉农企业创新意识与条件偏弱,科技支撑能力有待提高。

3. 聚力乡村发展改革的政策利好

一是中央始终高度关注农业农村和农民。2019 年中央一号文件再次强调农业农村优先发展总方针,十九大报告等中央文件也明确提出"壮大集体经济"、"实现小农户与现代农业发展有机衔接"等政策新导向。二是国家力推农业产业模式创新。出台《关于促进农业产业化联合体发展的指导意见》、《关于加快构建政策体系培育新型农业经营主体的意见》等关键举措。三是江西农业农村发展与改革先行先试。出台《江西省人民政府关于做大做强农产品加工业推动农业高质量发展的实施意见》、《关于稳步推进农村集体产权制度改革发展壮大农村集体实施意见》等重要举措,成立"江西省现代农业发展领导小组",率先开展林权制度、土地承包权抵押贷款制度、宅基地制度等改革,为乡村振兴奠定扎实基础。

4. 实现高质量乡村振兴的发展关键

一是加强城镇化与乡村振兴的协同关系。江西城镇化率、人均GDP 均偏低,应把握区域联动发展、产业转型升级机遇,坚定不移推进高质量城镇化,带动乡村振兴。二是融会乡村内力与城市外力的合作关系。既保护和培育乡村内生力量、保障和增进其切身利益,又激发城市外力作用有效发挥,满足其利益诉求。三是促进政府引导与市场运作的互补关系。注重政策、示范和投入三类引导,避免过度干预,发挥市场机制决定性作用。四是平衡改革创新与农村稳定的配合关系。激发新担当、新作为,把控改革创新与农村稳定的方向、进度与力度。五是把握省内产能与外部需求的对接关系。抓住消费转型机遇,深化供给侧结构性改革,坚持质量兴农,着重实现优质产品服务与发达地区中产阶层的精准对接。

二、江西高质量乡村振兴和转型发展的理念思路: 一大愿景、三个转型、四点着力

深刻把握时代脉搏、国家战略、江西情势,精心擘画创新农业模式涌现地、先进涉农科技凝聚地、优质产品服务畅销地、精致田园生活向往地、卓越资源人才荟萃地的江西乡村振兴新愿景。全面促进江西省从农业大省、资源大省向农业强省、生态强省转型,从城乡发展不平衡、不充分向城乡融合发展典范转型,从区域人口、资源输出端向国家创新动力源转型。为实现一大愿景、三个转型,推动江西高质量乡村振兴与转型发展,应着力四个方面。

1. 深化"绿水青山就是金山银山"理论新实践,实现正逆转化、循环发展

既要深入总结江西省内乡村发展经验,也要借鉴浙江"千万工程"经验,高质量实现"绿水青山"与"金山银山"在江西的"双向循环发展"。一要树立新经营理念,立足江西"绿水青山"独特优势,梳理产业、产村、产镇融合和功能多样的经营理念。二要发展新产业形态,优先发展相融性产业、积极发展关联性产业,做大、做强、做优"绿水青山"经济,促成乡村的产业兴旺和百姓的生活富裕,实现"金山银山"的正向开发转化。三要创设新保育机制,建立政府、市场、社会等多元化生态补偿体系与机制,善巧利用"金山银山"增益收获,提升生态宜居、乡风治理水平,实现"绿水青山"的逆向保育转化,从而进一步推动两者循环可持续发展。

2.凸显"五大发展"新理念,破解旧难题、厚植新优势

五大发展新理念是国家长期发展的准绳,更是江西高质量乡村振兴与转型发展的金钥匙。一是树立激发内生动力、外缘助力的创新发展理念。深化江西农村集体产权制度等改革,加强内生动力;发挥江西生态、物产、文化优势,获得竞争力;支持返乡下乡创业,推动资源汇聚乡村,注入外部活力。二是树立平衡城与乡、主体间、近远期的协调发展理念。加大"三农"支持力度,推进江西乡村群和城市群相辉映,兼顾新型农业主体与村集体、小农户发展,协同脱贫攻坚与全面小康。三是树立突出品质导向、质量取胜的绿色发展理念。加强省域生态环境保护与培育,做好"治山理水、显山露水"文章,深耕"质量兴农、绿色兴农"。四是树立推动区域融合、优势互补的开放发展理念。深度融入"长珠闽",充分联动长江经济带、"一带一路",加强涉农人才"育引留"。五是树立促进资源、机会、利益公平的共享发展理念。不断提高乡村公共服务共建能力和共享水平,特别注意向贫困区、革命老区政策倾斜。

3.汇聚"产业兴旺"新动能,开辟产业新方式、主体新机制

产业是推进农业农村现代化的主抓手。要着力从产业本身、运营主体等方面开辟与汇聚新动能,推动江西成为创新农业模式涌现地。一是推动产业纵向整合。要促进一产农业的生产、加工、销售纵向串联,同时要加强农业生产全程社会化、一体化服务。二是促成产业横向融合。要构建农村"接二连三"产业融合的立体、复合发展体系,开发涉农文化旅游、休闲养生等多种功能,同时要发展"互联网+现代农业",构筑线上线下结合、互动的现代产销体系。三是培育主体新机制。要兼顾培育新型农业经营主体和扶持小农户群体,特别是通过农民资金、资产、土地入股,创新构建各种"农业产业化联合体"等多样联合与合作方式,有序吸收分散小农户进入新型经营主体体系、衔接现代农业,提升组织化程度,并着力加强村集体经济。

4.创造"多维跨界"新联动,开启空间新链接、力量新融合

江西农业农村发展的优势和制约并存,需要创造多维度、跨界型的新联动方式,从多方面汇聚力量促进高质量乡村振兴。一是拓展空间多维新链接。接轨长三角一体化发展、珠三角粤港澳大湾区国家战略,借

势东部地区加快转型发展机遇,联动长江经济带,充分发挥江西资源生态、涉农产业等特色优势,主动利用发达地区城镇化力量与消费升级能量,全力加速江西成为发达地区城市居民的优质产品服务畅销地、精致田园生活向往地。二是实现力量跨界新融合。充分调动、有序整合、深度融合包括各级政府、高校院所、优质企业、社会团体、杰出个人等在内的全社会各界力量,形成乡村振兴合作组织,聚力江西高质量乡村振兴,推动江西成为涉农卓越资源人才荟萃地。三是开启省校合作新联动。以创新驱动作为实现高质量发展的核心引擎,充分发挥顶尖综合涉农高校在科技、人才、智力等方面的优势,开展多学科、多领域和多功能的集成创新,推动创新要素向创新经济转变,助力江西成为先进涉农科技凝聚地。

三、助力江西高质量乡村振兴和转型发展的战略格局:"五新"布局

"产业兴旺"是乡村振兴的重点,既是农村"生态宜居""生活富裕"的经济基础,也是"乡风文明"和"治理有效"的物质前提。助力实现江西高质量乡村振兴与转型发展,应抓住"产业兴旺"龙头,实施产业模式革新、农业科技出新、生态人居更新、"三农"人才育新、体制机制创新的"五新"战略布局。

1. 产业模式革新——"六化"

产业模式升华革新,是"产业兴旺"的关键突破。加强和实现江西涉农产业模式"六化"革新,环环相扣、缺一不可。一是生产标准化。因地制宜、全面科学、及时高效制定和执行涉农生产标准,是"质量兴农"的先导问题。二是产业融合化。开发农业多种功能,实现涉农三次产业多元融合,是"延长价值链"的必要环节。三是区域品牌化。形成开放有序、精准溯源、审核严格的立体化区域公共品牌体系,是"提升价值链"的关键手段。四是导流电商化。加强线上带动,进一步促成线下多产业联动发展,是"兑现价值链"的便捷利器。五是农户组织化。提升小农户组织化,促进与企业(群)有效链接,创新"农业产业化联合体"试点,是增加和

优化收益分配、惠及小农户和村集体的必然要求。六是服务一体化。注重为小农户、农民组织生产提供高效社会化服务,推动构建"一站式"农业生产性服务体系,是降低生产和交易成本的高效途径。

2. 农业科技出新

农业科技推陈出新,是"产业兴旺"的关键支撑。一要准确研判涉农高科技发展趋势。立足国情和江西实际,深入学习了解日本、德国的安全生物技术、高效农用机械,以色列、荷兰的科技型集约化农业,美国的常规、有机和生物技术协调发展农业等先进榜样。二要加强完善农业科技创新体系。强弱项、补短板,科学设置科研管理与研究机构,大力加强农业科技推广体系,及时改善农民培训与再教育体系。三要系统开展应用导向科学研究。把握科技发展前沿,抓住有效促进粮食生产、绿色农业、智慧农业等重点领域,兼顾其他方向,开展科技应用攻关,如种质改良、生物农业技术、绿色清洁生产技术、农业专家及管理系统等。四要切实强化涉农科技转化推广。加大投入、汇聚人才、融会资源、创新办法,大力提升农业科技创新科研成果应用转化和新技术、新产品推广的效能。

3. 生态人居更新

生态人居协同更新,是实现"环境与产业融合发展"的关键基础。一要优先生态环境保护。遵循江西省生态环境保护"十三五"规划,细化制定和执行多层次区域生态规划;有效谋划轮作休耕、生态效益补偿机制。二要着力生态污染防治。重视农业生产生活、雨水等所致面源污染,优化防范和治理策略技术;提高生态种植、生物农业等技术,显著减少化肥农药施用量。三要强化乡村规划引领。统筹考虑土地利用、产业发展、居民点建设,做好环境整治、功能提升、结构优化、形态美化,注重历史文化传承、乡土风貌保持,争取乡村规划与管理全覆盖,实现乡村群、城市群协同发展、相得益彰的江西特色局面。

4. "三农"人才育新

"三农"人才卓越育新,是江西实现"高质量乡村振兴"的关键要素。一是多维灵活融合专业队伍。针对江西涉农高校和科研院所资源有限、质量不高的约束,围绕重点领域,组合人文社会科学在宏观决策指导、自然科学在创新应用支撑的独特优势,跨空间、跨领域组建更加开放、更高水平、更大能量的"三农"新型特色智库、科技研发团队、科技特派员队伍。二是多点发力补足培育短板。针对江西农村内部创新创业人才缺乏、农村优质劳动力流失严重的问题,继续创新推进"新型职业农民培育"、"一村一名大学生"、"头雁"等人才培育工程。三是多头联动汇聚各类人才。鼓励和支持外出农民工、高校毕业生、退伍军人、城市各类人才返乡下乡创新创业,激励和留住"新乡贤"参与故乡乡村振兴,配备和充实优秀精锐干部力量到"三农"战线、基层一线。

5.体制机制创新

体制机制突破创新,是实现"产业模式革新、农业科技出新、生态人居更新、'三农'人才育新"的关键保障与驱动力。一要实现"体制内外相结合"。担当敢为、风险可控,合理超越传统体制束缚,以"产业模式革新"为重要导向,开辟政府、高校、企业等各方协同一致、深度融合的"创新共同体"。二要注重"机制灵活可复制"。针对江西乡村振兴实施中的因素多元交叉、问题复杂并发等现实,应突破和优化传统"校院系所"机制,组建"乡村振兴科学家协同创新团队",并在设岗、待遇、考核、职称等方面实现全面创新。三要着力"农村集体产权制度改革"。加快推进农村集体经营性资产股份合作制改革,积极探索集体资产股权质押贷款办法,健全推动农村各类产权流转交易公开规范运行等,释放实现乡村振兴、促进国家复兴的巨大制度潜能。

推进乡村有机更新，
实现乡村价值再造[①]

在 2018 年的浙江全省乡村全域土地综合整治与生态修复工程现场会上，浙江省委、省政府指出要推进乡村有机更新，促进乡村振兴和美丽浙江建设，这是对浙江省乡村振兴发展形势的科学研判和精准施策。长期以来，我国乡村在为工业化和城市化发展做出巨大贡献的同时却始终处于从属和边缘地位，乡村价值没能得到充分体现，推进乡村有机更新，不仅有利于乡村价值再造和提升，而且有助于实现高质量乡村振兴。

一、推进乡村有机更新的重要性

1. 城乡居民高品质生活的需要

现代乡村发展不仅是乡村内生发展的需要，而且也是城乡居民对美好生活向往和追求的需要。乡村不应该成为"荒芜的农村、留守的农村、记忆中的故园"，而应该通过乡村有机更新和价值再造，成为"看得见山，望得见水，留得住乡愁"的乡村，成为宜居、宜业、宜游的乡村，成为城乡居民高品质生活和对美好生活向往的所在地。

2. 乡村价值高水平再造的需要

乡村价值是相对于城市价值而言的，人类社会发展和演进的规律表

---

① 本文作者为黄祖辉、胡伟斌。本文内容发表在浙江省社科联《浙江社科要报》2019 年第 46 期，2019 年 6 月先后获得时任浙江省委书记车俊和副书记郑栅洁的重要批示。

明,乡村价值会呈现 U 形的轨迹。在农耕文明时代,乡村价值要高于城市价值,随着工业化和城市化的兴起,乡村价值步入低于城市价值的阶段,但到了工业化和城市化的高级阶段,城市对乡村的需求进一步扩大,不仅是食物需求,而且更有生态环境和休闲养生与旅游的需求,城市对乡村需求的变化与提升,将使乡村价值再现,甚至超过城市价值。乡村价值不仅与工业化和城市化的进程有关,而且与互联网与信息化的发展有关,互联网与信息化的发展能够改变时空关系,有助于缩短时空距离和提升乡村价值,这为欠发达地区的乡村价值提升提供了可能。当前,我国总体上已处在工业化转型升级、城市化提升发展和信息化加快发展时期,在一些发达地区,如长三角和珠三角区域,工业化与城市化已进入高级阶段,相应地,这些区域的乡村正呈现出价值再现与提升的态势。充分认识乡村价值的 U 形特征,把握机遇与规律,科学推进乡村价值有机更新意义重大。

3.乡村振兴高质量发展的需要

浙江作为全国农业农村发展相对发达的地区,"千万工程"和"美丽乡村"建设已为乡村振兴打下了坚实基础,但同时对浙江的乡村振兴战略提出了站位更高、目标更远和行动更实的要求。在新的发展阶段,浙江要继续改革探索和创新实践,打造"诗画浙江"大花园,当好乡村振兴的排头兵,通过推进乡村的全域有机更新,既加快乡村空间布局、生态环境、基础设施、产业体系等物质形态的有机更新,又加快历史文化、精神素养、文明乡风和乡村治理体系等非物质形态的有机更新,实现浙江高质量乡村振兴的目标。

二、乡村有机更新的概念与内涵

"有机"是指事物间的有序与协调的性状,体现要素的系统整合和优化配置,而"更新"不是指事物简单的复制或重构,而是在原有基础上的提升和革新。乡村的有机更新,就是要在乡村原有基础上,有序修复生态环境,优化乡村空间秩序,挖掘历史传统、民俗文化和强化社区认同,并且科学植入现代要素与功能,实现乡村生态、生产和生活的融合与协调发展,成为城乡居民"养眼"、"养肺"、"养颜"、"养身""养心"、"养神"的向往地。

有机更新理论有着丰富的内涵:一是有机更新不是"格式化"所更新的对象,而是通过科学调适和提升对象并使其适应当下及今后的发展需要;二是有机更新强调系统性和协调性,是一种积极的帕累托改进,即可以增进大多数人的福利且不会对其他人的利益造成损害;三是有机更新蕴含着"生态优先、绿色发展"的哲理,追求的是经济、社会和生态的协同发展,实现的是人类生产、生活和生态的"三生融合"。

三、乡村有机更新应把握的几个问题

1.要避免极端式和运动式更新

乡村有机更新不是让乡村"去陈出新",也不是"怀旧拒新",而是要"推陈出新"。因此,一定要避免"大拆大建"的极端式和运动式更新,做到保护与更新之间的有机平衡。

2.要做到系统性和循序性更新

要把村落看作一个协调统一的整体,通过认真研究村落景观格局和文脉特征,在更新过程中保持村庄格局和肌理的相对完整,并遵循村庄发展的历史文脉,从系统性视角出发,确保村庄更新的协调统一。乡村有机更新切忌一蹴而就急功近利和脱离实际,要循序而为。

3.要从物质和非物质层面协同更新

乡村有机更新不仅是村庄格局、建筑肌理和公共设施等物质层面的更新,也是历史人文、民俗风情等非物质层面的更新,必须做到这两者的互促共进和协同更新。

四、推进乡村有机更新实现乡村价值再造的思路对策

1.有机更新村庄空间秩序，实现高品质生活价值

一要利用"卫星遥感＋人工智能分析"等新技术手段，有效推进浙江省全域土地综合整治，重点对农村无序建房、违规建房、乱搭乱建、建新占旧等现象进行专项整治。二要遵循村庄的自然地理和历史人文，对村庄格局进行科学规划，有机修复村庄建筑肌理，在不破坏乡村风格的同时，科学植入现代要素与功能，以满足居民现代舒适生活的需求。三要对陈旧的集体公共设施和闲置的农房等进行有机更新，将其与城乡基础设施和公共服务体系相结合，修建高标准的村庄道路、公共停车场、公共厕所、公共休闲绿地等，满足乡村高品质生活的要求。四要提升村庄空间的开放度，通过科学规划和乡村要素优化配置，建立与城市群、城市圈相适应，生产、生活、生态相融合，公共服务有效覆盖的乡村群。

2.有机更新产业发展动能，实现高质量经济价值

一是深化农村产权制度改革，为发展赋能。要积极探索农村集体产权的拓权活权、权能抵押、治理优化和农村集体经营性建设用地入市、宅基地有偿退出等实践路径。二是创新要素市场配置模式。重点是唤醒沉睡的乡村资源要素，包括闲置的农房、公益用房和宅基地、集体公益性建设用地等，如绍兴市实施的"闲置农房激活计划"，为发展乡村旅游、民宿、文创、康养等新产业、新业态创造了条件、提供了新动能。三是加强区域合作，推进资源要素互补，实现借位、借势、借力发展。如桐乡市实施的"抱团飞地"合作项目，合作版本从1.0到了6.0，合作模式不断创新升级，从村域合作、镇域联建，到现在跨县域的"山海协作"，既推动了自身的集体经济发展和农民增收，也促进了结对帮扶的青田县、四川九寨沟等地的经济发展。四是运用现代数字技术有机改造乡村产业。如加快预设和搭建基于5G环境下的农业物联网、数字农业、智慧农业等基础设施。利用大数据、云计算等技术减少市场信息不对称，增强农业

生产经营可控性,优化农业结构和产业布局,强化农产品质量安全监管和全程追溯。

3.有机更新乡村治理体系,实现高效率社会价值

一是强化乡村基层党组织建设。把村"两委"班子建设放在更加突出的位置,选好用好乡村发展带头人,增强其现代治理能力;要制定合理薪酬制度和激励机制,使村干部有尊严、有体面地工作和生活。二是提升乡村自治水平。要通过赋权赋能以及自组织和他组织的协调与协同,增强村民主体性和自主性,激发村民自治活力;同时,要充分发挥乡贤达人在乡村自治和治理体系现代化中的作用。三是增强法治与德治合力。要完善乡村法治体系和提高法治效率,同时将乡风文明与乡村德治紧密结合,推进乡村精神文明建设,使社会主义核心价值观和乡村优秀传统文化及文明风尚融入德治体系,实现法治与德治紧密结合,刚柔相济、张弛有余的乡村善治格局。

4.有机更新资源转化通道,实现高性能生态价值

一是坚定生态优先、绿色发展理念。切实增强推进生态文明建设的思想自觉和行动自觉,保持加强生态文明建设的战略定力,统筹好经济发展和生态环境保护建设的关系,努力探索出一条符合战略定位、体现浙江特色,以生态优先、绿色发展为导向的高质量发展新路子。二是以资源提效、产业提质、生态提升来统筹推进全域土地综合整治、农业生产污染控制和生态环境整治修复等工作。三是改革与完善生态资源产权制度和管理制度,坚守乡村生态保护红线与底线,创新资源有偿使用制度和多元化生态补偿制度。四是深化"绿水青山就是金山银山"理念践行,在坚守生态底线的同时,创新生态资源转化为"金山银山"的有机通道,探索"生态"变资产、变股权、变产业、变财富的绿色发展与富民之路。

5.有机更新乡村人文资源,实现高水平文化价值

一是树立人文生态也是金山银山的观念。要将自然生态与人文生态有机结合,实现乡村高质量有机更新与振兴。二是推进乡村历史文化传承与有机更新。要加大投入和管理,对乡村散落的历史建筑、文物、遗迹等物质文化资源进行整理、修缮和抢救,对村庄历史典故、乡风民俗、农事节庆、古法手艺等非物质文化资源进行挖掘、梳理和传承。三是激

活乡村人文资源。要通过平台搭建、活动举办、交流座谈等多种形式,让群众在乡村文化舞台上唱主角,增强乡村文化集体记忆与社区认同,激活乡村文化内生发展动力,使乡村百姓成为优良家风、文明乡风、时代新风的主导者和创造者。

"六位一体"农房整治与善治的衢州探索和经验启示①

一、衢州农房整治与善治的实践探索

衢州市农房整治以"党建统领、治理协同,顶层设计、系统推进,体系优化、风貌提升,改革赋能、资源活化,破立并举、有机更新"为基本思路,以"摸家底"先行、"拆改用"结合、"建管服"打通、"党干群"合力、"法理情"并举、"房地人"齐抓为原则,以"六位一体"为部署,积极探索符合中央精神和浙江省委、省政府要求,符合衢州实际、顺应民生的乡村振兴大花园建设和治理能力现代化的新路径。

(一)强化顶层设计,重构规划体系与农房政策

1.重构规划布局体系

一是科学制定上下联通、点面结合、远近衔接的"1+4+1"规划体系,即"各县(市)域乡村建设规划"+"村庄布点规划、村庄规划、村庄设计、农房设计"+"农村特色风貌规划",并指导构建相衔接的县级乡村规划体系。二是科学划定"适限禁"三类自然村,以"六不能、四必须"对农

---

① 本文作者为黄祖辉、胡伟斌、钱振澜。本文内容发表在《咨询研究》(浙江省人民政府咨询委员会主办)2019 年第 35 期,并提交农业农村部,先后获得时任农业农村部副部长韩俊和党组成员吴宏耀的重要批示。农业农村部农村合作经济指导司《农村合作经济与宅基地管理利用》2020 年第 3 期刊发了本文。

民建房选址和建筑风貌做出明确规定。

2.完善农房政策体系

在农房政策体系构建中重点做好了两个坚持：一是坚持民生民意导向。聚焦民生需求、征求集体意见、尊重农民意愿，确保政策的有效性和普惠性。二是坚持合法合理导向。强调于法有据，于理应当，以"法理情"并举，科学制策和精准施策。

3.强化建房监管体系

建设"一户一档、一村一册、一乡一库"农房信息数据库，实现监管有"数"。规范建房审批和建造监管，严格执行"四公开"、"四到场"和"四统一"制度，实现监管有"据"。采取"源头管控＋动态监管"，并探索将农民建房与其个人征信挂钩的信用体系建设，实现监管有"力"。依托现代化数字手段进行立体化、智慧化、实时化和常态化监管，实现监管有"智"。

(二)注重内外兼修，提升乡村风貌与现代功能

1.点面结合提升乡村风貌

一是探索"跨村建房"、"移房出村"、"坡地村镇"等农村建房新模式，出台建筑工匠管理制度，并明确规定房屋高度、样式、外立面等来规范建房风貌。二是开展美丽庭院创建活动，着力提升空间品质和人居环境。三是统筹打造诗画风光带。以"一江两港三溪"为主线，以"资源统筹、串珠成链"为手段，将"衢州有礼"诗画风光带打造成诗画浙江大花园建设的核心区和先行区。

2.内外兼修提升现代功能

一是开展"一米菜园"庭院美化工程，结合山海协作实施"一村万树"绿色期权项目，改善基础设施和公共休闲空间，以满足农民对美好现代生活的需求。二是投入专项资金对农村污水、垃圾和厕所进行"三大革命"。

（三）坚持改革引领，推进产权变革与服务创新

1. 积极推进农村产权制度改革

一是以明确宅基地集体所有权，保护宅基地农户资格权，放活宅基地农房使用权为主线，积极探索宅基地改革新机制。二是创新颁发"分层式"使用权证书，激活农房闲置楼层使用权的出让市场，并打造出"村民宿集"新模式。三是探索宅基地使用权抵押，解决经营者资金短缺、融资困难等难题。

2. 积极创新政府治理与服务方式

一是按"一窗受理、后台办结"原则，为农民提供建房审批全程代办服务，明确审批各个环节的办理时限，实现农房审批的"最多跑一次"。二是运用"浙政钉"、"房地信息系统"等大力提升电子政务水平，实现高效的服务与管理。

（四）推进有机更新，实现资源转化与产业发展

1. 激发闲置资源新活力

一是"拆改用"结合，加快农房存量资源转化。通过对腾出土地的优化配置和调剂使用，不仅满足了公共设施建设和环境美化，也弥补了财政收入的不足。二是"房地人"齐抓，促进产业与就业共进。一方面促进了产业的集聚发展和产业链的延伸、附加值的提升，另一方面为农民提供了就地就近就业进而增加收入的机会。

2. 释放产业发展新动能

一是以实施衢州市现代农业振兴"1158"工程为抓手，加快对传统农业产业的改造提升，实现数量向质量的转变。二是以美丽经济和幸福产业为主攻方向，深入践行习近平总书记对衢州做出的"努力把生态优势转化为特色产业优势，依靠绿水青山求得金山银山"的指示。通过收储有利用价值的农房，引进主体，创新合作经营模式，培育发展民宿、农家乐、康养等新产业和新业态。三是加快新型经营主体的培育，发挥要素集聚和规模效应，促进农业产业化和现代化发展，促进小农户与现代农

业有机衔接。

（五）做好科学引导，推进有序集聚与城乡融合

1. 推进农民有序集聚

一是确立农民集聚导向。在"1＋4＋1"乡村规划体系指导下，科学引导农民有序集聚，规定新增农民建房须向中心城区、县城和中心镇集聚，打破行政区划，在最大范围内进行统筹安置。二是提高农民集聚意愿。将下山搬迁、地质灾害搬迁、生态移民等政策整合起来，发挥政策叠加效应。以成本价向农民出售安置房，通过市场价差来增加农民家庭资产，开展购房抵押贷款来解决农户易地搬迁的资金缺口。三是确保农民集聚质量。以"地段好、设计优、建设快"来加快引导农户集聚，采取重点线路、重点区块、重点村庄先行，串点成线，连线成片，形成集聚效应。

2. 推进城乡融合发展

一是推进城乡公共服务均等化。实行城乡一体的低保标准，建立健全城乡公共服务设施共建共享模式，保障集聚点居民的就业、就医、就学等无后顾之忧，推进城乡一体和融合发展进程。二是引导集聚农民生活市民化。引进物业公司和采取现代文明评比和奖励等办法，激励集聚农民向现代文明生活转变。三是促进集聚农民收入多元化。引进投资主体发展现代产业，尽可能吸纳集聚农民就业，增加工资性收入。同时，将农房整治收益尽可能地返回村集体和农民，提高农民的财产性和分配性收入。

（六）巩固保障机制，抓好党建统领与治理协同

1. 建立党建统领工作机制

一是构建"党建治理大花园"体系。以"党建统领＋基层治理＋乡村振兴大花园建设"为指引，构建乡村振兴大花园党建目标和工作体系，作为当前农房整治及其他各项工作的重要遵循和行动指南。二是以党建提升基层战斗力。落实"书记抓、抓书记"工作机制和网格化管理制度，强化党建引领的治理效能，充分发挥党员先锋引领作用，形成党员干部

带头拆、主动拆的积极局面。三是以党建引领乡村"三治融合"。不忘习近平总书记"让南孔文化重重落地"的"文化嘱托",鼓励和引导广大村民践行"士子礼贤、学子礼雅、商贾礼信、黎民礼让",形成衢州礼治特色体系。

2.构建多元协同治理机制

一是全面建构"三、王、主"治理体系。重点是要将县(市、区)、乡镇(街道)、村(社区)网格三级打通,做好"关口前移、重心下移,资源下沉、权力下放",调动人民群众的主动性,体现人民群众的主体性,真正实现人民群众当家做主。二是建立部门协同工作机制。在成立市乡村振兴领导小组、农房整治等专项工作"专班"的基础上,建立"8+11+X"乡村振兴大花园建设联席专班,并将各类新乡贤组织纳入党建统领基层治理体系,丰富乡村人力资本和治理资源。

二、衢州农房整治与善治的主要成效和经验启示

衢州农房整治与善治显著增强了政府的执政力、服务力和公信力,提高了广大农民的获得感、幸福感和安全感。一是实现了"规划政策引领",使农村人居环境全面提升的同时,营商环境也得到大力改善。在2018年全国营商环境试评价中,衢州位于北京、厦门、上海之后的第四名。二是促进了"美丽乡村升级",从农房到庭院、从村庄到乡村群落,体系得到了重构,风貌得到了极大提升,现代公共服务体系也得到了全面改善。三是推进了"体制改革深化",重点推进了农村产权制度改革、经营制度创新和集体产权制度深化,提高了要素资源的配置效率。四是推动了"乡村产业振兴",通过空间重构优化了产业布局,促进了要素激活和资源转化,为新产业、新业态发展释放动能;通过整治出来的土地指标调剂和交易,为产业发展和乡村大花园建设积累了资金。五是加快了"城乡融合发展"。通过农民生活空间集聚,提高公共设施供给和服务水平,重点解决了就业、就学、就医等公共服务问题,多渠道拓展农民收入来源,提高农民生活市民化的需求和能力。六是彰显了"乡村治理特色"。实践创新"党建+"统领机制和"三、王、主"运行机制,大大提升了

基层治理能力。

衢州市农房整治能顺利推进,得益于"党建治理大花园"为指引的科学谋略,也得益于"公共利益最大化"为目标的善治理念,而形成鼎足之力的在于"八个有"经验。

(一)有"纲"有"刚",既要统筹谋划也要坚定落实

农房整治不能蛮干,要纲举目张,做好顶层设计,谋定而动。要在"摸清家底"和广泛听取民意诉求的基础上,科学制定具有系统性、指导性、衔接性和可操作性的乡村规划体系。"刚"是一种纪律也是一种责任,是组织战斗力的表征,是各部门、各主体对顶层设计的执行硬度,是对政策走偏、形式走样的有效抑制。衢州市以党建统领,以群众支持的底气和攻坚克难的勇气,以"党员干部带头、农民群众跟上"的工作步伐,态度坚决、措施果断,形成农房整治的破竹之势,实现一把竿子插到底。

(二)有"治"有"智",既要多元治理也要高效"智理"

农房整治是治理而不是强制,注重平等与合作、互动与协调,强调自主性和参与性,它不是一种单向的强制性制度,而是需要政府、村集体、村级其他合作组织、农民、乡贤等多个主体的共同参与,形成"多元共治"的善治格局。衢州市以大党建统领,大联动治理来推动基层党建与基层治理的有机融合,形成了从"三"到"王"到"主"的现代化基层治理体系。同时,以"智理"来促进治理,运用地理信息技术、"互联网十"、人工智能识别等高科技提高"智理"水平的手段来降低沟通、服务和监管成本,做到无偏、无漏和无缝,实现农房管控的科学化、精细化和智能化。

(三)有"力"有"利",既要掌控力度也要平衡利益

农房整治既不能矫枉过正、大拆大建,也不能避重就轻、隔靴搔痒。要厘清整治边界,要发动和依靠农民科学治理,实现资源要素的有机更新,成为富民新资本。当前农民逐渐强化的主体权利意识与其相对滞后的法律法规意识之间的落差矛盾开始凸显,这是当前很多地方发生涉农群体性事件的原因。衢州在推进农房整治工作中,力度空前却没有发生

一起群体性的农民上访事件,关键是把握住了基层善治的核心,即实现村庄公共利益的最大化,做好了"利"字文章。这个"利"是农民的利、集体的利和政府的利的高度统一,是必然有利于农民追求美好生活、集体焕发内生动力与政府提高治理能力的高度契合。要做好共建共治共享,平衡各方利益。只有位置摆正了,工作到位了,才不会出现"与民争利"的错位,也才会有"为民谋利"的担当。

(四)有"序"有"续",既要循序渐进也要持续有劲

农房整治是对现有农村资源要素低水平均衡的一种强有力冲击,有动力也有阻力,更多的是给未来发展所腾出的巨大潜力。一定要统筹谋划、建好体系、系统推进和循序而为,不能急功近利,一蹴而就。要在尊重乡村发展演进规律和保障多方主体利益的基础上,因势利导和顺势而为,不仅做到有"序",也要抓好有"续"。要夯实基础,步步为营,久久为功,形成持续发力的常态长效机制。要积极探索乡村的有机更新路径、乡村多元价值体系的再造和提升,以及乡村未来社区的营造,以谋求乡村持续有劲的振兴发展。

高度关注我国农民分化的新动向[①]

一、我国农民分化的新动向

改革开放以来,我国农民摆脱了传统集体经济体制的流动性约束,从集体经济的生产者,转变成为市场经济的经营者,并且实现了 2.86 亿的农村富余劳动力转向农村和城镇的非农领域就业,这种转变也带来了农民的分化,但这种分化是市场经济发展中农民分工分业基础上的自然分化,它不仅提高了社会劳动生产率和广大农民的收入,也促进了我国农业和工业化、城市化的快速发展,因而这种农民的分化可以说是一种具有完全正向效应的农民分化,或者说是一种帕累托改进的农民分化。然而,近些年来,我国农民出现了一种新的分化,这种分化的基本特征是同业农民的异质性日趋明显,不同农民的利益诉求差异在不断扩大。实践中,这种新的分化在农业领域中主要表现为一部分农民演变为新型农业经营主体,而相当多的农民则没能实现相应的演变,成为既不能有效退出农业,又长期存在并且不断被边缘化的小农。这样的农民分化现象值得引起各级政府的高度关注。

[①]　本文作者为黄祖辉,于 2019 年 12 月 20 日提交中办,并获得批示与采用。

二、农民分化的原因与后果

根据笔者的观察与分析研究,以上我国同业农民出现分化现象的原因在于三个方面。一是源于农民个体内生性禀赋特征的差异。即农民群体在文化、年龄、意识等方面的禀赋差异所导致的能力差异而产生的分化。二是源于制度性层面的因素。主要是我国的城乡二元体制仍然没有完全消除,以及农村的土地等要素市场化程度仍不高,这些制度性的因素阻碍了农村要素的充分流动和社会分工分业的深化,进而使得因农民个体内生性禀赋特征差异而产生的同业农民分化现象,不能被分工分业有效地分解和消化,而使这类农民集聚和滞留在农业和农村。三是源于政府农业扶持政策的偏差。近些年来,我国各级政府都在加大新型农业经营主体的扶持力度,主要体现在奖励、补贴、培训、冠名等政策和举措上。加快新型农业经营主体的培育与发展,对于改变我国农业经营者能力普遍偏弱、经营规模普遍偏小,农业现代化进程滞后的状况,具有重要性和急迫性;但另一方面,这种优先培育新型农业经营主体的政策举措,客观上缺乏对普通农民,特别是小农的惠及。因此,在社保体制、产权制度改革还没有完全到位,相关配套政策还不很完善,进而小农的转型和退出还不通畅的情况下,政府所推出的优先培育新型农业经营主体的政策,会促使同业经营主体的进一步分化。很显然,这样的农民分化现象并不是一种具有完全正向效应或帕累托改进的农民分化。

现实中,上述特征的我国农民分化已经产生了一些负面效应和风险。一是农民组织化的困难。根据"物以类聚、人以群分"法则,分化的农民是不利于组织化的,而农民组织化的滞后则会使长期存在的小农难以通过组织通道有效融入现代农业,进而难以与现代农业有机衔接。二是农村社会的分化。经济分化是社会分化的重要动因,与城市居民不同,我国农民作为经济人与社会人的分离性并不强,因而,农民经济上的分化很容易转化为农村社会的分化,这就会对农村的和谐与稳定带来不利影响。三是新型主体行为的偏离。政府扶农政策对新型主体的强势偏向,不仅对农民群体的分化产生了助推作用,还引致了不少农业新型主体行为的偏离。实践中,这主要表现为政府被"精英俘获"的现象比较普遍,以及新型经营主体在农业经营中普遍存在过于依赖政府扶持而偏离市场竞争的行为。值得指出的是,农业经营主体行为的普遍偏离,实际上折射的是市场对资源要素配置作用的弱化和政府对资源要素配置作用的强化,这显然与党的十九大所提出的"必须以完善产权制度和要素市场化配置为重点"的经济体制改革取向不相吻合。

三、防止农民过度分化的建议

针对当前我国农民分化的新动向及其原因和可能带来的后果,本文从五个方面提出防止农民过度分化的建议。

第一,梳理农业支持政策,优化惠农政策。对新型农业经营主体的培育与支持应以增强经营主体的市场竞争意识和经营能力为指向,建议调整或取消有可能弱化市场机制、扭曲经营主体行为的政府直接补贴和奖励等政策。

第二,在政府农业招商引资和重要涉农项目实施中,发挥好政府支持政策的杠杆作用。建议将农业项目实施的市场绩效、风险承担、机制创新和小农融入及其利益惠及,作为对相关政府部门和项目营运主体的考核内容。

第三,完善产业组织分类与制度规范,强化组织登记和运行监管。建议尽快出台农民合作社与家庭农场规范化发展条例与细则,避免因农业产业组织和经营机制偏离市场导向的逆向选择、异化而导致的农民分化。

第四,在科学培育新型农业经营主体的同时,妥善解决好小农发展问题。一是建立小农与现代农业发展有机衔接体系,如完善多元化服务小农体系,探索生产小规模、服务规模化的现代农业模式。二是深化分工分业,引导与鼓励小农进入适宜领域从业,如农产品加工环节,农业休闲服务业,农村"土字号"、"乡字号"产业等。

第五,深化相关体制改革,为小农提供更多出路。也就是说,要通过农村集体产权制度和城乡一体社保体制的同步改革与深化,一方面增加农民收入来源渠道,同时消除农村要素流动和市场化配置的体制约束,另一方面使年迈体弱的农民能在完善的公共保障体系中选择退出农业,同时能使更多的农民就地就近在城镇转移就业,并且实现市民化和定居城镇。

当前疫情对我国扶贫和贫困地区农民的影响与建议^①

　　2020 年是我国决战脱贫攻坚的收官年和全面小康的实现年,但与此同时,我国遇上了突发性的新型冠状病毒肺炎疫情(以下简称疫情),如何既打赢这场疫情防控的阻击战和人民战争,又使疫情对我国经济社会的影响降到最低,如期实现 2020 年脱贫攻坚和全面小康的目标,具有极其重要的意义。

　　本文重点反映疫情对扶贫工作和贫困地区农民的影响,并进行研判和提出相关的应对建议。相关调查涉及云南、贵州、甘肃、河北、陕西、江西、内蒙古、四川、吉林、湖北等十个省份,调查主要采用对当地州、县、镇村的分管干部、驻村干部、蹲点教师和相关研究者的电话、微信访谈,以及被调查州、县、镇村的相关材料与信息收集的方式,在此基础上,经过对所获得材料和信息的系统梳理、归纳与分析,形成如下报告,供中央和有关部门领导参阅。

---

　　① 本文作者为黄祖辉。本调研报告完成于 2020 年 2 月 15 日,并提交中办。调研期间(2020 年 2 月初)正值新冠肺炎疫情蔓延之时,大量调研工作在网上进行。特别感谢浙江大学挂职云南省景东县的许亚洲,浙江大学驻景东县村干部苗晓明,蹲点景东县专家陈再鸣、尹兆正,浙江大学中国农村发展研究院钱振澜、胡伟斌,云南省红河州扶贫办龙刚和苏雁鸿,贵州省委政研室李正荣,贵州省威宁县委办赵英林,贵州省财政厅周恒,中组部曾经扶贫挂职贵州省台江县的赵凯明,江西省委巡视办赖金生,四川省蒲江县赵武斌,农业农村部干部管理学院邵科,以及西北师范大学张永丽、河北经贸大学马彦丽、西北农林大学霍学喜、华中农业大学张俊飙、华中科技大学杨进、内蒙古农业大学乔光华、吉林农业大学曹建民等参与本研究的调研并提供相关信息与资料。

一、影响分析与研判

当前疫情对脱贫攻坚和贫困地区农民主要的影响集中体现在以下五个方面。

1. 疫情对贫困地区农民感染的影响

从调查情况看,目前除湖北以外,这方面的影响总体上还不大,但存在一定隐患。主要原因是大多贫困地区位置偏远且分散,人口进出流动轨迹大多与疫情重点区域联系不大,并且长距离外出的相对少,而外出务工经商的人口大多在疫情暴发前就已回家过年,目前又因为疫情管控,基本都滞留在当地。但不排除少数贫困村落因疫情防控能力弱、公共医疗服务水平低和农村百姓疫情防控意识薄弱,喜欢家庭、朋友集聚而产生的点状性疫情感染风险,而这种风险的发生会导致相关地区村镇医疗的压力和贫困农户因病致贫或返贫的问题。

2. 疫情对贫困地区产业发展的影响

从调查情况看,这方面的影响较大。一是不少农户原本在春节期间大量上市的蔬菜、瓜果、水产、禽类、蛋类等产品因疫情暂停赶集或关闭集贸市场而导致滞销和农户收入减少,这一影响已直接波及一部分贫困户,使未脱贫户脱贫压力增大、已脱贫户存在返贫风险。二是农村的小商小贩、小微企业因疫情与管控,同样受到较大冲击,不少囤积的瓜果、蔬菜等生鲜产品因滞销而腐烂,损失很大,甚至部分日常生活用品也出现进出不畅现象。这些小商贩、小微企业是贫困地区农户走向市场、获得收入的主要渠道和桥梁,因而对贫困户的影响也比较大。三是从农业生产看,尽管我国南北地区存在明显季节差异,但目前总体上已到了春耕时节,由于疫情影响,不少地区出现了农资供应以及物流的脱节,此外,部分贫困户由于家庭经济收入太低,在缺乏从农产品市场和劳动力市场获得现金收入的情况下,出现了现金紧缺问题,影响了春耕春播等正常的农业生产活动,甚至影响了贫困农户家庭的日常生活。

3.疫情对贫困地区农民流动的影响

从调查情况看,这方面的影响也较大。主要有四个方面的原因:一是疫情防控,不敢外出;二是交通管控,不便外出;三是企业停工,不想外出;四是市场萧条,不利外出。调查情况反映,不少贫困地区农民的收入主要来源于外出务工收入,外出就业受阻,已经导致主要依靠外出务工收入维持家庭生产生活的农户收入剧减。对于贫困农户或低收入农户而言,如果这些因素持续下去,将会对建档立卡的农户造成脱贫的困难,对刚脱贫的农户带来返贫的风险。

4.疫情对贫困地区社会稳定的影响

从调查情况看,这方面的影响总体不大,但存在不少隐患。一是表现为不少村民对疫情存在一定的恐慌心理,对未来发展存在担忧情绪,需要及时疏导和化解。二是全国的各类学校仍没有恢复到正常状态,大多处于"停课不停学、停课不停教"的在线教育状态,而贫困农户的孩子普遍缺乏在线教育条件,这种情况如果持续下去,不仅会对贫困农户孩子的教育与升学产生不利影响,也会成为诱发农村社会不稳定的重要因素。

5.疫情对贫困地区扶贫工作的影响

从调查情况看,由于贫困地区各级政府对脱贫攻坚的高度重视和长期工作积累,总体影响不大,但也存在一些新问题。一是疫情防控加大了基层干部的工作量和工作压力,致使一些基层干部难以处理好扶贫和防疫的关系,在一些地区一定程度上出现了干部工作重心转移,投入脱贫攻坚工作的时间、精力有所分散,工作力度有所减弱的情况。二是大量务工返乡人员在家隔离的情况也使扶贫干部对入户开展扶贫工作产生了一定的畏惧心理,而不少农户也担心扶贫干部把病毒带入家里,进而影响了一些扶贫工作的正常开展。

调查情况还反映,尽管疫情已对我国农村和贫困地区的经济社会产生了影响,但是我们也看到,党中央和国务院以及相关部委对疫情防控和化解疫情对经济社会的不利影响,及时发布了许多措施强有力、具有针对性的文件,把控了疫情防控的大局,同时,我们也看到和了解到许多地方政府在这一关键时期,充分发挥自身优势,坚定贯彻中央精神,同时结合实际出台一系列政策和举措,出现了不少一手抓防疫,一手抓扶贫,既积极有效应对疫情,又深入推进脱贫攻坚的范例,这是我们在 2020 年同时打赢疫情防控阻击战和脱贫攻坚战的信心所在。

需要指出的是,疫情对贫困地区的影响存在共性和差异性。从共性影响看,主要体现在相关地区的产业发展和劳动力流动都受到了疫情的影响,而且这种影响是当前疫情对农村、对贫困地区最主要的影响。但由于我国区域广阔,产业特点、时空特点以及农户类型并不相同,因此对不同地区及其农户的影响程度还是存在较大的差异性。比如,人口流和经济流与重点疫区关联性不大的贫困乡村,农户被感染的问题就不是很突出,而湖北就比较突出。又如,疫情对南方地区的春耕生产影响已经很大,而对北方地区,尤其是东北和西北的影响还不是很急迫。再如,从经济影响角度看,规模农户或专业农户的损失往往要大于小农与贫困农户,但从扶贫影响角度看,对小农与贫困农户的影响会更大,因为他们基础脆弱,抵御外部冲击能力弱,很容易导致脱贫困境或返贫风险。

此外,疫情对贫困地区的影响还存在短期影响和长期影响的不同。从短期影响看,类似市场流通和劳动力流动受阻问题、企业停工停产和学校停学问题、农民心理恐慌和预期悲观问题,一旦疫情得到有效控制和消除,这些问题将会迎刃而解。从长期影响看,一是疫情防控所带来的多种教训,对于农村公共安全治理体系面临的变革以及农民尤其是贫困地区农民能否适应的影响将是长期的。二是疫情病源所暴露的自然逆反,不仅对贫困地区,而且对我国所有存在类似风险的产业结构调整的影响将是长期的。三是疫情事件所引发的公共医疗服务的困境,对于贫困地区那些因疫情致病,或者原有疾病得不到有效治疗导致病情加重的贫困人口及其家庭,其影响可能不是短期的。

二、相关建议

1.处理好疫情防控阻击战与脱贫攻坚战的关系

总体上是要坚持两手抓、两手硬,但贫困地区也应根据这两大战役对当地经济社会发展影响的不同和轻重缓急,在中央和国务院相关部委相关文件精神和政策举措的指导下,注重从自身实际出发,把握好相关工作的优先次序,紧紧抓住主要矛盾,找准关键突破口,做好相关配套工作,以达到事半功倍和一石数鸟的功效。

2.处理好重点地区疫情防控和贫困地区疫情防控的关系

总体上应坚定贯彻中央关于疫情防控的精神,但也应根据各地区疫情的实际影响和防控效果变化,因地因时调整相关防控措施。对于那些经济和人流进出与重点疫区关联不大的贫困地区,应考虑适时放宽和取消影响农民外出就业、农资农产品流通、贫困人口就医就学等相关管制,以尽快消除疫情防控对贫困地区农业生产、劳动力流动、农产品流通和就医就学等带来的不利影响,将相关损失降到最小。

3.发挥精准扶贫机制对疫情防控和影响的化解作用

我国在脱贫攻坚战中已形成了一套行之有效的精准施策机制与成功做法,这些机制和做法可以用于贫困地区疫情防控和消除疫情影响的工作中,以对疫情防控以及疫情带来的各种影响进行精准识别、精准施策、精准化解。同时,要进一步整合相关力量,比如将地方疫情防控指挥机构与扶贫机构相整合,实行两块牌子一套班子运行,以进一步强化工作力度和提高相关工作的效率。

4.加大对贫困地区小微企业与贫困农户的政策支持

针对疫情对就业的不利影响,要支持小微企业复工和稳定就业,扩大小企业稳岗返还政策的受益面。比如,对 50 人以下参保企业裁员率不超过参保职工总数 20% 的,可考虑申请失业保险稳岗返还政策,或者对贫困地区考虑按不高于当地失业保险金标准,向受疫情影响失业的参保人员发放失业补助金。对组织职工参加各类线上线下培训的,可考虑纳入现有补贴类培训范围。对已发放个人创业担保贷款,借款人患新冠肺炎的,可考虑申请不超过一年的延期还款并继续给予贴息。对因受疫情影响的贫困致病者和病情加重者,可考虑医疗保障方面的额外补贴。对因疫情影响到贫困户家庭正常现金开支的,可考虑提供短期无息贷款。

5.处理好贫困地区扶贫产业发展与生态安全的关系

这次疫情提醒我们,扶贫产业发展一定要把握好经济与自然的关系。不少地方的扶贫产业中涉及不少与自然风险有关的产业,如野生动物的养殖与贩卖、食用菌和食药类等产业,都需要有审慎的把控和筹划,否则极易导致贫困地区产业和生态同时受损。

6.挖掘贫困地区地方性经济发展与各类组织的潜力

要积极推进乡村振兴项目落地实施,推进项目开工和企业复工,吸纳贫困农民就地就业。同时,政府在稳定农村公益性岗位基础上也可再开发一定公益性岗位,吸纳因受疫情影响的劳动力就业。要发挥互联网线上交易对线下小农的带动作用和农民合作组织以及相关中介组织的服务功能,解决好贫困地区农资、农产品和基本生活用品供需不畅问题。要加强与辖区以外相关企业的对接,抓紧摸清这些企业和工程项目的开工复工信息和市场需求,帮助农民顺利外出务工和经销产品。

7.提高贫困地区乡村治理水平和公共服务的能力

贫困地区乡村治理水平不高和公共服务能力不强是由多种因素引起的,其中村落规模小和居住人口分散,进而公共治理和服务缺乏规模效率是个重要因素,因此,随着扶贫工作的深化,有必要将搬迁式脱贫作为长效脱贫的工作重点,乡村人口的相对集聚,有助于贫困地区教育与医疗资源的优化配置和乡村公共治理能力与服务效率的提高。此外,在乡村治理体系的建构与完善中,要重视自治、法治和德治的"三治合一"。既要加强和完善村党支部和村集体组织的治理功能,又要重视村民自组织的培育,以增强其自治能力,同时,还要发挥健康的地方乡村文化、习俗、传统的德治功能,使这三种治理元素有机融合,形成贫困地区乡村的有效治理和善治格局。

人口流动对农村社会网络及乡村治理的影响①

一、研究背景与问题

改革开放以来,随着工业化、城市化的发展和户籍制度的松动,我国农村释放了大量的劳动力,大规模农村人口的流动已成为常态,2017年,我国流动人口数达 2.44 亿人。② 人口流动对于传统的农村社会网络和人际交互关系会产生影响,简言之,一方面,人口流动过程中亲友发挥的传帮带与风险分担等作用会使得有过外出务工经历的农民更加注重维系与亲友的社会网络;另一方面,外出务工农民与家乡亲友沟通相处的成本上升,从而降低其与亲友建立社会网络的激励。究竟农村人口流动对乡村社会网络具有什么样的影响,并且这种影响对村庄治理又会产生什么影响,还需要在实证研究的基础上给予清晰的判断和回应。

本文主要关注以下三个问题:第一,农村人口的流动是否以及如何影响乡村的社会网络? 第二,农村人口的流动通过何种机制影响乡村社会网络? 第三,农村人口流动对乡村社会网络的影响又如何进一步影响村庄治理? 应如何应对?

① 本文作者为黄祖辉、王雨祥。本文是本人主持的教育部人文社会科学重点研究基地"十三五"重大项目"城乡发展一体化背景下的新型农村社区建设与治理研究"(16JJD790053)的对策研究精简版,于 2020 年 2 月 22 日入选浙江大学社会科学研究院的智库选题。
② 数据来源:2018 年的《中国统计年鉴》。

二、调研与数据说明

本研究报告使用的数据来自 2018 年中国新型农村社区建设与治理调查(下简称"农村治理调查")。"农村治理调查"是浙江大学中国农村发展研究院(卡特)于 2018 年主导的一次全国家户调查,调查对象为我国农村地区 15 岁以上的居民。调研采用"社区—村干部—农户"的系统问卷,并进行随机抽样调研,共获得 87 个村庄样本、149 个村主任(村支书)样本和 1657 个农户样本。调研范围覆盖安徽、云南、天津、辽宁、江苏、四川、江西、河南、河北、福建、甘肃、广西、广东、宁夏、贵州、山东、浙江、西藏等全国各地 18 个省(自治区、直辖市)。

需要说明的是,"农村治理调查"数据具有两大优点。第一,调查覆盖我国大部分省份,样本具有广泛的代表性,同时,也可以对不同地区不同类型村庄①进行更加细致的比较分析。第二,"农村治理调查"数据既包含村庄层面的自然灾害、交通状况等信息,又包含农民个体层面的人口流动、社会网络、村庄治理、人力资本等信息,便于准确识别人口流动对乡村社会网络及其治理的影响以及深入挖掘其中的影响机制。

三、研究结论与分析

课题组利用调研获得一手数据,并运用计量经济学的方法,对本文重点关注的三个问题进行了严谨的实证分析,得出了以下五点结论。②

第一,有过外出务工经历的农村人口,其在春节期间与亲友的往来

---

① 调查村庄按照城(镇)中村、中心村、合并村、传统村进行分类。

② 限于篇幅,本文并未详细报告实证分析的图表结果、稳健性检验、异质性分析等内容,留存备索。

明显减少,而与朋友的往来则有所增加,这意味着,农村人口的流动已使乡村社会网络从"差序格局"向"团体格局"转变。也就是说,当前我国农村居民已越来越成为社会各个朋友圈子中的一部分,而不再只是宗族亲友圈子的一员。宗族亲友圈子是差序格局的,圈子内的人具有血缘联结和等级区分,而朋友圈子是团体格局的,圈子内的人一般具有平等性和互利性。

第二,农村人口流动对乡村社会网络影响的效应及其实现机制,主要是通过正向效应的求职帮助机制与负向效应的交往成本机制来实现的,其中,交往成本机制起着主导的作用。其原因在于农村相对落后的交通条件导致外出务工者与家乡亲友的交往成本较高,降低了他们与家乡亲友建立社会网络的激励,这使得人口流动对乡村社会网络规模产生了负向影响,而亲友在外出务工中发挥的传帮带作用,又使得外出务工者与亲友的联结更为紧密,这在很大程度上抵消了由交往成本而产生的部分负向影响。

第三,在农村人口的流动中,亲友与朋友均会向外出务工者提供求职帮助,但相对而言,后者比前者提供的求职帮助更多。这意味着,农村人口流动的求职帮助机制对于流动人口与朋友建立社会网络的促进作用更为明显。

第四,外出务工的农民往往较少通过民主选举担任村干部。实践中,外出务工的农民担任村干部的概率明显低于没有外出务工的农民。一个重要的原因是,比起朋友的支持,宗族支持在村委会选举中往往发挥着更为重要的作用,外出务工客观上会导致其与宗族社会网络联结的减弱。因此,外出务工的农民较难在村庄中担任村干部,即人口流动会负向影响流动者参与类似民主选举和担任村干部。

第五,具有外出务工经历的农民普遍积极参与类似民主决策与民主监督的村庄治理。民主决策与民主监督是村民参与村庄治理的两条重要途径,村民可以通过担任村民代表,监督村务以及关注村务公开信息来参与民主决策与民主监督。研究结果表明,具有外出务工经历的农民更可能担任村民代表,并且更加积极地监督村务和关注村务公开信息。这表明,因人口流动而导致的农村社会网络结构的变化,在一定程度上增强了村民作为现代公民的意识,流动人口虽然难以通过担任村干部来直接管理村务,但他们可以通过直接或间接的形式来参与类似民主决策与监督的村庄治理。

四、政策启示与建议

根据上述研究结论和分析,本文得出如下四点政策启示和建议。

首先,我国农村人口的流动不仅会带来经济性影响,也会产生社会性影响,因此,政府在制定农村人口流动政策时,不仅应考虑相关政策对人口流出地与流入地的经济影响,而且需要考虑农村人口流动对乡村社会网络结构变化的影响以及乡村社会网络结构重塑的意义,因为乡村社会网络形态及其变化,与乡村治理体系建构和治理效率具有十分重要的关联性。

其次,鉴于我国乡村社会网络在人口流动影响下已经从以宗族为主的"差序格局"向以朋友为主的"团体格局"转变,政府有关乡村治理政策的制定与实施就应考虑这样的变化。也就是说,在政策制定层面,要适当调整思路,既考虑村民与亲戚间的传统联结,又要考虑村民与朋友间的现代联结。在政策实施层面,应要求村干部善于发挥村民与其朋友间建立的社会网络关系,以更好地进行集体动员,降低政策实施成本,提高乡村治理效率。

再次,农村人口流动在我国将是一个长期的过程,因此,其对乡村社会网络的影响是长期的。可以预期的是,随着农村人口流动的持续与深化,乡村社会网络结构在相当长时期内,将会继续从偏向宗族的交往朝偏向朋友的交往转变。这一转变在何时会趋缓或停止,取决于我国城市化的进程和现代乡村社会的成熟。基于这样的判断,相关研究就不仅应着眼农村人口流动及其趋势对乡村社会网络结构的影响,还需进一步研究这种影响对我国乡村治理的长期影响,以及乡村治理体系应如何适应乡村社会网络结构的变化趋势。

最后,因人口流动而导致的农村社会网络结构变化,对农民参与村庄治理也产生了不同方面的影响。因此,如何从各地村庄的实际出发,调整和优化村庄治理中民主选举、民主管理、民主监督与民主决策的相关参数和权重,完善乡村治理体系,以顺应人口流动背景下广大村民对村庄治理行为与诉求的变化,引导和激励广大村民积极主动参与村庄治理,应成为乡村治理有效的重要考量。

转变"易地搬迁"扶贫在新阶段的战略定位①

一、"易地搬迁"扶贫是新阶段我国扶贫战略的重点

我国脱贫攻坚战已取得了决定性成就,2020 年是收官年,脱贫攻坚最后堡垒必定会攻克,但这并不意味着我国就不再存在贫困问题,按照 2020 年中央一号文件的精神,脱贫攻坚任务完成后,我国贫困状况将发生重大变化,扶贫工作重心将转向解决相对贫困和长效脱贫,扶贫工作方式将由集中作战调整为常态推进。这表明,我国扶贫发展已进入新的阶段,研究接续推进减贫工作,建立解决相对贫困的长效机制,推动减贫战略和工作体系平稳转型,将成为新阶段我国扶贫工作的重点。

新阶段的我国扶贫战略有必要在主攻目标、运行手段、工作方式与路径选择上实现"四位一体"的转变。具体而言,扶贫主攻目标从实现精准脱贫向实现持续减贫转变;运行手段从政策驱动为主向制度政策并重转变;工作方式从集中攻坚作战向常态推进方式转变;路径选择从就地扶贫路径为主向就地易地并举路径转变。也就是说,新阶段的我国扶贫战略,不仅要巩固脱贫攻坚成果,还应针对贫困状况变化的新特点、新问题,及时调整与转换扶贫工作思路,要建立阻断贫困根源、解决相对贫困

① 本文作者为黄祖辉,为国家自然科学基金国际(地区)合作与交流项目"易地扶贫搬迁的社会经济与环境影响评估"(71861147002)的阶段性成果。本文于 2020 年 4 月 8 日提交国务院扶贫办,获得时任国务院扶贫办主任刘永富的重要批示。

和持续减贫的体制机制,探索扶贫和脱贫发展新路径。

本文重点针对扶贫战略路径选择的转变,提出应转变新阶段我国"易地搬迁"扶贫的战略定位,使"易地搬迁"扶贫从"十三五"扶贫工作的重要补充转变为新阶段我国扶贫战略的重点,要研究"易地搬迁"与城镇化的关系,建立"易地搬迁"阻断贫困根源、衔接乡村振兴的体制机制,使"易地搬迁"扶贫成为解决相对贫困问题,实现可持续减贫和脱贫发展的重要路径。

二、"易地搬迁"扶贫有助于从根本上阻断贫困根源

1."易地搬迁"扶贫阻断贫困根源的内在逻辑

贫困的根源是就业不充分和教育、医疗等公共保障缺失。因此,只有阻断贫困根源,才能从根本上消除贫困,而有效提供贫困人口就业机会和教育、医疗等公共保障是最基本的途径。需要指出的是,公共保障的水平对于减贫和就业能力的提高具有正向作用,公共保障的水平既与国民收入初次与再分配的关系有关,又与公共保障的配置结构和覆盖效率有关。公共保障的配置效率主要体现为教育、医疗等具有空间规模效应的公共服务与人口空间分布的匹配关系。我国农村人口空间分布分散,尽管城镇化率已达 58% 左右,但农村行政村仍有 50 万个左右,如果包括自然村,农村相对集聚的人口分布点至少有 200 万个,平均每个点的人口规模不超过 300 人,考虑到自然村和行政村人口的差异,则我国农村大量的人口集聚点规模在 100 人以下。在这样的农村人口分布状况下,加之农村公共保障的低水平,很难想象教育与医疗等公共服务在农村会有很高的效率,而"易地搬迁"扶贫具有集聚人口进而提高公共服务效率的功能。因此,一方面应不断优化国民收入分配中效率与公平的关系,尽快建立城乡一体的公共保障制度,另一方面要在总结我国"易地搬迁"扶贫经验的基础上,充分发挥"易地搬迁"阻断贫困根源,从根本上消除贫困的功能。

2."易地搬迁"扶贫有助于高起点解决贫困问题

实践中,"易地搬迁"扶贫工程主要是针对"一方水土养不起一方人

口"的地区,这些地区要阻断贫困根源,实现就地脱贫和发展难度很大,选择"易地搬迁"之路,搬迁到新空间,尽管有可能新起炉灶,但原先人口极度分散的状况势必有所改变,基础设施等条件会有明显改善,相关扶持政策也有条件从过去的分散施策转变为优化整合施策。同时,"易地搬迁"还会带来融入迁入地乡村振兴或城镇化发展的机遇。这些空间格局与发展环境的改善和机遇,不仅是消除贫困、阻断贫困根源的重要条件,而且有助于高起点解决贫困问题,实现更高水平和可持续的减贫与发展。

3."易地搬迁"扶贫有助于高效率配置公共资源

我国农村公共教育与医疗等公共服务水平低下的原因,不仅在于这些公共资源在农村的人均配置水平低,而且在于农村人口分布相对离散而带来的公共资源配置效率低下。以村庄为例,因教育医疗等公共资源的不足和缺乏规模效应,目前全国绝大多数的村庄小学已不复存在,大多搬迁至乡镇和中心村,可相应的人口却没有随之搬迁,这就对教育脱贫产生了不利影响;而绝大多数的村庄医疗站由于医护人员和医疗设施的配备不足,只能维持很低水平的医疗服务。在贫困地区,上述教育与医疗方面的问题就更为突出。解决这些问题,一条途径是增加农村贫困地区教育医疗公共资源的投入,另一条途径就是提高教育医疗等公共资源的配置效率。通过贫困地区人口的"易地搬迁"和相对集聚,公共资源对集聚人口的有效匹配,就能优化教育和医疗等公共资源的配置结构,提高贫困群体教育医疗等公共服务的效率。

4."易地搬迁"扶贫有助于高强度转换产业格局

"易地搬迁"所带来的空间区位的改善和人口的相对集聚,有助于市场的形成和商贸业态的发展;公共服务和基础设施的改善,有助于投资环境的改善和人才的引入;而与迁入地的融合,则有助于衔接乡村振兴和城镇化,实现区域产业的重组与传统产业的转型。事实上,成功的"易地搬迁",能够从新起点、高起点规划新区域发展蓝图,拓展产业发展空间,高强度转换产业发展格局,从而为搬迁人口提供更多的就业与创业机会。

总之,必须转变"易地搬迁"扶贫在新阶段的战略定位,通过贫困人口的易地空间转换,优化公共资源和生产要素配置,高起点解决贫困问题,高效率配置公共资源,高强度转换产业格局,阻断搬迁人口贫困根源,从根本上摆脱贫困,走上持续减贫和脱贫发展的道路。

三、新阶段我国"易地搬迁"扶贫应把握的五个关键

1.高度重视规划谋划先行

新阶段"易地搬迁"扶贫的发展规划既要有前瞻性,又要有可操作性,既要考虑迁出地因人口迁出后的资源重组、生态修复、政策调整以及相关制度的安排,又要考虑迁入地因人口迁入后的资源利用、产业发展、乡村振兴、城镇化进程、公共服务配套、新社区建构等方面的问题,而且两者要有机衔接,体现"挪穷窝"与"换穷业"并举,扶贫脱贫与发展致富联动,真正实现"搬得出、稳得住、能致富"的目标。

2.高度重视利益权益保障

对于搬迁农民来说,利益不受损、权益有保障是"搬得出"和"稳得住"的关键。我国农村集体经济与产权制度正在改革深化过程中,还没有完全定型,以致农民的利益表达和权益保障仍存在一定的不确定性。从"易地搬迁"人口看,他们的利益权益保障,既与权益制度有关,也与政府扶贫与搬迁政策有关,因此,除了相关扶贫政策保持稳定外,科学测度搬迁农户收支与损益变化很重要,可以考虑以机会成本测算方式为基础制定搬迁补偿政策。从权益制度看,当前关键是在"三权分置"架构下,继续深化农村集体经济与产权制度改革,处理好搬迁农户土地承包经营权、宅基地使用权以及集体经济其他资源产权和经营收益等权益关系,基本思路是在确权颁证和可交易的基础上,通过置换、租赁、入股、委托、保留等途径,保障与实现搬迁农户的权益和利益。

3.高度重视经济社会融入

经济社会融入是"易地搬迁"人口能否"稳得住"、是否"能致富"的关键。主要与产业发展融入和新社区融入有关,具体还涉及两个层面的相容性,一是对于整体搬迁的情况,贫困人口和非贫困人口能否相融,需要

具体搬迁政策的协调。二是搬迁人口与原住人口的相融性,涉及经济和社会两个层面的融入。就经济融入而言,重点是做好产业培育和就业扶持,使新迁入的劳动力既有多种就业机会,又有较强就业能力。对于小农和弱劳动力,应通过产业组织化和服务体系建构,将他们有机融入产业发展。就社会融入而言,一方面从迁入者自身调适着手,主要通过外界帮助疏导和自身心理、行为调适,逐步融入新环境。另一方面是从新社区制度环境改善着手,重点应着眼于多元文化包容氛围的营造,公共服务共享体系的建构,社区治理参与机制的建立。

4. 高度重视公共服务效率

公共服务主要指与公共教育、医疗、交通、通信等有关的服务供给。公平性保障是公共服务的基本原则,同时,大多数公共服务都具有空间规模效应,服务对象规模过大,会导致有限的公共服务过度拥挤,服务质量和保障程度下降,反之,如果服务对象规模过小,会导致公共服务规模不经济,进而服务效率降低。我国农村公共服务不仅存在城乡不平等的问题,同时也存在规模不经济所导致的效率低下问题。据调查,贫困地区的搬迁户,其利益诉求大多集中在养老、就业、医疗以及子女教育等保障方面,但对这些公共服务的效率及其重要性缺乏认知和关注。而地方政府主观上都很重视农民公共保障问题的解决,但往往是心有余而力不足,以至于对公共服务与保障效率的认识和重视度,也显得不够。因此,对于搬迁农户,建立与完善养老保险、最低生活保障、新型合作医疗保险、义务教育推进等制度是首位的,但对于政府来说,不仅应重视公共保障制度的建设与完善,还必须重视公共保障资源的有效配置,以实现公共保障公平性基础上的效率提升。

5. 高度重视因地制宜推进

我国"易地搬迁"的类型多,安置方式也多种多样,说明"易地搬迁"不宜简单照搬他人做法,应该从自身实际出发,因地制宜推进。"易地搬迁"包含两层含义,一是迁出地是适宜人口迁出的,二是迁入地是适宜人口迁入的。适宜人口迁出的地区,就是"一方水土养不起一方人口"的地区,其含义政府文件已有说明,本文不再赘述。适宜人口迁入的地区选择则影响因素较多,主要涉及四个重要考量,一是区位空间考量。迁出地如果距离城镇较近,应尽可能直接迁入城镇,以发挥城镇化带动效应,反之,融入行政村或中心村比较适宜。二是产业特性考量。搬迁区域产业已经或者能够形成规模园区和集群发展的,适宜贴近搬迁;而有些地区,如西藏、青海、内蒙古等以放牧业为主,人口居住比较分散,应鼓励就地搬迁,人口相对集聚,以既不影响放牧产业发展,又有利于相关休闲服务业发展和公共服务效率提高。三是发展容量考量。要评估迁入地发展条件,比如产业对就业的容纳能力,土地资源与生态环境的承载能力,公共服务的发展潜力等,避免原住民与新居民在资源利用上的冲突。四是文化传统的考量。我国许多贫困地区是少数民族地区,具有自身独特的宗教文化、传统习俗,对他们的搬迁地选择,除了考虑区位空间、产业特性、发展容量等因素外,还需要考虑宗教文化、传统习俗与迁入地的可相融性,避免文化冲突和社会不稳定。

率先突破发展不平衡不充分问题[①]

2020 年 3 月底,习近平总书记对浙江进行了考察,其间,针对我国发展的不平衡不充分问题,习近平总书记希望浙江能够率先突破。发展不平衡不充分问题是党的十九大报告提出的,报告指出,"我国社会的主要矛盾已经从人民日益增长的物质文化需要同落后的社会生产之间的矛盾,转变为人民日益增长的美好生活需要和不平衡不充分的发展之间的矛盾"。这不仅是对我国经济社会发展进入新阶段的准确判断,也是对新阶段我国经济社会发展面临新矛盾的深刻揭示,意味着突破发展不平衡不充分问题已具有重要的时代意义。

我国社会主要矛盾的判定是基于经济社会供求关系的重大趋势性变化,不是单纯针对经济发展供求关系与矛盾的重大变化,而是针对整体经济与社会发展供求关系与矛盾的重大变化。因此,发展不平衡不充分是相对于经济社会趋势性发展需求和目标的发展不平衡与不充分。发展不平衡不等同于不平衡发展,发展不平衡是不平衡发展的表现。发展不平衡和不充分具有相互联系性,发展不平衡主要源于不平衡的发展思路与体制机制,集中表现为经济社会重大结构的失衡发展及其矛盾;发展不充分主要源于发展不平衡,甚至是不平衡发展的一种代价,集中表现为经济社会某些领域的发展要求还不能被充分满足的状态及其矛盾。

发展不平衡和不充分问题往往体现在多个层面。从显性的视野观察,我国发展不平衡主要表现为城乡发展的不平衡、区域发展的不平衡

---

① 本文作者为黄祖辉。本文内容发表在《咨询研究》(浙江省人民政府咨询委员会主办)2020 年第 16 期,被《浙江日报》2020 年 4 月 13 日转载。

以及工业化、信息化、城市化和农业现代化的发展不平衡,也即"四化"发展的不平衡。而发展不充分问题主要体现在三个方面,一是教育、医疗、养老等民生保障,尤其在农村,还不能充分满足全面小康社会和经济社会转型发展的要求;二是生态环境质量总体上还不能充分满足民众对美好生活向往的要求;三是市场供给还不能充分满足消费者在质量方面的要求。从浙江来看,这些发展不平衡和不充分问题也不同程度有所体现,但相较于整个国家的状况,这些问题在浙江的表现并不是很突出,因此,浙江完全有条件率先突破发展的不平衡和不充分问题。

率先突破发展不平衡不充分问题需要把握四个要点。首先,突破发展不平衡问题要从引致发展不平衡的理念和体制机制入手。其次,突破发展不平衡不充分问题要抓住问题关键,突出重点,找准突破口。再次,突破发展不平衡问题不是追求发展的划一性,而是追求发展的协调性和发展基础上的平衡性。最后,突破经济发展的不平衡不充分问题应该注重效率基础上的均衡,而突破社会发展的不平衡不充分问题应该注重公平基础上的效率。

率先突破发展不平衡不充分问题要以习近平同志为核心的党中央为引领。要系统把握、深入领会习近平新时代中国特色社会主义思想与治国理念,党的十九大关于"农业农村、就业、教育优先发展"的方针,党的十九届四中全会关于"全面贯彻新发展理念","坚持社会主义基本经济制度,充分发挥市场在资源配置中的决定性作用,更好发挥政府作用","建立共建共治共享的社会治理制度"和"统筹城乡的民生保障制度"以及"坚持以供给侧结构性改革为主线,加快建设现代化经济体系"等重要精神,融会贯通地贯彻落实到浙江改革发展与实践中。

率先突破发展不平衡不充分问题要全面贯彻新发展理念和创新体制机制。突破发展不平衡不充分问题的关键是农村,而突破口是全面贯彻新发展理念和创新体制机制。一是全面贯彻经济社会五大新发展理念。破解发展不平衡不充分问题首先要转变发展理念,也就是要坚持创新发展理念,激活发展动力;坚持协调发展理念,解决不平衡问题;坚持绿色发展理念,推进人与自然和谐;坚持开放发展理念,促进区域联动发展;坚持共享发展理念,实现社会公平公正。二是率先建立城乡一体的民生保障制度。发展不平衡不充分的重要制度因素是基本公共保障的城乡二元体制。浙江省目前已基本建立城乡协调的公共保障体系,在突破城乡二元体制上取得了重要进展,接下来应通过增加投入、城乡联通、空间优化等途径,进一步突破城乡居民在最低收入、医疗、养老、基础教育等方面的不平衡与不充分问题,尽快建成城乡一体、水平上乘、共建共享的民生保障制度。三是率先建立政府市场有机结合的体制机制。要按照十九届四中全会关于社会主义基本经济制度的建构思路,"充分发挥市场在资源配置中的决定性作用,更好发挥政府作用",建立"政府有为"与"市场有效"有机结合,行业组织充分发挥作用的现代经济治理体系与机制。为此,必须同步推进政府职能转变、行业组织赋权和产权制度的深化改革,继续推进"激活市场、激活主体、激活要素"三位一体的供给侧结构性改革,不断提升经济发展中的政府效率、市场活力和行业组织能力。四是率先建立生态优先绿色发展的体制机制。要深化习近平总书记"绿水青山就是金山银山"理念践行,强化底线思维、增强发展思维、创新转化思维,在生态环境治理、全域土地整治、"千万工程"提升上继续发力;要进一步做好"绿水青山"转化为"金山银山"文章,创新"绿水青山"养护制度、产权制度、交易制度和绿色发展引导机制、共享机制,加快全域有机更新、乡村价值提升和"诗画浙江"大花园建设,为全国提供生态优先、绿色发展、富民百姓的浙江样板。五是率先建立农业农村优先发展的体制机制。要坚持农业农村优先发展总方针,对"三农"继续多予少取放活,确保资金投入上优先保障、要素配置上优先满足、公共服务上优先安排、干部配备上优先考虑。进一步创新城乡融合发展思路,着力建构城市化带动乡村振兴,城市群与乡村群有机衔接,工业化、信息化、城市化和农业现代化相互协调的体制机制。

深化"绿水青山就是金山银山"理念认识，打造转化窗口①

2020 年是习近平"绿水青山就是金山银山"理念提出十五周年。本文立足当前经济社会发展新阶段，提出浙江深入践行这一理念，着力打造"诗画浙江"大花园，努力在"绿水青山"转化为"金山银山"、生态文明和绿色发展方面成为"重要窗口"的对策建议。

一、新阶段需进一步深化对"绿水青山就是金山银山"理念的认识

2005 年 8 月 15 日，时任浙江省委书记习近平在考察安吉余村时提出了"绿水青山就是金山银山"的理念。党的十九大报告进一步强调，"必须树立和践行绿水青山就是金山银山的理念"。2020 年 3 月 29 日至 4 月 1 日，习近平总书记在浙江考察时再次去了安吉余村，不仅充分肯定了安吉的发展道路，指出"路子选对了就要坚持走下去"，而且再次强调，"经济发展不能以破坏生态为代价，生态本身就是经济，保护生态就是发展生产力"。这一论述深刻阐明了生态效益和经济效益、生态优先和绿色发展之间是互为依存、相互统一的关系，表明善待生态、敬畏生态、保护生态，实质上就是善待和保护人类本身，是绿色发展和高质量发

---

① 本文作者为黄祖辉。本文内容发表在浙江省社科联《浙江社科要报》2020 年第 121 期，并于 2020 年 6 月 22 日获时任浙江省省长袁家军"报告有新意，请发改委阅研"的批示。

展的必然要求,是实现人民美好生活的必由之路。

"绿水青山就是金山银山"理念是习近平新时代中国特色社会主义思想的组成部分,是习近平总书记治国理念的重要体现,不仅体现了生态文明与生态优先的思想,也体现了绿色发展和可持续发展的信念,是新时代中国经济社会转型发展和现代化发展的行动统领。"绿水青山就是金山银山"理念博大精深,具有丰富的内涵。它从本质上涵盖了创新、协调、绿色、开放、共享的新发展理念,坚持这一理念就是坚持新发展理念。"绿水青山"并不单纯是指山水资源,还包括冰天雪地、海浪沙滩、蓝天白云、清新空气、适宜气候等自然生态范畴,是对优良自然生态资源的形象概括。"金山银山",不仅是指自然生态本身的价值,还指自然生态转化成经济与社会的价值。"绿水青山就是金山银山"理念至少具有三个相互关联的科学内涵,一是体现了自然生态的重要性;二是揭示了经济发展与生态保护的统一性;三是指出了生态优势向经济优势转化的可行性与必要性。如果将这一理念做进一步的拓展与引申,那么,不仅优良的自然生态,而且悠久的人文生态也可以转化为"金山银山"。

"绿水青山就是金山银山"理念的精髓可以概况为三大思维。一是底线思维。就是指生态环境不能作为发展的代价,尤其在温饱问题都已经解决的情况下,绝不能以牺牲环境来谋求发展。二是发展思维。即生态环境本身就是财富,是"金山银山",是绿色发展、高质量发展的源泉。在美好生活已成为广大民众普遍追求的新阶段,保护生态、优化环境就是为了实现更好的发展。三是转化思维。"绿水青山就是金山银山"理念内含转化思维。正如习近平总书记曾经指出的,要使"绿水青山"成为"金山银山",关键是要做好"转化"这篇文章,也就是做好将资源生态优势转化为经济社会发展优势的文章,使其真正成为"金山银山"。

二、新阶段打造"绿水青山"转化为"金山银山"窗口的建议

浙江省是"绿水青山就是金山银山"理念发源地,十五年来,浙江始终坚持这一理念不动摇,践行这一理念重实效。进入经济社会发展的新

阶段,浙江要深化践行这一理念,着力打造"诗画浙江"大花园,力争把"绿水青山"做得更美,"金山银山"做得更大,努力在"绿水青山"转化为"金山银山"、生态文明和绿色发展方面成为"重要窗口"。

(一)拓宽"绿水青山"发展视野,做大"绿水青山"业态

1.做好"绿水青山"转化文章

要使"绿水青山"成为"金山银山",一方面要立足"绿水青山"这一资源本底,通过生态产业化方式,做好直接转化这篇文章;另一方面要跳出"绿水青山"资源与空间的局限,通过产业生态化的理念,发挥"绿水青山"溢出效应与带动效应,做好间接转化这篇文章,做大"绿水青山"业态,做优、做强绿色经济,使"绿水青山"产生更大、更好、更优的"金山银山"效应。转化的路径主要有三条:一是政府购买生态养护与服务的转化路径,二是市场交易生态产品与服务的转化路径,三是社会参与的转化路径,如建立生态基金和自愿支付绿色消费等。

2.发展"绿水青山"两类产业

一类是"绿水青山"的内生性产业。这类产业内生于"绿水青山",是以"绿水青山"为本底的产业或经济活动,如生态农业、生态旅游、生态养生等产业。另一类是"绿水青山"的外生性产业。这类产业外生于"绿水青山",但与"绿水青山"是紧密关联的产业,如相关的服务业、物流业、地产业、金融业和田园生态城镇的发展等。要做大做强"绿水青山"业态,发展"绿水青山"外生性产业极为重要。

3.活化"绿水青山"经营理念

生态产业化和产业生态化是活化"绿水青山"的一种理念。由于"绿水青山"难以移动,因此,将"绿水青山"从"产地"市场转变为"销地"市场,也是一种"绿水青山"的经营理念。而通过生态认证、地理标志认证、碳汇交易等制度转化"绿水青山"价值,又是一种"绿水青山"的经营理念。此外,将生态化、绿色化与品牌化相结合,提升"绿水青山"附加值以及倡导绿色消费,都是活化"绿水青山"的经营理念。

(二)创新"绿水青山"转化制度,激活绿色发展新动能

1. 创新"绿水青山"养护制度

建立合理性、多元化、多渠道、差异化的资源生态养护与补偿体系。创新政府资源生态养护补偿的支付方式,增强产业扶持型、技术支持型和人才培训型的转移支付。同时,高度重视社会组织和个人在资源生态养护和补偿体系中的作用。建立碳基金制度和绿色消费支付基金,将筹集的资金用于各类资源生态养护的补偿和支持绿色产业与技术的发展。形成补偿养护、规制养护、赋权养护相互协调的生态养护制度。

2. 创新"绿水青山"产权制度

进一步深化农村土地和林权产权制度的改革,探索集体和农民混合所有的产权改革思路。同时,推进其他资源生态产权制度的改革,如"三变"改革、股份合作改革等。对于那些难以或不宜确权到人或户的"绿水青山"资源,可探索分权化和地方化的改革思路,将资源生态产权或配额确权到相应的地方或地方联盟,同时,建立和完善相关资源生态的规章制度,以既防止对资源生态产权主体的侵权行为,又避免产权拥有者和使用者对资源生态产权滥用所导致的负外部性。

3. 创新"绿水青山"交易制度

市场交易制度是"绿水青山"转化成"金山银山"最重要的制度。在解决资源权属和权能的基础上,亟须建立资源生态产权和生态配额的市场交易体系与制度。要在建立和完善各类土地(农地、林地、草地、山地)产权市场交易体系的同时,探索建立其他资源生态产权交易体系和市场,如水权交易体系和市场、碳汇交易体系和市场、森林覆盖率配额交易体系和市场、生态标志认证体系和标志产品交易体系与市场。

4. 创新绿色发展引导机制

应建立与完善多维度的绿色发展激励与约束引导机制,进一步强化生态环境问责制度。将生态环境治理约束、企业进入门槛约束、产业转型升级约束、社会消费行为约束以及绿色发展考核约束这五个方面的约束制度化,形成多方位约束合力与绿色发展激励兼容的体制机制,营造

"绿水青山"持续高效转化与绿色发展的良好环境,以促成企业发展动能转换,追求绿色发展,政府评价导向转换,致力绿色导向,民众消费行为转换,崇尚绿色消费。

5.创新绿色发展共享机制

"绿水青山就是金山银山"理念也是共享发展的理念。因此,不仅要引导、鼓励和支持企业、社会团体和广大民众积极融入"绿水青山"转化与绿色发展的进程,还要建立"绿水青山"转化与绿色发展的"共创、共享、共富"相融机制,使"绿水青山"转化成绿色发展的"金山银山"能为普通民众共享,尤其是能为"绿水青山"区域的普通民众共享。为此,在"绿水青山"转化与绿色发展的过程中,应重视资源生态产权制度与管理制度以及相关政策设计的益贫性和公平性。要用好政府产业政策和公共政策的杠杆,促使绿色发展对普通民众具有包容性。要引导企业和农民合作组织带动小农发展,实现小农户、贫困群体与绿色发展的有机衔接和共富发展。

持续为乡村振兴保驾护航①

实施乡村振兴战略是我国经济社会进入发展新阶段党和国家的重大决策部署,是我国农业农村优先发展方针的总抓手,是破解我国发展不平衡不充分问题的重要突破口。

为了扎实有效地实施乡村振兴战略,党中央和国务院先后做出了相关制度安排,出台了一系列配套性政策举措。在此基础上,国家又制定《乡村振兴促进法》,以确保乡村振兴战略在法治层面得到制度保障和持续性的保驾护航。

《乡村振兴促进法》的出台和实施,不仅会对我国农业农村的优先发展和乡村振兴产生制度支撑和保障作用,而且将对我国农业农村现代化的进程和第二个百年奋斗目标的实现产生极其深远的影响。

1. 充分体现农业农村因地制宜发展需要

《乡村振兴促进法(草案)》内容丰富、触及面广,不仅涉及与乡村振兴有关的指导思想、基本原则、目标任务、振兴领域、路径手段、监督检查等多个维度的方方面面,而且充分体现了习近平新时代中国特色社会主义思想对乡村振兴的引领指导性,凝聚了党中央长期以来对解决我国"三农"问题、加快农业农村发展的一系列重要方针政策和文件精神,并且进行了系统梳理与归纳,上升到了法律的层面。

《乡村振兴促进法(草案)》突出了坚持党对农村工作的全面领导,坚持以人民为中心,坚持人与自然和谐共生,坚持改革创新,坚持因地制宜等;明确了坚持农村土地集体所有制,完善农村集体产权制度,巩固和完善农村基本经营制度,健全乡村治理制度;强调了牢固树立创新、协调、

---

① 本文作者为黄祖辉。本文内容发表在《光明日报》2020 年 8 月 8 日。

绿色、开放、共享的发展理念,走中国特色社会主义乡村振兴道路。

《乡村振兴促进法(草案)》中这些重要表述及其内涵,将使该法在实施时既有明确的指向性、规制性和实践操作性,又能为各地在乡村振兴战略实施过程中提供从实际出发、因地制宜、循序渐进和创新发展的制度空间。

2.合理界定乡村含义和《乡村振兴促进法》适用范围

《乡村振兴促进法(草案)》从中国乡村类型多样并且不断变化的实际出发,对乡村概念做出了切合实际的界定。对乡村概念以及《乡村振兴促进法》适用范围的界定,将使《乡村振兴促进法》在实施中既有具体的针对性,又具有广泛的适用性。这符合我国农业农村发展和乡村振兴的路径方向。问题的破解和乡村的现代化,既要立足乡村,着眼"三农",又要拓宽思路、跳出乡村,将"三农"问题的解决置于整个国民经济社会全局中把握,通过城乡一体发展、城乡融合发展的思路解决好"三农"问题,实现高质量、高效率的乡村振兴和乡村的现代化。

3.明晰各级政府在乡村振兴中的权责分工

《乡村振兴促进法(草案)》的一个重要特点是将乡村振兴和农业农村发展中的重大工作任务及其权责,按照中央和地方层级进行了明晰的分工与安排,不仅使政府主导乡村振兴战略在法律层面得以确认和强化,而且还从治权和治理体系层面明晰了中央和地方的权责。中央对农业农村发展重大事项主要负责基调确定与顶层设计、重大规划与政策法律制定、统筹协调与督察等。各级地方政府主要负责贯彻落实,并且按照地方省、市、县、乡镇的层级权限差别,分工协同承担相应的工作任务与职责。同时,在不违背国家制度安排要求前提下,地方政府和相应主体在贯彻实施过程中也可以因地制宜进行创新突破与优化。

4.体现城乡融合发展对农业农村发展的重要性

我国经济社会发展从城乡关系角度看,已经经历了从城乡分割到城乡统筹,从城乡统筹到城乡融合的发展阶段。城乡融合发展是乡村走向现代化的必然。城乡融合发展意味着城乡要素、产业、市场以及公共服务与保障的融合与一体化发展。基于这样的认识和判断,《乡村振兴促进法(草案)》专设"城乡融合"这一章,从城乡关系、体制机制、战略规划、产业融合、公共体系、要素流动等视角,对城乡融合发展及其指向给出了具体的表述,而且明确了各级政府在城乡融合发展中的相关要求和职责。

5.应既充分体现政府主导性,又体现市场、行业组织和农民主体的作用

《乡村振兴促进法(草案)》总体上比较全面和到位,但仍存在需要补充完善的方面。乡村振兴、农业农村发展不仅要充分发挥政府的主导作用,而且需要充分发挥市场、行业组织和农民主体的作用,以形成政府有为、市场有效、行业有能"三位一体"的经济治理结构和农民主体积极性充分调动的乡村振兴格局。市场、行业组织和农民主体的作用发挥,实际上也要建立在政府作用发挥的基础上,即政府要赋权市场、行业组织和农民主体,同时转变自己的部分职能。党的十八大以来,有关市场在资源配置中的作用、政府和市场的关系已形成完善的表述,即"充分发挥市场在资源配置中的决定性作用,更好发挥政府作用"。

尽管草案在"总则"第七条"促进乡村振兴应当遵循以下基本原则"中分别提及要发挥市场作用和尊重农民主体地位,但在后续章节条目中却没有给出具体条目的进一步表述。为此,可以考虑在"产业发展"一章中增加"国家充分发挥市场在产业发展中的作用"等相关内容,在"组织建设"一章中增加"国家支持农业行业组织发展",在相关章节中增加"国家保障农民财产权利和市场主体权,赋予农民更多财产权利,支持和鼓励乡村治理中的村民自治,并且和法治、德治相结合"等相关内容。

我国发展不平衡不充分
问题与破解思路^①

党的十九大对我国社会主要矛盾的变化做出了新的判断,指出我国社会的主要矛盾已经从人民日益增长的物质文化需要同落后的社会生产之间的矛盾,转变为人民日益增长的美好生活需要和不平衡不充分的发展之间的矛盾。这是对我国经济社会发展进入新阶段的重要判断,是对我国进入新阶段经济社会发展面临主要矛盾的准确揭示,意味着在实现中华民族"两个一百年"奋斗目标的进程中,破解我国经济社会发展不平衡不充分问题具有极其重要的时代意义。

一、社会主要矛盾判定与发展不平衡不充分问题

我国社会主要矛盾的判定总体上是基于经济社会重大供需关系的趋势性变化特征,它不是单纯指经济层面的供求关系与矛盾的重大变化,而是指整个经济与社会发展中的重大供求关系与矛盾的变化。因此,发展不平衡与不充分是相对于经济社会趋势性发展需求和关键性目标而言的发展不平衡与不充分。发展不平衡并不等同于不平衡发展。不平衡发展是发展不平衡的起因,是决策者对发展战略或思路的主观性选择;发展不平衡则往往是不平衡发展的结果和客观表现,也就是经济社会的发展状况不能充分满足一定时期经济社会趋势性发展需求和关键性发展目标的体现。发展不平衡往往与不平衡的发

---

① 本文作者为黄祖辉,于 2020 年 9 月 2 日提交中办。

展理念、制度建构及其资源配置有关。发展不平衡和发展不充分具有相互联系性。发展不平衡主要表现为经济社会存在落差悬殊和失衡明显的发展领域与社会结构；发展不充分与发展不平衡有关，是发展不平衡的具体表现，也可以说是不平衡发展思路与战略的代价体现，发展不充分集中表现在经济社会某些领域的发展明显满足不了广大民众的需求。

从人类社会演进和经济社会矛盾的变化规律看，发展的平衡性和充分性总是相对的，而发展的不平衡性和不充分性则是绝对的。在特定的时期和发展环境中，实施不平衡发展政策或发展战略，常常是解决特定问题或实现特定目标的有效途径。然而，不平衡发展的效率也必然伴随着它的代价，那就是会导致经济社会发展的不平衡和某些领域发展的不充分或滞后。需要指出的是，发展的平衡性或平衡发展，从经济领域看，并不是追求不同产业部门的体量或增速的相等化，而是追求不同产业部门的相互协调性，如产业结构与就业结构的协调性和部门间劳动力边际报酬率的均等性。以我国三次产业发展的状况看，目前仍然存在明显的发展不平衡性。主要体现为第一产业农业在三次产业中处于明显滞后发展的状况。但这种不平衡性并不是指农业与第二、第三产业的比重不等和增速不等。第一产业农业在国民生产总值的比重下降以及增长速度低于第二、第三产业是现代经济社会发展的必然趋势，因此，我国三次产业发展不平衡和不充分问题并不是体现为农业比重低、增速慢，而是体现为国民生产总值中农业产业比重和农业就业比重的不均等。或者说农业劳动力与非农产业劳动力的边际报酬不均等所引致的产业结构和就业结构的不协调性，以及与此相关联的城乡居民收入分配的不协调性，即城乡居民收入差距偏大的问题。这可以从当前我国三次产业的GDP占比和就业比重的关系得到印证。目前，我国三次产业中第一产业占GDP的比重大体为7%，而三次产业中第一产业的劳动力比重大体为22%。这表明，农业的就业比重大大高于农业的GDP比重，进而单位农业劳动力对GDP的贡献率或部门劳动生产率系数仅为0.32（即7%/22%），明显低于非农产业的1.19（即93%/78%）。在这样的产业就业结构下，城乡居民的收入差距势必比较悬殊。很显然，通过非农化和城市化减少农业从业劳动力，使农业劳动力比重与农业GDP比重大体相当,是解决我国三次产业发展不平衡和缩小城乡居民收入差距的重要途径。

二、我国发展不平衡不充分问题的历史与制度成因

发展不平衡和不充分问题在我国具有历史必然性和独特的体制成因。城乡二元体制是 1949 年新中国成立以来作用时间最长、最为典型的不平衡发展的制度安排,分析中国的发展不平衡不充分问题必须剖析这一不平衡发展制度的形成及其对中国发展的影响。众所周知,在新中国成立前,中国经历了长期的战争和社会动荡,一个国家大规模国内战争与抵御外敌入侵战争交错进行且持续长达数十年之久,是历史罕见的。因此,新中国成立之初的经济基础非常薄弱,加之当时国际上两大阵营的持续冷战和中苏友好关系的破裂,新中国的建设和发展面临着极其严峻的挑战。如何在短期内建立国家经济与国防的基础,在当时就成为重中之重,党中央选择了独立自主和自力更生的方针,同时,面对国家财力严重不足的状况,采取了一系列非常规的不平衡发展举措。其中,在基本公共保障方面实施了城乡二元的制度,即国家公共保障覆盖当时 20％的城市人口,80％的农村人口的公共保障国家暂时不予覆盖,然后将有限的公共财政资源优先用于国家的国防建设和重工业发展。通过这样的制度运行,我国在短期内建成了基本完整的国家工业体系,国防上则逐步实现了"两弹一星"的突破,在国际上站稳了脚跟。从这一角度看,不平衡的城乡二元制度对新中国的发展是很有贡献的。不仅如此,在计划经济体制向市场经济体制转型的过程中,我国还呈现了新的城乡双重二元特征,不仅基本公共保障制度具有城乡二元特性,而且要素市场化和居民财产制度也呈现了城乡二元特性,即相对于城市居民的财产和要素市场化程度,农民财产与农村要素的市场化程度相对滞后,以致农民住房、农村土地和劳动力要素的价格被明显低估,形成了低成本的非农化和劳动密集型加工制造业出口导向的竞争优势,这种竞争优势促成了中国改革开放后持续 30 年的经济高增长,其背后仍然离不开城乡二元制度的贡献。然而,城乡二元制度下的发展毕竟是一种不平衡的发

展,是有代价的,它既导致了城乡发展的不平衡和乡村公共保障的不充分,也在很大程度上导致了经济增长的粗放化和资源环境的破坏。针对经济社会不平衡发展所产生的发展不平衡与不充分问题,党中央在发展战略上适时做出了一系列的重大调整,从党的十六大以来先后提出统筹城乡发展和新农村建设方针,到党的十八大提出城乡发展一体化方略,以及十八届三中全会明确指出"城乡二元结构是制约城乡发展一体化的主要障碍",再到党的十九大对社会主要矛盾变化的新判断,提出实施乡村振兴战略,建立健全城乡融合发展体制机制和政策体系等,均体现了党中央在新时期新阶段对解决我国发展不平衡和不充分问题的高度重视。

三、现阶段我国发展不平衡不充分问题体现及其破解

从显性的角度观察,现阶段我国发展不平衡主要表现为城乡发展的不平衡、区域间发展的不平衡、发展数量和质量的不平衡,以及工业化、信息化、城市化和农业现代化发展的不平衡,即"四化"发展的不平衡。发展不充分问题,一是体现在教育、医疗、养老等社会公共保障及其服务领域,尤其在农村,还不能充分满足全面小康社会和经济社会转型发展的要求;二是体现在资源生态环境质量总体上还不能充分满足民众对美好生活向往的需求;三是体现在市场供给还不能充分满足消费者在质量方面的需求。发展不平衡和不充分问题在中国是个普遍现象,但不同地区的体现程度并不相同。就东部相对发达地区来看,相较于中西部地区,这些问题的表现相对不突出,因此,在中央统筹部署下,发达地区应率先破解发展的不平衡不充分问题,为全国其他地区探索路径和提供经验。

1.破解发展不平衡不充分问题需要科学把握四个方面的关键性要点

首先,从解决发展不平衡问题的根源入手,也就是从引致经济社会发展不平衡的体制机制与发展理念入手。其次,经济社会发展的不平衡不充分往往体现在多个层面,既有显性的体现,又有隐性的体现,它们之

间大多存在相互联系性。破解发展不平衡不充分问题要抓住问题的关键,长短结合,突出优先重点,找准突破口。再次,破解发展不平衡不充分问题并不是追求经济社会的结构单元指标的同等性,也不是就平衡关系做"加减法",而是要追求它们之间的相互协调性,在发展中实现平衡发展。最后,破解经济发展的不平衡不充分问题应注重效率基础上的平衡,而破解社会发展的不平衡不充分问题应注重公平基础上的效率。

2.破解发展不平衡不充分问题必须坚持中国特色社会主义发展道路

要系统把握、深入领会习近平新时代中国特色社会主义思想与治国理念,党的十九大关于"农业农村、就业、教育优先发展"的方针;党的十九届四中全会关于"全面贯彻新发展理念","坚持社会主义基本经济制度,充分发挥市场在资源配置中的决定性作用,更好发挥政府作用","建立共建共治共享的社会治理制度和统筹城乡的民生保障制度","坚持以供给侧结构性改革为主线,加快建设现代化经济体系",以及中共中央、国务院"关于新时代加快完善社会主义市场经济体制的意见"等重要文件与精神,并且融会贯通地贯彻落实到改革与发展的实践中。

3.破解发展不平衡不充分问题要在发展理念和体制机制上创新突破

从现实看,城乡发展、区域发展、"四化"发展不平衡的主要短板在农村,公共保障、环境优化、优质供给不充分的表现也主要在农村,因此,破解发展不平衡不充分问题的关键在农村,其突破口是发展理念的转变和相关体制机制的改革深化与创新。一是全面贯彻经济社会发展五大新理念。破解发展不平衡不充分问题,首先要转变发展理念,也就是要坚持创新发展理念,激活发展动力;坚持协调发展理念,解决不平衡问题;坚持绿色发展理念,推进人与自然和谐;坚持开放发展理念,促进区域联动发展;坚持共享发展理念,实现社会公平公正。二是重点破解城乡公共保障不平衡的体制。发展不平衡不充分的重要体制因素是基本公共保障的城乡二元体制。一些发达省份目前已基本建立了城乡互通的公共保障体系,在突破城乡二元体制上取得了进展,接下来应通过增加投入、城乡融合、空间优化等途径,进一步解决城乡居民在最低收入、医疗、养老、基础教育等方面的不平衡与不充分问题，尽快建成城乡一体、水平上乘、共建共享的民生保障制度。三是探索建立政府与市场有机结合的制度。要按照十九届四中全会关于社会主义基本经济制度的建构思路和中共中央、国务院"关于新时代加快完善社会主义市场经济体制的意见"，探索建立"充分发挥市场在资源配置中的决定性作用，更好发挥政府作用"、"政府有为"与"市场有效"有机结合，行业组织充分发挥作用的现代经济治理体系与机制。为此，需同步推进政府职能转变、行业组织赋权和产权制度的改革，深化"激活市场、激活主体、激活要素"三位一体的供给侧结构性改革，进一步提升经济调控中的政府效率、市场活力和行业组织能力。四是建立健全生态优先与绿色发展的制度。要深化习近平总书记"绿水青山就是金山银山"理念的践行，强化底线思维、增强发展思维、创新转化思维，在生态环境治理、产业转型升级上持续发力；要进一步做好"绿水青山"转化为"金山银山"的文章，创新"绿水青山"养护制度、产权制度、交易制度和绿色发展引导机制、共享机制。五是加快建立农业农村优先发展的体制机制。要坚持农业农村优先发展的总方针，对"三农"继续多予少取放活，确保在资金投入上优先保障，在要素配置上优先满足，在公共服务上优先安排，在干部配备上优先考虑。同时，进一步创新城乡融合发展思路，着力建构城市化带动乡村振兴，城市群与乡村群有机衔接，工业化、信息化、城市化和农业现代化相互协调和高质量发展的体制机制。

着力打造乡村振兴齐鲁样板①

十九届五中全会提出,优先发展农业农村,全面推进乡村振兴。打造乡村振兴齐鲁样板,是习近平总书记交给山东的重大政治任务,关系到国家乡村振兴战略的整个进程。乡村振兴齐鲁样板的打造,既要从山东农业农村发展的实际出发,又要依循现代农业农村发展的基本规律和发展趋势,同时要与中国特色社会主义制度的基本特征相契合,并且在实践中不断进行创新。

一、重视城市化带动

城市化带动乡村振兴是以城带乡、城乡融合发展的必然,是新型工农城乡关系的重要体现。在工业化、城市化进程中,城市发展离不开乡村支持;同样,在乡村现代化进程中,乡村发展也离不开城市化的带动。

随着城市化的不断发展,乡村对城市的价值已不单纯体现为向城市提供土地、劳动力等要素与食物的价值,还体现为乡村自然生态和多元文化满足城市居民美好生活需求的价值。前者体现为乡村要素向城市的流动,后者则体现为城市要素向乡村的流动。当前,我国城乡要素的流动特征已从乡村向城市的单向流动为主,向城乡要素双向流动转变,城乡融合发展和一体化发展已愈来愈具有必然性和紧迫性。

现代化进程中,城市带动乡村发展是普遍规律。在我国,乡村发展

---

① 本文作者为黄祖辉。本文内容发表在《大众日报》2020 年 12 月 8 日,并于 2020 年 9 月 18 日获得时任山东省委书记刘家义的批示。

相对滞后是发展不平衡的主要体现,其原因既与城乡二元体制有关,也与城市化对乡村带动不够有关。全面实施乡村振兴战略,既要体现农业农村优先发展方针的贯彻,也要重视城市化对乡村现代化发展的带动。

着力推进以人为核心的城市化进程。我国城市化率按常住人口统计为 60.6%,而按户籍人口计算仅为 44.38%,表明有 2.27 亿农村进城常住人口仅仅实现了职业的转变,而没有实现身份的转变,或者说没有实现市民化。这就要求推进城乡联动改革,城市要深化户籍制度改革,真正做到基本公共服务常住人口全覆盖,农村要深化集体经济与产权制度改革,实现农民权益可携带,助推农村人口迁移城镇和市民化。

着力推进以城带乡和以城兴乡。乡村的产业振兴、生态振兴、文化振兴、人才振兴和组织振兴,既需要着眼乡村的内生驱动,又需要依托城市力量的带动。要通过政府和市场的双重作用,打通城市要素进入乡村的瓶颈,建立城乡融合和共赢的体制机制,使之有效融入乡村五大振兴领域,助推乡村全面振兴。同时,要打通城市居民到乡村旅游、休闲养生的通道,繁荣乡村市场,拉动乡村消费升级和产业转型,实现高质量、高水平、高效率的乡村振兴。

二、优化乡村人口空间

我国城乡人口分布不尽合理问题,不仅与城市化对乡村人口吸纳不足有关,也与乡村人口空间分布过于离散有关,这使得乡村公共服务和基础设施难以有效覆盖,乡村土地资源、劳动力资源和产业难以优化配置,乡村建设和发展难以高效推进。

这种状况的改变,既要通过城市户籍制度和农村产权制度的联动改革来解决,又要通过乡村人口空间布局的优化来解决。要通过系列配套改革,使乡村人口的自然分布向经济分布和市场分布转变。要着力打造生产生活生态一体、公共服务有效覆盖的乡村群,使其与城市群相衔接,实现乡村美化与优化。

实现乡村人口空间布局的优化,必须对乡村进行全域土地治理。乡村全域土地治理不仅关系到农村全域土地与自然资源的优化利用,而且与农村土地制度和农民权益密切相关,涉及农地、宅基地、集体建设用地和其他农村土地资源与生态资源的综合治理。

规划先行。应根据每个村庄的资源与区位特点、人口状况和产业发展情况,进行分类与规划,按照具体类别分别进行特色村保护、中心村和新社区建设、城中村和镇中村改造与搬迁等不同的乡村建设规划。示范带动。人口搬迁和村庄整合这类工作,对农民最具说服力的就是抓实试点、重视示范,着力打造广大农民满意、可操作的示范点,获得农民群众的广泛支持。保障农民利益。要在农村集体产权"三权分置"基本制度架构下,把综合治理后的土地指标、资金和资源,优先用于农业农村发展,并且通过公共服务改进、产业门类拓宽、就业机会增加等途径,做到不仅不让农民吃亏,而且使广大农民群众得益。发挥农民主体作用。乡村人口空间的相对集聚关系农民切身利益,因此应在科学规划、政府支持、示范引领的同时,充分发挥农民主体作用。要不断完善乡村治理体系和机制,高度重视农民意愿和农民参与,力求做到"重大问题程序化、程序问题民主化、民主问题公开化"。

三、加快现代农业发展

乡村产业兴旺和振兴是乡村振兴的重点。山东是我国农业大省,乡村产业振兴潜力很大,同时,山东乡村产业兴旺和振兴对国家农业现代化和乡村产业振兴意义十分重大。

着力推进现代乡村产业体系高效运行。现代乡村产业体系不仅包含一产的农业和农业的"接二连三",还包含与农业关联、与乡村生态和文化相关联的休闲、旅游、康养、文创等产业。现代乡村产业体系的高效运行,首先应建立现代农业的产业体系、生产体系和经营体系。现代农业产业体系是现代乡村产业体系的核心组成,是体现农业一、二、三产融合和全产业链农业的体系。现代农业生产体系是现代农业的基础,包含现代农业的要素投入和科技支撑,同时体现集约化、规模化、循环化、安全化、组织化、信息化、市场化的特征。现代农业的经营体系体现的是家庭经营、合作经营和公司经营的有机结合,以及多元化服务体系、多类型规模经营和产业化经营的相互协同。

现代乡村产业体系的高效运行,还必须重视现代农业与相关产业的融合发展和多功能发展。要坚定生态优先和绿色发展方向,充分发挥山东乡村自然生态优势和独特文化优势,加快生态产业化和产业生态化,做好"绿水青山"转化为"金山银山"的文章。要注重优一产、强二产、活三产,在现代农业发展进程中延长产业链、提升价值链、完善利益链,推进农文旅深度融合,不仅实现产业融合,而且实现产村融合、产城融合和城乡互促共进。

着力推进产业结构与就业结构相互协同。现代化进程中,一产在GDP中比重不断下降直至低于10%是基本规律。并非农业不重要,而是随着经济社会的不断发展,相对于农产品的市场需求与容量,二、三产的市场需求与容量远大于一产,进而二、三产的增长速度也必然快于第一产业。

我国农业占GDP比重已低于10%,目前在7%左右。改革开放40多年来,尽管我国已经向城镇和非农产业转移了近3亿的农业劳动力,但目前仍有20%左右的社会劳动力在从事农业,这些劳动力仅贡献了7%左右的国民生产总值。农业劳动力比重下降速度慢于农业GDP比重下降速度,根本原因在于城乡二元结构体制影响了农村劳动力要素在城乡之间的充分流动。因此,要解决农业比重与农业劳动力比重不协同的问题,进而解决现代农业发展滞后问题,一是彻底破解城乡二元结构体制,继续推进新型城镇化,以进一步吸纳农村劳动力进城就业。应在国家和地方城市群布局架构下,加快包括县城和乡镇在内的小城市的发展,推进农村劳动力的就地就近城镇化和市民化。二是在农业提质增效发展基础上,加快农业的"接二连三"和多功能发展,以推进农业富余劳动力的非农化,进而实现农业农村劳动力份额与农业农村生产总值份额大体相当。

除了在乡村发展农产品加工业和商贸物流业之外,还必须按照底线思维与发展思维相统一、自然生态与人文生态相融合、政府调控与市场运作相协调、产业融合与城乡融合相结合的转化思路,做大做强做优乡村休闲产业,全方位实现乡村价值和"绿水青山就是金山银山"。

着力推进有为政府和有效市场相互协同。政府主导乡村振兴并不意味着政府包办一切,甚至于取代市场,还是要既发挥政府有为作用,又发挥市场有效作用,尤其是市场在资源配置中的决定性作用。

有为政府应该是能充分发挥市场作用的政府,因此在乡村振兴中,政府除了负责管理公共事务,在经济层面发挥顶层设计、规划引领、政策协调、投入撬动、改革推动、示范带动等作用外,对于市场能否发挥有效作用,政府还需推进产权制度和自身职能转变的联动改革,以真正激活市场、激活主体和激活要素。同时,政府在职能转换中还应赋权行业组织,增强行业功能,发挥行业组织在供求协调、行业自律、打破地方行政壁垒、防止区域恶性竞争等方面的作用。

政府在推进乡村产业兴旺和振兴中,应充分发挥市场的决定性作用。在招商引资、新型主体培育或产业项目发展中,要对政府购买、投入、奖励、补贴等优惠政策进行科学评估,防止政府行为替代市场功能、扭曲市场机制和主体行为,并引致恶性竞争、产能过剩、资源浪费和农业经营者过度分化等问题。要统筹兼顾培育新型农业经营主体和扶持小农户,处理好"三农"政策发展效率和利益共享关系,切实解决小农户与现代农业发展有机衔接问题。

四、注重乡村治理有效

"乡风文明、治理有效"是乡村振兴战略"二十字"方针的重要内容。乡风文明建设,就是要传承悠久中华文化,将文化建设与乡村治理有机结合,促进乡村治理有效和实现乡村善治格局。在乡村治理体系建构中,应在全面加强党的领导基础上,高度重视乡村自治与他治、法治与德治的相互关系及其有机结合。

处理好自治和他治的关系。中国特色社会主义制度的一个重要特征,是强有力的政府体系及其治理能力,这是世界上大多数国家所不具备的制度特点。从这次新冠疫情的防控和治理看,我国治理效率比许多国家高得多。但是社会治理不能单纯依靠他治体系,治理体系的现代化应是他治和自治的有机结合。只有他治和自治有机结合,才能既确保社会稳定,又充分发挥社会个体的自主性和参与治理的积极性。在乡村治理中,处理好自治和他治的关系,关键是处理好"自组织"和"他组织"的关系。要清晰并且优化自治与他治的边界,在坚持和完善基层党组织领导的同时,支持、赋权和培育乡村自组织的发展。当前,首先应充分发挥村民委员会在乡村自治中的主体功能和联结政府与村民的桥梁纽带作用。同时,支持和探索多种形式的乡村自治组织发展,如村民互助会——村民自发参与,共担费用,相互帮扶,是实实在在的村民自组织。又如乡村理事会——成员一般是村里退下来的老干部,既有管理经历,又有参与意愿,并且都是义务为村民服务。再如乡村促进会——通常是由有意愿为家乡建设发展和基层治理出谋献力的乡贤组成,他们阅历广、有思想、有能力、有威望,对家乡怀有深厚情感,在乡村治理和发展中能发挥独特的自组织作用。

处理好法治和德治的关系。法治和德治是国家治理体系中两种具有互补性的治理手段和制度架构。法治具有强制性,你不服从就要付出代价,如交通管制中的各类违章治理等。但是,强制性制度存在两个局限性,一是制度实施的成本问题,过高的治理成本会使治理难以实施或持续;二是治理效果的表象性问题,也就是强制性制度约束下的个体行为改变,往往并非出自其内心自觉的变化,一旦放松管制,很容易出现反弹。因此,有效的治理不仅要依靠强制性的制度,而且要发挥非强制性的制度作用,亦即不强制实施也能被遵循的制度的作用。德治就属于这类制度的范畴。

在实践中,德治与文化密切相关。中华文明历史悠久,上下五千年,延续至今没有中断,这表明中华文化不仅博大精深,而且很多元素已深入人心,成为民众的行为规范和准则,这是德治的重要精髓。山东具有非常悠久和深厚的文化传统,可以在乡村治理尤其是德治中发挥重要作用。在乡风文明建设和乡村治理过程中,之所以要把文化建设上升到治理高度,就是要发挥那些不具强制力但也能被遵循和起到行为规范作用的制度功能,如优良的文化传统、健康的乡风习俗和农村中不少约定俗成、积极向上的乡规民约以及从善自律的宗教文化等的作用,使其成为社会治理的缓冲与润滑,并与法治和自治相互结合,形成"三治合一"、治理有效的善治格局。

总之,在乡村振兴中实现社会和社区的有效治理,既要发挥他治作用,也要发挥自治作用。在具体治理过程中,既要发挥强制约束力的制度作用,如法治的作用,又要发挥不具强制约束力的制度作用,如德治的作用,形成他治与自治的有机结合,法治与德治的相互匹配,进而实现乡村治理体系和治理能力的现代化。

五、深化集体经济改革

现阶段,巩固并且不断完善中国农村的基本经营制度,核心是保障并且赋予农民完整的财产权利,使其成为真正的市场主体,同时,还要不断发展壮大农村集体经济,这是乡村振兴战略实施中必须通过改革深化来解决的农村经济社会发展的基础性问题。

解决好这一问题的关键,在于真正找到农村集体公有制的有效实现形式和路径,或者说,在集体公有制的"三权分置"架构下实现市场经济的有效发展。在我国,农村坚持土地等农村资源的集体所有是农村集体经济赖以存在的制度基础,这一制度基础也是多种所有制并存的中国特色社会主义基本经济制度的重要组成。同时,我国目前的农村集体经济,并不单纯是经济性组织,而是集经济与社会功能于一体的组织,具有社区公共性职能。因此,发展壮大农村集体经济既是中国特色社会主义制度的要求,即坚持中国特色社会主义制度和农村基本经济制度的内在要求,又是我国农村现实情况使然。

同时,我国农村集体经济的发展壮大,还必须适应市场经济的发展要求,也就是说,既要与政府更好发挥作用相契合,又要与市场配置资源的决定性作用相契合,这就需要通过农村集体经济制度的深化改革,进一步探索和建构农村集体公有制与市场经济有效运行相结合的制度体系。

改革开放四十多年来,经过不断的实践探索与创新,我国农村已逐步建立了具有中国特色的集体经济与市场经济相互并存的农业经营制度和产权结构。主要是通过农业经营方式和集体产权的不断分解,基本形成了以农村土地(包括农地、林地、宅基地等)所有权、承包权(资格权)、经营权(使用权)的"三权分置"为基本架构,集体所有制性质不变下的农民自主市场经营和权利交易的制度体系。这种经营制度和产权制度的设计与安排，克服了集体所有、集体运营、集体分配融为一体，农民主体性缺失和个体积极性不高的农村集体经济制度的不足，极大调动了广大农民农业生产经营的积极性，很快转变了我国农产品长期供给不足和农民收入增长迟缓的局面。但是，从农村集体经济与农民更好融入市场经济的角度看，"三权分置"的制度设计与安排仍有待进一步加以完善。

从农村集体经济本身看，尽管集体拥有土地、林地、宅基地等集体资源资产的所有权，但却缺乏所有权的收益，以致绝大多数农村集体经济无收入来源或收入微薄，难以发展壮大。从农民角度看，尽管在"三权分置"架构下拥有了土地承包经营权、宅基地资格权和房屋使用权以及集体经济股权，但这些权利的权能仍然不足，难以完全市场化，进而不足以使农民成为产权完整的市场主体，同时，也不足以使市场在农村土地、宅基地以及农民住房等集体资源配置中起决定性作用。这既降低了农村资源的配置效率和市场价值，又使农民在市场竞争中处于不利地位。比如，由于农民的宅基地住房权、土地承包经营权以及集体经济中的股权在市场中难以充分交易，在信贷过程中就会面临资产抵押难和融资难等问题，在城市化进程中就会面临要素空间流动与置换困难等问题。

解决具有中国特色的农村集体经济与农民市场主体共同发展问题，不能通过集体收回农民权利或集体将所有权利都赋予农民的路径来解决，而需要进一步创新农村集体经济的产权制度。

从长远和发展趋势看，要兼顾集体经济发展与农民市场主体发展，可考虑的思路是建立农村资源资产集体与农民共同所有或混合所有的产权制度结构，在此基础上，通过赋予农民更充分更完整的权能和市场交易权，把集体资源资产价值做大，并进行利益划分。如允许农民在市场上交易其拥有的土地承包经营权、宅基地房产权和集体经济股权，同时对交易收益按一定比例在集体和农民之间进行切割，以使集体有相对稳定的收益，并且农民的利益也能增进。要实施这样的农村集体经济制度安排，还需要有两个重要的制度改革配套。一是加快国家基本公共保障制度改革，建立城乡一体和平等的公共保障体系与制度，实现国家公共保障取代农村土地对农民的保障。二是逐步推进农村集体经济组织功能分离改革。建立农村社区"经社"(或称"股社")分离体系,以实现农村集体经济组织的经济功能与社会功能分离,组织封闭性向开放性转变,农民权益从难以交易的身份权向可交易的契约权转变。

以全面小康社会补短板
为抓手推进共同富裕^①

　　我国正在从打赢脱贫攻坚战、全面建成小康社会,迈向共同富裕现代化的征程。实现共同富裕是中国特色社会主义的本质要求,是中国共产党以人民为中心的宗旨体现,是中国改革开放让一部分人先富起来,先富带动后富,实现共同富裕的路径选择,也是人均国民收入达到万元美元以上中等收入水平国家避免进入中等收入陷阱,扩大内需和保持经济持续增长的关键。实现共同富裕不是要搞平均主义,而是仍然要以发展为主线,是在发展中解决贫富不均问题,实现发展基础上的共同富裕。在现阶段的我国,实现共同富裕必须着眼破解发展不平衡不充分的社会主要矛盾,必须与巩固脱贫攻坚成果和全面小康社会补短板紧密结合。正如习近平总书记所指出的,"脱贫摘帽不是终点,而是新生活、新奋斗的起点"。我国总体上已经建成全面小康社会,但仍然存在一些短板,必须加快补上。我国全面小康社会的短板从区域看,重点在农村,尤其是欠发达地区的农村;从领域看,主要体现在"三保障"方面,尤其是教育、医疗的公共保障在农村仍存在明显短板,此外,还体现在我国不少地区的基础设施和生态环境脆弱以及低收入群体量大等方面。我国区域发展不平衡明显,在全面小康社会补短板和贫富差距问题上,地区之间既有共性,又有差异性,但都可以以全面小康社会补短板为抓手,着力解决短板问题,加快实现共同富裕。

　　① 本文作者为黄祖辉。本文内容发表在《咨询研究》(浙江省人民政府咨询委员会主办)2021年第19期。浙江省委书记袁家军和时任浙江省省长郑栅洁分别于4月23日、12日对其做了重要批示。

要按照习近平总书记关于全面小康社会补短板的重要讲话精神,在科学评估各地全面小康短板状况的基础上,对存在的突出短板进行梳理,聚焦突出短板,实施精准补短。要把全面小康社会补短板作为"十四五"建设发展的首要任务,把更多资源用于全面小康社会补短板。不仅制定相关规划,做好顶层设计,采取强有力的针对性措施,而且要发挥中国特色社会主义制度优势,弘扬脱贫攻坚精神,举全社会力量参与全面小康社会补短板,争取到 2025 年基本完成全面小康社会补短板任务,发达地区在全面小康社会补短板和实现共同富裕目标方面要率先推进,为2035 年我国基本实现共同富裕的现代化打下坚实基础和提供示范。

一、以全面小康社会补短板为抓手实现共同富裕的三个着力点

1. 下大决心破解发展不平衡不充分问题

我国全面小康社会的短板问题,本质上是源于经济社会发展的不平衡不充分问题。也就是说,要解决全面小康社会短板问题,实现共同富裕,必须下大决心破解我国发展不平衡不充分问题,而破解发展不平衡不充分问题的关键,在于转换不平衡发展的思路,破解不平衡发展的体制。不平衡发展思路与体制在我国由来已久,集中表现在新中国建设与发展过程中,国家通过相关制度的安排,如中央集中统一的财税制度和城乡二元的社保制度等,将有限资源优先用于关乎当时国家生存与发展的重点领域,如国防与重工业等,以确保在短期内实现特定的发展目标。这种不平衡的发展思路与体制,不仅使基础薄弱的新中国在短期内站稳了脚跟,而且在开放和平的国际环境下,转化成了独特的中国竞争优势,促成了近代中国的快速发展。但是,这种由不平衡发展而实现的快速发展,并不意味着我们可以忽视不平衡发展而带来的发展不平衡不充分问题,尤其从共同富裕现代化目标和当前国际环境的复杂变化态势着眼,我们必须尽快补上因不平衡发展而带来的全面小康社会短板。

一是坚定不移破解城乡基本公共保障不平衡的制度。首先解决城

乡教育医疗公共保障相互融通和并轨问题;其次解决城乡公共保障水平拉齐和中央政府统筹公共保障问题。二是加快建立农业农村优先发展的体制机制。围绕全面推进乡村振兴,重点从城乡资源配置、城市带动乡村、激活要素市场三个方面进行突破。各级财政对农业农村的投入增长不低于财政增长速度,重点向短板明显地区与领域倾斜;进一步强化发达地区对欠发达地区的帮扶力度,实施全面小康社会补短板地区帮扶行动计划。确立以城市群为基础的中小城市优先发展方针,切实加快农业转移人口市民化;继续鼓励城市资本、人才、技术进入乡村,尤其是进入欠发达地区的乡村,并建立与完善相关制度与配套政策。深化农村集体经济与产权制度改革,在进一步赋权农民的基础上,激活主体、激活要素,实现充分体现政府有为、市场有效的农业农村优先发展。

2. 下大决心破解公共服务效率低下问题

破解发展不平衡所带来的全面小康社会在农村公共保障与服务领域的短板问题,实现共同富裕,既要从公平角度着眼,也要从效率角度入手。前者取决于城乡二元制度的破解和城乡平等的公共保障制度建立,后者则取决于教育医疗等公共服务在区域间,尤其是在乡村的覆盖效率,即公共服务在空间上的集聚效率。我国全面小康社会的重要短板,不仅体现在农村居民公共保障水平与城市居民相比要明显低,而且体现在农村公共保障的服务效率不高。其重要的原因在于农村人口,尤其是欠发达地区的农村人口分布过于分散,缺乏集聚效应。超过 50% 的自然村落的常住人口在百人以下,并且大多地处偏僻山区,交通等基础设施很薄弱,致使本身保障水平不高的乡村公共服务难以有效覆盖和惠及分散的农村人口,乡村人口就医难、养老难甚至就学难的问题始终没能得到理想解决。

解决我国全面小康社会短板中的乡村教育、医疗、养老以及水电路和通信等公共服务滞后和效率不高问题,不仅需要尽快建立城乡一体与公平的公共保障制度,而且亟须通过城乡联动发力,使乡村人口由分散的自然分布向相对集聚的经济社会分布转变,以既提高基础设施与产业配置效率,又提高乡村公共保障与服务的覆盖效率。也就是说,除了继续推进以人民为中心、大中小城市协调、基本公共服务常住人口全覆盖和中小城市优先发展的城市化进程,还要对乡村进行全域规划,按照保护特色村、改造城(镇)中(郊)村、减少自然村、重点建设中心村和新社区的思路,通过多种类型的易地搬迁和示范带动,公共政策与产业政策以及农民权益制度的配套,着力进行生产、生活、生态一体,基本公共服务有效覆盖、与城市群有机衔接、宜居、宜业、宜游的美丽乡村群建设,从空间优化视域破解发展不平衡不充分问题,开辟全面小康社会补短板、加快共同富裕的新路径。

3.下大决心破解居民收入差距悬殊问题

我国人均国民生产总值已超过1万美元,经济总量处于世界第二,并且不仅实现了现行标准的脱贫攻坚目标,而且城乡居民人均可支配收入已超过全面小康社会的标准。然而,我国居民收入分配所得不均衡问题仍然很突出,六个方面的指标凸显了这一问题。一是反映收入分配均衡水平的基尼系数过高,持续超过0.4;二是城乡居民收入差距过大,目前仍在2.6∶1左右;三是居民收入中位数明显低于人均收入水平,在80%左右;四是低收入(人均月收入低于2000元)群体占比高,不低于50%;五是国民收入分配中居民收入占比不高,仅占42%左右;六是地区间居民收入差距较大,以省区居民人均收入、城镇居民人均收入和农村居民人均收入三个指标为例,2019年收入最高省份浙江省与收入最低省份甘肃省相比,前者三项指标分别是后者的2.60倍、1.86倍和3.10倍。表明我国居民收入所得差距悬殊问题还是很严重,不仅体现在基尼系数很高,城乡之间和地区之间居民收入差距很大,还体现在低收入群体规模较大,并且主要集中在农村区域,尤其是欠发达的农村区域。

我国居民收入所得的失衡和低收入群体的体量偏大,不仅是我国全面小康社会和共同富裕现代化的重要短板,而且也是我国内需长期不足的根源,是内循环为主的双循环战略必须突破的瓶颈。改革开放以来,我国城乡居民在收入持续增长过程中所凸显的收入差距悬殊问题,根本原因在于长期存在的城乡二元制度惯性,同时也与政府与市场默契配合的制度体系没有形成有关,以致在快速发展中对两种类型的公平与效率关系没能很好地把握,即在公共性的社会领域,公平应优先,但也要注重效率;在非公共性的经济领域,效率应优先,但也要注重公平的关系把握。

破解我国居民收入所得差距悬殊问题,补上全面小康社会这块短板,实现收入分配上的共同富裕,除了下大决心破解城乡二元这一不平衡发展的体制,还需要把教育优先与就业优先的重点面向农村和农民。要以教育优先导向就业优先,以就业优先促进教育优先。通过教育优先对农村人力资源的开发与提升,促进农村劳动力就业创业,尽快适应经济社会的转型发展,成为有竞争力的就业主体。同时,在国家就业优先方针与政策引导下,拓宽与激活农村劳动力的就业方式。通过自主就业、受雇就业、合作就业以及专兼结合等多种就业方式,持续增加低收入群体的就业机会和就业收入,以既缩小城乡之间、地区之间居民收入差距,又提高国民收入初次分配中居民收入的占比。此外,要加大国民收入再分配资源向低收入群体倾斜。应通过政府对国民收入再分配的机制和手段,在不断提高农村居民公共保障水平的同时,重点提高对低收入群体的转移支付收入,既健全社保兜底机制,又不断提高最低收入的标准。

二、关于浙江率先实现共同富裕的四点建议

对于浙江这样的发达省份,实现共同富裕必须以高水平全面小康社会补短板为抓手,既梳理突出短板与问题,制定共富规划,采取具针对性措施,又着力建构实现共同富裕的体制机制,力争率先实现共同富裕的发展,为全国各地区实现共同富裕探路和提供示范。有必要突出四个重点。

1. 突出初次分配效率基础上的公平性

要在做大 GDP 这块"蛋糕"的同时,不断增加居民收入在 GDP 初次分配中的比重。建立和完善就业和最低收入保障制度,并且注重缩小不同群体收入差距,尤其是城乡居民的收入差距。从浙江劳动力就业与增收的方向看,一产农业主要是提高劳动生产率,路径是提高农业发展质量,同时减少农业劳动力数量。富裕农业劳动力继续向二、三产,尤其是通过城乡融合城镇化的加快发展,向劳动密集型的服务业转移。

2.突出再次分配公平基础上的效率性

公共品是国民收入再分配的主要对象,必须坚持公平优先原则,尽快建立城乡一体和平等、对外来人口包容的公共保障制度和服务体系是实现这一目标的前提。同时,要重视公平基础上的效率,实现有效率的公平。为此,对城镇与乡村进行统筹规划,进一步优化浙江省乡村人口分布空间,实现人口相对集聚基础上的教育、医疗、基础设施等公共服务的有效覆盖,应纳入实施共同富裕发展的行动方案。

3.突出先富带后富的制度设计与优化

要既倡导"共建、共享、共富"精神,营造良好的社会帮扶和助弱环境,又建立和完善"一部分人先富,先富带后富、帮后富"的社会再分配机制和体系。如鼓励发展各类社会慈善事业;支持建立社会帮扶救助和志愿者组织;制定公共性或公益救助济困帮扶促进法(条例)和税收、表彰等方面的政策。

4.突出农村集体经济制度的改革深化

农村集体经济组织是很独特的集经济与社会功能于一体的农村社区性组织。要通过农村集体经济制度的改革深化,更好发挥其经济与社会的双重功能,即发挥团结农民、服务农民、协调农民、发展农民、富裕农民的作用,为实现农业发展、农村稳定、农民增收和共同富裕提供基础组织的支撑。

实施乡村建设行动要防止
脱离乡村实际的大拆大建①

2021年2月21日,《中共中央 国务院关于全面推进乡村振兴加快农业农村现代化的意见》发布,这是21世纪以来第18个指导"三农"工作的中央一号文件。作为"十四五"时期全面推进乡村振兴的重点任务,"实施乡村建设行动"是党的十九届五中全会做出的重大战略部署,中央一号文件也在加快推进村庄规划工作、加强乡村公共基础设施建设、实施农村人居环境整治提升五年行动、加快县域内城乡融合发展等方面提出了一系列新举措。

在接受《中国建设报》记者专访时,浙江大学中国农村发展研究院原院长、首席专家黄祖辉表示,目前我国乡村建设存在区域不平衡和发展不充分问题,在"大力实施乡村建设行动"过程中,既要防止脱离乡村实际的大拆大建,又要避免规模集聚效率低下的公共投入。

《中国建设报》记者:中央一号文件专门用一章篇幅对"大力实施乡村建设行动"进行部署,您认为主要有哪些考虑?

黄祖辉:"大力实施乡村建设行动"是全面推进乡村振兴的重要部署,是弥补农业农村发展短板、加快实现农业农村现代化的重要抓手。我国乡村建设自改革开放以来,尤其是实施新农村建设、脱贫攻坚、乡村振兴等重大战略以来,已取得明显进展,广大乡村在基础设施、生态环境、公共服务、居住条件等方面有很大改观,已从贫穷落后的乡村向全面小康社会的乡村转变。但如同我国经济社会发展存在不平衡不充分问

---

① 本文内容是《中国建设报》记者高洋洋对本人就实施乡村建设行动进行的采访,发表在《中国建设报》2021年3月6日。

题、全面小康社会建设存在短板一样,我国的乡村建设也存在区域不平衡和发展不充分的短板问题。总体来说,我国乡村建设目前还比较滞后,不能充分满足乡村现代化和共同富裕的目标要求,这是大力实施乡村建设行动的基本动因。

具体如何大力实施乡村建设行动,中央一号文件已经做了明确安排。首先强调的是要加快推进村庄规划工作,即规划先行,要明确村庄布局分类,立足现有基础,保留乡村特色风貌,同时尊重农民意愿,不搞大拆大建。其次强调要加强乡村公共基础设施建设,把公共基础设施建设的重点放在农村,着力推进往村覆盖、往户延伸,从根本上实现路、水、气、电、网等基础设施和公共服务对乡村、对农村居民的有效覆盖和科学管护。最后还要实施农村人居环境整治提升五年行动,着重对村庄厕所、污水、垃圾进行整治,推进村庄清洁和绿化行动。此外,中央一号文件还特别强调要加快提升农村基本公共服务水平,包括建立城乡公共资源均衡配置机制,强化农村基本公共服务供给县乡村统筹,逐步实现标准统一、制度并轨,着眼于城乡统筹与城乡一体的就业、医保、养老、文化等公共服务建设。

《中国建设报》记者:您对大力实施乡村建设行动有什么建议,或者说今后需要注意些什么?

黄祖辉:大力实施乡村建设行动的意义重大,涉及大量的投资和政府投入,需要重视投资效率和乡村短板的有效补齐。为此,科学规划乡村显得尤为重要,要以全域乡村规划优化乡村建设布局,以乡村建设布局优化引导建设项目投入。我国乡村基础设施和公共服务滞后的原因,不仅体现在建设投入不足,而且也与乡村人口分布过于分散、集聚效应差进而不能被有效覆盖有关。这表明:乡村基础设施和公共服务设施的建设,不仅要重视覆盖面,而且要重视覆盖效率。

基础设施和公共服务不仅具有公共属性,而且存在规模集聚效应。因此,在乡村建设中对类似公共品的建设投入,既要防止脱离乡村实际的大拆大建,又要避免规模集聚效率低下。这意味着,往村覆盖、往户延伸的乡村建设不应该是静态的,而应该是伴随着乡村人口相对集聚、空间布局不断优化的过程。乡村建设一方面要通过乡村基础设施和公共服务的改善来带动和吸引乡村人口的相对集聚与优化布局,另一方面又要通过乡村人口的相对集聚与优化布局来提高乡村基础设施和公共服务建设的效率。这样，乡村建设才能更好实现乡村公共品往村覆盖、往户延伸，同时又提高投资和覆盖延伸的效率。

《中国建设报》记者：您认为大力实施乡村建设行动所需的资金问题该如何妥善解决？

黄祖辉：大力实施乡村建设行动，资金需求量的确很大，大多建设项目又具有公共性，政府支持和投入是首位的。为此，中央一号文件继续把农业农村作为一般公共预算优先保障领域，预算内投资进一步向农业农村倾斜，同时也要求各地区各部门进一步完善涉农资金统筹整合长效机制。同时，该文件还提出支持地方政府发行一般债券和专项债券用于现代农业设施建设和乡村建设行动，支持以市场化方式设立乡村振兴基金，鼓励银行业金融机构建立服务乡村振兴的内设机构，撬动金融资本、社会力量参与，重点支持乡村产业发展。

除此之外，市场化力量参与乡村建设的潜力很大。既可以通过政府财政投入"四两拨千斤"的杠杆引领作用，吸引企业和社会资本参与乡村建设，又可以通过乡村建设中公共资源与资产的产权制度和营运制度的改革，对乡村建设赋权，吸引市场力量投资并营运乡村建设项目。比如，鼓励市场力量在对乡村垃圾分类集中处理与管护的同时，从事再生资源利用与经营；鼓励市场力量在对乡村道路、水网等公共设施投资建设的同时，从事乡村休闲旅游业经营；鼓励市场力量和村集体经济通过股份合作等制度安排，共同进行乡村建设和乡村营运等。

《中国建设报》记者：中央一号文件在"加快县域内城乡融合发展"方面提出了很多政策举措，城乡融合发展对于乡村振兴能起到什么样的作用？

黄祖辉：随着经济社会的发展和城乡居民消费水平的提高以及消费结构的变化，我国城乡关系正在发生深刻变化，城乡要素的流动已经从农村要素向城市流动为主的格局向城乡要素双向流动的格局转变，城乡融合发展势在必行。加快县域内城乡融合发展是城乡融合发展的一个关键层面，是全面推进乡村振兴和乡村建设的重要思路，中央一号文件在这方面提出了很多政策举措，意义重大，不仅对全面推进乡村振兴，而且对拉动内需和实施"内循环"战略,都将产生非常积极的推动作用。

　　加快县域内城乡融合发展十分重要,原因一是乡村振兴离不开城市的带动,乡村振兴要以城市化为引领。这种带动和引领,既包括乡村人口的城市化和市民化需要以城市为载体,又包括乡村振兴需要城市人才、技术和资本的融入,以及乡村价值的实现和市场的繁荣离不开城市居民的需求。二是从空间和体制上看,乡村与县乡镇联系最为紧密,乡村本身就是县域的有机组成部分。加快县域范围内城乡融合发展,不仅有利于在空间上和体制上实质性破解城乡二元体制,而且有利于城乡要素、产业、基础设施与公共服务在空间上实现城乡融合和优化配置,使乡村的振兴与发展能够既立足乡村,又跳出乡村,具有更大的空间和回旋余地。

率先实现新时代浙江省共同富裕的思路与体制机制建构[①]

实现共同富裕是社会主义制度的本质要求。新中国成立 70 多年来,我们党始终将共同富裕视作社会发展的重要课题。进入新时代后,习近平总书记多次强调,要"在经济社会不断发展的基础上,朝着共同富裕方向稳步前进","让老百姓过上好日子"。

改革开放以来,浙江省不仅在经济发展方面走在全国前列,而且在追求共同富裕道路上也取得了不菲成绩。在新的时代,率先推进并实现共同富裕发展,为中国特色社会主义共同富裕道路探好路,是浙江省作为"重要窗口"的应有之义和应时之举。

一、率先实现浙江省共同富裕的核心要义与基本思路

率先实现新时代浙江省共同富裕的核心要义是:新时代的共同富裕是与经济社会现代化相对应的高水平高质量的共同富裕;不是封闭排他的共同富裕,而是开放包容的共同富裕;不是平均主义的均贫富,而是机会均等的共同富裕,是先富带后富的共同富裕,是共创共富、共建共享的共同富裕。

---

① 本文作者为黄祖辉,是本人主持的浙江省哲学社会科学规划重大课题研究报告。课题组成员:顾益康、胡伟斌、钱泽森、叶海键。本报告分别获浙江省委书记袁家军和时任浙江省省长郑栅洁的肯定性批示。此外,涌金策(浙江新闻客户端)、《人民日报》、百度、今日头条、学习强国等分别做了引用报道。截至 2021 年 4 月 29 日,涌金策阅读量达 34.5 万,学习强国阅读量达 1.2 万。

　　率先实现新时代浙江省共同富裕的基本思路是:在经济社会持续发展和做大国民"蛋糕"的同时,加快构建共富发展体制机制,重点突破发展不平衡和不充分矛盾,着力缩小城乡区域发展差距和居民生活水平差距,实现全域基本公共服务均等化和高效覆盖。到 2025 年,相关指标率先达到共同富裕基本要求,2035 年实现共同富裕发展基本现代化。

　　在率先实现新时代浙江省共同富裕发展的过程中,要抓住三大重点。一是共同富裕的重点对象,要重点瞄准农村居民、城市低收入群体和外来农民工群体;二是共同富裕的重点内容,要着重解决收入分配、公共保障、居住环境和文化生活的短板问题;三是共同富裕的重点工作,要抓好"五块板",即"稳底板、扬长板、补短板、创新板、树样板"。"稳底板"就是要固本强基,不断增强风险防控和社会保障能力;"扬长板"就是要强化优势,持续推进经济社会高质量发展;"补短板"就是要消解弱项,着重缩小城乡区域发展差距;"创新板"就是要创新提升,全力推进创新创业和劳动力充分就业;"树样板"就是要创先争优,率先打造现代化共富发展先行示范省。

二、率先实现新时代浙江省共同富裕的对策建议

(一)实施"三个优先"发展,努力补上共同富裕的发展短板

　　一是把握"加快发展地区优先"原则,完善区域协调发展体制机制。重点要打破区划行政壁垒,强化空间溢出效应,引导资源要素向浙江省 26 县加快发展地区流动,突破这些地区资源瓶颈,激活内生发展动力,补上区域发展中的短板。二是把握"农业农村发展优先"原则,健全新型工农城乡融合发展体制机制。要以产业发展和农民增收为重点,加快破除制约要素城乡自由流动、平等交换的制度藩篱,促进新时代城市人才、资金、技术要素的"上山下乡",补齐农业农村发展滞后的短板。三是把握"低收入群体优先"原则,构建缩小居民收入差距体制机制。重点提高城乡低收入人口的创业就业能力,加快提高这一群体的收入水平,同时,加大对低收入群体的权益保护,完善困难群体就业和民生需求的制度保

障,率先推动城乡居民基本养老保险制度和最低生活保障制度并轨改革,由个人、家庭、集体和各级政府按一定比例共同承担参保费用,鼓励有条件的地方先行先试力度。四是协同把握上述"三个优先"原则,做到政策精准覆盖和人群精准覆盖,逐步缩小城乡、区域和阶层三方面的差距。

(二)完善"三次分配"格局,加快缩小居民收入差距

加快建立初次分配、再分配和第三次分配各环节互动互补的分配格局,切实提高低收入群体收入、扩大中等收入群体规模和调节高收入群体收入,促进"橄榄形"收入分配结构的形成。一是重点抓好"初次分配"。建立按劳分配为主体,资本、科技、管理、数字多种要素共同参与的分配机制。加快建立并完善城乡统一的劳动力市场,建立科学的劳动力市场工资指导价位制度,促进劳动生产率提高和劳动报酬同步增长。深化"两进两回",完善农村创新创业支持服务体系,提高农民创新创业能力。要深化农村集体产权制度改革,赋予农民更多财产权利,完善农村各类产权交易市场,拓宽农民多源性收入渠道。二是加快完善"二次分配"。重点要做好城乡社会保障和公共服务均等化,通过税收合理调节过高收入,制定居民最低收入保障递增计划,加大对城乡低收入群体的转移支付,精准做好困难群众的兜底保障。同时要重视"二次分配"公平基础上的效率,实现有效率的公平。要对城镇与乡村进行全域规划,优化乡村人口分布空间,实现人口相对集聚基础上的教育、医疗、基础设施等公共服务的有效覆盖。三是动员激励"三次分配"。要既倡导"共建、共享、共富"精神,充分发挥民政部门、村集体、合作社等公益性或具有公益功能的机构与组织在社会再分配中的作用,营造良好的社会帮扶和助弱环境,又建立和完善"一部分人先富,先富带后富、帮后富"的社会再分配机制和体系。如鼓励发展各类社会慈善事业,支持建立社会帮扶救助和志愿者组织,制定公共性或公益救助济困帮扶促进法(条例)和税收、表彰等方面的政策。

(三)深化"山海协作"工程,加快推进山区跨越式发展

在实现共同富裕的发展中,推进区域协同协调发展特别是加快山区

跨越式发展极为重要。浙江省区域协同协调发展的重点是通过深化"山海协作"工程,进一步加快山区县的发展。一是确立"外生性单向帮扶"向"内生性双向驱动"转变的区域协作新思路。帮助山区县走出"绿水青山就是金山银山"的绿色发展之路,促进山区大力发展生态工业、生态高效农业和生态服务业,借梯登高、借船出海,持续高质量推进区域协作。二是构建"目标共定、任务共担、难题共破、项目共建、成果共享"的区域协作新机制。推进区域协作迈向更深层次、更广领域和更高水平。三是创新"政策导向、要素流向、生态溢向、民心所向"的结对选择新依据。要从各自的资源禀赋和发展需求出发,因地制宜、因势利导进行结对选择力度。四是形成"由经济发展向民生改善延伸"的高质量协作新体系。重点创新制度安排,消除影响区域要素流动和资源配置的行政壁垒,建立全省跨区统筹经济发展体系、公共服务体系和社会治理体系,促进山区与沿海平原区域产业链、创新链、价值链和民生链的协同与优化。

(四)构建"五个一批"体系,推进劳动力高质量充分就业

充分发挥以公有制为主体、多种所有制共同发展的体制机制优势,支持与鼓励劳动者自主就业、受雇就业、合作就业,通过劳动者自主、市场调节和政府引导的机制,以"五个一批"体系构建,推动劳动力高质量充分就业。一是产业发展吸纳一批。要在提高劳动生产率的同时创造更多的就业机会,尤其要兼顾低收入人群的就业需求。合理运用数字化等技术催生更多的新产业、新业态。第三产业是最能容纳就业的领域,要通过县域内城乡融合发展、城市群扩容和乡村休闲产业发展,不断提高第三产业的就业承载容量。二是区域协作帮扶一批。要以山海协作为契机,易地搬迁为抓手,推进区域劳务合作和劳动力区域转移就业。三是自主创业解决一批。要不断完善创新创业支撑服务体系,激发创新创业活力,加大返乡创业等多种形式的农民创业指导和政策扶持力度。四是灵活就业消化一批。要处理好城镇管理与灵活就业的关系,为非正规就业和灵活就业提供一定空间,加强政策引导,保障这部分群体的稳定就业。五是公益岗位兜底一批。要推动部分公共品供给成为新兴服务产业,完善政府购买公共服务,设置公益性岗位,重点照顾困难人员就业。此外,要重视劳动力素质能力的提升。把教育优先与就业优先的重

点面向农村和农民。以教育优先导向就业优先,以就业优先促进教育优先。通过教育优先对农村人力资源的开发与提升,促进农村劳动力高质量充分就业和创业,尽快适应浙江省经济社会的转型发展,成为有竞争力的就业主体。

(五)加快"城乡融合"发展,实现全域基本公共服务均等化

一是加快推进新型城镇化对全面乡村振兴的带动,优化公共资源配置。重点建立县、镇、村三级联动发展机制,要在杭宁温和金义城市群发展的架构下,以加快以县城和中心镇为载体的城乡融合城镇化发展,以新型城镇化为引领打造一批集镇群,以中心村为核心打造一批生产生活生态一体、公共服务有效覆盖、宜居宜业宜游的开放性美丽乡村群。二是加快补齐农村基础设施、公共服务和人居环境建设短板。重点加大农村宽带网络建设投入,推进提速降费;加大对农民数字应用能力专项培训,实现城乡数字建设与服务一体化。要深化"千万工程"建设,使其成为可持续的共同富裕民生工程,不断提升农村社区环境,改善农村居民家庭生活条件,以适应新时代农村生产生活新要求。三是加快构建全域基本公共服务均等化和相融合的制度体系。加快推进城乡基本公共服务标准统一和制度并轨,重点加大对 26 个加快发展县和其他欠发达区域的公共服务建设和转移投入,形成普惠、公平和高效覆盖的城乡基本公共服务体系。要提高公共服务中数据治理与数据服务能力,丰富数字化在公共服务的应用场景,实现城乡联通和定点定向对接,弥补乡村教育、人才、医疗等资源不足。

(六)强化"七位一体"支撑,构筑共同富裕保障系统

要率先实现新时代浙江省共同富裕发展,必须构筑"七位一体"支撑的共同富裕保障系统。一是党的领导支撑的组织保障。共同富裕是党的初心和旗帜,强化党的组织领导、组织保障,是把促进共同富裕的各项政策、改革落到实处的根本政治保障。二是多元投入支撑的建设保障。实现共同富裕需要大量的公共投入,必须坚持政府投入主导,同时发挥市场机制和社会帮扶的作用,形成多元主体投入支撑的共富建设保障。

三是多类人才支撑的智力保障。提高全民教育水平和人文素养,让城乡青少年都学有专长,同时要不断引进优秀人才,形成自身培养与引进人才相结合的人才体系,为共同富裕提供强大的智力保障。四是优势产业支撑的经济保障。实现经济高质量发展是共同富裕不可或缺的经济支撑。浙江要抓住数智时代到来的新机遇,以数字化、智能化全面提升浙江经济的产业新优势,以数字化改革加快产业数字化改造,加快三次产业融合发展,创造共同富裕的更有力的经济保障。五是先进文化支撑的精神保障。弘扬和营造共同富裕的文化理念和文化氛围,形成先富带后富、快富带慢富和富而思进、公平竞争、和谐竞争、良性竞争的和为贵的商业氛围,形成和强化上善若水的共创共富的文化保障。六是基层治理支撑的社会保障。营造德治、自治、法治相融合的基层社会治理体系,促进治理能力现代化,强化基层社区服务功能是共同富裕十分重要的社会保障。七是生态文明支撑的生态保障。牢固树立生态优先理念,使优良的人居环境成为最普遍的民生福祉,良好的生态成为共同富裕的现代化社会所不可缺少的生态保障。

乡村人居环境改善要建立
"四位一体"治理体系①

2003年,时任中共浙江省委书记的习近平同志启动了以整治乡村环境为重点的"千村示范、万村整治"工程(简称"千万工程")。18年来,在"千万工程"实践过程中,浙江探索建立了"四位一体"的制度安排与治理体系,即"党政合一"的科层治理、"智治合一"的精准治理、"调动群众"的柔性治理以及"激励相容"的市场治理。这种"四位一体"的制度设计和安排,充分体现了农村社区公共事务和公共产品治理中的党政领导和群众参与的相互协同、科层制度与市场制度的功能互补、他治与自治的合理匹配、法治与德治的相互融合、科技与治理的有效结合,进而不仅实现了"千万工程"的建设目标和可持续性,而且为农村社区公共品的有效供给和营运管护,提供了既有理论创新,又契合中国特色与实践的治理模式,值得借鉴到我国的乡村建设进程中。

1."党政合一"的科层治理

"千万工程"之所以能一以贯之、一抓到底,关键在于发挥党政合一的垂直治理的制度功能,坚持党管干部,通过一级抓一级、一级管一级、一级带一级,把党管干部的原则落到实处。首先,坚持"一把手"亲自抓。坚持把"千万工程"列为"书记工程",落实"一把手"责任制,建立各级党政主要领导联系一个村制度,形成"五级书记"共抓共管的推进机制。其次,坚持各方协同抓。各级均成立"千万工程"领导小组,建立党委领导、政府负责、职能部门实施、多方共同参与的工作推进机制。此外,坚持分

---

① 本文作者为黄祖辉、胡伟斌,于2021年5月7日获中央农办主任、农业农村部部长唐仁健批示:总结比较理性、系统、深入,可作乡村振兴"总体思路"参考。

级联动抓。建立分级负责制，把"千万工程"纳入党政领导绩效考核，明确省级主抓顶层设计、指导服务、督促落实；市县主抓统筹协调、整合资源、组织实施；镇村主抓落实政策、具体实施、建设管护。

2."智治合一"的精准治理

在"千万工程"实施过程中，针对公共产品管理有规制措施，但规制主体职责不清和不到位的难题，探索了将压实地方责任和数字化、信息化相互匹配的规制办法。其中，2003 年，长兴县在全国率先实行河长制并取得了巨大成效，并于 2017 年开始在全国推广。此后，浙江以河长制为典型的行政责任制的治理方式成为典型方式，先后探索出了道长制、所长制、林长制、田长制等可参照的"简约化"的制度选择与安排，其机制包含行政首长负责制、自上而下行政问责，破解了公共资源规制中的"辖区壁垒"和相互推诿问题。浙江"某长制"的成功还依赖于农业农村领域数字经济"一号工程"的全面推广。开展农业农村管理数据和空间数据上图入库，实现浙江省农业农村信息资源网络化、空间化和可视化，将数字与信息技术同责任制相匹配，实现"智治合一"的精准问责和精准治理。

3."调动群众"的柔性治理

群众参与是做好乡村公共事务和社区公共产品治理不可或缺的力量，既要发动群众、带动群众，更要通过合适的制度安排来激励群众参与，其中德治与自治是关键。2017 年，嘉兴桐乡首创的一种新型基层治理模式——自治、法治、德治"三治融合"，写入了党的十九大报告，以"一约"(村规民约)、"两会"(百姓议事会、乡贤参事会)、"三团"(百姓参政团、道德评判团、百事服务团)为载体，成为新时代"枫桥经验"的精髓和基层社会治理创新的发展方向。一是深化村民自治，以自治消化内在矛盾。充分激发党员群众和社会组织参与乡村治理的活力，建立村民议事会、乡贤促进会等相关自组织，推动实现自我管理、自我监督、自我服务。二是增强法治保障，以法治强化行为规则。引导干部群众形成自觉守法、全民懂法、遇事找法的乡村法治良序。三是激发德治活力，以德治调动群众参与。发挥村规民俗等非正式制度对村民行为的引导，创新"三治"积分制管理，形成"让有德者有所得"的激励机制，用崇德向善的力量,实现乡村有效治理。

4."激励相容"的市场治理

市场机制是最能体现激励与约束相融的制度,不仅能对非公共性领域的资源与要素配置发挥高效率的作用,也可以通过一定制度设计,在公共性领域,尤其是类似乡村社区公共性领域的资源与要素配置,发挥高效率的作用。随着浙江"千万工程"广度和深度的拓展,"美丽乡村"的内涵也不断丰富,浙江积极引入市场激励制度,赋予相关主体(农民、企业)生态资源使用权与经营权,并且通过生态产业化和产业生态化的途径,将社区公共品转化为市场品,打通"绿水青山"向"金山银山"的转化通道,实现从美丽生态到美丽经济,再到美丽生活的"三美融合"。如通过赋权不同经营主体发展再生资源开发利用产业、高效生态农业、民宿休闲度假、乡村文化旅游、健康养生养老等绿色产业与业态,将乡村社区环境设施建设和管护与绿色经济发展紧密结合,激活不同主体对社区环境设施建设和管护的内生动力,既降低了乡村社区环境设施建设与管护的成本,又发展了环境友好型和绿色发展型的产业。

以未来乡村建设
推进共同富裕的建议^①

要实现共同富裕,关键是要补足乡村建设与发展短板。未来乡村建设^②作为浙江省地方上近两年出现的一种乡建新探索,是"千万工程"再深化和美丽乡村建设升级的新体现,也是推动乡村高质量振兴和农村居民高品质生活的新需要。在未来乡村建设中嵌入共创共富机制,这对于加快补足乡村发展短板,推进城乡区域协调发展和推动共同富裕具有重要的理论和现实意义。

一、未来乡村建设的内涵、主线与特征

未来乡村建设是立足于乡村原有资源特色,运用数字化和低碳化等新技术手段,推进乡村"三生"空间和秩序的高效优化,实现城市与乡村相融合、传统与现代相结合、技术与文明相渗透、集体与个体相统一、共创与共富相呼应,使乡村真正成为高品质宜居、宜业、宜游的现代幸福乡村。本质而言,美丽乡村建设的落脚点是"美丽",而未来乡村建设更体现"人本化"、"生态化"和"现代化"核心,落脚点是"幸福",既是人们安居

---

① 本文作者为黄祖辉、胡伟斌、鄢贞。本文内容发表在《咨询研究》(浙江省人民政府咨询委员会主办)2021 年第 26 期。浙江省委书记袁家军、浙江省常务副省长陈金彪分别做了重要批示。农业农村部部长唐仁健也对此报告做了批示。学习强国"之江策"于 2021 年 6 月 12 日做了全文转载(阅读点击量达 30 多万)。

② 地方在实践探索中对这一称谓有所具化和差异,有称"未来村庄"、"乡村未来社区"等。

乐业、增收致富和实现美好生活的幸福,也是人与自然、社会、科技完美融合的幸福。简言之,未来乡村建设是由美丽乡村向幸福乡村的升华,是从追求物的具象向人的体验的升华。

嵌入未来乡村建设的思想主线是城乡融合和共创共富,技术主线是数字化应用和低碳化应用。未来乡村的特征可归纳为"十化",即要素利用的高效化、生态产品的高值化、生产经营的融合化、集体经济的新型化、科技应用的高能化、居民生活的智慧化、乡土文化的创新化、公共服务的均等化、乡村治理的多元化、共创共富的载体化。

二、未来乡村建设应注意的问题

一是未来乡村建设不能千篇一律,而应强调百花齐放。未来乡村建设有别于城市未来社区建设,不能简单预设场景塑模子、摆样子,村庄也不能简单套模子、照样子。要立足村庄的禀赋性、自生性和特色性,扬长补短,寻找符合自身发展需求和历史传承的建设切入点。

二是未来乡村建设不能单村独干,而应强调协同发展。未来乡村建设不能埋头苦干,要以数字技术推动要素跨村域联合、鼓励乡村集群组团式发展,共同打造公共空间,共同完善基础设施,共同整合文旅资源,以共建共治共享提高乡村经济社会发展水平。

三是未来乡村建设不能大拆大建,而应强调有机更新。未来乡村建设既不能搞运动式的大拆大建,也不能蜻蜓点水般地刷墙翻新。未来乡村不是让乡村"去陈出新",而是要"推陈出新",做到乡村传统保护与现代更新之间的有机平衡。

四是未来乡村建设不能盲目推进,而应强调循序推进。数字、低碳等技术的深度应用将使未来乡村建设与运行维保存在较高成本。对于经济发展可持续性较弱的村庄,虽然依靠财政和社会资金能解决前期投入问题,但后期运行维护却易陷入难以为继的困境。要根据村庄类型、资源禀赋、经济水平和可持续发展能力等具体实际,因地制宜和循序推进。

三、未来乡村建设中嵌入共创共富机制的建议

一是以未来乡村建设加快补齐农村公共服务短板。农村公共服务供给不足是城乡发展差距的重要短板。建议以未来乡村建设为契机,加快推进城乡基本公共服务均等化,打造好基础设施、住房、医疗、养老、卫生、教育、文化等公共服务场景。重点任务是加快农村传统基础设施提档升级和新型基础设施建设;建立城乡一体与协同的医疗共同体,推动市县级优质医疗资源向基层医疗机构下沉,完善家庭医生和云诊室制度,实现普通病症就地就诊和疑难杂症急症在线远程医疗服务;统筹县域康养资源,发展普惠性和互助性养老,建立康养联合体,推动机构社区居家养老"互融互通";推进集团化办学和城乡教育共同体建设,推动教育集群化、特色化发展和城乡教育资源的均衡配置。

二是以未来乡村建设加快完善城乡要素对流机制。城乡发展存在差距的主要原因在于,城乡要素市场割裂以及城乡要素交换不对等所导致的城市向农村汲取过多。建议以未来乡村建设为驱动,加快打破"二元对立"和"城市中心、乡村边缘"的传统格局,完善城乡要素自由、平等的对流机制。重点抓手是深化"两进两回",联动乡村各类园区建设,集中打造一批能级高、作用强的双创空间、星创天地、小微创业园,以人才回流为乡村发展引入更多的技术流和资金流。要从创业、居住、公共服务等全套政策支持体系建构出发,不断完善创新创业扶持和激励机制。

三是以未来乡村建设加快推动乡村集群协同发展。乡村形成是人与自然互动演化的结果,毗邻村庄往往存在地域相接、人缘相亲、习俗相近、文化相通、产业相似的特点,但由于行政边界的存在,阻碍了乡村与乡村的要素流通、产业融合和治理协同。建议推进乡村集群化发展,加快运用数字技术破除地理和行政边界效应,形成设施共建、资源共用、产业共兴、文化共融、服务共享、区域共治的格局。如淳安县建立的大下姜乡村振兴联合体,开展产业共兴、品牌共建、环境共保、资源共享等协作,取得了较好的发展成果。临安区太湖源等地在村落景区化发展基础上,积极探索村落集群化协同发展,从资源利用、市场引流、品牌打造等方面

开展一体化运营模式。

四是以未来乡村建设加快促进农村产业提质增效。农村产业发展是未来乡村建设的重头戏,也是实现农民增收致富的主要路径。未来乡村建设所贯穿的数字化和低碳化技术主线,将有效促进农村三次产业高质量融合发展。建议加快顺应消费结构升级,以激活市场、激活主体、激活要素的改革深化,推进农业供给侧结构性改革;以园区化、特色化和科技化,引导农业产业集聚和创新发展;以技术创新不断提高农业生产率;以产业融合发展不断延伸产业链和价值链,提高农产品附加值和竞争力。

五是以未来乡村建设促进集体经济发展和农民增收。发展壮大村级集体经济和促进农民增收是未来乡村建设的重要内容。建议进一步深化农村集体产权制度改革。要瞄准消费空间逆城市化趋势,加快盘活闲置的宅基地、民房、公益性用房等资产。同时深度挖掘和利用好生态资源,做好生态资源转化文章,加快资源资产化、资产股权化、集体与农民股东化进程。要创新乡村经营模式,构建村级集体融资平台,引入社会资本,建立由多元主体投资、专业团队运营、利益机制紧密的村庄经营新模式。要鼓励村集体打破村域界限,通过村企合作、异地开发、多村联营等方式发展新型集体经济,如嘉善县采取"土地＋资金""强村＋弱村"等形式,引导集体经济薄弱村将闲置或低效利用的资源集聚至"飞地"项目,实现抱团发展。未来乡村建设还要强调包容和开放,要充分惠顾低收入农户,鼓励乡村各类经济实体优先吸纳低收入农户就业,以提高乡村公共服务供给为契机,尽可能多设立公益性岗位并优先安排低收入农户,提高低收入农户家庭的工资性收入。

探索增加居民收入的浙江路径①

中国人均国民总收入已经突破 1 万美元。在这个新的阶段，中央强调共同富裕，赋予浙江高质量发展建设共同富裕示范区的重任，可以说意义重大。

仔细剖析人均国民总收入突破 1 万美元背后的数据，就会发现不同区域、不同群体的收入差距很大。一部分人的收入远远高于这个数字，也有大量的人收入低于这个数字。中国拥有全球最大规模的中等收入群体，超过 4 亿人，但计算其占总人口的比例，还不到 30%。理想的"橄榄型"社会结构，中等收入群体要达到总人口的三分之二强，我们离这个水平还很远。浙江的情况总体好于全国，但收入差距仍然显著。

在这种情况下，我们强调共同富裕，很重要的一个出发点就是要避免落入"中等收入陷阱"。浙江高质量发展建设共同富裕示范区，最大的难点恐怕也在解决收入问题。

为什么这么说？共同富裕的重点工作包括多个方面，解决公共保障、居住环境、文化生活等方面的短板问题，虽然也很不容易，但路径相对清晰，方法相对明确；相比之下，收入问题解决起来更加复杂，事关浙江未来发展方式的选择，涉及许多深层结构性矛盾的处理，需要不断深化改革。

一个比较明确的认识是，居民收入增加应当和产业结构的转型升级相适应。这里关键是要大力发展第三产业。在第一、第二产业中，从业者的收入本质上凝聚在实在的产品中。不管是农产品，还是制造业的产

---

① 本文作者为黄祖辉。本文内容发表在《浙江日报》2021 年 5 月 20 日。浙江新闻客户端于 2021 年 5 月 17 日报道此文（阅读量达到 5.5 万以上）。

品,从业者收入增加最终意味着这些产品的成本提高,这就构成了限制。相对于第一、第二产业,服务业尤其是生活性服务业,它的收入需求弹性要大得多,进而收入拉动效应的空间也大。我们常常惊讶于发达国家"理个发这么贵",实际上应该理解为他们服务业发展成熟,从业者收入高。

服务业的发展不仅能为从业者带来增收空间,而且还能减轻第一、第二产业就业压力,促进第一、第二产业转型升级,提高第一、第二产业劳动生产率,进而提高第一、第二产业从业者的收入,形成低收入群体增收和产业结构演进的良性循环。浙江应通过县域内城乡融合发展、城市群扩容和乡村休闲产业发展,推动第三产业在产业结构中的占比继续提升,使之成为增加居民收入、实现共同富裕的一条重要路径。

我们说,共同富裕的重点对象,是农村居民、城市低收入群体和外来农民工群体,补短板也应优先聚焦26县加快发展地区、农业农村和低收入群体。对这些群体和区域而言,核心的问题就是收入问题。围绕增加居民收入和完善收入分配结构,我们要积极探索,努力提出可借鉴、可参考的浙江路径,这也是"示范区"的题中应有之意。

把农民农村作为扎实推进
浙江省共同富裕发展的重点①

习近平总书记最近指出,要扎实推进共同富裕,推动共同富裕需要确保"脚踏实地、久久为功",也需要明确"促进共同富裕,最艰巨最繁重的任务仍然在农村"。浙江省作为国家支持高质量发展建设共同富裕的示范区,尽管整体发展水平和相关指标都表现不错,但是从高质量共同富裕的特征和城乡、区域、阶层三个层面的视角看,在收入分配、基础设施、公共保障、人居环境等方面仍存在不均衡和短板。这些不平衡和短板,从阶层群体看主要是农民,从区域空间看仍然在农村。因此,在扎实推进浙江省高质量共同富裕的进程中,很有必要将农民农村作为建设发展的重点。

一、以"做大蛋糕"、"切好蛋糕"为准则,
处理好公平与效率关系

加快农民农村与浙江全省的共富发展,关键还是要处理好公平与效率的关系。要处理好这一关系,就必须在做大经济发展"蛋糕"的同时,切好"蛋糕"。要切好这块"蛋糕",不仅需处理好政府、企业、居民在浙江省国民收入分配中的比例关系,也需处理好国民收入中居民收入的分配关系。需要明确的是,处理好公平与效率的关系应考虑两者在不同情景

---

① 本文作者为黄祖辉。本文内容发表在《咨询研究》(浙江省人民政府咨询委员会主办)2021 年第 48 期。浙江省委书记袁家军对本文做了批示。

中的优先顺序,基本的原则是:经济发展仍要坚持效率优先,同时重视公平问题;公共保障与公共服务要坚持公平优先,同时注重效率问题。

结合国民收入的三次分配,围绕浙江省农民农村的共同富裕发展,初次分配应致力于"提低"和"扩中"。两者之间,"提低"是基础,"扩中"是目的,也就是说,在做大"蛋糕"的同时,只有不断提高低收入群体的收入,才能有效实现"扩中"的目的。二次分配应注重"扩面"和"提效"。"扩面"就是注重政府公共资源安排中的公平性和广覆盖,"提效"就是重视公共资源配置公平性基础上的效率,如基础设施、公共服务的空间效率,实现公共资源和服务对城乡人口的有效覆盖。三次分配应着重"引导"与"激励"。要在完善国民收入分配制度的过程中,不断完善浙江省社会帮扶制度,营造三次分配良好氛围,引导先富带后富,激励高收入群体帮扶低收入群体。

二、以国家"三个优先"发展方针为支点,加快农业农村优先发展

党在十九大提出的"三个优先"发展方针,即农业农村、教育、就业优先发展的方针,重点还是在"三农"领域。因此,一要加快农业农村优先发展。核心是发挥好"四个优先"的支撑作用。即优先考虑"三农"干部配备,增强"三农"发展领导力;优先满足"三农"发展要素配置,提高"三农"要素配置效率;优先保障"三农"资金投入,实现"三农"政策普惠;优先安排农村公共服务,补上"三农"公共体系短板。二要加快农村教育优先发展。关键是加强农村基础教育和职业教育,争取到 2025 年实现浙江省农村学龄人口高中与职业教育普及率达到 80% 以上。另外,要不断优化乡村教育空间布局,发挥互联网功能,推进城市优质教育资源向农村不断扩容,实现城乡教育资源共享。三要充分体现农村劳动力的就业优先。要完善城乡劳动力要素市场和用工制度,拓宽就业渠道,鼓励广大农民创新创业,以自主就业、受雇就业、合作就业、兼职就业等形态,实现充分就业和初次分配就业增收。

三、以新型城镇化"三个带动"为牵引， 推进农民农村共富发展

一是供给带动。在农民农村共富发展进程中，城市对农村供给带动的重要性，已不仅体现在城市对农村居民生活用品等物品的供给，而且更应体现在城市优质要素，如人才、技术、资本等要素对农村的供给带动。因此，要扎实推进"两进两回"，以形成城市要素与乡村要素的优势互补、城乡融合互利共赢和农民农村共富发展的新格局。二是需求带动。浙江省已处在城乡融合发展的新阶段，随着城市化的不断发展，城市对乡村的需求已从土地、劳动力、农产品为主的需求，扩展到对乡村生态、历史文化以及乡村民宿、休闲与康养等方面的需求。这种需求的实现路径并不是通过乡村要素与物品进城的路径来实现，而是通过城市居民进乡的路径来实现。因此，要把握城市对乡村需求变化的新特点及其对乡村价值提升和多维度发展所带来的新机遇，强化城乡融合发展对农民农村共富发展的牵引带动，促进乡村资源要素的就地转化和乡村产业兴旺、市场繁荣和农民就业空间的不断拓展。三是空间带动。在农民农村的共同富裕发展进程中，要高度重视国民财富初次、再次和三次分配在空间上的配置效率。不仅充分发挥城镇空间对农村人口非农化、市民化和现代化的承载功能，推进农村人口向城镇，尤其是中小城市和乡镇的集聚与共富发展，而且要重视乡村人口在乡村空间相对集聚的城镇化效应。要通过浙江省乡村全域土地的整治和村庄的分类规划，改变乡村人口分布过于分散的状况，不断优化乡村村落、基础设施和公共服务的空间布局，有效推动城市优质公共服务向乡村延伸、农户搬迁与新型城镇化衔接，使广大乡村成为"三生融合"、公共服务有效覆盖，宜居、宜业、宜游，并且与城市群有机衔接、共富发展的乡村群。

我国数字乡村建设与发展挑战①

　　数字是信息的基本单元,是人类社会赖以生存与发展的基本元素。人类社会从来没有像今天这样看重数字的价值,不是仅仅看重数字是经济社会发展的重要指标,而是看重数字技术、数字革命、数字运用对人类社会的变革性影响及其价值。当今世界,人类正在经历两个重大的技术革命,一是生物技术革命,二是与数字有关的信息技术革命。平凡枯燥的数字,由于信息技术的革命,其功能和价值变得无与伦比。在数字化的时代,谁忽视它、远离它,谁就会被淘汰,谁重视它、适应它,并且利用它,谁就有可能获得超常规发展,就有可能勇立时代发展潮流。

　　数字乡村伴随着网络化、信息化和数字化在农业农村经济社会发展中的应用,以及农民现代信息技能的提高而内生的农业农村现代化发展和转型进程,它既是乡村振兴的战略方向,也是建设数字中国的重要内容。数字乡村就是乡村发展的数字化,或者说,就是通过现代信息技术和大数据、互联网、智能化、区块链等手段的集成,对乡村经济社会的运行和发展进行赋能和重塑的过程。数字乡村也是乡村对数字革命的适应过程,是乡村对数字技术、数字业态的应用和创新的过程。

　　数字乡村建设与发展的功效至少可以体现在四个方面的"改变"。一是时空关系的改变。网络化、信息化和数字化一旦融入乡村的方方面面,乡村的时空关系就会发生深刻变化,乡村的物理时空性将呈现网络时空性的特点,传统乡村的信息壁垒将被突破,区位偏远的劣势将得到缓解。这种时空关系变化对于城乡关系的疏通和融合、乡村自然生态与

---

　　① 本文作者为黄祖辉。本文内容发表在《半月谈》2022 年第 4 期。《半月谈》新华社客户端于 2022 年 2 月 28 日同步刊发,截至 2022 年 3 月 13 日浏览量达 121.4 万。

人文生态价值的更好展现与实现,均具有积极的意义。二是交互方式的改变。网络化、信息化和数字化在乡村的普及,使得乡村信息运行与传递变得快速便捷。在这种情境下,乡村日常人际交往活动、各类经营主体产品营销与物流、百姓消费品选择与购买等经济社会活动,既可以在线下进行,也可以在线上进行,这大大增强了乡村人际交互方式的选择性和信息的流动性。三是要素组合的改变。在数字化时代,数字已不单纯是一种符号或度量单位,而是一种新的生产要素,这种要素一旦与其他要素,如土地、劳动力、资本、技术、制度等要素匹配,就会改变要素组合结构,形成数字生产率。加快数字乡村发展从这一意义上讲,就是要通过数字化进程,优化乡村要素组合,就是要实现数字化对其他要素的赋能,以信息流带动资金流、技术流、人才流、物资流,激活乡村各种要素,提高乡村经济社会运行的质量与效率。四是治理方式的改变。很显然,将数字化融入乡村的治理体系,有助于乡村治理从经验式治理转向精准化治理,从少数人参与的治理向多数人参与的治理转变,有助于促进乡村治理中自治、法治和德治的"三治合一",进而提高乡村治理的效率。

我国数字乡村发展得到了国家的高度重视。2019 年 5 月 16 日,中共中央办公厅、国务院办公厅发布了《数字乡村发展战略纲要》,同时,结合国家"十四五"规划目标和任务,国家有关部委还联合制定了《数字乡村发展行动计划(2022—2025 年)》。随着国家数字乡村战略和数字乡村发展行动计划的实施,我国数字乡村的发展取得了明显进展。比较显著的标志,一是乡村信息基础设施建设不断加强与完善。主要体现在电信基础设施全面升级,新一代互联网技术得到普遍应用,并且基本覆盖行政村。同时,农业农村大数据平台建设已见成效,已形成以重点农产品单品种全产业链数据采集、分析、发布和服务为主线的全链条数据应用体系。二是数字技术与农业农村经济深度融合。覆盖三次产业的数字乡村产业、电商农业、智慧农业等新业态呈现良好发展势头。三是乡村治理数字化水平明显提升。基本建成了"互联网+政务"、"互联网+党建"以及平安乡村、智慧乡村等数字化信息平台与体系,这些平台和体系在疫情防控、基层党建、"三资"管理、村庄治理中发挥了重要作用。四是乡村信息服务与共享更加完善。信息进村入户工程取得显著成效,表现在乡村就业、社保、医疗、科教等各类惠农服务网点越来越普及;普惠金融服务站基本实现乡村全覆盖;农产品线上产销对接服务以及网络扶贫、网上法律咨询等服务都取得了明显成效。进一步推进数字乡村的建设与发展,还需要关注以下三个方面的重点。

1. 数字乡村建设要着眼未来乡村发展愿景

未来乡村是全面振兴的乡村,是充分体现乡村资源生态特色,同时嵌入数字化、生态化和集成化等新技术元素,彰显乡村"三生融合"独特功能,宜居、宜业、宜游,共同富裕的美丽乡村和幸福乡村。因此,数字乡村并不是单纯地追求乡村的数字化水平,而是要通过数字技术、数字平台、数字网络等数字化功能的发挥,促成乡村振兴和未来乡村建设进程中的产业发展兴旺、生态环境宜居、文明乡风包容、公共服务高效、乡村治理有效、城乡关系融合、居民生活富足的目标实现。

2. 数字乡村建设要应对乡村数字化新挑战

数字化尽管在改变乡村时空关系、人际交互方式、生产要素组合、乡村治理方式等方面有许多功效,但乡村的数字化进程也面临着一系列需要应对的新挑战和新关系。

一是数字赋能与数字适应的关系。数字赋能是数字化产生功效的源泉,但这种赋能能否转化为功效,还与赋能对象对数字化的适应能力有关。我国乡村数字化赋能的终极对象是文化层次低且类型分化明显的农民,他们存在着比较普遍的数字不适应所导致的数字鸿沟问题。因此,在数字乡村建设中,一方面要不断提高农民对数字化的适应能力,另一方面也要重视数字赋能的有效性,把握数字赋能与农民数字适应的平衡点与协同点。

二是数字排他与数字共享的关系。数字(数据、信息)这一要素及其转化品,既具有私人属性,又具有公共属性,前者具有排他性,后者则具有共享性。如何在数字乡村建设中处理数字排他性和共享性的关系,首先要清晰不同数字(数据、信息)在提供、加工、应用、消费过程中的属性特征、主体特征及其确认依据。其次,要从技术与制度层面入手,处理数字排他性与共享性关系,以既防止数字(数据、信息)的侵权使用,又防止数字(数据、信息)的过度垄断。

　　三是数字资本与社会资本的关系。与社会资本依存于关系社会的基本特性不同,数字资本具有明显的依存信息社会的特点,两者既有联系性又有差异性。联系性是两者的资本价值形成都与社会交互关系的利用有关,差异性是社会资本的形成更偏向于人情关系网络,而数字资本的形成更偏向于数字关系网络。中国社会是典型的关系社会,乡村尤为如此。许多村庄矛盾的解决和事情的办成,常常需要依靠社会资本的力量,单纯依靠数字关系网络的社会资本在这时候往往不具备优势,这是因为数字尽管可以智能化、快捷化,但往往难以人格化和人情化,因此,在数字乡村的建设中,尤其是数字治理的过程中,如何既发挥数字资本的功效,又发挥社会资本的功能,实现数字化与人格化的相互兼容,极为重要。

　　四是数字带动与数字替代的关系。在数字乡村建设的过程中,还需要关注数字化对乡村经济社会活动的带动与替代关系及其影响。简言之,就是要分析线上运行与线下运行的关系及其影响。总体上看,数字化对乡村社区公共事务管控与群众参与具有比较明显的带动效应,但对关联性事务线下运行的替代效率并不明显,明显的标志是数字化没有减轻基层干部与员工的工作繁忙程度。这意味着,乡村社区公共事务管理的数字化还需要与基层政府的职能转变和机构改革相结合,才能真正实现数字化的效率。从数字化对农业生产与流通以及居民消费的带动与替代关系看,总体上是生产领域的线上对线下的带动性比较明显,而流通和消费领域则是线上对线下的替代性比较明显。需要对数字化在农产品流通和消费领域所产生的线上对线下的替代效应做具体分析,基本的判别思路是,要对线上运行的效应与线下运行的效应进行比较,要将替代成本引入分析框架,避免线上替代所引致的线下业态萧条、就业压力及其连锁反应的不利影响。

　　3.数字乡村建设要营造良好数字生态环境

　　应对数字乡村建设所面临的新挑战,需要建构和营造良好的数字生态环境。良好的数字生态环境包括数字化的硬环境和软环境两个层面,它的主要特征为:一是建成布局完善、功能齐全、业态多样、高效运行的数字基础设施体系、数字网络平台和数字营运与管控体系。二是形成数字共享与保护、数字市场与规制、数字赋能与适应、数字带动与替代、数字技术与创新、数字人才与结构、数字文化与认同、数字服务与需求以及数字治理智能化与人格化相互匹配、互为促进、良性循环的数字化格局。围绕良好数字生态环境的特征要求,当前我国数字乡村建设的重点,一是贯彻落实国家《数字乡村发展战略纲要》和《数字乡村发展行动计划(2022—2025年)》精神,抓紧制定各地数字乡村建设与发展规划,以科学的规划引领数字乡村的建设与发展。二是在规划基础上,继续强化对数字乡村信息基础设施的建设,优化数字信息网点、互联网平台和乡村数字化产业的布局。三是建立和完善数字产权与保护法(或条例),激活数字生产力,规范数字交易市场,提高数字共享水平。四是加快乡村数字人才培养和数字应用技术的普及,不断增强广大农民的数字适应能力,加快广大农民融入数字乡村建设和发展的进程。

提高浙江省蔬菜"菜篮子"工程质量及数字化应急保供能力[①]

党中央在 2022 年的中央一号文件中指出,从容应对百年变局和世纪疫情,推动经济社会平稳健康发展,必须着眼国家重大战略需要,稳住农业基本盘,保障重要农产品的有效供给。对于 14 亿多人口的中国,重要农产品是指与居民日常生活密切相关的农产品,主要包括粮食、畜禽和蔬菜三个大类的农产品。在进入全面小康社会、共同富裕发展的新阶段,重要农产品的有效供给不仅应是正常年景下的状态,而且也应是应急时期下的状态。作为三分天下居其一的重要农产品,蔬菜的占地面积仅次于粮食,且消费要求高,其有效供给对于城乡居民,尤其是对城市居民,尤为重要。稳定大中城市常年菜地保有量,大力推进北方设施蔬菜、南菜北运基地建设,提高蔬菜"菜篮子"工程质量和数字化应急保供能力,已极具紧迫性。

以上海这一国际大都市为例,近期疫情已引致上海食材尤其是蔬菜应急保供问题凸显。大部分市民隔离期间主要任务是在各类 APP 上抢菜,大葱 20 元一根,包心菜 36 元一斤,很多居民反映:不是吃不饱饭,而是吃不上菜。上海市政府启动了一系列的"菜篮子"保供机制,但效果并不明显。此外,长春、西安、深圳等疫情集中爆发的地区,也不同程度地出现了买菜难、菜价翻倍的情况。尽管新冠肺炎疫情已经延续近 3 年的时间,但各重要省份的"菜篮子"工程在关键时刻仍然爆发出一些问题,给居民的生活和社会安定带来了隐患。

[①]　本文作者为黄祖辉、曲江,于 2022 年 4 月 8 日报浙江省委书记袁家军并获重要批复。

杭州宋小菜网络科技有限公司(以下简称宋小菜)工作人员反馈,受产地和销地疫情、低温寒潮天气影响,今年3月,杭州整体蔬菜价格高位运行,每斤批零均价3.3元,对比2月上涨26%,对比去年同期上涨14%。3月9日以来,杭州仁和区域疫情对勾庄价格行情产生较大影响。整体批发价格上升10%左右,其中茄果瓜、椒类涨幅较大。由于整体控制较快,外省菜供浙江省的情况没有太大断档,杭州区域价格经过短期波动后,渐趋平稳。3月23日开始,上海爆发重大疫情,连带嘉兴区域疫情,各个一批、二批逐步封控,货源进出受限;25日开始,上海、嘉兴区域采购商,都到杭州大宗采货、扫货,拉高了叶菜和根茎类价格;28日,传导到绍兴、嘉兴、江苏区域等周边二批采购商,到勾庄夜市抢购;29日,杭州蔬菜批零价格暴涨4元每斤,涨幅超过20%,创今年单日最高批零价和最大涨幅。80多个品类、21个涨幅超过20%。黄瓜、丝瓜、西葫芦、大娃娃菜、茄子等涨幅超过30%。3月30日,杭州良渚蔬菜批发交易市场发现新冠病毒感染者,市场封控,大量品类无法正常出货,供求关系进一步失衡(具体变动见图1)。

品类	当日斤价	昨日斤价	近7日斤价	vs昨日涨额	vs昨日涨幅	vs近7日涨额	vs近7日涨幅
白萝卜	1.8	1.2	1.3	0.6	44.8%	0.5	33.7%
大娃娃菜	3.0	2.1	2.3	0.9	40.6%	0.7	31.5%
丝瓜	6.5	4.7	4.9	1.9	39.8%	1.6	33.4%
黄瓜	5.8	4.2	4.3	1.7	39.6%	1.5	34.2%
西葫芦	4.7	3.4	3.5	1.3	37.3%	1.2	34.5%
松花菜	3.5	2.5	2.8	0.9	35.8%	0.7	24.6%
茄子	7.6	5.7	5.7	1.9	33.5%	1.9	33.3%
小葱	3.1	2.3	2.6	0.7	31.6%	0.5	18.9%
毛毛菜	2.3	1.7	1.8	0.5	30.1%	0.5	28.0%
杨兰花	15.5	12.1	12.9	3.4	28.1%	2.6	20.1%
黄白菜	2.4	1.9	1.9	0.5	27.9%	0.5	26.6%
苦瓜	5.5	4.3	4.3	1.2	27.7%	1.3	29.8%
胡萝卜	2.4	1.9	1.9	0.5	25.2%	0.5	24.6%
洋葱	1.8	1.5	1.5	0.4	25.0%	0.3	20.7%
西兰花	3.6	2.9	3.2	0.7	24.4%	0.4	11.5%
生菜	3.2	2.6	2.3	0.6	24.4%	0.9	39.0%
莲藕	4.1	3.4	3.5	0.8	23.7%	0.6	18.6%
油麦菜	2.4	2.0	1.9	0.4	21.7%	0.5	24.0%

图1 2022年3月29日杭州蔬菜批发与零售价格

同时,宋小菜还提供了近两年杭州市场各品类蔬菜的价格动向(见表1、图2、图3、图4),均不同程度地反映了浙江省因蔬菜供应不足而供不应求,进而价格持续上涨的问题。

表1 2021 年与 2022 年 3 月部分蔬菜品类价格同比增长率

类目	价格（元/斤）（2022 年 3 月）	价格（元/斤）（2021 年 3 月）	同比增长额（元）	同比增长率
椒类	8.1	3.8	4.3	114.8%
茄果瓜类	3.9	2.6	1.3	50.8%
叶菜	2.3	2.2	0.1	3.6%
根茎类	2.0	1.6	0.4	26.6%
葱姜蒜	2.1	2.9	−0.8	−27.4%
豆/豆角	5.6	4.5	1.1	23.4%
其他蔬菜	3.4	3.0	0.4	14.4%
菌菇类	3.8	3.2	0.6	19.7%
总计	3.3	2.6	0.7	25.7%

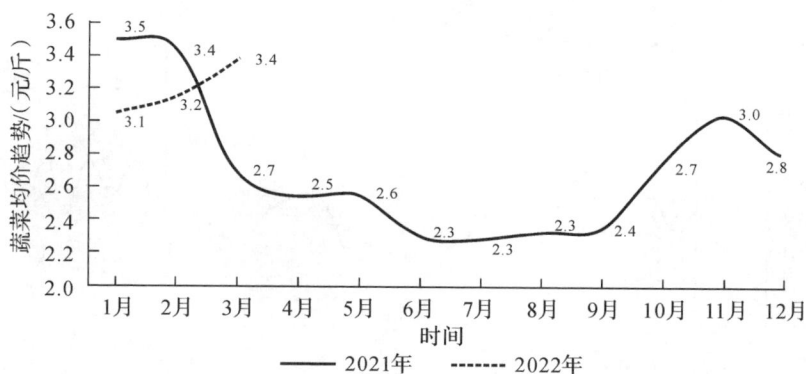

图 2 2021 年与 2022 年蔬菜平均价格变化

注:数据由宋小菜提供。

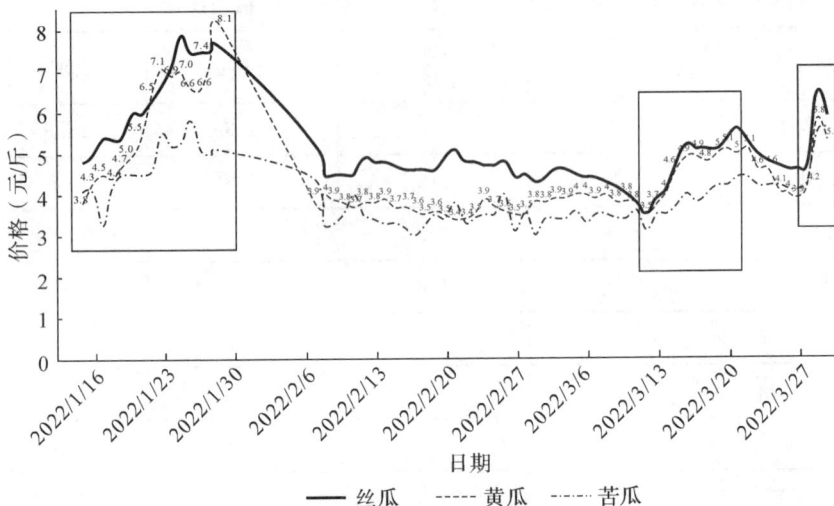

图 3　2022 年部分蔬菜品种价格波动

注:画框处为疫情重点暴发期。

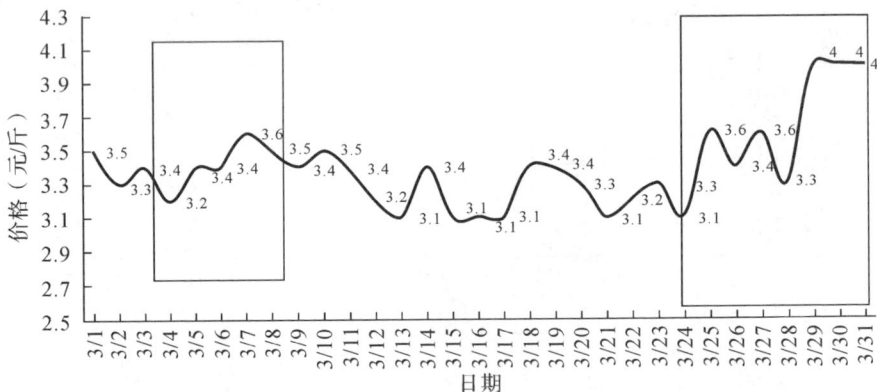

图 4　2022 年 3 月疫情期蔬菜平均价格波动

结合上述现象和相关数据分析,我们提出以下判断和相关建议。

一、浙江省蔬菜保供体系缺乏对外省货源的组织和管理

根据浙江省统计局的公开数据,从 2010 年起,浙江省的年末常住人口快速增长,同时城镇化率逐渐提升,农作物播种面积逐年减少,其中蔬

菜的种植面积增长缓慢。以浙江省蔬菜总产量对比常住人口换算，每日人均蔬菜供给量不足 1000 克，且不包括正常损耗量和部分品种的出口量（见表 2）。结合浙江省农业农村厅工作人员的反馈和宋小菜提供的蔬菜品类采购数据，可知目前杭州的蔬菜供应有近 70％来自外省。出于杭州及周边的气候原因，本地菜集中在春秋两季而且品种有限，大部分要靠山东、云南、海南等几大产区供给，尤其在疫情期间，外省菜的供应占比达到近 90％。由此可见，浙江省常住居民的蔬菜供应重头来自外省。

表 2　浙江省人均蔬菜供给量评估

统计量	2010	2017	2018	2019	2020
浙江省年末常住人口（万人）	5446	5657	5737	5850	6468
浙江省城镇化率	62.30％	68.00％	68.90％	70.00％	72.17％
浙江省主要农作物播种面积（千公顷）	2459	1981	1979	2000	2015
浙江省蔬菜播种面积（千公顷）	619	644	639	646	660
浙江省蔬菜总产量（万吨）	1789	1910	1888	1903	1946
每日人均蔬菜供给量（克）	900	925	902	891	824

数据来源：《浙江省统计年鉴》。

回顾历年来浙江省政府出台的"菜篮子"工程相关文件，如《浙江省人民政府办公厅关于加强"菜篮子"工程建设的意见》（2010 年 9 月）、《浙江省人民政府办公厅关于印发浙江省"菜篮子"市长负责制考核实施办法的通知》（2018 年 11 月），基本侧重基地建设、产销对接、价格监控和质量监管，其中涉及产销对接部分则以产销信息对接、农超对接、批发市场建设为主，并落实到了市长负责制的具体考核项目，但尚未建立从生产、加工、流通到销售的全链路数据采集、汇总、分析和决策机制，尤其是在大宗蔬菜的产销对接上，主要采取的是传统信息撮合的方式。

考虑到近年来疫情、气候、国际形势复杂多变，以及浙江省"菜篮子"中蔬菜货源大部分来自省外的情况，搭建跨省的蔬菜"菜篮子"保供组织管理和快速响应机制显得尤为重要。

二、浙江省农业产业数字化升级
缺少供应链的数字化建设

浙江省农业以门类齐全、产业化程度高、经营机制灵活为特色,虽规模优势不显著,但数字化发展程度位于全国前列。据报道,浙江省数字农业农村发展总体水平为 68.8%,居全国第一,全省 84 个涉农参评县(市、区)均超过全国总体水平。《浙江省数字乡村建设"十四五"规划》中制定了数字农业的发展目标:到 2025 年,数字"三农"协同应用平台数据标准体系、应用体系和技术服务体系全面建成;城乡"数字鸿沟"逐步消除,实现"三农"数据"全面共享、互联互通"。目前,浙江省的农业产业数字化建设已取得了阶段性成果,其中浙农码、智慧农业云平台、浙农优品、浙食链等数字平台和数字农业应用,均发挥了较好作用。

但是,这些平台建设和数字化的应用均侧重在省内,以生产端和零售端为主,除盒马鲜生和叮咚买菜等互联网应用积累了大量的消费者需求数据外,其他的应用建设均处于基础数据收集阶段。在《浙江省统计年鉴》中,人民生活版块的数据只有人均可支配支出,农业版块只有种植面积和产量数据,贸易版块只有食品和百货批发零售大类数据。浙江省商务厅主办的浙江省农产品流通公共服务平台仅有供求的撮合信息,其展现的蔬菜价格是滞后和静态的。这些数字化的建设均未能打通农业产业链各个环节的数据,为"菜篮子"的保供稳价起到动态数据采集、挖掘和分析作用,更难指导决策,尤其是在恶劣气候和疫情的突发情况下,难以发挥应急保供决策作用。

因此,建议浙江省的蔬菜产业链数字化升级要立足于本省自我供给不足、货源 70% 来自外省的实情,构建省外核心产区和品类的采购资源库,加强从蔬菜产区到销区的仓储、物流全链路数字化建设。另外,由于这几年疫情的传播源大多来自农产品批发市场和流通环节,农贸市场的封控直接导致了农产品价格的不稳定,居民的"菜篮子"得不到有效的保障。如何让供应商具备"健康码"? 让每一次货物的流转具备"行程码",动态掌握能满足浙江居民"菜篮子"安全需求的货源和流通链路,以及通过数字技术提高"菜篮子"工程的效率和稳定性，是下一步需要关注的重点。

三、浙江省"菜篮子"保供稳价
相关政策应聚焦在蔬菜品类

浙江省的相关文件，例如《浙江省数字经济发展"十四五"规划》《浙江省农业农村现代化"十四五"规划》等，更多侧重在数字农业科技创新及推广应用、生产经营数字化转型、完善网络化流通体系、促进山区 26 县（区、市）农产品上行等方面，在品类上主要侧重于粮食和生猪，较少提及"菜篮子"的保供稳价措施。而对于大部分一、二线城市来说，农产品，尤其是不耐储存的绿叶菜自给能力都有限，主要靠物流、市场解决，如果相关配套体系不到位，极易导致突发性事件发生时的应急保供体系失灵，因此，很有必要将浙江省的"菜篮子"保供稳价策略聚焦在蔬菜品类，并且与"米袋子"问题同等对待。

宋小菜提供的一份杭州市 2022 年第二季度蔬菜行情预测报告中提到，今年第二季度，杭州的蔬菜市场将面临四大不确定性因素，有可能推高价格，或者导致菜价居高不下。一是气候因素。今年异常天气增多，倒春寒频发，影响蔬菜生长速度和产量。二是疫情因素。产地和销地疫情频发，产地和销地市场管控、人员管控，带来供求的不确定，有可能加剧价格暴涨。三是成本因素。受俄乌战争持续影响，油价不断上涨，同时也带动了石化相关化肥、农药等农资农技的成本增加，种植和物流成本大大增加。四是人工因素受疫情管控影响。因为上游疫情，货源出不了村；因为无绿通，进不了城；因为缺少城市白名单通行证，送不到店；因为疫情封控，司机、工人回不了家。这些影响会使物流司机、小工、配送人员的风险不断增加，容易造成局部人工不足和用工成本的进一步提高。上述四个不确定性因素对于蔬菜的有效供给和价格稳定，是全新的挑战。因此，建议浙江省尽快针对"菜篮子"的保供稳价出台相关针对性政策，尤其是要对蔬菜品类进行提前布局。

四、浙江省"菜篮子"数字化能力提升刻不容缓

亚运会即将在杭州召开,高质量发展建设共同富裕示范区正在进入关键时期。因此,浙江省更需要加大"菜篮子"保供稳价工作力度,早启动、早预警、早预防,刻不容缓。

为此,建议浙江省将"菜篮子"工程从"市长负责制"升级为"省长负责制",首先,成立"菜篮子"保供专门小组。由分管副省长担任组长,整合各市的"菜篮子"工程,进行统一规划和布局,并联合农业农村、发改委、商务、交通、气象等相关部门,推动蔬菜产业生产、加工、采购、流通、批发、零售等三次产业的融合发展。其次,推动"菜篮子"工程数字化建设。一是整合省内的农业资源,打破区域壁垒,统筹协调居民需求;二是建立核心产区动态供给信息库,确保居民日常所需能得到充分满足,并可以灵活应对气候、疫情等特殊时期;三是打通部门之间的数据壁垒,在确保数据安全的前提下,整合蔬菜生产、流通、销售三端的数据库,进行数据清洗、挖掘、分析,指导生产和采购决策,提高特殊时期的应急反应能力。最后,出台支持和推动蔬菜供应链、产业链建设的相关政策并配套资金。鼓励有能力和有实力的企业参与浙江省蔬菜供应链、产业链的建设与数字化的升级。

全面推进乡村振兴的十大重点①

一、乡村振兴发展引领

（一）坚定乡村振兴"三步方略"

2017 年党的十九大提出的乡村振兴战略已经实施了近 5 年。这些年来，围绕"产业兴旺、生态宜居、乡风文明、治理有效、生活富裕"二十字方针和"产业振兴、生态振兴、文化振兴、人才振兴、组织振兴"五大抓手，国家出台了一系列加快推进乡村振兴的战略规划和政策举措，各地也相应制定了乡村振兴规划和行动方案。同时，国家对乡村振兴战略还提出了三步走方略。第一步方略是到 2020 年取得重要进展，第二步是到 2035 年取得决定性进展，第三步是到 2050 年实现全面振兴目标。三步走方略为我国乡村振兴战略制定了阶段性目标，表明我国乡村振兴战略是与国家现代化进程相同步的战略，是个需要循序渐进、长期实施的战略。2020 年打赢脱贫攻坚战和总体上建成全面小康社会是我国乡村振兴战略取得重要进展的标志。当前，乡村振兴战略正在朝着第二步前行，还有 13 年时间，乡村振兴将取得决定性进展。与乡村振兴取得决定性进展相对应的标志，就是基本实现农业农村的现代化，并且基本建成共同富裕的体制机制，形成城乡、地区、阶层差距明显缩小，中等收入群体处于主导的格局（黄祖辉等，2021）。要实现这样的目标，全面推进乡

---

① 　本文作者为黄祖辉。本文内容拟发表在《农业经济问题》2022 年第 6 期。

村振兴和深化改革是这一发展阶段的关键,必须加快农业农村的优先发展,不断推进农业农村综合配套的改革,下决心解决导致经济社会发展不平衡与不充分的体制机制问题。

(二)坚持"绿水青山就是金山银山"理念"三大思维"

乡村振兴必须处理好经济发展与资源生态的关系。思路是生态优先、绿色发展,准绳是坚持"绿水青山就是金山银山"理念。"绿水青山就是金山银山"理念内涵丰富,其中"三大思维"是其精髓所在(黄祖辉等,2020)。一是坚持底线思维。也就是生态环境不能作为发展的代价,尤其在温饱问题已经解决的发展阶段,绝不能牺牲环境来谋求发展,要对生态环境的损害行为零容忍。二是坚持发展思维。坚持底线思维并不是排斥发展,而是要追求高质量发展。因为生态环境本身就是财富,是"金山银山",是绿色发展、高质量发展的源泉。在美好生活已成为广大人民群众普遍追求的新阶段,坚持底线思维就是体现生态优先,就是要实现绿色发展和高质量发展(黄祖辉和姜霞,2017)。三是坚持转化思维。"绿水青山就是金山银山"理念内涵了转化思维。正如习近平曾经指出的,要使"绿水青山"成为"金山银山",关键是要做好"转化"这篇文章,也就是做好将资源生态优势转化为经济社会发展优势这篇文章,使"绿水青山"真正转化为"金山银山"。

做好"绿水青山就是金山银山"转化文章,首先,要确立生态价值转化路径。基本路径有两条。一条是生态产业化的路径。也可称为直接转化路径,主要针对可直接市场化交易的生态资源与产品,如水资源、碳汇资源、天然农林产品等,通过相关产权制度与交易制度的建立,直接将其转化为经济社会价值。二是产业生态化的路径,也可称作间接转化思路。就是通过关联性产业,如高效生态农业、绿色加工以及民宿、康养旅游等休闲产业的发展,使那些难以直接转化的生态资源的价值在关联性产业的发展中得到体现,形成产业发展中的生态溢价,转化为经济社会的市场价值。其次,要配置好生态价值转化机制。一是政府机制。实践中,对于难以直接转化,又具有公共性的生态价值,政府的作用至关重要。尤其是对于公共生态规制、生态养护、生态服务,政府制定法律法规或购买公共生态服务与补偿,既有助于确保生态优先,又有助于生态价值的转化。二是社会机制。运用社会资源力量是转化生态价值的重要机制。建立生态公益基金、激励民众对生态的转移支付,应成为生态价值转化的重要机制。三是市场机制。市场机制是转化生态价值的主要机制。生态产业化和产业生态化本质上都要通过市场机制来实现。生态价值转化市场机制的,关键在于政府职能的转变和市场机制的建构,以实现包括生态资源在内的要素市场化配置。再次,要重视生态转化价值的共享。乡村生态振兴要建立乡村生态及其转化价值的共享机制,不仅使"绿水青山"为广大民众所共享,而且还要使转化的"金山银山"能为广大民众所共享,尤其能为乡村广大居民所共享,使其成为广大农村居民收入的重要源泉。为此,在乡村生态资源转化过程中,应高度重视资源生态产权与治理制度建构中效率和益贫的相互协同。要用好政府产业政策和公共政策的杠杆,体现乡村生态振兴和生态转化对普通农民的包容性与惠顾性。要推进资源资产化、资产股份化、股份合作化的改革,引导企业和合作组织带动广大小农、贫困农户发展,实现乡村生态振兴中小农户、贫困群体与绿色发展、乡村振兴有机衔接和共富发展。

(三)确保农业农村"三个优先"

党的十九大提出了农业农村、教育、就业"三个优先"发展的方针。从实践发展看,我国教育和就业的优先重点也应该在农村,重点对象是农民,因此,贯彻落实国家"三个优先"发展的方针,实际上就是要在全面推进乡村振兴战略中确保农业农村的"三个优先"。具体而言,第一,确保农业农村优先发展。简言之,就是要走全面推进乡村振兴战略中落实国家农业农村"四个优先"发展的政策①(2019年):优先考虑"三农"干部配备,增强"三农"发展领导力;优先满足"三农"发展要素配置,提高"三农"要素配置效率;优先保障"三农"资金投入,实现"三农"政策普惠;优先安排农村公共服务,补上"三农"公共体系"短板"。第二,确保教育与就业的优先发展重点面向农村和农民。我国第二、第三产业比重已达国民生产总值的93%,然而第二、第三产业的从业人员近三分之二是农民

---

① 《中共中央国务院关于坚持农业农村优先发展做好"三农"工作的若干意见》,2019年2月20日。

工,其文化程度基本上以初中为主(2020 年占 55.4%[①]),而农业劳动力的文化程度更低,平均在初中以下。很显然,这样的人力资本结构状况,已不适应我国产业转型升级和共同富裕发展的要求。由于如此大规模的低文化层次的对象主要是农民和农民工,因此,一是必须高度重视农村教育优先,加快农村人力资本的积累与改善。要不断提高农村义务教育水平,加强与就业导向密切关联的职业教育,争取到 2035 年实现农村学龄人口高中与职业教育普及率能达到 80% 以上。二是要优化乡村教育空间布局,发挥数字化和互联网功能,推进城市教育资源向农村"溢出",实现城乡教育资源融合与共享。三是要高度重视农村劳动力的就业优先。进一步完善城乡劳动力要素市场和用工制度,拓宽农村劳动力就业渠道,鼓励并支持农民和农民工通过自主就业、受雇就业、合作就业、兼业就业等多种形式实现就业与创业,保障广大农民和农民工能实现充分就业与就业增收。

二、乡村振兴实践运行

(一)建立现代农业"三大体系"

党的十九大报告在提出实施乡村振兴战略的同时,还把"构建现代农业产业体系、生产体系、经营体系"作为乡村振兴战略的主要措施之一。现代农业的"三大体系"既有相互联系性,又有各自的内在特性。现代农业的产业体系是现代农业的框架结构,突破了作为第一产业的农业边界。现代农业的产业体系既包括第一产业的农业,又包括第二、第三产业的农业范畴,即农业产业链的延伸,如农产品的加工、储运、保鲜和贸易,还涉及功能拓展的农业范畴,如农旅结合、农文结合等新农业的业态。简言之,现代农业的产业体系不仅是全产业链的农业体系,而且也是三次产业融合、多功能发展的农业产业体系,这样的现代农业产业体

---

① 国家统计局:《2020 年农民工监测调查报告》,国家统计局网,2021 年 4 月 30 日。

系,不仅是国民经济的基础,而且还能支撑县域经济和新型城镇化的发展,是乡村产业振兴的核心部分。现代农业的生产体系是现代农业产业体系中的生产要素组合与配置体系。现代农业的生产要素不仅包括土地、劳动力、资本等基础性要素,而且还包括技术、数字、生态、文化、制度等赋能性要素(王小兵等,2018;易加斌等,2021)。现代农业的生产体系就是嵌入赋能性要素的农业基础性要素的组合与配置体系,它体现的是现代农业的生产方式、生产形态、生产效率和农业的综合生产率。这种生产方式、生产形态、生产效率和农业的综合生产率,既可以通过产业分工基础上的集聚得以体现,也可以通过产业集聚基础上的分工得以体现。现代农业的经营体系是现代农业生产体系的营运体系。将其独立为现代农业"三大体系"中的一大体系,原因在于这一体系在现代农业体系中的重要性,它关乎现代农业发展的效率。现代农业的经营体系是经营主体与经营制度结合的体系,其中主体是行为主体,或者说是生产体系中的基础性要素,而制度是行为主体的行为指南,也就是生产体系中的赋能性要素。作为赋能性要素的制度主要体现为四个既相互独立又相互联系的制度范畴,即产权、组织、合约、规章。作为基础性要素的主体,在现代农业的体系中就是相关的经营组织,主要包括家庭经营组织、合作经营组织、集体经营组织、公司经营组织等。在这里,组织具有双重的属性,既是行为主体,又是制度,不同的经营组织既是不同的经营主体,又体现不同的经营制度。从这一意义上讲,现代农业的经营体系就是与这些经营主体相匹配的经营制度体系,主要包括由家庭经营、合作经营、集体经营、公司经营等经营制度所构成的经营体系。而不同的经营制度又内含了与其相适应的产权、组织、合约和规章等制度的安排,形成了相应的经营制度的治理结构。现代农业体系中不同的经营制度具有各自适宜的领域,相互之间并不存在优劣之分。构建现代农业的经营体系,并不是要以某种经营制度取代另一种经营制度,而是要完善不同的农业经营制度,使这些不同的经营制度在现代农业的发展中发挥各自的制度优势,并且实现相互间的合理配置与优化组合。

（二）推进农村"三产融合"发展

农村"三产融合"[①]主要是指农业三次产业全产业链的融合发展及其与关联性产业的融合发展和多功能发展，其本质就是现代农业产业体系的建构与发展。农村"三产融合"是农业产业化经营和农业纵向一体化的升级，对于增强农业竞争力、提升乡村产业发展空间、拓宽农民就业与增收渠道，都具有重要意义（肖卫东和杜志雄，2019）。推进农村"三产融合"发展，核心体现是产业的纵向融合。但就我国农业产业而言，农户小规模的分散经营是农业生产，尤其是上游农业的基本特征，因此，要实现我国农业产业的纵向融合，前提是实现上游农业的横向融合。有效的路径是通过合作制来实现上游农民的横向联合及其生产的横向融合，以使上下游产业或交易方形成相对均衡的纵向融合基础。除此之外，由于农村"三产融合"还会体现农旅、农文相结合的多功能性，因此农村的"三产融合"还需拓宽产业融合的视野，要在产业融合中引入"产村融合"和"产城融合"的理念，实现产业与空间的有效融合，以及城市带动乡村的城乡融合发展。

推进农村"三产融合"发展的关键是要构建两个机制。

1. 构建与"三产融合"相适应的经营机制

以农业为主导的农村"三产融合"的一个难点是如何建构与"三产融合"相适应的经营机制。与第二、第三产业的特性不同，作为第一产业的农业是自然再生产与经济再生产相交织的产业，其适宜的经营制度是家庭经营和合作经营，而第二、第三产业的农业则更适合于企业或公司化经营。在这样的情景下，农村的"三产融合"很难由一个经营主体或一种经营制度来驾控，即使一个经营主体能够通过一体化而内化不同的经营制度，并且由此降低对外交易的成本，但这种完全纵向一体化的产业融合模式，意味着这样的组织内化了非常复杂的治理结构，将面临极其高

---

① 此概念由 2015 年中央一号文件首次提出。文件指出，要通过"推进农村三次产业融合发展"（简称为农村"三产融合"）的途径来促进农民增收。2016 年的中央一号文件再次强调，要推进农村三产深度融合，"推进农业产业链整合和价值链提升，让农民共享产业融合发展的增值收益，培育农民增收新模式"。

昂的内部治理成本。因此,理想的农村"三产融合"的经营机制安排,是相关经营机制与匹配产业的衔接。换言之,有效的产业纵向融合,就是要将家庭经营、合作经营、集体经营、公司经营等经营机制,或者说经营制度,进行有机组合,充分发挥这些经营制度在产业融合不同环节和领域中的各自优势与集成效率,使产业融合过程中经营主体的治理成本和交易成本达到最优配置。

2. 构建与"三产融合"相适应的利益机制

经营机制解决的是"三产融合"的有效营运问题,而利益机制解决的是"三产融合"的发展共享问题,尤其是广大农民能否在产业融合中增进收益的问题,这是我国农村"三产融合"特别需要关注的问题。农业的适度规模经营、农民的组织化以及家庭经营与合作经营的有机结合,是农民参与"三产融合",并且在融合中获益的必要前提,但还必须有其他机制的匹配和创新。首先,在农业合作制基础上引入股份制。要鼓励并支持农民通过土地、资金、技术的入股或转让,向相关第二、第三产业延伸,获得下游产业的收益。其次,鼓励工商企业(资本)在"三产融合"中进入适宜的领域,即农民干不了的领域,同时与农民建立利益共同体和共赢关系。最后,在"三产融合"中发挥好政府政策助推脱贫农户、小农户融入的作用,同时加强对工商资本租赁农地的监管和风险防范,提高财政扶持资金的精准度和使用效率,防止产业组织异化、经营制度扭曲和农民利益受损。

(三)推进"三种类型"规模经营

农业的规模经营是提高农业劳动生产率和农民收入的重要途径,也是现代农业生产体系的重要组成和乡村产业振兴的重要体现。农业的规模经营与工业的规模经济有一定的区别。前者主要是指农民这一农业经营主体的规模经营,与土地关系更密切,而后者主要是指工业企业的规模经济,与资本关系更密切。我国人多地少,农业类型多样,农民从事农业的规模经营必须注重适度性和多类性。农业适度规模经营的本质是农业经营者的比较利益,这种比较利益是从事一定经营规模农业主体的机会成本。比较利益具有动态性,随着农业和非农产业经营者收入水平的不断提高,农业的适度经营规模会有不断扩大的趋势。农业适度规模经营的重要性在于过小的经营规模不利于农民增收,不利于农民从业积极性的激发,但过大的经营规模也有可能导致农业经营粗放化所带来的农业资源利用效率的降低,以及农业经营者收入的失衡(张露和罗必良,2021)。在农业经营规模适度性的基础上,要特别重视农业规模经营的多类性,不能仅以土地经营规模作为唯一衡量标准。多种类型农业规模经营的缘由在于农产品的多类型和农业的多形态特性。就农业产品的多类型特性而言,主要可以体现为三种类型:一是偏向于土地密集型的农产品,主要以粮食等大宗农产品为主;二是偏向于资本密集型的农产品,主要以加工农产品和设施农产品为主;三是偏向于劳动密集型的农产品,主要以蔬菜、水果、茶叶和养殖类产品为主。在这三种类型农产品中,土地密集型农产品的规模经营主要取决于土地与资本的匹配关系,资本密集型农产品的规模经营主要取决于投入的不变成本和变动成本的匹配关系,而劳动密集型农产品的规模经营主要取决于劳动和资本的匹配关系。

实践中,农业规模经营主要可以分为三种类型。一是土地规模化经营。主要适合土地密集型农产品的规模经营,如小麦、玉米、大豆、水稻、棉花等大宗农产品以及其他能高度机械化、能以机械代替劳动的农产品。二是服务规模化经营。除了粮食等大宗农产品外,土地规模并非农业规模经营的决定因素。实践中,也可以通过农业的专业化分工,建立专业化的服务体系与组织,比如建立农机专业化服务体系与组织、数字信息化服务体系与平台等,可以形成生产小规模、服务规模化的农业规模经营。三是复合规模化经营。农业具有自然的时空特性,因此农业的规模经营也可以通过农作制度的变革与创新,实现粮经结合、种养结合等复合型、立体化的农业规模经营。如果从农业规模经营与经营者的比较利益关系看,农业的规模经营还可以跳出第一产业的农业。农民可以通过向下游延伸的产业化经营和多功能发展,实现纵向延伸和多功能发展的农业规模经营。总之,推进农业规模经营,既要从比较利益原则出发,把握规模经营的适度性,又要从农产品和农业的多样化特性出发,注重农业规模经营的多样性,实现农业规模经营的适度性和多样性的统一。

(四)建构"三层协调"服务体系

建立在专业化分工基础上的现代农业服务体系,既是农业规模经营的重要类型之一,更是农业家庭经营不可或缺的支撑体系,是现代农业双层经营的重要组成。实践中,农业服务体系具有三个层面的多元化的特点,即服务主体、服务机制、服务产品(领域)三个层面的多元化特点。一是服务主体的多元化,主要包括政府主导型、合作社主导型、企业主导型、社会组织主导型等。二是服务机制的多元化,主要包括:①服务外包化的机制,即市场化机制,如公共服务的外包化和私人服务的外包化;②服务内部化的机制,即非市场化机制,如合作社等组织为其成员提供服务;③服务外包化与内部化相结合的机制,即市场化与非市场化相结合的机制,如社会组织和行业组织为农民或农业企业提供服务的机制等。三是服务产品(领域)的多元化,如生产服务、营销服务、信用服务、信息服务、技术服务等。

依据上述农业服务三个层面的多元化特点,建立现代农业的服务体系,需要着力于"三层协调"的多元化农业服务体系建构,核心是建立服务主体、服务机制以及服务产品(领域)相互协调与优化配置的多元化农业服务体系。

从多元化的服务主体看,政府主导的农业服务已从过去统包统揽的行政服务形式,转变为政府直接提供服务、政府购买服务、政府退出由市场提供服务等多种形式的服务。企业(主要通过市场机制运行)主导的农业服务在服务产品和服务领域方面不断增加。社会组织(指高校、科研机构、行业组织和社会公益组织等)主导的农业服务在服务的广度和深度上有了较大的提高。值得指出的是,随着我国农民合作组织的不断发展,合作社主导和农业行业组织主导的农业服务正在呈现出发展态势。从各国农业服务体系的发展格局及其与农民的利益关系看,以农民合作组织服务内部化为核心的农业服务体系,应该成为我国多元化农业服务体系的建构重点。为此,政府应采取财政扶持、信贷支持等措施,增强农业合作组的服务功能,推行政府向合作社购买服务,推广合作式、托管式、订单式等合作社主导的农业服务。

从多元化的服务机制看,需要把握好农业服务外包化与内在化的关系,也就是要处理好市场化服务和非市场化服务的关系。第一,要促进农民合作社的规范发展,支持合作社联合发展和扩容发展,积极探索建立生产合作、供销合作、信用合作"三位一体"的农民合作社的联合社,拓展合作社农业服务的深度与广度,增强合作社对小农的带动性。第二,要通过政府机构的改革和职能的转换,赋权农业行业组织,增强行业内部化服务功能。要把握政府提供农业公共性服务在公平与效率方面的关系。无论政府的农业公共服务是以直接的方式提供,还是以购买的方式提供,都应体现对服务对象的公平性和普惠性。对于以市场机制运行的政府购买服务,如给予购买补贴的农机外包或市场化服务,补贴方(如政府或集体)应对服务价格进行调控,避免被服务方(农民)不能得到服务补贴的益处而产生的不公平现象。同时,也要加强公共服务的效率评估,提高公共服务的效率。为此,一方面要清晰界定农业公共服务品的概念和受益对象,另一方面要建立和完善农业公共服务的运行体系与评价体系,高度重视广大农民群众,尤其是小农和贫困农户,对农业公共服务质量和公平性的反映。

从多元化服务的产品(领域)看,总体上服务的产品门类与领域在不断增加,但服务的质量还有待提高,其原因主要还是服务体制与机制及政策的不配套和不完善。数字化信息服务在乡村治理、居民消费方面已获得较快推广与应用(苏岚岚和彭艳玲,2022),但在产业应用方面仍存在普通农民数字素养水平低从而对数字化赋能服务不很适应的问题。当前农业服务产品(领域)主要的问题是农民或合作社有需求的服务产品,如保险、抵押、信贷等金融服务,并没有形成完善的体系。尤其从合作社对农民的服务品种门类看,农村的合作金融服务至今没能在农民合作组织系统内开展,而其他金融机构的相关业务又很难满足广大农民的要求,以致广大农民长期以来所面临的抵押难、信贷难、融资难等问题始终没能得到有效解决,极大削弱了农民市场主体的地位和现代农业发展的动力,亟须引起高度重视。

(五)建立"三治合一"治理体系

在乡村振兴战略20字方针中,"治理有效"是重要组成。具体而言,就是要通过乡村自治、法治、德治的"三治合一",实现"治理有效"的善治乡村和乡村治理现代化(黄祖辉,2018)。有必要阐明"自治、法治、德治"的内涵与内在关系。任何治理体系都具备不同维度的观察视角,"自治、法治、德治"体现的是与治理密切相关的两个重要维度,一是治理方式的维度,二是治理制度的维度。"自治、法治、德治"中的"自治"是与"他治"相对应的治理方式,这是治理体系中两种最基本的治理方式。从治理主体和客体(治理对象)在治理体系的关系看,如果两者同为一个主体,治理就处在"自治"偏向的状态,反之,则处于"他治"偏向的状态。"自治"是治理的内生化,是治理主体被赋权基础上自主化和自我约束的治理。"他治"是治理的外在化,它通常体现为治理主体对客体(治理对象)的激励与约束行为的规范,构成治理客体的制度环境与行为准则。"自治"与"他治"也是相对的,从微观个体的角度看,"他治"具有普遍性和绝对性,而"自治"具有特殊性和相对性,只有被赋权的区域化与组织化的群体,才有可能实现相应的"自治"。"他治"的重要意义在于维系国家机器的运行和经济社会的秩序,而"自治"的意义在于治理客体自主性、能动性更好的发挥和治理手段更贴切、更有效的运用。我国乡村治理"三治合一"中提及的"自治",是要发挥乡村治理中的村民群体自主性,提高其自治能力,但又不排斥"他治",而是要与"他治"有机结合,达到"治理有效"的目的。

"自治、法治、德治"中的"法治"与"德治",是治理体系中两种类型的治理制度,从新制度经济学的视角看,就是两种最基本的治理制度安排。一种是正式性制度(formal institution)的安排,"法治"属于这一范畴。另一种是非正式性制度(informal institution)的安排,"德治"属于这一范畴。正式性制度是对主体行为具有硬约束,行为主体不遵循,就有可能付出各种代价的制度或行为规范,如法律、法规、规章等;非正式性制度是对主体行为具有软约束,但人们通常也会遵循的制度或行为规范,如传统、习俗、宗教、道德等。正式性的治理制度通常具有立竿见影、成效明显的特点,但往往存在实施成本(过高的制度实施成本有时会降低制度效率,甚至于使制度流于形式)和制度寻租,以及主体行为改变具有表象性等问题。非正式性治理制度的重要特点是实施成本低,并且主体行为的改变往往出自内心的自觉,但在人际交互信息不对称、人的行为理性有限,同时机会主义盛行的社会,这一制度也存在难以对所有主体行为都有效的局限性。

基于对乡村治理体系中"自治、法治、德治"的内涵及其内在关系的阐述,可以得出的结论是:实现"三治合一"的"治理有效"和善治乡村,关键要从国家制度体系特征和乡村实情出发,充分发挥中国特色的制度优势,高度重视"他治"与"自治"相协调、"法治"与"德治"相匹配。

第一,完善"他治"与"自治"相协调的制度体系。一是完善充分体现党领导的"他治"制度体系。要清晰各级党政组织在整个科层治理体系中的职能分工与定位,压实各级党政部门在治理过程中的职责任务。要既强化法治和党内"自治",又包容社会自组织的发展,不断提高"他治"效率。二是加强乡村基层组织制度建设。充分发挥其既高效对接"他治"体系,又有效下联"自治"体系的组织制度与平台的功能。三是支持各种类型村民自组织的发展。缺组织、缺权能的农民,不可能真正成为乡村治理中具有自主性的"自治"主体。因此,不仅要赋予村民参与村庄事务的知情权、参与权,而且也要支持有利于村民自主的自组织发展,如村民互助、村务监督、村庄社区环境治理和设施管护等村民自组织的发展。

第二,重视"法治"与"德治"相匹配的制度安排。也就是要重视乡村治理中正式性制度与非正式性制度的有效匹配。一要深刻理解"法治"在乡村治理中的科学内涵及其重要性。"法治"不仅与国家正式颁布实施的相关法律、法规和政策条例有关,也与基层政府和组织通过合法程序制定的行事规则或规章制度有关。这些制度在乡村治理中的应用,从正式性制度的特性看,都属于"法治"的范畴。这些正式性的制度安排不仅在"他治"体系中起着决定性的作用,而且在"自治"体系内也是不可或缺的制度安排。二要充分发挥"德治"在乡村治理中的作用。如前所述,作为正式性制度的"法治",在国家治理和乡村治理中具有不可取代的作用,但仍然存在治理成本、制度寻租等方面的局限,弥补其局限的可行安排,就是发挥作为非正式性制度的"德治"的作用,使其与"法治"形成功能互补的制度匹配。"德治"不仅应体现在"他治"体系中,而且更应在乡村"自治"体系中得到体现。我国具有悠久的优秀文化历史传统,广阔多元的乡村是这一传统的主要传承地,蕴藏着极其丰富的与"德治"关联的文化元素,针对这些文化元素,取其精华,去其糟粕,并且与当代社会倡导的精神文明、生态文明等相匹配、相集成,就会形成适应乡村"德治"的非正式性制度体系,这样的"德治"就能与上述所说的"法治"与"自治"相匹配、相互补、相融合,真正形成"三治合一"、"治理有效"的乡村治理结构与制度体系。

三、乡村振兴改革深化

(一)深化供给侧"三个激活"改革

我国供给侧结构性改革是 2015 年提出的。[①] 推进供给侧结构性改革是供需结构再平衡的内在要求。我国经济运行的供需结构长期存在错配矛盾,而矛盾的主要方面在供给侧,农业也不例外。2017 年的中央一号文件《关于深入推进农业供给侧结构性改革 加快培育农业农村发展新动能的若干意见》,提出了农业供给侧结构性改革的总基调,就是改革、稳定、发展相协同:改革是着重"三个激活",即激活市场、激活主体、激活要素;稳定是确保"三条底线",即确保粮食安全、农民增收和农村稳定;发展是突出"三大调整"——调优产品结构,突出"优"字;调好生产方式,突出"绿"字;调顺产业体系,突出"新"字。近 5 年来,"深化农业供给侧结构性改革"每年都出现在中央一号文件和相关重要文件中,已成为深化农业农村改革的主线。从"三个激活"所涉及的改革看,激活市场的改革至关重要。市场不活,就不可能在资源配置中起决定性作用。要激活市场,既要完善产权制度,实现要素市场化配置,又要进行政府职能转换的改革,清晰有为政府和有效市场的行为边界(黄祖辉,2020)。有为政府不等于政府包办一切。有为政府是公共事务的承担者、责任者,还

---

① 2015 年 11 月 10 日,中共中央总书记习近平在中央财经领导小组第十一次会议上发表重要讲话,首次提及供给侧结构性改革。他强调推进经济结构性改革,是贯彻落实党的十八届五中全会精神的一个重要举措。2015 年 12 月 18—21 日,中央经济工作会议举行。供给侧结构性改革成为会议的主要热点。会议强调:"推进供给侧结构性改革,是适应和引领经济发展新常态的重大创新,是适应国际金融危机发生后综合国力竞争新形势的主动选择,是适应我国经济发展新常态的必然要求。"

应该是能充分发挥市场在资源配置中起决定性作用的政府。因此,只有同步推进与市场制度相适应的产权制度改革和政府职能转换的改革,才能真正形成有为政府、有效市场相互匹配、高效运行的基本经济制度,才能实现市场在资源配置中起决定性作用,同时政府更好发挥作用的目的。

事实上,只要市场被激活,要素和主体的激活实际上已经内含其中。从这一意义上讲,在农业供给侧结构性改革的过程中,激活市场除了需要政府职能转换改革外,更需要激活要素和主体,因为要素和主体的激活是市场激活的前提。为此,要高度重视要素市场化改革和对市场主体的赋权与培育,以提高农业供给侧的要素配置效率和市场主体行为的能力。当前我国农产品市场的供求不协调现象,既与政府的过度干预有关,也与农业生产要素市场化滞后、经营主体行为扭曲有关。主要表现为:政府对农业的强势参与和干预,致使农业经营主体普遍依附于政府,而不是市场,行为发生严重扭曲;农村土地等资源要素的产权制度不完善,致使土地和生态资源的市场交易与市场配置能力不足;农民社会保障和农民财产权利的不完整,致使农业劳动力受制于非市场因素的影响,流动不很充分,并且劳动力要素的价格常常被低估。至于资本要素的市场化,则因农民金融产权不充分,农村资本在市场上发挥作用的主要是政策性金融,而不是市场性金融或合作金融。因此,必须加快农业生产要素的市场化改革和对市场主体的赋权与培育,重点是深化农村土地产权制度、农民住房制度和社保制度、农村金融制度的改革,同时赋予农民更多财产权利和更完整的要素经营权,使其成为真正的市场主体,进而不断增强市场对农业经营主体的行为主导性和对农业供给侧要素的配置能力,提高配置效率。

（二）深化"三权分置"产权改革

农村集体土地"三权分置"①这一中国特色的农村基本经营制度和集体产权制度,是我国改革开放实践在农村的一大创新。目的是在坚持农村集体所有制度不变的前提下,既赋予与保障农民更多财产权利,又发展壮大农村集体经济(黄祖辉等,2021)。赋予与保障农民更多财产权利不仅是要增加农民的财产性收入,更重要的是要使农民真正成为市场主体。强调发展壮大农村集体经济,具有经济与社会的双重目的。现实中,我国绝大多数的农村集体经济都是"经社合一"的组织,不仅有发展农村社区经济的职能,而且也有管理农村社区社会的职能。换句话说,我国农村集体经济组织承担着乡村基层治理、保持农村社会稳定等社会管理的职能。因此,发展壮大农村集体经济是中国特色政治与社会制度的内在要求,既是更好发挥基层政府和社区组织作用的需要,也是在农村追求政府和市场两种制度优势能够相互匹配的需要。

实践中,我国农村集体经济产权在"三权分置"制度架构下,还存在需要破解的问题。第一,尽管已经赋予农民(集体成员)长久不变的土地承包经营权、宅基地的资格权及其房屋的使用权与继承权,以及集体经济收益与资源资产的股权等权益,但在现实中,仍然存在农民土地承包权难以有偿交易、农民宅基地上的房屋不能买卖和农民拥有的集体股权难以对外交易等约束。这些约束一方面使得农村不少的资源要素和农民主体不能被充分激活,难以深度进入市场;另一方面也使农民难以成为权益完整的市场主体,如农民在信贷市场上经常因产权不充分、抵押性弱而面临信贷融资难的问题,进而难以与其他类型经营主体进行平等市场竞争。第二,村集体经济尽管拥有集体土地、宅基地和其他集体资源的所有权,但是,这些集体所有权似乎基本处于虚置状态。我国绝大多数的农村集体经济不仅没有因为拥有所有权而获得相应的收

---

①　2016 年 10 月 30 日,中共中央办公厅、国务院办公厅印发了《关于完善农村土地所有权承包权经营权分置办法的意见》。"三权分置"是指农村土地所有权、承包权、经营权的"三权分置",是坚持土地集体所有、土地承包经营权归农户、土地经营权可流转交易的农村土地产权与经营制度。

益,而且普遍缺乏发展内生动力与活力,大多需要依靠政府的项目支持或转移支付才能得以正常运行,发展壮大农村集体经济处在艰难境地。破解这些难题的思路,不是把赋予农民的权利收回,也不是放弃农村集体经济制度,而是要从系统思维出发,通过深化农村综合配套改革,进一步探索适应中国特色社会主义制度特点的农村集体公有制的有效实现形式。

第一,要深刻认识我国农民财产权利难以完全进入市场的深层原因。它并不完全与土地公有制和农村集体经济的重要性有关,而且也与我国农民拥有的诸多权利具有生存权和发展权相粘连、难分割的特点有关。在我国,农村土地不仅具有产业发展、基础设施、生态安全和粮食安全等方面的功能,而且很大程度上还承担了农民生存保障的功能(刘进等,2020)。原因在于我国还没有完全建成城乡一体和平等的公共保障制度体系,农村居民在教育、医疗、养老等公共保障和公共服务方面的福利水平,明显低于城镇居民,有些甚至还是缺失的。为了弥补这方面的不足,国家采取了一系列措施,如建立农村一户一宅的宅基地制度和长久不变的农户土地承包权等制度。然而,这些制度对于农民来说,首先是一种生存保障的制度,具有生存权的属性,但同时,土地和房屋对农民并不仅仅是种生存需要,而且也是一种发展需要。这意味着,现行"三权分置"下农民所拥有的土地承包权和宅基地资格权,实际上都内涵了生存权和发展权。生存权类似于基本保障的权利,是一种公共权利,是不宜进入市场交易的权利。在这样的产权属性结构下,即使农民在土地上的发展权可以进入市场交易,但在国家公共保障制度还不能完全取代土地对农民生存保障的情况下,允许农民交易宅基地及其房产,或可以交易土地的承包权,都意味着农民的生存权也进入了市场,这显然有违生存权这一具有公共保障性质的权利不宜市场交易的原则。如果允许交易,那么在国家公共保障制度还没能完全替代土地对农民的保障功能的情况下,就会隐含着巨大的经济社会风险。

第二,要既审慎又积极地推进农村综合配套改革。我国农村改革已到了需要综合配套推进的阶段,既要审慎对待,又要积极推进。一是必须尽快建立城乡一体与平等、可随权益者流动的公共保障制度和体系。要尽快用国家公共保障制度取代土地对农民的保障功能,实现农民生存权和发展权相分离。这一制度体系的尽快建立,无论对于农民生存权的确保和发展权的充分实现,农村土地、劳动力等生产要素和资源的有效利用与广大农民成为共富群体,还是对于市场在资源配置中起决定性作用的微观基础建立、以人为本城镇化的实现,乃至农村集体经济与生态资源的进一步盘活和农村集体经济的发展壮大,都极为重要。二是在国家公共保障制度取代土地对农民公共保障功能的基础上,国家应进一步赋予集体和农民对农村集体土地和资源资产的市场发展权,以进一步做大集体经济这块"蛋糕"。同时,在"三权分置"基础上,稳步推进"股社分离"改革、深化"股份合作"改革,分好集体经济这块"蛋糕",形成农村集体土地、宅基地、建设用地和集体其他资源资产可市场化交易、用途可管控,集体与农民共同拥股、股份合作、可进可退可交易的农村集体经济制度新模式。此外,农村集体经济要增强自身发展能力,发挥集体组织平台功能和社区管理协调优势,为农民和农民专业合作组织在产业发展中提供合约、信息、治理等方面的服务,实现集体与农民共赢发展基础上的集体经济发展壮大。

附录　本人有关"三农"问题研究的主要论述

一、著作、译著、编著

1. 黄祖辉、徐加主编:《外向型经济与管理》,编印本,1988年5月。

2. 罗鉴宇主编、黄祖辉副主编:《土地适度规模经营——浙江的实践与启示》(国家"九五"重点图书出版规划项目),浙江人民出版社,1998年12月。

3. A.艾伦・斯密德:《财产、权力与公共选择:对法和经济学的进一步思考》(当代经济学系列丛书、当代经济学译库),黄祖辉、蒋文华、郭红东译,黄祖辉校,上海三联书店、上海人民出版社,1999年6月。

4. 章猛进、黄祖辉主编:《迈入新世纪的农业与农村——浙江的现代化战略和政策选择》,浙江人民出版社,2000年6月。

5. 詹姆斯・A.道、史蒂夫・H.汉科、阿兰・A.瓦尔特斯编著:《发展经济学的革命》(当代经济学系列丛书、当代经济学译库),黄祖辉、蒋文华主译,格致出版社、上海三联书店、上海人民出版社,2014年9月。

6. 黄祖辉、蒋文华等:《农业与农村发展的制度透视——理论评述与应用分析》,中国农业出版社,2002年10月。

7. 黄祖辉、傅夏仙:《浙江农村股份合作制:制度创新与实践》,浙江人民出版社,2002年6月。

8. 黄祖辉、汪晖:《城市发展中的土地制度研究》(浙江省哲学社会科学重大课题丛书),中国社会科学出版社,2002年11月。

9. 王雅莉、黄祖辉、陈欣欣：《城市化中的劳动力再配置》(浙江省哲学社会科学重大课题丛书)，中国社会科学出版社，2002 年 11 月。

10. 黄祖辉、林坚、卫龙宝主编：《市场化、国际化：新世纪中国农业发展》，中国农业出版社，2002 年 10 月。

11. 章猛进、黄祖辉主编：《WTO 与浙江农业的政策调整研究》，中国农业出版社，2003 年 8 月。

12. 黄祖辉、林坚、张冬平等：《农业现代化：理论、进程与途径》，中国农业出版社，2003 年 9 月。

13. 詹姆斯·D. 盖斯福德、吉尔·E. 霍布斯等：《生物技术经济学》(当代经济学系列丛书、当代经济学译库)，黄祖辉、马述忠等译，上海三联书店、上海人民出版社，1999 年 1 月。

14. 保罗·R. 伯特尼，罗伯特·N. 史蒂文斯主编：《环境保护的公共政策》(当代经济学系列丛书、当代经济学译库)，穆贤清、方志伟译，黄祖辉校审，上海三联书店、上海人民出版社，2004 年 3 月。

15. 许行贯、黄祖辉、王栾生等：《创新农村经营体制的探索与实践》，浙江人民出版社，2004 年 9 月。

16. Zuhui Huang, Kevin Z. Chen, Minjun Shi, *Food Safety：Consumer，Trade，Regulation Issues*，Zhejiang University Press，2005.4.

17. 黄祖辉、胡豹等：《谁是农业结构调整的主体？——农户行为与决策分析》，中国农业出版社，2005 年 3 月。

18. 黄祖辉、杨列勋、陈随军主编：《农业经济管理理论文集——农业经济管理学科前沿发展战略学术研讨会论文集》，科学出版社，2005 年 3 月。

19. 黄祖辉、宋顺锋、史晋川、卫龙宝主编：《中国"三农"问题：理论、实践与对策》(国际会议论文集)，浙江大学出版社，2005 年 5 月。

20. 托马斯·思德纳：《环境与自然资源管理的政策工具》(当代经济学系列丛书、当代经济学译库)，张蔚文、黄祖辉译，上海三联书店、上海人民出版社，2005 年 12 月。

21. 黄祖辉、张栋梁编著：《为什么是义乌？》，浙江人民出版社，2007 年 3 月。

22. 黄祖辉：《转型期中国居民收入差距问题研究》，浙江大学出版社，2007 年 3 月。

23. 黄祖辉、刘东英：《我国生鲜蔬菜物流体系研究——制度、组织与交易效率》，浙江大学出版社，2007 年 3 月。

24. Zuhui Huang, Hongyun Han, *Proceedings of Advanced Training Program of Anti-poverty Issues*, Zhejiang University Press, 2006.11.

25. 赵兴泉、黄祖辉、陆立军主编：《中国新农村建设的理论与实践——基于浙江省新农村建设的实证研究》，中国经济出版社，2006 年 8 月。

26. 钱文荣、黄祖辉：《转型时期的中国农民工》，中国社会科学出版社，2007 年 11 月。

27. 黄祖辉、张冬平、潘伟光主编：《求索中国特色农业现代化之路》，浙江大学出版社，2008 年 4 月。

28. 黄祖辉：《转型、发展与制度变革：中国"三农"问题研究》，格致出版社、上海人民出版社，2008 年 5 月。

29. 黄祖辉、赵兴泉、赵铁桥主编：《中国农民合作经济组织发展：理论、实践与政策》，浙江大学出版社，2009 年 5 月。

30. 邓良基、黄祖辉、陈文宽主编：《城乡统筹发展，建设美好家园高层论坛论文集》，经济日报出版社，2009 年 9 月。

31. 黄祖辉等：《我国土地制度与社会经济协调发展研究》，经济科学出版社，2010 年 5 月。

32. 黄祖辉、陈龙编著：《新型农业经营主体与政策研究》，浙江大学出版社，2010 年 8 月。

33. 赵兴泉、黄祖辉主编：《理念创新与创新发展——浙江的研究与案例》，浙江大学出版社，2012 年 1 月。

34. 黄祖辉、顾益康主编："品牌新农村建设系列丛书"（分别以浙江安吉、江山、德清、遂昌、鄞州，以及四川蒲江、云南开远、甘肃玉门等典型案例编写，共计十本），浙江大学出版社，2012 年 4 月—2013 年 10 月。

35. 黄祖辉主编：《中国"三农"问题解析：理论评述与研究展望》，浙江大学出版社，2012 年 5 月。

36. 黄祖辉主编:《制度的魅力——新制度经济学小品文文集》,浙江大学出版社,2014 年 1 月。

37. 黄祖辉、梁巧、吴彬、鲍陈程:《农业合作社的模式与启示:美国、荷兰和中国台湾的经验研究》,浙江大学出版社,2014 年 9 月。

38. 黄祖辉、张晓山、郭江东、徐旭初、苑鹏、梁巧:《现代农业的产业组织体系及创新研究》,科学出版社,2019 年 12 月。

二、期刊、报纸文章

1. 武军、潘明权、黄祖辉、吴云飞:必须重视国营农场的经营管理,《经济研究》1978 年第 12 期。

2. 黄祖辉:谈谈资金及其和基金的关系,《会计研究》1984 年第 3 期。

3. 黄祖辉、张作兴:初论浙江省乡村农产品加工业发展战略,《浙江农业大学学报》1985 年第 4 期。

4. 黄祖辉、徐加、叶晓云:浙江省粮食发展战略探讨,《浙江经济研究》1985 年第 4 期。

5. 黄祖辉:比较成本学说和它的实践意义,《农业技术经济》1985 年第 4 期。

6. 黄祖辉、徐加、叶晓云:浙江省粮食战略应由"基本自给"向"完全开放"转移,《浙江学刊》1985 年第 6 期。

7. 黄祖辉:当前农村产业结构调整的几个问题,《农业技术经济》1986 年 2 期。

8. 黄祖辉:杭州城乡食品消费趋势预测,《浙江学刊》1986 年第 5 期。

9. 赵明强、徐加、黄祖辉:回归分析法在家庭消费分析中应用的探讨,《统计研究》1986 年第 5 期。

10. 赵明强、黄祖辉:城乡居民食品需求的弹性分析,《消费经济》1987 年第 1 期。

11. 黄祖辉、徐加:农村粮食产后处理系统的考察与思索——技术进步的环境约束和出路,《农业经济问题》1987 年第 6 期。

12. 黄祖辉:粮食产后 一个亟待重视和改善的领域,《农业现代化研究》1989 年第 3 期。

13. 黄祖辉、顾益康、徐加:农村工业化、城市化与农民市民化,《经济研究》1989 年第 3 期。

14. 黄祖辉:"农村病"与改革理论的不清晰,《经济文摘》1989 年第 8 期。

15. 黄祖辉、王小琴:粮食产后处理技术经济效益分析与评价,《农业技术经济》1990 年第 3 期。

16. 黄祖辉、王小琴:粮食产后系统的灵敏度分析,《农村经济与社会》1991 年第 1 期。

17. 黄祖辉:我国农业劳动力转移的启示、前景及对策思路,《中国农村经济》1991 年第 8 期。

18. 黄祖辉、徐加、李虹:投资与农业劳动力转移,《浙江学刊》1992 年第 3 期。

19. 黄祖辉:我国农业劳动力的转移,《中国社会科学》1992 年第 4 期。

20. 徐加、黄祖辉:技术进步与农业劳动力转移,《农业经济问题》1992 年第 12 期。

21. 黄祖辉:农村经济发展与改革的若干思考,《经济问题》1993 年第 1 期。

22. 黄祖辉、胡松华:瑞典的农业及其政策调整,《世界农业》1994 年第 1 期。

23. 黄祖辉:中国横店集团产权制度构造的启示——兼论乡镇企业产权关系的明晰化,《浙江社会科学》1995 年第 3 期。

24. 黄祖辉、张忠根:推进农业规模经济的发展,《新华日报》1995 年 4 月 14 日。

25. 张忠根、黄祖辉:机会成本、交易成本与农业的适度经营规模——兼论农业的组织制度选择,《农业经济问题》1995 年第 5 期。

26. 黄祖辉:努力实现农业、农村工业与小城镇的协调发展,《浙江日报》1995 年 12 月 5 日。

27. 黄祖辉："九五"我省农业农村经济面临的挑战,《浙江经济报》1996 年 2 月 5 日。

28. 黄祖辉:家庭农业:有效的农业组织管理结构——关于组织和交易费用的中国实例分析,《浙江学刊》1996 年第 3 期。

29. 黄祖辉、黄忠良:农户土地规模经营中的风险及其管理,《农业现代化研究》1996 年第 4 期。

30. 黄祖辉、徐加、张忠根、倪爱娟:沿海地区粮田规模经营:农户心态、行为与政策启示,《中国农村经济》1996 年第 6 期。

31. 黄祖辉、张忠根:论粮田规模经营中社会化服务体系的构造,《浙江社会科学》1997 年第 3 期。

32. 黄祖辉、郭红东:"公司加农户":农业产业化组织的创新——基于新制度经济学层面的分析,《浙江学刊》1997 年第 4 期。

33. 黄祖辉:合作在经济运行中的功能,《浙江日报》1997 年 5 月 18 日。

34. Zuhui Huang, Olof Bolin, "Chinese grain production and policy: Will the Chinese grain supply be a threat to the world?", *Agricultrural Policies in China*, *China in the Global Economy*, OECD1997.

35. Erik Fahlbeck, Zuhui Huang, "The property right structure of farmland and family farming in China-An analysis of development options", *Agricultrural Policies in China*, *China in the Global Economy*, OECD1997.

36. 黄祖辉:正确看待与引导粮田规模经营的发展,《经济学消息报》1997 年 11 月 7 日。

37. 吴坚、黄祖辉:可持续发展的哲学基础,《浙江社会科学》1998 年第 2 期。

38. 黄祖辉、蒋文华、张忠根:当前我国农户家庭经营中的交易途径与合约方式——浙江省 173 户水稻生产农户的调查与分析,《浙江社会科学》1998 年第 5 期。

39. 黄祖辉、陈欣欣:农地产权结构和我国的家庭农业,《农业经济问题》1998 年第 5 期。

40. 黄祖辉:浙江农村经济跨世纪改革与发展思考,《浙江日报》1998 年 12 月 14 日。

41. 黄祖辉、陈欣欣:农户粮田规模经营效率:实证分析与若干结论,《农业经济问题》1998 年第 11 期。

42. 苏胜强、黄祖辉:可持续发展理论及其基本模式,《农业现代化研究》1999 年第 1 期。

43. 苏胜强、黄祖辉:资源优势理论及其对我国乡镇企业的启示,《经济理论与经济管理》1999 年第 2 期。

44. 吴坚、黄祖辉:股份合作企业产权制度分析,《浙江学刊》1999 年第 2 期。

45. 黄祖辉、郭红东、蔡新光:浙江农业产业化经营:实践与对策,《浙江学刊》1999 年第 5 期。

46. 单胜道、黄祖辉:农业资源外部经济理论体系初探——兼论外部经济理论在我国农业资源管理中的运用,《农业技术经济》1999 年第 5 期。

47. 黄祖辉:效益农业:内涵、重点和对策,《浙江日报》1999 年 7 月 19 日。

48. 黄祖辉:论农户家庭承包制与土地适度规模经营,《浙江社会科学》1999 年第 4 期。

49. 孙永祥、黄祖辉:上市公司的股权结构与绩效,《经济研究》1999 年第 12 期。

50. 黄祖辉、林坚、鲁柏祥:新世纪我国经济发达地区农村经济发展面临的挑战,《中国农村经济》2000 年第 1 期。

51. 郭红东、黄祖辉、蔡新光、吴宏晖:农业产业化经营:干部心态、政府行为与政策启示,《农业经济》2000 年第 1 期。

52. 黄祖辉:"浙江现象"与浙江经验,《浙江日报》2001 年 2 月 26 日。

53. 苏祝成、黄祖辉、童启庆:茶叶产业组织制度创新研究,《中国茶叶》2000 年第 2 期。

54. 吴坚、黄祖辉:试论现阶段我国粮食保护政策及其改革,《管理世界》2000 年第 4 期。

55．单胜道、黄祖辉、单时义、叶晓朋：长乐林场林地综合效益评估，《山地学报》2000 年第 4 期。

56．黄祖辉、鲁柏祥：非农化和城市化：浙江现代化战略的重点，《浙江社会科学》2000 年第 5 期。

57．陈欣欣、黄祖辉：欧盟共同农业政策的最新改革举措，《农业经济问题》2000 年第 6 期。

58．单胜道、黄祖辉：农业现代化模糊综合定级法研究——以浙江省新昌县为例，《农业技术经济》2000 年第 6 期。

59．黄祖辉：农民合作：必然性、变革态势与启示，《中国农村经济》2000 年第 8 期。

60．Zuhui Huang, "Farmer Co-operatives：Evolution，Institutional Arrangements and Implications", *Swedish University of Agricultural Sciences*，2000.9.

61．Zuhui Huang, Baixiang Lu, Xinxin Chen, "Migration of surplus agricultural labor in the process of economic transition", *Journal of Zhejiang University*，2001(2).

62．单胜道、黄祖辉：马克思的土地肥力观评述，《浙江大学学报（人文社会科学版）》2001 年第 2 期。

63．黄祖辉：抓住机遇，加快浙江农业结构调整，《浙江社会科学》2001 年第 2 期。

64．黄祖辉：现代生物技术及其在农业中的应用：机遇、挑战与政策框架，《农业技术经济》2001 年第 2 期。

65．马述忠、黄祖辉：论我国农业科技进步的模式选择，《科技导报》2001 年第 2 期。

66．郭红东、黄祖辉：以兔业合作社为龙头促进农业产业化经营——新昌兔业合作社的实践与启示，《中国农村经济》2001 年第 4 期。

67．史清华、黄祖辉：农户家庭经济结构变迁及其根源研究——以 1986—2000 年浙江 10 村固定跟踪观察农户为例，《管理世界》2001 年第 4 期。

68．黄祖辉、王健：粮食市场化改革中的几个问题，《经济学消息报》2001 年 12 月 7 日。

69. 黄祖辉、柴彭颐、陈随军:土地承包款不宜因税费改革而取消,《农业经济问题》2002 年第 1 期。

70. 王健、黄祖辉:浙江省粮食市场化改革及其评析,《中国农村经济》2002 年第 2 期。

71. 黄祖辉、徐旭初、冯冠胜:农民专业合作组织发展的影响因素分析——对浙江省农民专业合作组织发展现状的探讨,《中国农村经济》2002 年第 3 期。

72. 黄祖辉、王祖锁:从不完全合约看农业产业化经营的组织方式,《农业经济问题》2002 年第 3 期。

73. 黄祖辉、Olof Bolin、徐旭初:农民合作组织认识误区辨析,《经济学家》2002 年第 3 期。

74. 黄祖辉、王敏:农民收入问题:基于结构和制度层面的探析,《中国人口科学》2002 年第 4 期。

75. 黄祖辉、王敏:农民增收的途径与制度安排,《浙江日报》2002 年 4 月 22 日。

76. 黄祖辉、张昱:产业竞争力的测评方法:指标与模型,《浙江大学学报(人文社会科学版)》2002 年第 4 期。

77. 黄祖辉、汪晖:非公共利益性质的征地行为与土地发展权补偿,《经济研究》2002 年第 5 期。

78. 黄祖辉、胡剑锋:国外农业行业协会的发展、组织制度及其启示,《农业经济问题》2002 年第 10 期。

79. Zuhui Huang, "Is there a future for farmer co-operative of China?", the 25th IAAE Conference poster paper presented at Durban, South Africa, 2003. 8.

80. 黄祖辉、胡豹:经济学的新分支:行为经济学研究综述,《浙江社会科学》2003 年第 2 期。

81. 黄祖辉、王敏、万广华:我国居民收入不平等问题:基于转移性收入角度的分析,《管理世界》2003 年第 3 期。

82. 黄祖辉、吴克象、金少胜:发达国家现代农产品流通体系变化及启示,《福建论坛》(经济社会版)2003 年第 4 期。

83. 林浚清、黄祖辉、孙永祥:高管团队内薪酬差距、公司绩效和治理结构,《经济研究》2003 年第 4 期。

84. 马述忠、黄祖辉:农户、政府及转基因农产品——对我国农民转基因作物种植意向的分析,《中国农村经济》2003 年第 4 期。

85. 黄祖辉、徐旭初:大力发展农民专业合作经济组织,《农业经济问题》2003 年第 5 期。

86. 陈欣欣、黄祖辉:经济发达地区就地转移劳动力向城市迁移的影响因素分析——基于浙江省农户意愿的调查分析,《中国农村经济》2003 年第 5 期。

87. 周洁红、黄祖辉:食品安全特性与政府支持体系,《中国食物与营养》2003 第 9 期。

88. 张蔚文、吴次芳、黄祖辉:美国湿地政策的演变及其启示,《农业经济问题》2003 年第 11 期。

89. Cuiying Yang, Yonghui Zhang, Zuhui Huang, "Practice and research on construction of basic life security program for land-expropriated farmers in China", *Chinese Business Review*, 2003(11).

90. 黄祖辉、钱峰燕:技术进步对我国农民收入的影响及对策分析,《中国农村经济》2003 年第 12 期。

91. 黄祖辉、毛迎春:浙江农民市民化——农村居民进城决策及进城农民境况研究,《浙江社会科学》2004 年第 1 期。

92. 黄祖辉、钱文荣、毛迎春:进城农民在城镇生活的稳定性及市民化意愿,《中国人口科学》2004 年第 2 期(《新华文摘》2004 年第 12 期转载)。

93. Zuhui Huang, Jianzhang You, Jiaan Cheng, "China's grain security and trade policies after entry into the World Trade Organization (WTO): Issues and options", *World Food and Agriculture*, edited by Colin G. Scanes, John A. Miranowski, Iowa State Press, 2004.

94. 胡剑锋、黄祖辉:建立我国农业行业协会的思路与方案研究,《浙江学刊》2004 年第 1 期。

95. 朱莺、黄祖辉、张莉:项目融资法制建设思考,《投资研究》2004 年第 1 期。

96. 陆文聪、黄祖辉、马述忠：重塑农业对社会的贡献——国际农业经济学家协会第 25 届大会综述，《中国农村经济》2004 年第 1 期。

97. 胡剑锋、黄祖辉：建立我国农业行业协会的思路与方案研究，《浙江学刊》2004 年第 1 期。

98. 穆贤清、黄祖辉、张小蒂：国外环境经济理论研究综述，《国外社会科学》2004 年第 2 期。

99. 黄祖辉、钱峰燕：茶叶安全性认知与价格支付的分析，《茶叶》2004 年第 2 期。

100. 黄祖辉、钱峰燕、李皇照：茶叶安全性消费特性分析，《浙江大学学报(人文社会科学版)》2004 年第 3 期。

101. 黄祖辉：创新我省农业发展战略，《浙江日报》2004 年 3 月 15 日。

102. 周玲强、黄祖辉：我国乡村旅游可持续发展问题与对策研究，《经济地理》2004 年第 4 期。

103. 冯冠胜、黄祖辉：美国农业灾害保险的革新，《世界农业》2004 年第 4 期。

104. 张昱、黄祖辉：农产品市场竞争力问题的理论性探讨，《浙江社会科学》2004 年第 4 期。

105. 肖奎喜、马述忠、黄祖辉：转基因产品安全性所引发的贸易争端与对策研究，《中国农业大学学报(社会科学版)》2004 年第 4 期。

106. 汪晖、黄祖辉：公共利益、征地范围与公平补偿——从两个土地投机案例谈起，《经济学(季刊)》2004 年第 4 期。

107. 朱莺、黄祖辉、李文龙：家庭资本：家族企业竞争优势的一个重要源泉，《上海管理科学》2004 年第 5 期。

108. 黄祖辉、周洁红、金少胜："农改超"与城市居民的农产品购买行为分析，《浙江学刊》2004 年第 5 期。

109. 黄祖辉、钱峰燕：拉丁美洲超市新鲜果蔬采购体系的变迁，《世界农业》2004 年第 6 期。

110. 杨翠迎、黄祖辉：失地农民基本生活保障制度建设的实践与思考：来自浙江省的案例分析，《农业经济问题》2004 年第 6 期。

111. 黄祖辉、吕佳、刘东英：农产品质量营销：理论与实证分析，《福建论坛(人文社会科学版)》2004 年第 8 期。

112. 范钧、黄祖辉、王敏:对浙江国际竞争力排名大幅提升的冷思考,《浙江经济》2004 年第 16 期。

113. 杜威漩、黄祖辉:我国灌溉管理制度与其环境的冲突及整合,《中国农村经济》2004 年第 6 期。

114. 陆文聪、黄祖辉:中国粮食供求变化趋势预测:基于区域化市场均衡模型,《经济研究》2004 年第 8 期。

115. 穆贤清、黄祖辉、陈崇德、张小蒂:我国农户参与灌溉管理的产权制度保障,《经济理论与经济管理》2004 第 12 期。

116. 黄祖辉、鲁柏祥、刘东英、吕佳:中国超市经营生鲜农产品和供应链管理的思考,《商业经济与管理》2005 年第 1 期。

117. 黄祖辉、范钧、王敏:浙江国际竞争力的优势与劣势——2004 年度 IMD 国际竞争力分析与启示,《浙江社会科学》2005 年第 1 期。

118. 王雨林、黄祖辉:影响转型期中国农村贫困率指标的因素的分解研究,《中国人口科学》2005 年第 1 期。

119. 黄祖辉、钱峰燕:茶农行为对茶叶安全性的影响分析,《南京农业大学学报(社会科学版)》2005 年第 1 期。

120. 马述忠、马成武、黄祖辉:我国农产品如何应对国外反倾销——基于浓缩苹果汁案的启示,《农经研究通讯》2005 年第 1 期。

121. 黄祖辉、吕立才:我国农业利用外商直接投资(FDI)研究综述,《中国农业大学学报(社会科学版)》2005 年第 2 期。

122. 徐旭初、黄祖辉:中国农民合作组织的现实走向:制度、立法和国际比较——农民合作组织的制度建设和立法安排国际学术研讨会综述,《浙江大学学报(人文社会科学版)》2005 年第 2 期。

123. 黄祖辉、朱允卫,浙江农村工业化的发展与启示,《中国经济史研究》2006 年第 2 期。

124. 黄祖辉:浙江 IMD 国际竞争力的优劣分析,《政策瞭望》2005 年第 3 期。

125. 黄祖辉、王敏、宋瑜:农村居民收入差距问题研究——基于村庄微观角度的一个分析框架,《管理世界》2005 年第 3 期。

126. 马述忠、黄祖辉:农产品反倾销国内外研究动态评述,《农业经济问题》2005 年第 3 期。

127. 黄祖辉:中国农业经济管理学科研究评述——"十五"回顾与"十一五"研究态势,2004 年全国农业经济管理学科前沿发展战略学术研讨会,2004。

128. 黄祖辉:树立科学发展观是建设和谐社会的前提条件,《浙江日报》2005 年 4 月 18 日。

129. 黄祖辉、陆建琴、王敏:城乡收入差距问题研究——基于收入来源角度的分析,《浙江大学学报(人文社会科学版)》2005 年第 4 期。

130. 黄祖辉、徐旭初:中国的农民专业合作社与制度安排,《山东农业大学学报》2005 年第 4 期。

131. 黄祖辉、刘东英:我国农产品物流体系建设与制度分析,《农业经济问题》2005 年第 4 期(《新华文摘》2005 年第 14 期全文转载)。

132. 黄祖辉、卫龙宝:论统筹城乡经济社会发展,《政策》2005 年第 4 期。

133. 黄祖辉、范钧、王敏:2005 年浙江省 IMD 国际竞争力分析,《社科研究动态》,2005 年 8 月 16 日。

134. 黄祖辉、扈映:乡镇农技推广机构职能弱化现象透视——以浙江省为例,《中国软科学》2005 年第 8 期。

135. 黄祖辉:人均 GDP3000 美元后的浙江和谐社会建设,《今日浙江》2005 年第 9 期。

136. 黄祖辉、徐旭初:农民的合作:是经济学家的过度热情吗?——兼与郭玮先生商榷,《经济学消息报》2005 年 9 月 2 日。

137. 黄祖辉、宋瑜:对农村妇女外出务工状况的调查与分析——以在杭州市农村务工妇女为例,《中国农村经济》2005 年第 9 期。

138. 王雨林、黄祖辉:从"民工荒"看农民工权利问题,《南京社会科学》2005 年第 9 期。

139. 陈龙江、黄祖辉、周文贵:中国农产品对外贸易对农业经济增长的贡献——基于 1981—2003 年数据的实证分析,《经济理论与经济管理》2005 年第 10 期。

140. Zuhui Huang, Fengyang Qian, Huangzhao Li, "An analysis of consumers on tea safety", *Food Safety: Consumer, Trade, and*

Regulation Issues，Zhejiang University Press，2005.

141. Zuhui Huang，Xuchu Xu，Yu Song，"On the institutional arrangements of farmer cooperatives in China"，*China's Rural Economy after WTO：Problems and Strategies*，edited by Shunfeng Song，and Aimin Chen，Athenaeum Press，2006：325.

142. Zuhui Huang，Yu Song，Min Wang，Xiaobo Zhang，"An analysis of income gap among rural residents of China——A perspective from the reward of entrepreneur"，a contribute paper for the Conference "Liberalization experiences in Asia：A normative appraisal"，New-Delhi，2006.1.

143. 朱允卫、黄祖辉：温州鞋业企业国际化状况的调查与分析，《经济理论与经济管理》2006 年第 1 期。

144. 黄祖辉、张晓波、王敏：农村居民收入差距问题的一个分析视角：基于农民企业家报酬的考察，《管理世界》2006 年第 1 期。

145. 邓启明、黄祖辉、宋瑜：人均 GDP 3000 美元后人与自然和谐相处面临的挑战与对策——以浙江为案例，《中国特色社会主义研究》2006 年第 1 期。

146. 柴志贤、黄祖辉：国外空间经济研究的最新进展及发展趋势，《经济评论》2006 年第 1 期。

147. 吕立才、黄祖辉：外商直接投资与我国农产品和食品贸易关系的研究，《国际贸易问题》2006 年第 1 期。

148. 黄祖辉：新农村建设要正确处理若干关系，《浙江日报》2006 年 1 月 16 日。

149. 黄祖辉、程兴火、周玲强：生态旅游区认证等级综合评价，《南京林业大学学报（人文社会科学版）》2006 年第 1 期。

150. 黄祖辉、徐旭初：基于能力和关系的合作治理——对浙江省农民合作社治理结构的解释，《浙江社会科学》2006 年第 1 期。

151. 黄祖辉、陆文聪、郭红东：中国民营经济发展与农业产业化，编入《中国民营经济发展报告》，经济科学出版社，2006 年 1 月。

152. 黄祖辉：我国居民收入差距扩大化问题：研究结论与对策建议，《中国经济时报》2006 年 2 月 17 日。

153. 彭熠、黄祖辉、郭红东:中国生物技术国际竞争力分析与评价,《科学学研究》2006 年第 2 期。

154. 徐旭初、黄祖辉:转型中的供销社——问题、产权与演变趋势,《浙江大学学报(人文社会科学版)》2006 年第 3 期。

155. 潘伟光、黄祖辉:韩国"新村运动"的实践及启示,《浙江经济》2006 年第 3 期。

156. 黄祖辉、朱允卫、朱峰:温州鞋业集群发展现状、存在问题及政策分析,《决策科学》2006 年 3 期。

157. 黄祖辉、朱允卫、张晓波:温州鞋业集群的形成:进入壁垒是如何突破的?《温州论坛》2006 年第 6 期(《中国社会科学文摘》2008 年第 4 期全文转载)。

158. 黄祖辉:解决农民工问题的思路:四位一体、以流入地为主,《中国经济时报》2006 年 3 月 31 日。

159. 黄祖辉、许昆鹏:农民工及其子女的教育问题与对策,《浙江大学学报(人文社会科学版)》2006 年第 4 期。

160. 韩玲梅、黄祖辉:"政策失败"、比例失衡与性别和谐——农村妇女参与村民自治的新制度经济学分析,《华中师范大学学报(人文社会科学版)》2006 年第 4 期。

161. 韩玲梅、黄祖辉:近年来农村组织及其关系的研究综述,《中国农村观察》2006 年第 4 期。

162. 侯经川、黄祖辉、钱文荣:比较优势与制度安排,《公共管理学报》2006 年 4 期。

163. 吕立才、黄祖辉:外商直接投资中国农产品加工业的技术转移效果分析——基于面板数据的实证考察,《南开经济研究》2006 年第 4 期。

164. 朱允卫、黄祖辉:经济发展与城乡统筹互动关系的实证分析——以浙江省为例,《农业经济问题》2006 年第 5 期。

165. 扈映、黄祖辉:农业税减免后乡镇政府的治理现状及原因——基于东部地区一个经济欠发达县的调查分析,《调研世界》2006 年第 5 期。

166. 吕立才、黄祖辉:外商直接投资对中国农产品加工业影响的实证研究——增长、国内投资和就业,《中国农村经济》2006 年第 5 期。

167. 邹刚、黄祖辉、周连喜:中小企业的国外市场进入模式与演进——以浙江省为例的若干分析,《财贸经济》2006 年第 6 期。

168. 扈映、黄祖辉:动态化公共物品供求视角下的农技推广服务,《科学学研究》2006 年第 6 期。

169. 邓启明、黄祖辉:循环经济及其在农业上的发展应用研究综述,《浙江工商大学学报》2006 年第 6 期。

170. 黄祖辉:农合组织:农业现代化的新选择,《中国合作经济》2006 年第 7 期。

171. 邓启明、黄祖辉、刘荣章、黄跃东:中国农业循环经济发展现状及两岸协同发展之探讨,《技术经济》2006 年第 5 期。

172. 黄祖辉:新农村建设要靠改革来推动,《中国城市化》2006 年第 10 期。

173. W Zhang, M Shi, Z Huang, "Controlling non-point-source pollution by rural resource recycling. Nitrogen runoff in Tai Lake Valley, China, as an example", *Sustainability Science*, 2006(1): 83-89.

174. 韩玲梅、黄祖辉:近年来农村组织及其关系的研究综述,《中国农村观察》2006 年第 4 期。

175. 黄祖辉、刘东英:论生鲜农产品物流链的类型与形成机理,《中国农村经济》2006 年第 11 期。

176. Zuhui Huang, Xuchu Xu, Yu Song, "Co-governance based on abilities and relations: An explanation of governance structure of farmer cooperatives in Zhejiang province, China", *Society and Economy*, 2006(2):207-217.

177. 黄祖辉、朱允卫:全球化进程中的农业经济与政策问题——国际农经学者协会第 26 届大会综述,《中国农村经济》2007 年第 1 期。

178. 杨翠迎、黄祖辉:建立和完善我国农村社会保障体系——基于城乡统筹考虑的一个思路,《西北农林科技大学学报(社会科学版)》2007 年第 1 期。

179. 普拉布·平加利、朱允卫、黄祖辉、厉为民:农业增长和经济发展：全球化视角的观点,《农业经济问题》2007 年第 2 期。

180. 黄祖辉：拉美国家：告别"贫民窟"印象,《社会科学报》2007 年 2 月 1 日。

181. 黄祖辉：荷兰经验对我省发展现代农业的启示,《今日浙江》 2007 年第 6 期。

182. 许昆鹏、黄祖辉、贾驰：农村劳动力转移培训的市场机制分析 及政策启示,《中国人口科学》2007 年第 2 期。

183. 吕立才、庄丽娟、黄祖辉：外商直接投资我国食品产业的决定 因素分析——基于面板数据的实证考察,《国际贸易问题》2007 年第 3 期。

184. 黄祖辉、俞宁：失地农民培训意愿的影响因素分析及其对策研 究,《浙江大学学报(人文社会科学版)》2007 第 3 期。

185. 黄祖辉、刘西川、程恩江：中国农户的信贷需求：生产性抑或是 消费性——方法比较与实证分析,《管理世界》2007 年第 3 期。

186. 朱允伟、黄祖辉：社会资本与产业集群成长：一个文献综述, 《中大管理研究》2007 年第 3 期。

187. 韩玲梅、黄祖辉：基于和谐社会的社会组织构建意义及作用空 间——一种新制度经济学的视角,《理论导刊》2007 年第 5 期。

188. 胡继妹、黄祖辉：产学研合作中的地方政府行为——基于浙江 省湖州市的个案研究,《浙江学刊》2007 年第 5 期。

189. 侯经川、黄祖辉、钱文荣：创新、动态比较优势与经济竞争力提 升,《数量经济技术经济研究》2007 年第 5 期。

190. 陈龙江、黄祖辉：人民币汇率变动对浙江农产品出口的影响： 实证检验与政策含义,《浙江社会科学》2007 年第 5 期。

191. 黄祖辉：浙江发展现代农业面临创新和突破,《今日浙江》2007 年第 6 期。

192. 黄祖辉、张蔚文：越南的土地制度与政策,《上海土地》2007 年 第 6 期。

193. 黄祖辉：荷兰经验对我省发展现代农业的启示,《今日浙江》 2007 年第 6 期。

194. 孙华平、黄祖辉：失地农民社会保障机制创新与和谐社会建设,《浙江万里学院学报》2008年第1期。

195. 黄祖辉:研究合作社,发展合作社——评马彦丽的专著《我国农民专业合作社的制度解析》,《浙江社会科学》2007年第6期。

196. 刘西川、黄祖辉、程恩江:小额信贷的目标上移:现象描述与理论解释——基于三省(区)小额信贷项目区的农户调查,《中国农村经济》2007年第8期。

197. 黄祖辉、梁巧:小农户参与大市场的集体行动——以浙江箬横西瓜合作社为例的分析,《农业经济问题》2007年第9期。

198. Yamei Hu, Zuhui Huang, George Hendrikse, Xuchu Xu, "Organization and strategy of farmer specialized cooperatives in China", edited by Cliquet, G., G. Hendrikse, M. Tuunanen, and Windsperger, J., *Economics and Management of Networks: Franchising, Strategic Alliances, and Cooperatives*, Physica-Verlag, 2007.

199. 韩玲梅、张霞、黄祖辉:制度视角下的村民自治:现状、发展及途径,《福建论坛(人文社会科学版)》2007年第9期。

200. 侯经川、钱文荣、黄祖辉:比较利益的分配法则——经济竞争力的决定机制研究,《经济研究》2007年第10期。

201. 彭熠、黄祖辉、邵桂荣:非农化经营与农业上市公司经营绩效——理论分析与实证检验,《财经研究》2007年第10期。

202. 邓启明、黄祖辉、胡剑锋:影响农户主体参与现代农业建设的因素分析及政策启示——基于浙江省30个高效生态农业示范县的实证研究,第七届中国经济学年会入选论文,2007年12月。

203. 王敏俊、黄祖辉:农业保险的政策性目标与消费群体的狭窄性:一个悖论的分析——以浙江省为例,《中国软科学》2007年第12期。

204. 黄祖辉:新时期革命老区发展要有新思路,《人民论坛》2007第23期。

205. Chai, Zhixian, Huang, Zuhui, "Agglomeration, knowledge spillover and provincial innovation: Evidences from Mainland China", China Private Economy Innovation International Forum, 2007.

206. 黄祖辉:农民工问题的解决路径,《社会科学报》2008年1月

24 日。

207. 黄祖辉、宋瑜:长江三角洲农村妇女流动的决定因素分析,《西北农林科技大学学报(社会科学版)》2008 年第 1 期。

208. 张永丽、黄祖辉:中国农村劳动力流动研究述评,《中国农村观察》2008 年第 1 期。

209. 黄祖辉、王朋:农村土地流转:现状、问题及对策——兼论土地流转对现代农业发展的影响,《浙江大学学报(人文社会科学版)》2008 年第 2 期(《中国社会科学文摘》2008 年第 7 期全文转载)。

210. 张永丽、黄祖辉:新一代流动劳动力——来自甘肃省 10 个样本村的特征及流动趋势的调查与分析,《中国人口科学》2008 年第 2 期。

211. 黄祖辉、张栋梁:以提升农民生活品质为轴的新农村建设研究——基于 1029 位农村居民的调查分析,《浙江大学学报(人文社会科学版)》2008 年第 4 期(《中国社会科学文摘》2008 年第 12 期全文转载)。

212. Jin Chen, Zuhui Huang, "Innovation of finance:The application of reverse mortgage in China", International Seminar on Business and Information Management,2008.

213. Zuhui Huang, Xiaobo Zhang, Yunwei Zhu:"The role of clustering in rural industrialization:A case study of the footwear industry in Wenzhou", *China Economic Review*,2008(3).

214. 黄祖辉、张静、陈志钢:中国梨果产业价值链分析,《中国农村经济》2008 年第 7 期。

215. 孙华平、黄祖辉:区际产业转移与产业集聚的稳定性,《技术经济》2008 年第 7 期。

216. 章猛进、顾益康、黄祖辉:30 年农村改革回顾与改革的深化——基于浙江省的分析,《浙江社会科学》2008 年第 8 期。

217. 黄祖辉、刘慧波、邵峰:城乡区域协同发展的理论与实践,《社会科学战线》2008 年第 8 期。

218. 黄祖辉:着力推动农民合作社成长,《中国集体经济》2008 年第 8 期。

219. 黄祖辉、张静、陈志钢:交易费用与农户契约选择:来自浙冀两省 15 县 30 个村梨农调查的经验证据,《管理世界》2008 年第 9 期。

220．黄祖辉、刘雅萍：农民工就业代际差异研究——基于杭州市浙江籍农民工就业状况调查，《农业经济问题》2008 年第 10 期。

221．黄祖辉、张英魁：中国特色体制转型道路析论——兼论改革开放三十年中国发展模式，《华中师范大学学报》2008 年第 6 期。

222．黄祖辉、俞宁，浙江农民就业现状与对策思路，《浙江经济》2008 年第 15 期。

223．黄祖辉：科学认识和发展农业合作组织，《浙江经济》2008 年第 20 期。

224．黄祖辉：中国农民合作组织发展的若干理论与实践问题，《中国农村经济》2008 年第 11 期。

225．柴志贤、黄祖辉：集聚经济与中国工业生产率的增长——基于 DEA 的实证分析，《数量经济与技术经济》2008 年第 11 期。

226．黄祖辉、韩玲梅：改革开放三十年中国特色社会转型道路析论，《复兴之路——纪念改革开放三十周年理论研究专集》，教育部社会科学司组编，高等教育出版社，2008 年 11 月。

227．黄祖辉、李锋：鄞州农业的历史嬗变：从传统农业到现代农业，《共创共富的鄞州道路（1978—2008）》，顾益康等主编，中共中央党校出版社，2008 年 11 月。

228．王敏俊、黄祖辉：解决我国农业保险缴费瓶颈的一种尝试：现代易货交易，《国际商务（对外经济贸易大学学报）》2008 年第 6 期。

229．黄祖辉：找准破解城乡二元结构的突破口，《农民日报》2009 年 1 月 21 日。

230．黄祖辉、梁巧：梨果供应链中不同组织的效率及其对农户的影响——基于浙江省的实证调研数据，《西北农林科技大学学报》2009 年第 1 期。

231．黄祖辉、王鑫鑫、宋海英：中国农产品出口贸易结构和变化趋势，《农业技术经济》2009 年第 1 期。

232．徐旭初、黄祖辉、邵科：浙江省农民专业合作组织的发展与启示，《中国农民合作社》2009 年第 1 期。

233．黄祖辉、王朋：基于我国农村土地制度创新视角的社会保障问题探析，《浙江社会科学》2009 年第 2 期。

234. Qiao Liang, George H, Zuhui Huang, "Value added efficiency and governance structure: Evidence from the pear industry in China's Zhejiang province", contribute paper for the conference "Economics and Management Networks", 2009.4.

235. 黄祖辉、杨翠迎:农民工参保问题短期内较难彻底解决,《中国经济导报》2009 年 3 月 9 日。

236. 黄祖辉、王朋:我国农地产权制度的变迁历史——基于农地供求关系视角的分析,《甘肃社会科学》2009 年第 3 期。

237. 黄祖辉、陈佳骊:中越农地赋税政策比较及其启示,《福建论坛(人文社会科学版)》2009 年第 3 期。

238. 黄祖辉、邵科:合作社的本质规定性及其漂移,《浙江大学学报(人文社会科学版)》,2009 年第 4 期。

239. 刘西川、黄祖辉、程恩江:贫困地区农户的正规信贷需求:直接识别与经验分析,《金融研究》2009 年第 4 期。

240. 黄祖辉、刘西川、程恩江:贫困地区农户正规信贷市场低参与程度的经验解释,《经济研究》2009 年第 4 期。

241. 宋海英、黄祖辉、陈志钢:SPS 措施的贸易效应:来自中国农产品的经验证据,《全球化下的中国经济学》,经济管理出版社,2009 年 4 月。

242. 黄祖辉、徐旭初、蒋文华:中国"三农"问题:分析框架、现实研判和解决思路,《中国农村经济》2009 年第 7 期。

243. 黄祖辉、邵科:买方垄断农产品市场下的农民专业合作社发展,《农村经营管理》2010 年第 10 期。

244. Zuhui Huang, "Farmer cooperative in China: Development and challenge", presented at the panel sessionfor the IAAE Conference, 2009.8.

245. Zuhui Huang, Jing Zhang, Chen Kevin, "China pear value chain: Implication for smallholders", contribute paper for the IAAE Conference, 2009.8.

246. 黄祖辉:让合作社成为农村产业化经营的主力军,《中国合作经济》2009 年第 10 期。

247. 黄祖辉、林本喜：基于资源利用效率的现代农业评价体系研究——兼论浙江高效生态现代农业评价指标构建，《农业经济问题》2009年第11期。

248. 黄祖辉、王朋、俞宁、邵科：浙江新型农业经营主体基本特征与政策需求，《发展规划研究》2009年11—12期。

249. Zuhui Huang, Yu Song, Dongying Liu, "The supply chain and management of fresh produce in China", *Agricultural Marketing* edited by AV Bala Krishna, The Icfai University Press, 2009.

250. 黄祖辉：城市化拉动浙江经济转型升级，《浙江日报》2010年3月1日。

251. 黄祖辉：我国社会保障制度对经济增长、土地制度及城市化的影响，《中共浙江省委党校学报》2010年第3期。

252. 黄祖辉、陈林兴：浙江农村居民消费支出系统函数的稳定性检验，《浙江大学学报（人文社会科学版）》2010年第3期。

253. 徐敏燕、黄祖辉：资源型产业集群企业迁移及其效应探析，《江西社会科学》2010年第4期。

254. 黄祖辉、邵科、徐旭初：台湾农会的发展经验与启示——兼议大陆农民合作组织的发展方向，《台湾研究》2010年第5期。

255. 黄祖辉：我的中国"三农"研究历程，《中国社会科学报》2010年6月3日。

256. 黄祖辉、邵科：基于产品特性视角的农民专业合作社组织结构与运营绩效分析，《学术交流》2010年第7期。

257. 黄祖辉：中小城市：现阶段城市化重点，《中国社会科学报》2010年8月10日。

258. 黄祖辉、王鑫鑫、宋海英：浙江省农产品国际竞争力的影响因素：基于双钻石模型的对比分析，《浙江社会科学》2010年第9期。

259. 黄祖辉、邵科：消费合作社：特征、现状及在我国发展前景，《农村经济》2010年第9期。

260. 黄祖辉、王朋：浙江嘉兴："两分两换"制度联动改革的尝试，《民商》2010年9—10期。

261. 黄祖辉：加强农民权利赋予与保障，《中国社会科学报》2020年

11 月 23 日。

262. 黄祖辉、俞宁:新型农业经营主体:现状、约束与发展思路——以浙江省为例的分析,《中国农村经济》2010 年第 10 期。

263. 黄祖辉、邵科,徐旭初:中国大陆农民专业合作组织的发展历程、现存问题与未来展望(上、下),《合作经济》(台湾合作学会),2010 年第 105—106 期。

264. 黄祖辉、陈立辉:金融衍生工具的使用及其对企业出口绩效的影响——来自 352 家中国农业企业的经验证据,《农业经济问题》2010 年 12 期。

265. Zuhui Huang, Huaping Sun, "Co-evolution of industry cluster and specialized market—A case study of Zhuji pearl Industry", 2010 International Conference on Public Administration (ICPA 6th, edited by Xiaoning Zhu and Shurong Zhao).

266. 黄祖辉、陈立辉:涉外农业企业对汇率风险的策略选择,《国际贸易问题》2011 年第 1 期。

267. 黄祖辉:推进城市化和新农村建设的互动共进,《浙江日报》2011 年 2 月 14 日。

268. Tursinbek Sultan, Zuhui Huang, Karin Larsen, "Learning by doing—Farmers' specialized cooperatives development in China", International European Forum, 2011.

269. Zuhui Huang, Faruque-As-Sunny, Jahan Sharmin, "A relational study on corporate ability (CA), corporate social responsibility(CSR) and corporate image(CI) in the context of British American Tobacco Bangladesh", *Social Science Electronic Publishing*, 2011(4).

270. 黄祖辉:包容性发展与中国转型,《人民论坛》2011 年第 4 期。

271. 黄祖辉、金玲、陈志刚、喻冰心:经济转型时期农户的预防性储蓄强度:来自浙江省的证据,《管理世界》2011 年第 5 期。

272. 黄祖辉、戴国琴:发达地区农村外来农民工流动意愿和动因调查——以浙北两村外来农民工为例,《甘肃社会科学》2011 年第 5 期。

273. 黄祖辉、陈立辉:中国农业企业汇率风险应对行为的实证研究——基于企业竞争力视角,《金融研究》2011 年第 6 期。

274. 黄祖辉:论城市化与新农村建设的关系,《农村经济》2011 年第 6 期(《中国社会科学文摘》2011 年第 10 期全文转载)。

275. 黄祖辉、米松华、陈立立:农业产业化的全产业链经营模式与机制创新——"肥西老母鸡"的实践及其启示,《农业经济与管理》2011 年第 6 期。

276. 黄祖辉、扶玉枝、徐旭初:农民专业合作社的效率及其影响因素分析,《中国农村经济》2011 年第 7 期。

277. 黄祖辉:盛夏问农事:高成本下,种田如何赚钱?《浙江日报》2011 年 7 月 19 日。

278. 邓启明、胡剑锋、黄祖辉:财政支农机制创新与现代农业转型升级——基于浙江现代高效生态农业建设的理论分析与实践探索,《福建论坛(人文社会科学版)》2011 年第 7 期。

279. Zuhui Huang, Jia Lu, Huaping Sun, Jifei Hu, Yu Song, "Sticky factors in the industrial relocation of a cluster: A case study of a Zhili children's garments cluster in China", *Social Science Journal*, 2011(7).

280. 黄祖辉、陈胜祥:城市化失误与土地问题恶性循环,《人民论坛》2011 年第 24 期。

281. 黄祖辉、顾益康、郭红东:我国农业产业化经营机制要创新:发挥农户经营、合作经营、公司经营三大制度优势,《农村经营管理》2011 年第 8 期(同时编入:《农业和农村发展——道路、经验和前景》,农业部农村经济研究中心编,中国农业出版社,2012 年 1 月)。

282. 黄祖辉:大批农民工返乡创业意味着什么?,《中国城市化》2011 年 9 月 10 日。

283. 黄祖辉、米松华:农业碳足迹研究——以浙江省为例,《农业经济问题》2011 年第 11 期。

284. Wang F. Huang Z. "Entrepreneurs synergy, inclusive development and formation of industrial clusters: A case study from Shanxiahu, China", 2011 International Conference on E-Business and E-Government, 2011.

285．梁巧、黄祖辉：关于合作社研究的理论和分析框架：一个综述，《经济学家》2011 年 12 期。

286．黄祖辉、黄宝连、顾益康、王丽娟：成都市城乡统筹发展中的农村土地产权流转制度创新研究，《中国土地科学》2012 年第 1 期。

287．黄祖辉、高钰玲、邓启明：农民专业合作社民主管理与外部介入的均衡——成员利益至上，《福建论坛》2012 年第 2 期。

288．邵科、黄祖辉：农业合作社的分析主题、理论框架与研究视域，《农业部管理干部学院学报》2012 年第 3 期。

289．黄祖辉：在农业转型中完善创新农业经营制度，《农村经营管理》2012 年第 3 期。

290．黄宝连、黄祖辉、顾益康、王丽娟：产权视角下中国当前农村土地制度创新的路径研究——以成都为例，《经济学家》2012 年第 3 期。

291．黄祖辉：山区发展需要形成基本共识，《浙江经济》2012 年第 4 期。

292．胡求光、黄祖辉、童兰：农产品出口企业实施追溯体系的激励与监管机制研究，《农业经济问题》2012 年第 4 期。

293．黄祖辉、刘颖娴、郭红东：台湾农产品"希望广场"的考察与启示，《农业经济与管理》2012 年第 5 期。

294．扶玉枝、黄祖辉：营销合作社分类型效率考察：理论框架与实证分析，《中国农村观察》2012 年第 5 期。

295．黄祖辉、杨进、彭超、陈志刚：中国农户家庭的劳动供给演变：人口、土地和工资，《中国人口科学》2012 年第 6 期。

296．黄祖辉、高钰玲：农民专业合作社服务功能的实现程度及其影响因素，《中国农村经济》2012 年第 7 期。

297．王丽娟、黄祖辉、顾益康、黄宝连、胡豹：典型国家（地区）农地流转的案例及其启示，《中国农业资源与区划》2012 年第 4 期。

298．黄祖辉、扶玉枝：创新与合作社效率，《农业技术经济》2012 年第 9 期。

299．米松华、黄祖辉：农业源温室气体减排技术和管理措施适用性筛选，《中国农业科学》2012 年第 21 期。

300．黄祖辉、陈胜祥：强县还须"限权"——从三个维度对县治"限权"机制的思考,《人民论坛》2012 年第 29 期。

301. 黄祖辉:实现居民收入倍增与全面小康社会的关键,《农民日报》2012 年 11 月 17 日。

302. 黄祖辉:我国城乡发展一体化的实现途径,《浙江经济》2012 年第 24 期。

303. 黄祖辉:居民收入倍增的难点与现实路径,《改革》2012 年第 11 期(2012 年 12 月 19 日被中共中央办公厅调阅)。

304. 黄祖辉、邵峰、朋文欢:推进工业化、城市化和农业现代化协调发展,《中国农村经济》2013 年第 1 期。

305. 黄祖辉、扶玉枝:合作社效率评价:一个理论分析框架,《浙江大学学报(人文社会科学版)》2013 年第 1 期。

306. Z. Huang, Y. Fu, Q Liang, Y. Song, and X. Xu, "The efficiency of agricultural marketing cooperatives in China's Zhejiang Province", *Managerial and Decision Economics*, 2013(4).

307. Xuchu Xu, Ke Shao, Qiao Liang, Hongdong Guo, Jia Lu, Zuhui Huang, "Entry of Chinese small farmers into big markets: From the enterprise-led structure to farmer cooperatives", *Chinese Economy*, 2013(2).

308. 陈胜祥、黄祖辉:集体所有制一定会阻碍耕地质量保护吗?——基于认知视角的农户耕地质量保护行为研究,《青海社会科学》2013 年第 2 期。

309. Jin Yang, Zuhui Huang, Xiaobo Zhang, Thomas Reardon, "The Rapid Rise of Cross-regional Agricultural Mechanization Services in China", *American Journal of Agricultural Economics*, 2013(5).

310. 郑思宁、黄祖辉:加入 WTO 对海峡两岸水产品出口波动影响的实证研究——基于福建与台湾的恒定市场分析,《经济地理》2013 年第 9 期。

311. 黄祖辉,家庭农场推广不能操之过急,《农村经营管理》2013 年第 5 期。

312. 黄祖辉:现代农业经营体系建构与制度创新——兼论以农民合作组织为核心的现代农业经营体系与制度建构,《经济与管理评论》

2013 年第 6 期。

313. 邵科、黄祖辉：农民专业合作社成员参与行为、效果及其作用机理，《西北农林科大学报（社会科学版）》2014 年第 6 期。

314. 徐旭初、黄祖辉、郭红东、顾益康：美国衣阿华州农民合作组织考察，《农村工作通讯》2013 年第 17 期。

315. 黄祖辉：发展农民专业合作社，创新农业产业化经营模式，《湖南农业大学学报（社会科学版）》2013 年第 4 期。

316. 邵科、郭红东、黄祖辉：农民专业合作社组织结构对合作社绩效的影响——基于组织绩效的感知测量方法，《农林经济管理学报》2014 年第 1 期。

317. Qiao Liang, Zuhui Huang, Haiyang Lu, Xinxin Wang, "Social Capital，Member Participation，and Cooperative Performance：Evidence from China's Zhejiang", *International Food and Agribusiness Management Review*，2015(18)。

318. 严俊、周美丽、张潇爽、黄少安、黄祖辉、韩复龄：市场"决定性"的几层深意，《人民论坛》2013 年 11 月（三中全会特刊）。

319. 黄祖辉：现代农业能否支撑城镇化？《西北农林科技大学学报（社会科学版）》2014 年第 1 期。

320. 黄祖辉、王鑫鑫、陈志钢、陈佳骊：人口结构变迁背景下的中国经济增长——基于动态可计算一般均衡模型的模拟，《浙江大学学报（人文社会科学版）》2014 年第 1 期。

321. 黄祖辉，"市场起决定性作用"与农村产权制度改革，《湖州师范学院学报》2014 年第 3 期。

322. 邵科、郭红东、黄祖辉：农民专业合作社组织结构对合作社归属的影响分析，《农林经济管理》2014 年第 1 期。

323. Qiao Liang, George Hendrikse, Zuhui Huang, Xuchu Xu, "Governance structure of chinese farmer cooperatives：Evidence from Zhejiang province", *Agribusiness*，2014.1。

324. 黄祖辉：建构新型农业经营体系，《农村经营管理》2014 年第 3 期。

325. Ying Zhang, Zuhui Huang, "Identify risks inherent in farmer

cooperatives in China",*China Agricultural Economy Review*,2014(2).

326．刘颖娴、黄祖辉、赵耀：简论日本社会资本对农业的投资，《农业部管理干部学院学报》2014 年第 2 期。

327．黄祖辉：在转型中引导家庭农场健康发展，《金融时报》2014 年 4 月 5 日。

328．黄祖辉：必须坚持农业家庭经营，《中国合作经济》2014 年第 4 期。

329．黄祖辉：科学辨析家庭农业、家庭农场和农业规模经营，《中国农民合作社》2014 年第 4 期。

330．陈林兴、黄祖辉：中国省际农村居民收入趋同性分析，《中国农村经济》2014 年第 4 期。

331．黄祖辉：农业产业组织制度要创新而不是异化，《中国乡村发现》2014 年第 4 期。

332．黄祖辉、刘颖娴：产品类型差异对农民专业合作社经营的影响，《青岛农业大学学报（社会科学版）》2014 年第 3 期。

333．黄祖辉：转变政府职能与改善乡村治理，《浙江日报》2014 年 5 月 21 日。

334．黄祖辉：我国农地三权分离还需三权交易相匹配，《中国经济导报》2014 年 6 月 28 日。

335．黄祖辉：土地产权交易：实现农民财产权益的关键，《社会科学报》2014 年 6 月 26 日。

336．米松华、黄祖辉、朱奇彪：新型职业农民：现状特征、成长路径与政策需求——基于浙江、湖南、四川和安徽的调查，《农村经济》2014 年第 8 期。

337．黄祖辉、吴彬、徐旭初：合作社的"理想类型"及其实践逻辑，《农业经济问题》2014 年第 10 期。

338．黄祖辉：以新型城镇化引领城乡发展一体化，《农业经济与管理》2014 年第 5 期。

339．黄祖辉、王建英、陈志钢：非农就业、土地流转与土地细碎化对稻农技术效率的影响，《中国农村经济》2014 年第 11 期。

340．Zuhui Huang,"Farmer cooperatives in China：Development

and diversification", in Economics of China, edited by Shenggen, Ravi Kanbur, Shuangjin Wei, Xiaobo Zhang, Oxford University Press, 2014.

341. 黄祖辉:"新常态"对浙江意味着什么,《浙江日报》2015 年 1 月 30 日。

342. Zuhui Huang, Vijay Vyas, Qiao Liang, "Farmer organizations in China and India", *China Agricultural Economic Review*, 2015(4).

343. Ling Jin, Kevin Z. Chen, Bingxin Yu, Zuhui Huang, "How prudent are rural households in developing transition economies: Evidence from Zhejiang, China", Ifpri Discussion Papers, 2011.

344. 黄祖辉、顾益康、米松华:我国山区转型发展与绿色发展论要,《农业经济问题》2015 年第 2 期。

345. 黄祖辉:浙江怎样继续率先推进城乡发展一体化,《浙江日报》2015 年 6 月 17 日。

346. 黄祖辉、傅琳琳:新型农业经营体系的内涵与建构,《学术月刊》2015 年第 7 期。

347. 黄祖辉、朋文欢、米松华:有序推进农业转移人口市民化:浙江实践与思路对策,《浙江经济》2015 年第 14 期。

348. Yuling Gao, Zuhui Huang, Qiao Liang, "Service realization and determinants in agricultural cooperatives in China Evidence from Zhejiang, Sichuan and Heilongjiang Provinces", *The Singapore Economic Review*, 2018(5).

349. Jianying Wang, Kevin Chen, Sunipa Das Gupta, Zuhui Huang, "Is small still beautiful? A comparative study of rice farm size and productivity in China and India", *China Agricultural Economic Review*, 2015(1).

350. 黄祖辉:在促进一二三产业融合发展中增加农民收益,《农民日报》2015 年 8 月 14 日。

351. 王建英、陈志钢、黄祖辉、Thomas Reardon:转型时期土地生产率与农户经营规模关系再考察,《管理世界》2015 年第 9 期。

352. Zuhui Huang, Bin Wu, Xuchu Xu, Qiao Liang, "Situation features and governance structure of farmer cooperatives in China: Does initial situation matter? —Science Direct", *The Social Science Jawnal*, 2016(1).

353. 胡伟斌、黄祖辉、梁巧：合作社生命周期：荷兰案例及其对中国的启示，《农村经济》2015 年第 10 期。

354. 黄祖辉：以城乡、区域一体化更好地推进农业转移人口市民化，《改革内参》，2015 年 10 月 27 日。

355. 黄祖辉：解决农业转移人口的市民化问题，《浙江社会科学》2015 年第 12 期。

356. 卞伟、叶春辉、黄祖辉：互联世界中的农业——国际农业经济学家协会（IAAE）第 29 届大会综述，《农业经济问题》2015 年第 12 期。

357. 黄祖辉：浙江农民增收快源头活水来自哪，《浙江日报》2016 年 1 月 20 日。

358. 黄祖辉：城乡联动改革重点是农业转移人口市民化，《社会科学报》2016 年 4 月 7 日。

359. Zuhui Huang, Linlin Fu, "On the rural land system of China: Evolution and current reform", ANU Conference, 2016.

360. Zuhui Huang, Yuxiang Wang, "The influence of the institutional arrangements of rural rights on the willingness of migrant workers to citizenship and policy implications: An empirical study based on the Zhejiang province of China", ANU Conference, 2016.

361. 黄祖辉、朋文欢：对"Easterlin 悖论"的解读——基于农民工的视角，《浙江大学学报（人文社会科学版）》2016 年第 4 期。

362. 钟颖琦、黄祖辉、吴林海：农户加入合作社意愿与行为的差异分析，《西北农林科技大学学报》2016 年第 6 期。

363. 黄祖辉、朋文欢：农民合作社的生产技术效率评析及其相关讨论——来自安徽砀山县 5 镇（乡）果农的证据，《农业技术经济》2016 年第 8 期。

364. 黄祖辉、钟颖琦、王晓莉：不同政策对农户农药施用行为的影响，《中国人口·资源与环境》2016 年第 8 期。

365．Yingqi Zhong，Zuhui Huang，Linhai Wu，"Effects of food additives information on consumers' risk perceptions and willingness to accept：Based on a random nth-price auction"，AAEA Conference，2016(China Section Best Paper Award).

366．郑军南、黄祖辉：农业产业演化中的政府规制变迁：机理和证据——基于中国奶业产业发展的实践与观察，《农村经济》2016 年第 8 期。

367．郑军南、徐旭初、黄祖辉、郑思宁：中国奶业多层级共生演化分析，《中国畜牧杂志》2016 年第 8 期。

368．傅琳琳、黄祖辉、徐旭初：生猪产业组织体系、交易关系与治理机制——以合作社为考察对象的案例比较与分析，《中国畜牧杂志》2016 年第 16 期。

369．黄祖辉：重视农业供给侧的制度性改革，《农村经济管理》2016 年第 10 期。

370．姚海琴、朋文欢、黄祖辉：家庭型乡村旅游发展对农户收入的影响机制及效果——以浙江、四川和湖南三省为例，《经济地理》2016 第 11 期。

371．姜霞、黄祖辉：经济新常态下中国林业碳汇潜力分析，《中国农村经济》2016 年第 11 期。

372．黄祖辉：通过发展合作社实现内源扶贫——评《贫困中的合作——贫困地区农村合作组织发展研究》，《中国农民合作社》2016 年第 12 期。

373．钟颖琦、黄祖辉、吴林海：生猪养殖户安全生产行为及其影响因素分析，《中国畜牧杂志》2016 年第 20 期。

374．郑思宁、黄祖辉、林光纪：我国近海捕捞经营组织形态的现状调查与分析——基于福建省的调研数据，《中国农业大学学报》2016 年第 10 期。

375．黄祖辉、傅琳琳、李海涛：我国农业供给侧结构调整：历史回顾、问题实质与改革重点，《南京农业大学学报(社会科学版)》2016 年第 6 期。

376．Zuhui Huang，Lijun Guan，Shaosheng Jin，"Scale farming

operations in China", *International Food and Agribusiness Management Review*，2016.

377. Yingqi Zhong，Zuhui Huang，Linhai Wu，"Identifying critical factors influencing the safety and quality related behaviors of pig farmers in China"，*Food Control*，2016.

378. 黄祖辉：现阶段我国农业农村转型发展的思考与建议，《形势与战略》(内参)2017 年第 1 期。

379. Dan Pan，Ruiyao Ying，Zuhui Huang，"Determinants of residential solid waste management services provision：A village-level analysis in rural China"，*Sustainability*，2017(1).

380. 黄祖辉：农村仍可成为我国深化改革的切入点，《中国科学报》2017 年 3 月 29 日。

381. 朋文欢、黄祖辉："2016 中国减贫与改革策论会——实践者与研究者对话"综述，《浙江大学学报(人文社会科学版)》2017 年第 2 期。

382. 朋文欢、黄祖辉：契约安排、农户选择偏好及其实证——基于选择实验法的研究，《浙江大学学报(人文社会科学版)》2017 年第 4 期。

383. 黄祖辉：中国"十三五"精准扶贫战略，"中国农业可持续发展"论坛，2017 年 7 月 26 日，联合国总部。

384. 黄祖辉：发展现代农业亟须更新理念与创新体制(上)，《浙江经济》2017 年第 6 期。

385. 黄祖辉：发展现代农业亟须更新理念与创新体制(下)，《浙江经济》2017 年第 7 期。

386. 黄祖辉：从农民到市民，幸福何时来敲门，《中国科学报》2017 年 7 月 5 日。

387. 黄祖辉："绿水青山"转换为"金山银山"的机制与路径，《浙江经济》2017 年第 8 期。

388. 黄祖辉、姜霞：以"两山"重要思想引领丘陵山区减贫与发展，《农业经济问题》2017 年第 8 期。

389. 黄祖辉：践行"两山"思想，重在路径设计，《农民日报》2017 年 9 月 9 日。

390. 黄祖辉："两山"思想体现生态文明发展精髓，《中国教育报》

2017 年 9 月 17 日。

391. 朋文欢、黄祖辉：农民专业合作社真的有助于提高农户收入吗——基于内生转换模型和合作社服务功能的考察，《西北农林科技大学学报（社会科学版）》2017 年第 4 期。

392. 黄祖辉：坚持适度性和多样性，推进农业规模经营，《农业经济与管理》2017 年第 5 期。

393. 黄祖辉：浙江乡村振兴战略的先行探索与推进，《浙江经济》2017 第 21 期。

394. Xinxin Wang，Kevin Z. Chen，Sherman Robinson，Zuhui Huang，"Will China's demographic transition exacerbate its income inequality? —CGE modeling with top-down microsimulation"，*Journal of the Asia Pacific Economy*，2017.

395. 黄祖辉："三权分置"与"长久不变"的政策协同逻辑与现实价值，《改革》2017 年第 10 期。

396. 黄祖辉、霍学喜：西部农业融入"一带一路"建设的战略路径研究，《中国西部》2018 年第 1 期。

397. Zuhui Huang，Qiao Liang，"Agricultural organizations and the role of farmer cooperatives in China since 1978：Past and future"，*China Agricultural Economic Review*，2018(1).

398. 黄祖辉：基于乡情，探索"治理有效"，《人民日报》2018 年 1 月 9 日。

399. 黄祖辉：浙江乡村振兴的先行探索与启示，《农民日报》2018 年 1 月 20 日。

400. 黄祖辉：准确把握中国乡村振兴战略，《中国农村经济》2018 年第 4 期。

401. 王建英、黄祖辉、陈志钢、Thomas Reardon、金铃：水稻生产环节外包决策实证研究——基于江西省稻农水稻种植数据的研究，《浙江大学学报（人文社会科学版）》2018 年第 2 期。

402. 黄祖辉：实施乡村振兴战略须厘清四个关系，《农民日报》2018 年 8 月 18 日。

403. Yingqi Zhong，Linhai Wu，Xiujuan Chen，Zuhui Huang and

Wuyang Hu，"Effects of food-additive-information on consumers' willingness to accept food with additives"，*International Journal of Environmental Research and Public Health*，2018(10).

404. 黄祖辉:实现美丽乡村建设与高质量发展相得益彰,《人民日报》2018 年 11 月 18 日。

405. 黄祖辉:改革开放四十年:中国农业产业组织的变革与前瞻,《农业经济问题》2018 年第 11 期。

406. Yining Xu，Qiao Liang and Zuhui Huang，"Benefits and pitfalls of social capital for farmer cooperatives：Evidence from China"，*International Food and Agribusiness Management Association*，2018.

407. Faruque-As-Sunny，Zuhui Huang，Taonarufaro Tinaye Pemberai Karimanzira，"Investigating key factors influencing farming decisions based on soil testing and fertilizer recommendation facilities (STFRF) —A case study on rural Bangladesh"，*Sustainability*，2018 (11).

408. 黄祖辉、胡伟斌:中国农民工的演变轨迹与发展前瞻,《学术月刊》2019 年第 3 期(《新华文摘》2019 年第 12 期、《高等学校文科学术文摘》2019 年第 3 期、中国人民大学期刊复印资料《工会》2019 年 5 期,分别予以全文转载)。

409. 黄祖辉、王建英:用制度体系解决贫困人口医保突出问题,《学习时报》2019 年 5 月 20 日。

410. 黄祖辉、刘桢:资本积累、城乡收入差距与农村居民教育投资,《中国人口科学》2019 年第 6 期。

411. 黄祖辉:高质量、高效率推进乡村振兴战略,《中共南京市委党校学报》2019 年第 3 期。

412. 黄祖辉、胡伟斌、徐梅缀:农村集体经济"股社分离"改革——以杭州江干区为例的剖析,《贵州大学学报(社会科学版)》2019 年第 6 期。

413. Zuhui Huang，Yuzhou Wang，and Linxing Chen，"Health economic study on the old-age service for rural residents in China：A literature review"，*JSM Family Medicine and Community Health*，

2019(8).

414. 方师乐、黄祖辉：新中国成立 70 年来我国农业机械化的阶段性演变与发展趋势,《农业经济问题》2019 年第 10 期。

415. 张环宙、李秋成、黄祖辉：亲缘网络对农民乡村旅游创业意愿的影响——基于浙江浦江农户样本实证,《地理科学》2019 年第 11 期。

416. 黄祖辉：实现两大战略目标 解决两大关键问题,《农村工作通讯》2020 年第 4 期。

417. 黄祖辉：统筹推进率先突破发展不平衡不充分问题,《浙江日报》2020 年 4 月 16 日。

418. 阿迪拉·艾海提、黄祖辉、毛小报、傅琳琳：新疆农业自然资源利用效率综合评价,《浙江农业科学》2020 年第 4 期。

419. 黄祖辉：农业农村优先发展的制度体系建构,《中国农村经济》2020 年第 6 期。

420. 黄祖辉：持续为乡村振兴保驾护航,《光明日报》2020 年 8 月 8 日。

421. 黄祖辉：农村改革发展:重在政府、市场、行业的协同,《财经问题研究》2020 年第 9 期。

422. 黄祖辉：新阶段中国"易地搬迁"扶贫战略:新定位与五大关键,《学术月刊》2020 年第 9 期。

423. 黄祖辉、马彦丽：再论以城市化带动乡村振兴,《农业经济问题》2020 年第 9 期。

424. 黄祖辉、王雨祥、刘炎周、胡伟斌：消费替代还是信任补偿?——转移支付收入对农民公共品供给意愿的影响研究,《管理世界》2020 年第 9 期。

425. 黄祖辉、蔡日旋、崔柳、傅琳琳：新时代深入践行"绿水青山就是金山银山"发展理念,《浙江农业科学》2020 年第 12 期。

426. 黄祖辉：以"两山"理念引领乡村生态振兴,《农民日报》2020 年 12 月 10 日。

427. 黄祖辉、陈露、李懿芸：产业扶贫模式及长效机制瓶颈与破解,《农业经济与管理》2020 年第 6 期。

428. 黄祖辉、吴沁霞、邝琪：易地扶贫移民的社会融合——基于贵州黄平县的实证分析,《贵州大学学报(社会科学版)》2021年第3期。

429.黄祖辉:着力打造乡村振兴齐鲁样板,《大众日报》2020年12月8日。

430.黄祖辉:以新发展理念引领农业高质量发展,《农村工作通讯》2021年第5期。

431.林星、吴春梅、黄祖辉:新时代"三治结合"乡村治理体系的目标、原则与路径,《南京农业大学学报(社会科学版)》2021年第2期。

432.傅夏仙、黄祖辉:中国脱贫彰显的制度优势及世界意义,《浙江大学学报(人文社会科学版)》2021年第2期。

433.黄祖辉:以全面小康社会补短板为抓手推进共同富裕,《农业农村部管理干部学院学报》2021年第2期。

434.黄祖辉:实施乡村建设行动要防止脱离乡村实际的大拆大建,《中国建设报》2021年3月5日。

435.黄祖辉、傅琳琳:我国乡村建设的关键与浙江"千万工程"启示,《华中农业大学学报(社会科学版)》2021年第3期。

436.黄祖辉、钱泽森:做好巩固拓展脱贫攻坚成果同乡村振兴有效衔接,《南京农业大学学报(社会科学版)》2021年第6期。

437.黄祖辉:探索增加居民收入的浙江路径,《浙江日报》2021年5月17日。

438.黄祖辉:我国合作社的地位作用与发展关键,《农业农村部管理干部学院学报》2021年第6期。

439.黄祖辉、胡伟斌、鄢贞:以未来乡村建设推进共同富裕,《农村工作通讯》2021年第19期。

440.黄祖辉、李懿芸、马彦丽:论市场在乡村振兴中的地位与作用,《农业经济问题》2021年第10期。

441.黄祖辉、叶海键、胡伟斌:推进共同富裕:重点、难题与破解,《中国人口科学》2021年第6期。

442.黄祖辉:切实推进农民农村共同富裕:牢牢抓住农民农村这个重点,《浙江日报》2021年12月7日。

443.黄祖辉、宋文豪、叶春辉、胡伟斌:政府支持农民工返乡创业的县城经济增长效应——基于返乡创业试点政策的考察,《中国农村经济》

2022 年第 1 期。

　　444. 黄祖辉、李锋、钱振澜、钱泽森、叶海键：中国特色反贫困理论的理论品格、时代特征和理论建构,《华南农业大学学报(社会科学版)》2022 年第 3 期。

　　445. 黄祖辉：全面推进乡村振兴的十大重点,《农业经济问题》2022 年第 6 期。

图书在版编目(CIP)数据

黄祖辉文集. 第四卷，决策咨询与资政 / 黄祖辉编著
. —杭州：浙江大学出版社，2022.6

ISBN 978-7-308-22679-0

Ⅰ.①黄… Ⅱ.①黄… Ⅲ.①农业经济发展－浙江－
文集 Ⅳ.①F3－53

中国版本图书馆 CIP 数据核字(2022)第 088578 号

黄祖辉文集

黄祖辉 编著

策划编辑	吴伟伟
责任编辑	陈思佳(chensijia_ruc@163.com)
责任校对	黄梦瑶 金 璐
封面设计	程 晨
出版发行	浙江大学出版社
	(杭州天目山路 148 号 邮政编码 310007)
	(网址:http://www.zjupress.com)
排 版	浙江时代出版服务有限公司
印 刷	杭州高腾印务有限公司
开 本	710mm×1000mm 1/16
印 张	147.25
字 数	2200 千
版 印 次	2022 年 6 月第 1 版 2022 年 6 月第 1 次印刷
书 号	ISBN 978-7-308-22679-0
定 价	698.00 元(全四卷)